日本の伝統文化 1

伝統文化

五味文彦

山川出版社

高松塚古墳壁画

国宝、7世紀、明日香村教育委員会

螺鈿紫檀
五絃琵琶

平螺鈿
八角鏡

正倉院宝物

8世紀

両界曼荼羅

胎蔵界曼荼羅
国宝、9世紀
東寺（教王護国寺）

上　竹河第二段
下　宿木第三段

源氏物語絵巻

国宝、12世紀、徳川美術館

運慶・快慶

東大寺南大門金剛力士像

国宝、13世紀、運慶・快慶等作

興福寺無著像

国宝、13世紀、運慶等作

洛中洛外図屏風

国宝、16世紀、米沢市上杉博物館

唐獅子図屏風

16世紀、宮内庁三の丸尚蔵館

檜図屏風

国宝、16世紀、東京国立博物館

狩野永徳

御殿

月波楼から松琴亭を望む

桂離宮

17世紀、宮内庁京都事務所

日本の伝統文化　第1巻

伝統文化

目次

伝統文化

序

伝統文化の起点

いつの時代にも伝統文化はあるが、現代における伝統文化ということになると、明治期を境にそれ以前から継承されてきた文化の諸領域、すなわち能・狂言や茶の湯、和歌・俳句、絵巻・書、建築・彫刻、歌舞伎、相撲、武道、浮世絵、生け花、祭、などの文化をさしている。

最近、伝統文化が衰退し、顧みられなくなったといわれるが、伝統文化はただ継承されてきたのではなく、時代ごとに継承の枠組みがつくられ、常にその枠組みを超える創造的営みがあって、今日に至っているのである。したがって伝統文化を考えるためには、その時代における文化の継承と創造のあり方を探ることが重要である。

伝統文化は長い歴史を通じて培われ伝えられてきているので、信仰・風習・制度・思想・学問・芸術など文化領域全般のなかで考えておかねばならない。しかし、いつの時代からその歴史を見てゆくべきかと問えば、大きな問題となる。というのも文化全般ということで、原始社会に遡って考えたり、大陸の文明を取り入れた六～八世紀からを考えたりることがすぐに思い浮かぶ。

だが、それでは伝統文化の有様がぼやけてしまう。今日の伝統文化の多くが戦国期に生まれていることや、その素材・題材が多く宮廷文化にあることからすれば、宮廷文化が形成された時代から見てゆくのがよい。中世・近世の歴史書を見ても宮廷文化が形成された時代を重視している。

たとえば、北畠親房《きたばたけちかふさ》『神皇正統記《じんのうしょうとうき》』は平城《へいぜい》天皇までの記述については比較的簡略であるが、嵯峨《さが》天皇の代からは、記事量が圧倒的に多くなる。それ以前で比較的多い聖武《しょうむ》・桓武《かんむ》天皇についての記述量の八倍もあり、天台・真言宗の流布に始まって南都六宗、儒・道の二教、諸道・諸芸に至るまで、宮廷文化の形成された時代として特筆している。

この時代に生まれた文化は、後世に大きな影響を与えた。『古今和歌集』が編まれて和歌の規範がつくられ、三筆・三蹟といった書の名人が生まれ、在原業平《ありわらのなりひら》や小野小町、光源氏など、中世の絵巻や物語、能、さらに近世の歌舞伎の素材となる人物や作品が生まれた。嵯峨朝以後にこそ、古典というにふさわしい文化が形成され始め、伝統文化の精神的バックボーンがつくられたのである。

こうしたことに鑑み、本書では九世紀初頭の宮廷文化形成期にあたる嵯峨朝の時代を重視して見てゆくことにする。大陸の文明を積極的に摂取し、それまでに育まれてきた文化を融合、習合して生まれた多くの伝統文化が、この時代を出発点としている。

古代文化と伝統文化

では嵯峨朝以前の古代文化についてまったく触れなくてよいかといえば、そうではない。たとえば、平氏が焼き討ちした南都復興では奈良朝の文化が大きく影響していた。仏師運慶《うんけい》の彫刻に奈良朝期の仏像彫刻の影響は大きかったし、鎌倉幕府が武家政権を整えてゆく上では聖徳太子の影響も大きい。源《みなもとのさねとも》実朝は聖徳太子の「十七条憲法《じゅうしちじょうけんぽう》」を学んで撫民《ぶみん》・徳政の政治をおこない、北条泰時《ほうじょうやすとき》は「御《ご》成敗式目《せいばいしきもく》」を制定するにあたって式目の条数を五十一カ条という十七条の三倍の数としている。これは律令《りつりょう》以前の聖徳太子の精神に立ち戻って政権を運営し、法の支配にあたることを意図していたのである。

世阿弥《ぜあみ》の『風姿花伝《ふうしかでん》』は「申楽延年《さるがくえんねん》の事わざその源《みなもと》を尋ぬるに」と猿楽能の源流について、推古《すいこ》天皇の世に、「聖徳太子、秦河勝《はたのかわかつ》に仰《おお》せて、かつは天下安全のため、かつは諸人《しょにん》快楽《けらく》のため、六十六番の遊宴《ゆうえん》をなして申楽と号せしより」と、聖徳太子が秦河勝に命じて遊宴をおこなわせた時のことに求めた。何かと新たな文化の創造に向かうときには、古代の文化が探られたのである。

鎌倉後期には、卜部兼文《うらべのかねふみ》・兼方《かねかた》が『日本書紀』の研究をおこなって注釈書『釈日本紀《しゃくにほんぎ》』を著し、近世には古代の研究が国学として本格化し、契沖《けいちゅう》の『万葉代匠記《まんようだいしょうき》』や荷田春満《かだのあずままろ》の『万葉集僻案抄《へきあんしょう》』、本居宣長《もとおりのりなが》の『古事記伝』が著された。近代になると、西欧文化の影響と伝統文化消滅の危機から、改めて古代文化の見直しが始まった。明治国家は律令国家の太政官制を復活させ、戸籍制度を採用し、やがて『古事記』『日本書紀』に基づく国家の歴史が語られるようになり、『古事記』『万葉集』等の古典文学が国民国家の文学として位置づけられた。

そこで古代文化については、第一に伝統文化の基層として位置づけて見ることとする。基層という点では、原始社会の影響も考えねばならない。岡本太郎の『日本の伝統』は、旧来の伝統文化論や伝統主義者を批判し、伝統を「新しい現在的な芸術」として生きかえらせることをめざし、縄文文化に注目した。縄文土器の「おどろくほどにはげしい、つよい美しさ」「縄文式文化の超現代日本的美貌、すごみ」に心打たれ、「弥生式土器」の「なごやかで繊細な日本的伝統」との違いを指摘した。

伝統文化の歴史を探ってゆくためには、こうした考古学研究の展開をも視野に入れる必要があろうが、当面の本書の課題は伝統文化の形成にあるので、その点には深く触れずに『古事記』や『日本書紀』などの文献から知られる時代から見てゆくことにする。

第二に、奈良時代に形成された国家の枠組みとそこで生まれた文化についても概略を見ることにする。これは嵯峨朝からの宮廷文化の前提をなしており、新たな文化を構築する上での手がかりを提供することになるからである。ただ深入りしすぎると、それだけで一書になってしまうので、簡略に触れることにしたい。

日本文化史の研究

伝統文化といっても孤立して展開したのではないので、日本文化の研究のなかに位置づける必要があり、これまでの日本文化史の研究をしっかり咀嚼《そしゃく》しておかねばならない。この方面では内藤湖南《ないとうこなん》や西田直二郎など戦前の日本文化史研究があり、それをへて戦後は、辻善之助《つじぜんのすけ》の『日本文化史』が一九四八年に著され、続いて家永三郎の『日本文化史』が一九五九年に著された。

辻の著作は文化史を総合的に把握することを意図し、講義のスタイルで書かれている。それもあって各時代の文化事象を丹念に取り上げ、「武士の興起」「大名の興起」「平民文化の発達」といった形で文化を担った人々の動きに注目し、「復古思想」「文化の形式化」「地方文化の発達」のごとく、文化の傾向や特徴をとらえている。辻には大著『日本仏教史』があるように仏教文化に詳しく、同書は戦後すぐに日本の歴史を改めて文化の視点から見直そうとしたもので、今読んでも多くの事を教えられる。

家永は、文化を狭い意味での「学問や芸術や宗教や思想・道徳などの領域」と定義し、日本文化の歴史を記した。とくに㈠文化財の内容と特色、㈡その社会的な担い手、㈢文化的伝統の形成、㈣海外文化との交流に焦点をあて、日本文化の発達を歴史的変遷との繫がりから描いている。その構想は現代においても色褪せていないが、初版が一九五九年(昭和三十四)、第二版が一九八一年(昭和五十六)という時代の制約もあり、書かれてから今に至る文化諸分野の研究は著しく進展しているので、そこでの指摘や事実に大きく修正が迫られるのはやむをえない。

文化史研究はおもに思想史の研究者によって進められてきたが、石田一良《いちろう》は西田直二郎の門下にあって、同志社大学に文化史学の講座を開設するなど、文化史学という領域を開拓し、著書の『日本文化史』は、副題に「日本の心と形」とあるように、精神史として文化史を構想したものである。やはり思想史を軸にまとめたのが尾藤正英《びとうまさひで》の『日本文化の歴史』で、尾藤は「文化という点から連想しやすい文学や美術・建築あるいは演劇・音楽よりも、宗教や思想の方面に重点をおいた。「自己ならびに他者の死をめぐる思考」から生まれた宗教、「人がいかに生きるべきかへの解答」としての思想を通じて、日本人の生活や様式である文化の全体像とその歴史を描くことを意図した。

それぞれ創見に富み、高く評価できるが、文学や美術・建築あるいは演劇・音楽などは、脇に追いやられた感があって、文化史の総合的な叙述としては物足りなさは否めない。その点で大隅和雄『日本文化史講義』は、文化史の基本的な考え方、すなわち時代区分や諸分野、部門史、基層文化、外来文化などについて整理し、「かな文字の成立と国文学」「芸能の成熟」など時代のトピック的事項を取り上げ、その特質と歴史的変遷を考察するなど、文化史を総合的に把握しようとした。

こうした点に鑑みて、本書は辻の著作からさまざまな文化領域の特質を明らかにする見方、家永の著作から、文化をモノとヒトの両面から探り継承と交流に焦点をすえる見方、石田の著作から、精神史的アプローチ、尾藤の著作から、人の生活者としての心に迫ってゆく方法、大隅の著作から、文化史の総合的把握の方法、これらに学んで、新たな伝統文化の歴史を描くことをめざす。

文化史の時代区分

文化史で大きな問題になるのが時代区分の設定である。これまでの文化史の時代区分を見てゆくと、古代文化・中世文化、あるいは平安文化や鎌倉文化などと、政治や社会の流れに対応させて区分するか、文化の潮流を天平《てんぴょう》文化や貞観《じょうがん》文化、北山文化や東山文化など、文化の特徴をなす年代や場に注目することによって設定されてきた。ともに大きな成果を生んできたが、新たな視点を導入するためには、それらの設定を踏まえつつも、従来の枠組みとは違った区分を考える必要がある。

筆者はこれまで時代の思考や時代精神に基づいて日本の歴史を探ってきており、本書ではその際に用いた一〇〇年を区切りとする時代区分を採用する。すなわち『文学で読む日本の歴史』シリーズにおいて、西暦の六七年・六八年あたりを画期として、政治・経済のみならず社会や文化の動き、時代に通底する物の考え方や思想の傾向「思潮」を探ってきて、これにより時代の動きのみならず、その時代の思潮が現代にどう繋がっているのかが見えてきたので、伝統文化を考えるにあたっても、極めて有効な時代区分と考えられる。

ただその時代区分をそのままに用いるのではなく、文化に特化して考えるとすれば、時代の思考や時代精神が作品として定着するのには、ほぼ四〇年から五〇年ほどかかることが見えてきていることから、西暦の六七年・六八年から四〇・五〇年ほどをへた西暦の一〇年代を画期とする一〇〇年ごとの時期区分を用いよう。

すなわち最初は文化の基層を考え、続いて奈良朝からの一〇〇年、嵯峨朝から醍醐《だいご》朝の延喜《えんぎ》年間までの一〇〇年を対象とし、さらに一条《いちじょう》朝の一〇一〇年代までの一〇〇年を扱うなど、以後、一〇〇年ごとに順次記述してゆき、一五一〇年代から一六一〇年代にかけての戦国期までを描くこととする。この戦国期には、今に繋がる伝統文化や芸能が生まれ、広がり、伝統文化の裾野が形成されたことから、その個々の伝統文化の展開については、本シリーズの第二巻以下で扱うこととする。

第一章　伝統文化の基層

1　『古事記』『日本書紀』の神話世界

歴史書の編纂

和銅《わどう》五年(七一二)正月二十八日、歴史書『古事記』が完成した。天武《てんむ》天皇が、豪族のもつ帝紀・旧辞の内容に不満を抱いて、稗田阿礼《ひえだのあれ》に「帝皇の日継《ひつぎ》」「先代の旧辞」(帝紀と旧辞)を誦《よ》み習わせていたものであり、それを太安麻呂《おおのやすまろ》が和風漢文で筆録して日本語表記で編んだのである。

上巻は神々の物語を記し、中巻は神武《じんむ》天皇から始まり応神《おうじん》天皇に至る天皇の世界の成り立ちを記し、下巻は仁徳《にんとく》天皇から推古《すいこ》天皇に至る天下の歴史物語を記しており、そこで多く語られているのはさまざまな起源に関わる神話である。

『古事記』の成立に遅れること八年、養老四年(七二〇)五月、漢文による正史「日本紀」三〇巻・系図一巻(『日本書紀』)が完成する。これも天武天皇が親王、臣下多数に「帝紀及び上古の諸事」の記事を定めるよう命じて編纂事業が開始され、和銅七年(七一四)に国史撰述の命が下り、舎人《とねり》親王らの撰によって成立した。

『古事記』とは異なり、正格の漢文で記され、本格的な修史がめざされて編まれたもので、さまざまな諸説・伝説を「一書に曰く」と別伝として載せ、客観的な叙述を試みているのが大きな特徴である。巻一と巻二は神代巻で、巻三以下に神武から持統までの天皇の代々の歴史を、中国の正史の本紀《ほんぎ》同様に編年体で記している。

この二つの歴史書への出発点は、天武紀元年(六七二)の壬申《じんしん》の乱で勝利した天武天皇が、飛鳥《あすか》の地に新たに飛鳥浄御原宮《きよみはら》を造営し、中国の皇帝の正殿を模した大極殿《だいごくでん》を建て、翌年二月二十七日に即位した時点にある。天皇は「新たに天下を平《たい》らげて、初めて即位」と告《つ》げ、新しい王統の創始者として自らを位置づけた。天皇の号はこの時期から明確に使用されるようになった。なお以下、『日本書紀』からの引用は、某天皇紀某年の如く表す。

天武天皇は即位すると官僚制を整備し、天武紀四年(六七五)に豪族支配下の部曲《かきべ》を廃止、豪族や寺社による人民に対する私的支配を否定、諸豪族を官人秩序に組み込み、国家支配を貫徹する政策をとった。神祇《じんぎ》大系の頂点に天照大神《あまてらすおおみかみ》を祀る伊勢《いせ》神宮をすえ、各地の神を天皇のもとに位置づけ、民間習俗も積極的に取り込み、五節《ごせち》の舞《まい》や新嘗祭《にいなめさい》などを国家的祭祀に高め、大嘗祭《だいじょうさい》を設けた。古来の神の祭を重視し、各地の神社・祭祀を保護した。

さらに天武紀十年(六八一)、飛鳥岡本宮《おかもとみや》で皇子や諸王・諸臣に、律令の編纂を始めることを告げた。持統紀元年(六八六)五月、天武天皇は病に倒れ、七月に亡くなるが、二年後に律令の令《りょう》のみが発布された(「飛鳥浄御原令」)。ここに天武・持統政権のもとで日本の律令体制の基礎が定まり、この段階にあって『古事記』が編まれたのである。そこでまずは『古事記』からその神話世界をのぞいてみよう。

神々の形成と配置

『古事記』は、最初に天地の成り立ちについて、「天地初《あめつち》めて発《あらは》れし時に、高天原《たかあまのはら》に成りませる神の名は、天之御中主神《あめのみなかぬしのかみ》」と語り始め、高天原に誕生する神々を次々に記してゆく。やがて高天原に生まれた伊耶那岐命《いざなぎのみこと》(イザナギ)と伊耶那美命《いざなみのみこと》(イザナミ)の二神は、天津《あまつ》諸神からこの漂っている国土を整え固めよ、と命じられ、「天の沼矛《ぬほこ》」(玉飾りをした矛)を与えられて、それを天の浮橋《うきはし》からさしおろして潮を掻き回すと、オノコロジマが生まれた。

そこで二神はその島に下って婚姻し、次々と大八州《おおやしま》の島々を生んでゆき、「国」を生み終えると、さらに風や木、山、野などさまざまな神を生み、その生まれた神々もまた神々を生んだ。こうして生まれた神々は、天上の天津神《あまつかみ》と地上に生まれた国津神《くにつかみ》からなるが、それらは天神地祇《てんじんちぎ》として祀られてゆく。この『古事記』の神代巻からは、古代人の世界観がうかがえる。

二神が多くの神を生むなか、イザナミが火の神を生んだところから火傷を負い、黄泉国《よみのくに》に往ってしまう。これをイザナギが追いかけ、帰って欲しいと頼むと、「黄泉神《よみのかみ》と相談するので待つように、その間、我を見るな」と、イザナミにいわれたのだが戻るのが遅く、イザナミを見に行って、その醜い様を見てしまう。恥ずかしい姿を見られたイザナミは、激高して八種の雷神に黄泉の軍勢をそえてイザナギを襲わせた。

激しい襲撃を何とかくぐり抜け、黄泉の坂を塞いで逃れたイザナギが、川で禊《みそぎ》をすると多くの神が生まれ、最後に、左目を洗った時に天照大神(アマテラス)が、右目を洗った時に月読命《つくよみのみこと》が、鼻を洗った時に須佐之男命《すさのおのみこと》(スサノヲ)が生まれた。イザナギは、アマテラスに高天原を、月読命に夜の国を、スサノヲに海原をおさめるよう託した。

しかしそれを嫌がったスサノヲは、イザナギに掛け合って拒否されると、アマテラスに訴えて神の子を生む勝負をおこない、これに勝ったとして、衣を織っていたアマテラスの機屋《はたや》に入って乱暴を働いた。機を織る仕事を汚されて怒ったアマテラスは、天の岩屋に閉じ籠もってしまい、高天原も葦《あし》原中国《はらのなかつくに》(地上の国)も暗闇になり、邪悪なものが蔓延した。これに困り果てた高天原の神々は、天の安《やす》の川原に集まって協議し、アマテラスを岩屋から誘い出す計略を練った。ここにおいてアマテラスが、高天原の主宰神であるとともに、葦原中国の主宰神であったことが明かされる。

祭と神楽

神々が相談した結果、岩屋の前に場を定めて中心に木を立て、優れた技をもつ神がつくった玉や鏡などをその枝に飾りつけ、布刀玉命《ふとたまのみこと》がそれを御幣《ごへい》として捧げ持ち、天児屋命《あめのこやねのみこと》が祝詞《のりと》を申し、力持ちの天手力男神《あめのたぢからをのみこと》(タヂカラオ)が岩屋の戸の脇に隠れて待機することになった。用意万端整ったところで、あられもない姿をした天宇受売命《あまのうずめのみこと》(アマノウズメ)が岩屋の前に伏せておいた桶に乗って踏み鳴らし踊り出すと、高天原が鳴り響くほどに神々がどっと笑った。

この騒ぎに「怪し」と思ったアマテラスが、岩屋の戸を細めに開け、何をしているのかアマノウズメに尋ねると、枝に懸けていた鏡が差し出された。アマテラスがその鏡に映る我が姿を覗き見ようとしたところ、タヂカラオが機を逃さず、アマテラスの手をとって岩屋の外に引っ張り出し、もう内へは戻れません、と布刀玉命が申し上げた。こうしてアマテラスが外に出て、高天原も葦原中国も明るくなったのである。

この話には、神の祀り方や祭の起源が記されている。そのおおよそを記すならば、時は夜、神々が集まる場が定められ、清浄な場とされる。木の枝に玉や鏡が懸けられたのは、そこに神が降臨して枝に依《よ》り憑《つ》くからである。祝詞が捧げられ、酒食をともにする宴会が開かれる。宴もたけなわの頃、神を楽しませる芸能(神楽《かぐら》)が演じられる。アマノウズメの歌舞のような芸能であって、神がお出ましになったことから、豊かな稔りや病魔の退散などの願いのこもった祈りが捧げられ、宴が終わる。帰りゆく神を送って、清められた祭の場が閉じられ、日常に復帰する。もちろん、祭がすべてこのようではないのだが、基本はこんなものである。

話は戻って明るくなった高天原では、八百万《やおよろず》の神が集まり今後のことを相談した結果、スサノヲを

「神やらひ」して高天原から追放するものと決めた。このため、スサノヲは葦原中国に降り、出雲《いずも》の「肥《ひ》の河上《かわかみ》」の鳥髪《とりはつ》の地に立った、その時、箸が流れてきたので、スサノヲが訪ね求めてゆくと、出雲の国津神である大山津見神《おおやまつみのかみ》の子の老夫婦が泣いているのに出会う。訳《わけ》を聞くと、娘の櫛名田比売《くしなだひめ》(クシナダヒメ)が「高志《こし》の八俣《やまた》のをろち」に食べられるため、と答えた。スサノヲがこのヒメの献上を条件に「八俣のをろち」退治に向かい、をろちが酒を飲んで寝ているところを、退治した。

その後、スサノヲは出雲の須賀《すが》の地に宮をおくが、この時に「八雲立つ　出雲八重垣　妻籠《つまご》みに八重垣作る　その八重垣を」と歌ったという。これが『古事記』に見える初めての和歌で、以後、和歌はさまざまな物語の場面で詠まれ、歌われてゆくことになる。

国づくりの神話

スサノヲの出雲の国津神の娘クシナダヒメとの結婚の物語に続いて、その二神の子孫である天之冬衣神《あめのふゆきぬのかみ》が、刺国大神《さしくにおおのかみ》の娘刺国若比売《さしくにわかひめ》との間に儲けた大国主神《おおくにぬしのかみ》(オオクニヌシ)による国づくりの話となる。オオクニヌシとその兄弟(八十神《やそがみ》)は、稲羽《いなば》(因幡)の八神比売《やがみひめ》に求婚しようと連れ立って出かけ、一行が「気多之前《けたのさき》」(気多岬)まできた時、丸裸の兎が伏せっていた。これを見た八十神が、海塩を浴びて、山の頂で強い風と日光にあたり、横になるのがよいと教えたので、兎がそうしたところ、海塩が乾くにつれ、体中の皮が裂けてしまった。

兎がその痛みに苦しみ泣き伏していると、大袋を背負った末弟のオオクニヌシが通りがかり事情を尋ねた。兎は語る。隠岐島からこの地に渡ろうとして、渡る術がなく策を練った。「和邇《わに》」(鮫)に、あなたたち一族と私の一族のうちどちらの数が多いか競争しよう、できるだけ同族を集めて欲しい、この島から気多岬まで並べば、私がその上を渡って数える、と誘った。これに応じ和邇が集まり列をなしたので、数えながら渡り、陸地に飛び降りようとした時、ついつい「汝は、我に欺《あざむ》かえぬ」(だまされたな)といってしまい、怒った和邇に捕まり、すっかり毛を剝《む》かれてしまった、と。

話を聞いたオオクニヌシは、水門《みなと》に行って真水で体を洗い、蒲《がま》の穂をとって敷き散らし、その上を転がれば、膚は元のように戻るであろうと教え、兎がそうしたところ、兎の体は元に戻った。この兎は稲羽の素兎《しろうさぎ》で、兎神ともいわれており、予言をした。八十神は八神比売を絶対に得ることはできない、袋の内容を競っていても、あなたが手に入れるであろう、と。袋には姫との結婚の婚資《こんし》が入っていたのである。

予言のとおり八神比売は八十神に向かって、あなたたちのいうことは聞かない、オオクニヌシと結婚する、といったという。話は八神比売の婿取り物語であって、兎の役割はヒメにふさわしい婿神を見定めることにあったのである。和邇と同族の数を競って隠岐から稲羽に渡ったのは、隠岐から因幡にかけての国の境界領域の調査を意味していた。兎は国の王を迎えるために、因幡の国内の豪族の実情や、国内の実態を調査していて、その調査対象の豪族の反撃を受けたのである。

稲羽の素兎の話は、因幡の国づくりの物語であるとともに、その国の継承の物語でもあった。オオクニヌシにはいくつもの名があって、高志《こし》国の沼河比売《ぬなかわひめ》との婚姻をめざして赴いた時には、八千矛《やちほこの》神《かみ》と名乗り、そのヒメの家の戸の前で、「高志の国に、賢《さか》し女《め》を、有と聞かし」と始まる妻問いの歌で求婚すると、ヒメがこれに応えて「八千矛の神の命《みこと》　萎《な》え草の、女にしあれば」と返歌を歌い、結婚した。これは高志（越）国の王とその国づくりの物語である。

『日本書紀』に見る倭国家の形成

『古事記』に遅れること八年で完成した『日本書紀』は、巻一・二で神代を記し、その最初を「古《いにしえ》に天地未だ剖《わか》れず、陰陽分れず、混沌にして鶏子《とりのこ》の如く、溟涬《めいけい》にして牙《きざし》を含めり」と、天地が混沌としていることから語り始め、国常立尊《くにのとこたちのみこと》が生まれ、次々に神が生まれたとして、その神話世界を語る。さらに「国常立尊より、伊奘諾尊《いざなぎのみこと》・伊奘冉尊《いざなみのみこと》まで、是を神世七代と謂ふ」と、イザナギとイザナミの話から本格的に神代について記すが、とくに詳しく記すのが、巻三以下の神武から持統までの天皇の代々の歴史であって、神代から人皇への橋渡しという意図から、倭国家の起源と形成について力を注ぐ。そこで以下では『日本書紀』に沿って、倭国家の形成と展開の物語を見てゆこう。

その始まりは、天孫降臨してから代々をへて、日向の高千穂宮にあった神日本磐余彦天皇《かむやまといわれびこのすめらみこと》（イワレヒコ）が、兄や皇子を集めて語った次の宣言である。天孫降臨以来、多くの年月をへてきたが、我らは未だに西辺にあり、全土が王化されていない。東には青い山々が四周を取り囲む美しい土地があり、天から饒速日命《にぎはやひのみこと》が降っている、と聞く。その地は大業を広げ、天下をおさめるのにふさわしいので、そこを都としたい。

この宣言に皆が賛成し、東の大和の地をめざすことになり、そのイワレヒコ一行が、大和に赴いてその地を征服するのだが、それまでには多くの苦難が待っていた。たとえば生駒山《いこま》をへて中州《なかす》へ入ろうとしたが、この地を支配する長髄彦《ながすねひこ》と戦って苦戦し、兄の五瀬命《いつせのみこと》が流れ矢で負傷して撤退を余儀なくされる。イワレヒコは悟る。日の神の子孫である我が、日に向かって戦うことは天道《あめつみち》に逆らうものであれば、神祇を祀り背に日の神を負うべきであるとし、兵を引き返したところ、五瀬命の矢傷が重くなり、紀伊国の竈山《かまやま》で死去する。

紀伊の吉野での苦難の様を見た天照大御神（アマテラス）は、武甕槌神《たけみかづちのかみ》と相談し、イワレヒコに霊剣を授け、八咫烏《やたがらす》を送って導かせるなどの支援をするが、それでも容易には勝てなかった。しかし、最後の長髄彦との戦いで、天が曇り雹《ひょう》が降って、鵄《とび》が現れてイワレヒコの弓の先にとまり、金色の煌《かがや》きを発すると、長髄彦の軍は混乱し、イワレヒコの軍は優勢に転じた。この様子を見届けた大和を支配する饒速日命が、長髄彦を殺して降伏したので、イワレヒコは大和の国の支配者となった。

大和の国つくり神話

長髄彦と戦うまでのイワレヒコは、日向から難波《なにわ》までの東上作戦ではまったく武力を用いていない。日向からのイワレヒコの「東征」とは、西の国の文化を摂取する旅であり、西の各地で育まれていた文化が大和に流れ込んできたことを象徴的に語っている。イワレヒコは、その西の文化を背景にして、やがて大和の南の熊野や吉野の住む人々を武力で従え、大和の盟主の地位を築いたのである。続いてその王による大和統治の物語が始まる。

イワレヒコは国見《くにみ》岳で八十梟帥《やそたける》を討ち、磯城《しき》に攻め入って征服し、さらに高尾張邑《たかおわりむら》の土蜘蛛《つちぐも》をとらえ殺して中州《なかす》を平定し、畝傍《うねび》山の東南の橿原《かしはら》の地を都と定め、美和《みわ》(三輪)の大物主の娘を正妃となした。橿原宮で践祚《せんそ》し、初めて天下《あめのした》をおさめた天皇ということから始馭天下之天皇《はつくにしらすすめらみこと》と称した。神武天皇である。以下、奈良朝で定められた漢風諡号《しごう》により天皇の歴代を記す。

神武天皇の妃となったのは、三輪の大物主神《おおものぬしのかみ》と勢夜陀多良比売《せやだたらひめ》との間の娘媛蹈鞴五十鈴媛命《ひめたたらいすずひめのみこと》である。その二神の結婚の経緯は、勢夜陀多良比売が美人との噂を耳にした大物主が、赤い矢に姿を変え、ヒメが用を足すのを見計らって、川の上流からたどりついて結ばれたという。大物主とはオオクニヌシの別名であって、天孫の子孫の神武天皇は、オオクニヌシの国づくりに倣って、大和の国づくりをおこなったことになろう。

さて神武天皇は大和をおさめるべく、功のあった道臣命《みちおみのみこと》を築坂邑《つきさかのむら》に、大来目《おほくめ》を畝傍山の西に居住させ、珍彦《うづひこ》を倭国造《やまとのくにのみやつこ》となし、弟猾《おとうかし》を猛田邑《たけだ》の猛田県主《あがたぬし》、弟磯城《おとしき》を磯城県主に、また剣根《つるぎね》を葛城国造《かずらきのくにのみやつこ》に任じた。国造や県主などの地方豪族の起源を物語っている。大和の国の支配の原型はこの時に定まったとするものである。さらに神武天皇は賊を平定し、海内の無事を宣言して、鳥見《とみ》の山中に「皇祖の天神」を祀り、国中を巡幸して腋上《わきがみ》の丘に登り、そこから見た大和の地形が蜻蛉《かげろう》の尾に似ていたので、この地を秋津洲《あきつしま》と命名した。このように大和に生まれた王も、オオクニヌシのような外来王であり、こうした王のあり方は、その後の日本の歴史を通じて広く見られることになる。

大和王権の物語

神武天皇以後、第九代の開化《かいか》天皇に至るまでの『日本書紀』は、王の事績をほとんど記しておらず、代々の天皇が大和の王として君臨し、父系で継承されていることを語っている。大きな変化は、次の崇神《すじん》天皇の治世に現れた。崇神天皇は、大和の三輪山西麓の磯城《しき》に宮を築き、崇神紀四年十月に「群卿《まえつきみたち》」や「百僚《もものつかさ》」を召し、皇祖《におや》の跡を継承したので、天下安泰のためにともに努力するよう求めた。ここに、天皇を支える群卿《ぐんけい》の存在が初めて記されている。

崇神紀六年、疫病を鎮めるため、宮中で祀っていた天照大神と倭大国魂神《やまとのおおくにたま》を外に移して祀ることとし、大和の各地の神を祀る体制を整えていった。天皇は政治の中心にあるとともに、神祇の主宰者となっていたことが語られている。

崇神紀十年七月、天皇が民を導いて教化するためには、王化を進める必要があるとして、群卿のうちから使者を選んで四方に派遣し、命に従わない者がいれば、兵をもって討つよう指示した。これにともなって北陸道に大彦命《おおひこのみこと》、東海道に武渟川別命《たけぬなかわわけのみこと》、「西道」（山陽道）に吉備津彦命、「丹波」（山陰道）に丹波道主命《たにはのみちぬしのみこと》ら四道《しどう》将軍が派遣されたという。

続いて崇神紀十二年、戸口を調査し、課役を賦課するなど、大和国内の支配を固めた天皇は、倭国全体へと支配を進め、初めて天下が平穏になったとして、「御肇国天皇《はつくにしらすすめらみこと》」と誉め称えられたという。崇神紀十七年に船を初めてつくらせたといい、崇神紀六十五年、任那《みまな》国が蘇那曷叱知《そなかしち》を派遣して朝貢してきたといい、この時期から朝鮮半島との交流があったことを記す。『日本書紀』における、任那国の初見記事である。

この崇神天皇の治世を受けた次代の垂仁《すいじん》天皇の垂仁紀三年、新羅《しらぎ》王子の天日槍《あめのひやり》が宝物を奉じ来朝したとあって、外交関係が大きな課題になってきた。崇神紀は、この渡来人伝説のほか、出雲の野見宿《のみのすく》禰《ね》が大和の当麻蹶速《たいまのくえはや》と相撲《すまい》をとって蹴殺したという相撲節会《せちえ》の起源説話、皇后が亡くなった際に野見宿禰の進言により殉死の風俗にかえて埴輪を埋納したという埴輪の起源説話など、さまざまな風俗や事物の起源説話を記す。

とくに注目されるのは、垂仁紀二十五年、天照大神の祭祀を皇女の倭姫命《やまとひめのみこと》に託したところ、近江から美濃を回って伊勢に入った命が伊勢神宮を建て、五十鈴川のほとりに斎宮を建てたと記す点で、伊勢神宮の起源説話である。同二十七年には、諸社に武器を献納し、神地《かんち》・神戸《かんべ》を定め、初めて屯倉《みやけ》を設け、河内国の高石池や茅渟《ちぬ》池をつくり、諸国に多くの池溝を開いて農業を盛んにし、仁政に尽くしたという。

垂仁紀三十年、大和の石上《いそのかみ》神宮を物部《もののべ》氏に管理させ、垂仁紀九十九年に亡くなった天皇の陵を守る三宅《みやけ》氏の始祖にも触れるなど、氏の形成が語られているが、これ以前にも崇神天皇から東国統治を命じられた皇子豊城入彦命《とよきいりひこのみこと》が「上毛野君《かみつけの》・下毛野君《しもつけの》の祖」になったと見える。こうして崇神天皇、垂仁天皇の時代に、大和王権の基礎がつくられたとされる。

倭国平定の物語

垂仁天皇に続く景行《けいこう》天皇の代になると、全国平定に向けて積極的に動いたことが語られている。景行紀三年、天皇は紀伊国に赴き、同四年には美濃国に行幸し、十二年に九州で熊襲《くまそ》が叛いたと聞くや、これを討つべく自身が西下し、熊襲梟師《くまそたける》を殺害し、九州を巡行した。同二十七年には、東方に武内宿禰《たけうちのすくね》を遣わして北陸・東方諸国を視察させると、東夷《あずまえびす》の中の日高見国が肥沃な土地で、その蝦夷は勇猛果敢であるとの報告があった。そこに九州の熊襲がまた叛いたので、皇子の日本武尊《やまとたけるのみこと》(ヤマトタケル)を遣わして、熊襲の征討にあたらせた。以下、ヤマトタケルの英雄伝説が語られてゆく。

ヤマトタケルは、酒宴を開いていた川上梟師《かわかみたける》を、童女の姿に変装して謀殺し、翌景行紀二十八年に復命するが、景行紀四十年には東の辺境の民である蝦夷が叛いて、ヤマトタケルがその追討の任に赴くことになる。そこでヤマトタケルは伊勢神宮に参り、叔母の倭姫命から草薙剣《くさなぎのつるぎ》を与えられたが、この剣は、スサノヲが「八俣のをろち」を退治した時に、をろちの身体から出たものである。

剣を授かったタケルは東の国へと向かい、駿河では賊に狩りに誘われて、野で焼かれそうになったが、燧《ひうち》を取り出し、迎え火をつけて難を逃れた。一説によると、草薙の剣がひとりでに出てきて草をはらったとあり、また賊を滅ぼしたその地を焼津《やいづ》という。相模《さがみ》から上総《かずさ》に渡る時には、暴風が海路を遮ったが、妾の弟橘媛《おとたちばなのひめ》が人身御供《ごくう》になって波を押し分け海中に投じたことで、暴風が鎮まって渡海できた。陸奥国《むつのくに》では蝦夷の賊首を戦わずして従え、日高見国から常陸《ひたち》をへて、甲斐国《かいのくに》の酒折宮にやってきたところで、「新治《にひはり》　筑波を過ぎて　幾夜かねつる」と歌って、その日数を伴人に尋ねたところ、灯火の人が「かがなべて　夜には九夜　日には十日を」と唱和した。連歌の始まりとされる。

北武蔵・上野をへて碓氷峠で、東南の地を見渡し「吾嬬《あづま》はや」といったことから、この山の東の諸国が「吾嬬国」と称されるようになったという。焼津と同じくヤマトタケルにともなう地名伝説である。信濃国をへて、尾張で尾張氏の娘を妻とするが、胆吹《いぶき》山に荒神がいると聞いて、単身、退治に向かうも、荒神に祟られ身体が不調に陥り、伊勢国に入ったところ、能褒野《のぼの》で亡くなる。『古事記』はヤマトタケルが次のように歌ったという。

倭《やまと》は　国の真秀《まほ》ろば　たたなづく　青垣　山籠れる　倭し麗し

命の　全《また》けむ人は　畳薦《たたみこも》　平群《へぐり》の山の　熊白檮《くまかし》が葉を　髻華《うづ》に挿せ　その子

大和の国を想う望郷の歌である。ヤマトタケルは白鳥陵《しらとりのみささぎ》に葬られるが、その際に八尋《やひろ》の白鳥となって天に翔け上ったという。ここにおいて崇神天皇に始まる諸国平定の話は、ヤマトタケルによる武力征圧によって完成を見たことになる。後世、この英雄物語を原型として、多くの悲劇的英雄の物語がつくられていった。

『古事記』『日本書紀』の語る神話世界は、多くの起源伝説を記し、古代人の世界観を伝えるもので、神話であるだけに日本の伝統文化の基層に関わっている。ただ雄略天皇の時代からは、多くの文献が現れ、歴史的事実との関わりが深くなってゆく。

2　文明化に向けて

文字の使用

現存最古の歌集『万葉集』は、最終的に七八〇年代に完成するが、全二〇巻のうち巻一の前半部分（一〜五三番）は早くに編まれており、その巻頭を飾るのは、雄略天皇作とされる次の歌である。

泊瀬朝倉宮《はつせあさくら》に天の下治めたまひし天皇の代〈大泊瀬稚武天皇《おほはつせわかたけるのすめらみこと》〉

天皇の御製歌

籠《こ》もよ　み籠持ち　ふくしもよ　みぶくし持ち　この岡に　菜摘ます児　家告《の》らせ　名告らさ

ねそらみつ　大和の国は　おしなべて　我こそ居れ　しきなべて　我こそいませ　我こそは
告らめ　家をも名をも（一）　　（　）内は歌番号、以下同じ。

菜を摘む乙女よ、名乗ってほしい、大和の国をことごとくおさめる我であるから、我から名乗るゆえに、と詠む。作った大泊瀬稚武天皇とは、『日本書紀』が雄略天皇の和風諡号を大泊瀬幼武《おほはつせわかたける》と記し、『古事記』も大長谷若建《おほはつせわかたける》と記しており、雄略天皇のことである。同じく現存最古の説話集『日本霊異記《にほんりょういき》』も、次のように雄略天皇の代の話から始まる。

少子部《ちいさこべ》の栖軽《すがる》は、泊瀬の朝倉の宮に、二十二年の天下治めたまひし雄略天皇〈大泊瀬稚武天皇と号す〉の随身《ずいじん》にして、肺脯《しふ》の侍者（身近に仕える者）なりき。天皇、磐余の宮に住みたまひし時

これは雄略天皇に仕える少子部の栖軽が、雄略天皇の寝室に入ってしまい、その罰として雷《いかずち》を捕まえるように命じられた話である。歌や説話の伝承が雄略天皇の時から始まっているのは、それらが文字で記され、伝えられたからであろう。

事実、この時代の刀剣が埼玉県の稲荷山古墳の後円部から出土していて、その両面には漢字が刻まれている。「辛亥年七月中記、乎獲居臣、上祖名意富比垝」とあり、この読みは「辛亥の年七月中、記す。ヲワケの臣。上祖の名はオホヒコ」となる。以下、被葬者の「ヲワケの臣」の代々を記し、刀剣の裏には、「ワカタケ（キ）ル（ロ）の大王」の宮に「杖刀人の首（大王の親衛隊）」として奉仕してきたことが記されている。

「ワカタケ（キ）ル（ロ）の大王」とは、雄略天皇の和風諡号の「幼武《わかたける》」に基づくもので、その「辛亥年」は四七一年にあたる。このことから五世紀後半には明確に文字が使用されていたことがわかった。さらに熊本県玉名《たまな》郡所在の江田船山古墳からも、刀剣が出土し、その銘文に「治天下獲□□□鹵大王世、奉事典曹人名无利弖」とあるのが、「ワカタケル大王」と読めるので、雄略天皇に比定され、被葬者の「ムリテ」は、雄略天皇の宮中で、文を司る職掌の「典曹人《てんそうにん》」として仕えていたとある。

東西日本の古墳から同じ王の名を記した刀剣が出土したが、この事実は、大和政権の支配が広域に及んでいたことで、文字の使用により政治支配が浸透していたことを意味する。上からの命令や伝達が文字でなされて、行政制度がしかれ、日本列島は文明化に向けて動き出していた。ではその画期的

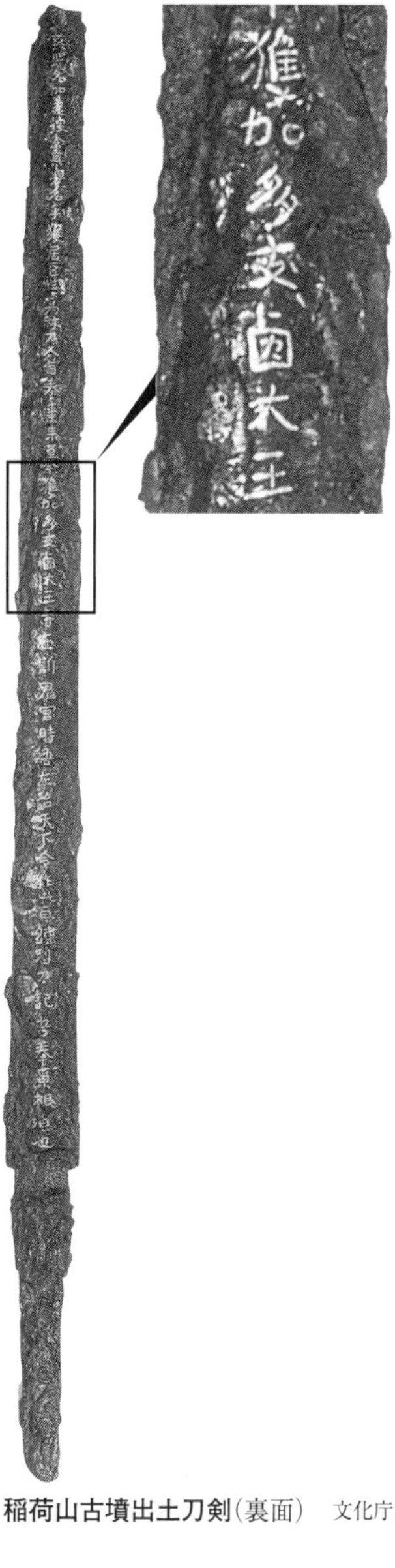

稲荷山古墳出土刀剣（裏面）　文化庁蔵

な雄略天皇の時代はいかなる時代で、文明化はいかに進められたのか、見てゆこう。

大型古墳から文字へ

中国の史書『宋書』の倭国伝に、雄略天皇は「倭王の武《ぶ》」として見える。倭王の興《こう》の弟であって、位につくと、宋の順帝の昇明二年(四七八)に使者を派遣し、次のような上表文を提出した。「使持《しじ》節《せつ》・都督《ととく》倭・百済《くだら》・新羅・任那・加羅《から》・秦韓《しんかん》・慕韓《ぼかん》七国諸軍事、安東大将軍、倭国王」と名乗って、我が国は辺境の地にあるが、先祖からの偉業により、東は毛人の五五カ国を、西は衆夷の六六カ国を、そして北は渡って九五カ国を支配下においたことを、誇り高く語った。

この三年前に高句麗《こうくり》が百済の都漢城《かんじょう》(今のソウル)を陥落させるなど、高句麗・新羅・百済の対立抗争により朝鮮半島が緊迫した情勢にあったことから、倭王が使節を派遣したもので、これに応じて中国の皇帝は、武に対し先の「七国諸軍事」のうち百済を除いたほかを認めている。朝鮮半島情勢から多くの渡来人がきており、倭王武の上表文を書いたのはその渡来人と考えられ、彼らを活用するなか、文字が使用されるようになったのであろう。

文字の普及と関連して、巨大な前方後円墳が姿を消す。武以前の倭の五王の時代には、大型古墳が大阪平野南部で次々とつくられていた。そのうちの古市《ふるいち》古墳群は、大阪の河内平野の羽曳野《はびきの》市から藤井寺市にかけて広がり、百舌鳥《もず》古墳群は堺市北西部の上町台地に続く台地上に広がっていて、東西、南北ともそれぞれ約四キロの範囲に分布している。

古市古墳群の誉田御廟山古墳《こんだごびょうやま》は、墳丘の長さが四二〇メートルで三段築成されており、これに続くのが列島最大規模の百舌鳥古墳群の大山古墳《だいせん》(伝仁徳天皇陵)で、墳丘が五〇〇メートル近くもあって、三段築成、三重の濠がめぐり、多くの陪冢《ばいちょう》が存在する。大型の前方後円墳は地域統合のモニュメントとして登場したもので、それが継続されてつくられたのは、埋葬された王の王統が形成されてきたことを物語っている。畿内地方に生まれた大和王権が日本列島を統合したことをも示している。

しかし、その巨大古墳が姿を消し、雄略天皇の墳墓は巨大な前方後円墳ではない。もはや巨大な古墳の造成によって統合を示す必要はなくなり、文字の使用による集権化が進んだのである。雄略天皇が各地の有力な首長たちを組織するとともに、畿内豪族の葛城《かつらぎ》氏、中国地方の豪族吉備《きび》氏など優勢な力を削ぐことに腐心したことを『日本書紀』は伝えている。

儒教と仏教の流入

雄略天皇に始まる国内支配の強化も、順調には進まず、集権化が進められるなかで多くの混乱が起きた。雄略天皇の死後、第三子の清寧《せいねい》が位につくも、五年にして亡くなり、清寧に皇子がいなかったため、播磨《はりま》にあった履中《りちゅう》天皇の孫を探して立てられたが(顕宗《けんそう》天皇)、在位わずか三年で亡くなり、弟の仁賢《にんけん》が位についた。しかし仁賢もまた在位一一年で亡くなり、その子武烈《ぶれつ》が位につくが、武烈紀八年(五〇六)に武烈天皇が後嗣を定めず亡くなると、もはや王位にふさわしい男子王族はいなくなった。王族の内部対立や、地方豪族や畿内豪族の反発などが続いたからであろう。

そこで大連《おおむらじ》の大伴金村《かなむら》、物部麁鹿火《あらかひ》、大臣《おおおみ》の巨勢男人《こせのおひと》らが協議し、越前にいた応神天皇五世の孫男《お》大迹《おど》王を迎え、翌年、王は河内の樟葉《くすは》宮で即位し、武烈天皇の姉妹を皇后とした。この継体《けいたい》天皇は畿内の豪族に擁立された存在であり、政治はその豪族の連合により推移してゆくことになる。

継体新王統の形成とともに政治が安定化し、朝鮮半島との交渉が密になっていった。継体紀七年(五一三)、百済の武寧王《ぶねいおう》が五経博士《ごきょうはかせ》の段揚爾《だんようじ》を派遣、段揚爾は儒教の経典『易経《えききょう》』『詩経《しきょう》』『尚書《しょうしょ》』『礼記《らいき》』『春秋《しゅんじゅう》』の五経を講じた。継体紀十年(五一六)には漢高安茂《あやのこうあんも》が代わって渡来し、以後、継続的に五経博士が送られてきて、儒教が倭国に入ってきた。

仏教も伝来した。平安時代の歴史書『扶桑略記《ふそうりゃっき》』によれば、継体紀十六年(五二二年)に司馬達等《しばたっと》(止利《とり》仏師の祖父)が来朝し、大和高市郡に本尊を安置し、「大唐の神」を礼拝した、とある。すでに渡来人が私的に仏教をもたらし、仏像や経典を伝えていた。

しかし本格的に入ってきたのは、五三八年と見られる。『上宮聖徳法王帝説《じょうぐうしょうとくほうおうていせつ》』『元興寺伽藍縁起《がんごうじがらんえんぎ》幷流記資財帳《ならびにるきしざいちょう》』は、欽明《きんめい》天皇の「戊午年」に百済の聖明王が仏教を伝えたとする。ただ『日本書紀』の欽明天皇の治世期(五四〇~五七一)には、戊午の干支年が存在せず、もっとも近い戊午年は宣《せん》化《か》天皇紀三年(五三八)であり、欽明紀六年(五四五)九月に天皇のために聖明王が丈六(一丈六尺)の仏像をつくって任那に送っていることなどから見て、五三八年説が有力視されている。

この間の政治の推移は、継体の死後、長子の安閑《あんかん》天皇、第二子の宣化天皇に続いて、その異母弟の欽明天皇が五三九年に即位した。欽明紀十三年(五五二)十月、百済の聖明王が使者を派遣し、釈迦仏の金銅像や経論などとともに仏教流通の功徳を称えた上表文を献上したと記している。仏教は六世紀の中葉には倭国に公の形でもたらされたのである。

仏像を見た欽明天皇は、西隣の国の仏は美しく未だ見たことのないものであり、これを拝すべきかどうかと群臣に諮問すると、蘇我稲目《いなめ》が、西の諸国はみな仏を拝礼している、と受け入れを勧めた。しかし物部尾輿《おこし》・中臣鎌子《かまこ》らは、我が国の王の天下のもと天地に百八十の神がおり、今改めて蕃神を拝するならば、国神たちの怒りをかう恐れがある、と反対を表明した。崇仏・廃仏の意見が二分したのを見て、欽明天皇は仏教への帰依を断念するが、蘇我稲目には仏像を授け、私的な礼拝や寺の建立のみを許可したので、稲目は飛鳥の小墾田《おはりだ》の家に安置したという。

仏教文化の背景をなす美意識

欽明天皇は何よりも仏像の素晴らしさに心を打たれた。「西蕃《にしのとなりのくに》の献《たてまつ》れる仏の相貌端厳《かおきらきら》し」(仏の顔が美しい)と、臣下に語ったという。それが金銅の釈迦如来であったことに注意を向けるならば、当時の古墳への埋葬品に伝来する金銅製品が浮かび上がってくる。奈良県橿原市の新沢千塚《にいざわせんづか》古墳からは金製の冠飾りや装身具などが出土し、五世紀後半に渡来人がもたらしたと見られている。熊本県の江田船山古墳からも、広帯式金銅製冠・金製垂飾付耳飾・金銅製帯金具など多数の金銅金具類が出土している。

色彩面に注意を向けると、北九州では、墳墓の中の装飾が鮮やかな装飾古墳がつくられている。五世紀後半の千金甲《せこんごう》一号墳(熊本市)は石障が強烈な赤色に塗られており、赤・青・黄色に文様が塗り分けられている。六世紀前半のチブサン古墳(熊本県山鹿《やまが》市)は、石屋形の内壁に、三角形や円が描かれ赤・白・青で塗られ、人物や怪物も描かれている。

さらに造形美という点では、古墳に立てられた埴輪に五世紀後半から動物埴輪や人物埴輪が増えてくる。六世紀前半の「振り向く鹿の埴輪」(松江市平所《ひらどころ》遺跡)は、後方からの危険を察知したその瞬間の鹿の表情をとらえており、「琴を弾く男子埴輪」(前橋市朝倉遺跡)は、髪を結った可愛らしい楽人の男子の姿である。六世紀前半の「短甲着用の武人男子埴輪」(熊谷市上中条《かみちゅうじょう》出土)、「大刀を持つ巫女《みこ》の埴輪」(群馬県太田市塚廻《つかまわ》り古墳)は、武を強調した埴輪であって、六世紀中頃の「冠をかぶる男子埴輪」は、赤く彩った三角形を基本に造形されている。

このような美意識と造形美とがあいまって、金銅の仏像に天皇が目を瞠《みは》るようになったのであるが、それは蘇我氏など多くの人々の心をもとらえたのであり、仏教文化はここから展開することになる。

欽明紀十四年(五五三)五月、河内の泉郡の茅渟《ちぬ》の海で梵音がする、との報告があって、使者を派遣したところ、楠《くすのき》が海に浮かんでおり、それを献上された天皇は、画工に仏像をつくらせている。

五七一年四月に欽明天皇が亡くなり、位についた欽明天皇第二子の敏達《びだつ》天皇は、「仏法を信けたまはずして」と、仏法を信じずに文学や歴史を好んだというが、敏達紀六年(五七七)に百済の威徳王《いとく》から、経論や律師《りっし》・禅師・比丘尼《びくに》などの僧、造仏工、造寺工などを献上されると、それらを難波の大《おお》別王《わけのおおきみ》の寺に安置、配置した。その二年後には、新羅からも仏像が献上されている。百済・新羅はともに仏教を国家仏教として受容していて、倭国も仏教信仰の国とみなされていた。

女帝誕生と仏教興隆

蘇我氏は仏教の受容に積極的で、蘇我稲目の子馬子《うまこ》は、敏達紀十三年(五八四)に百済からの弥勒《みろく》の石像をうけると、仏殿を宅の東につくって法会を営み、翌年に大野丘に塔を建て、司馬達等が得た舎利をおさめた。司馬達等の娘は出家を願い出て道場を開き、高麗の僧恵便を師として日本人最初の出家者となった。

しかし、敏達天皇は仏法を信じない立場をとっていたので、物部守屋《もののべのもりや》らは、仏教崇拝が原因で疫病が広がったとして、大規模な廃仏毀釈《きしゃく》を実施し、仏像の廃棄、伽藍を焼却、尼僧らの衣服を剥ぎ取った。

敏達紀十四年(五八五)八月、天皇が亡くなり、欽明天皇の第四皇子用明《ようめい》天皇が位につくと、一転して用明天皇は「仏法を信《う》けたまひ、神道《かみのみち》を尊びたまふ」と、神仏ともに尊崇する立場をとった。用明紀二年（五八七）、病気になった天皇は、「朕《われ》、三宝に帰《よ》らむと思ふ。卿等議《いましたちはか》れ」と、初めて天皇として仏法僧の「三宝に帰依《きえ》」することを表明し、対策を群臣にはかった。当然、物部守屋は猛反対し、蘇我氏は詔に従うべきと主張した。八月、用明天皇が亡くなると、これを機に馬子は、欽明天皇の皇子穴穂部皇子《あなほべのみこ》と、その皇子を天皇に推す物部守屋を滅ぼし、泊瀬部皇子《はつせべのみこ》を位につけた（崇峻《すしゅん》天皇）。

続いて崇峻紀五年（五九二）に馬子は崇峻天皇を暗殺し、十二月、欽明天皇の皇女で敏達天皇の皇后であった額田部皇女《ぬかたべのひめみこ》が飛鳥の豊浦《とゆら》宮で即位するが（推古天皇）、この即位について『日本書紀』は群臣が擁立したものと記す。史上初の女帝誕生である。

蘇我氏の支援による推古天皇の即位により、仏教は広く受容された。推古紀二年（五九四）二月、天皇は「皇太子と大臣とに詔して、三宝を興隆せしむ」と宣言し、仏教の布教に力を入れていった。これによって三十年後（六二四）には、寺は四六所に達し、僧は八一六人、尼は五六九人に達した。他方で、推古紀十五年（六〇七）に天皇は詔を出して、神祇を祭祀することも勧めた。

推古天皇を支えた蘇我氏は、大和の飛鳥の地に基盤をおき、稲目は、軽《かる》の曲殿《まがりどの》などの居宅があり、馬子は百済から仏舎利《ぶっしゃり》、僧、寺工、瓦博士、画工らを贈られて「元興寺」（飛鳥寺）の建立にあたった。推古紀元年（五九三）に塔が建てられ始め、三年後に完成し、高句麗僧の慧慈《えじ》や百済僧の慧聡《えそう》が住んだ。この頃からの文化を飛鳥文化と呼ぶ。

推古紀十三年（六〇五）四月には、天皇が諸臣との共同による願で仏像をつくることを表明して、止利仏師に丈六の仏像をつくらせ始めると、これを聞いた高句麗の大興王《たいこうおう》が黄金三〇〇両を贈ってきて、翌年、仏像が完成し、金堂に安置された。その境内の発掘から、伽藍配置は一塔三金堂形式で、瓦葺きの礎石建物の金堂が三つもあり、中金堂に安置された釈迦如来像は「飛鳥大仏」と称され、焼損を

飛鳥寺釈迦如来像　飛鳥寺蔵
蘇我馬子の創設した日本最初の本格的寺院法興寺はのち平城（奈良）に移り元興寺となった。元の地の寺は飛鳥寺と呼ばれ今日にいたる。

受けながら今に伝わっている。飛鳥寺は王権と列島の統合を象徴する寺院であった。

文明化の新段階

文明化の新たな動きは、推古紀八年(六〇〇)の遣隋使の派遣に始まる。これまでは朝鮮半島経由による文明化であったが、この時期から直接に中国の文明を摂取することへと進んだ。五八九年に隋王朝が南朝の陳《ちん》を滅ぼして統一王朝を築くと、百済がすぐに、高句麗が二年後に入貢して隋の冊封《さくほう》体制下に入り、新羅も遅れて五九四年に入貢したことから、倭国も遣隋使の派遣となったのである。

遣隋使の派遣について、『隋書』倭国伝は「開皇二十年、倭王、姓は阿毎《あめ》、字は多利思比孤《たりしひこ》、号は阿輩雞弥《おおきみ》、使を遣して闕《けつ》に詣《まい》る」と記し、倭王が、姓をアメ(天)、字をタリシヒコ(天から下られたお方)、号をオホキミ(大王)と名乗っていたという。天孫降臨の考え方に基づくものだが、『日本書紀』に記事がなく、派遣の実際は明らかではない。

この時の遣隋使派遣の結果であろう。推古紀十一年(六〇三)十二月に冠位十二階が定められ、翌十二年四月に十七条の憲法が制定された。冠位十二階の制度では、大徳・小徳・大仁・小仁・大礼・小礼・大信・小信・大義・小義・大智・小智の十二の冠位を制定し、翌十二年正月一日に冠位が諸臣に授けられた。この制度は、天皇が臣下に冠(位冠)を授け、冠の色の違いで身分の高下を表したもので、氏ではなく個人に対して与えられ、世襲の対象とはならず、豪族の身分秩序を再編成したのである。

十七条の憲法は、「皇太子親《みずか》ら肇《はじ》めて、憲法十七条を作りたまふ」と、「皇太子」(聖徳太子)がつくったとされる。内容は、豪族らに臣下としての心構えを示し、天皇に従い、仏法を敬うことを強調するなど、冠位十二階とともに官僚制の整備が意図されていた。

このように国内政治を整えた上で、推古紀十五年(六〇七)に二回目の遣隋使派遣となった。『日本書紀』に「大礼小野妹子《おののいもこ》を大唐に遣す」とあり、早速、大礼となった小野妹子が派遣された。この時の倭王が隋皇帝煬帝《ようだい》に宛てた国書には、「日出づる処の天子、書を日没する処の天子に致す。恙《つつが》無きや」と書き始められていたので(『隋書』)、煬帝が立腹し、外交担当官の鴻臚卿《こうろきょう》に「蕃夷《ばんい》の書、無礼なるものあらば、また以て聞するなかれ」と、今後は無礼な蕃夷の書を見せるな、と命じたという。

「日出づる処」「日没する処」の表現は、仏教書『大智度論《だいちどろん》』に「日出処是東方、日没処是西方」とあるもので、東西の方角を表す仏教用語であり、他意はなかったが、遣隋使は朝貢により仏教や先進的文物を学ぶことを目的としており、使用すべき表現ではなく、煬帝を立腹させたのである。だが、煬帝は裴世清《はいせいせい》を返礼として倭国に派遣している。おそらく隋と対立していた高句麗が倭国と通交していたことへの警戒や、倭国の国情を知り、教導したかったのであろう。

翌年に返礼の使者を迎えた倭国は、一緒に帰国した妹子が持ち帰った隋の礼書『隋朝儀礼』にそって新館を建て、飾船・飾馬を用意し、衣服と冠をそろえ、盛大に待遇した。裴世清所持の国書は「皇帝、倭皇に問ふ」と始まり、次のように記す(『日本書紀』)。

倭国の皇王は海のかなたにあって、よく民庶を撫で治め、境内が安楽で、風習もおだやかで、志は深く至誠の心があって、遠くからはるばる朝貢してきた。その心をうれしく思う。

これに対する返書の書き出しは「東の天皇、敬みて西の皇帝に白《もう》す」とあり、国際親善の仕組みが整ったことがわかる。なおこの返書に見えるのが天皇号の始まりと考える見方もあるが、後世の潤色の可能性が大である。推古紀十六年(六〇八)には裴世清の帰国にともない、再び遣隋使の派遣となり、大使は小野妹子、通事は鞍作福利《くらつくりのふくり》で、渡来系の留学生八人が同行し、彼らは隋・唐交替期にあって二〇年から三〇年にわたって滞在することになる。その留学生のうちの学生は、倭漢直福因《やまとのあやのあたいふくいん》、奈《な》羅訳語恵明《らのおさえみょう》、高向漢人玄理《たかむこのあやひとくろまろ》、新漢人大圀《いまきのあやひとおおくに》、学問僧は、新漢人日文《にちもん》(のちの僧旻《みん》)・南淵請安《みなぶちのしょうあん》・志賀漢人慧遠《えおん》・新漢人広済《こうさい》らで、彼らは帰国して、倭国の文明化に大きな役割を果たした。

3　文明国家への道のり

聖徳太子の政治

『古事記』は推古天皇の記事をもって、「小治田《おはりた》宮に坐して、天の下を治むること、卅七歳ぞ〈戊子年の三月の十五日癸丑《きちゅう》の日に崩《なくな》りましき〉」と、その治世と陵墓を記して全巻を終える。推古天皇で終えるのは、この時代までが、『古事記』の編まれた奈良朝にとっての「古代」だからである。

古代はこの推古天皇の時代が一つの到達点であり、ここから新たな時代が出発するが、それを象徴するのが聖徳太子である。

推古紀元年(五九三)四月条に、「厩戸豊聡耳皇子《うまやどのとよさとみみのみこ》を立てて皇太子《ひつぎのみこ》としたまふ。よりて録《まつりごと》摂《ふさね》政《つかさど》らしめ、万機を以ちて悉《ことごとく》に委《ゆだ》ぬ」とあって、推古天皇は厩戸皇子(聖徳太子)を皇太子として万機を摂政させたとある。太子の父は推古の同母兄の用明天皇、母は推古異母妹であり、この関係から皇太子とされたと見られるが、当時、太子はまだ一九歳であって、摂政ということはありえない。

太子の存在をこう位置づけることで、『日本書紀』は新たな政治が始まったと見たのであろう。そもそも聖徳太子という名も後世に理想化されて名づけられたものである。その名は『古事記』になく、『日本書紀』では推古天皇の記事に「東宮聖徳」と記すも、「聖徳太子」とはない。没後一〇〇年以上をへて編纂された『懐風藻《かいふうそう》』に初めて見える。

その太子の主要な事績は次の五点からなるが、すべてを太子がおこなった確証はない。

(1) 遣隋使を派遣して中国の文物を取り入れた。

(2) 十七条の憲法を定めて政治のあり方を示した。

(3) 冠位十二階を定めて人材の登用をはかり、身分を整えた。

(4) 四天王寺の造営や経典の注釈書を著して、仏教の興隆に努めた。

(5) 天皇記・国記・臣連伴造国造百八十部・公民等の本記を編纂した。

これらを推進した太子の政治は、東アジアの小国が文明国家を形成してゆくためのものであり、遣隋使を派遣して、隋の進んだ文化や制度を輸入し、仏教の興隆に努め、過去の歴史をまとめたのである。十七条の憲法にはそうした文明化の精神が端的に示されている。

この憲法は全文が『日本書紀』に記されているが、それまでの『日本書紀』にはない書き方となっていて、しかも第十二条に「国司・国造、百姓に斂《をさめと》ることなかれ」と、当時にない「国司」という表現があることから、内容が疑問視されている。ただ『日本書紀』編集時におけるまったくの創作とは考えがたく、何らかの太子の言説があり、それに追加されたものと考えるべきであろう。

十七条の憲法

憲法第一条は「和を以《も》ちて貴《たふと》しとし、忤《さか》ふること無きを宗とせよ」、第二条は「篤く三宝を敬へ」、第三条は「詔を承りては必ず謹《つつし》め、君は天なり、臣は地なり」とある。この三カ条には、和の精神、仏教の尊崇、君臣の秩序などの一般原則が記されており、これらを聖徳太子の言説と見てもまったく問題はない。

第四条は「群卿《ぐんけい》・百寮《はくりょう》、礼を以ちて本とせよ」と始まる群卿・百寮が対象の条文で、礼が強調されている。五条は訴訟には公平にあたるよう求め、六条は勧善懲悪を勧めていて、いずれも群卿・百寮を対象とする条文である。続く七条は「人各任有《にんあ》り」と始まって、広く人々を対象に任用すると記している。

ここまでが一区切りになろうか。というのも八条は、「群卿百寮、早く朝《まゐ》りて晏《おそ》く退《まか》でよ」とあって、再び群卿・百寮を対象としていて勤務の精励を求め、以下、九条「信は是《これ》義の本なり」、十条「忿《ふん》を絶ち瞋《しん》を棄て、人の違ふことを怒らざれ」、十一条「功過を明察して、賞罰は必ず当てよ」まで、いずれも群卿・百寮を対象に政務の遂行上の心得を記す。続く十二条では「国司・国造、百姓に斂ることなかれ」と、国司・国造など地方官が対象となり、十三条は「諸の官に任《よさせ》る者、同じく職掌を知れ」と諸官が対象、十四条からは群臣・百寮対象の条文が続く。

こうした構成からは、第三条までが最初に定められ、それに第七条までが追加され、さらに第十三条まで、最後に第十七条までが追加されていったといういくつかの段階が想定できよう。太子がこれらのどの部分の制定に関わったかは明らかでないが、太子制定の憲法として大きな影響を与えることになったのである。

以下、文明国家の足取りは、遣隋使の派遣に続く遣唐使の派遣による文物の輸入へと続き、政治制度の整備、律令法の制定と段階的に進んでいった。そのステップにおいて重要なのが、大化二年(六四六)正月の孝徳天皇による改新の詔である。それらは四カ条からなる。

(1) 天皇支配下の子代の民や屯倉、臣・連・伴造・国造・村首《むらおびと》らが支配する部曲の民や田荘《たどころ》の停止。

(2) 京師《みやこ》を整え、畿内に国司・郡司・関塞《せきそこ》・斥候《うかみ》・防人《さきもり》・駅馬《はゆま》・伝馬《つたりうま》をおき、鈴契《すずしるし》をつくり、山河の区画を定める。

(3) 戸籍・計帳・班田収授の法を定める。

(4) 賦役《ふやく》を停止し、田の調《みつぎ》を徴収する。

これらも後世の政治や法令を遡らせた可能性が大きいが、重要な一段階であったことは間違いなく、ついで天智紀七年(六六八)に、藤原鎌足が『近江令』を制定したと『藤氏家伝』が記し、そして『飛鳥浄御原令』『大宝律令』の制定へと続いた。その間、仏教信仰の広がりも顕著であった。

仏教信仰と寺院文化

聖徳太子発願になる四天王寺が建てられたのは、六世紀末から七世紀初頭であったことが発掘調査によって明らかにされている。中門、塔、金堂、講堂が一直線に並ぶ伽藍配置は、百済の寺の形式に倣ったものであり、推古紀三十一年(六二三)には新羅から贈られた舎利がおさめられた。

推古紀九年(六〇一)に聖徳太子は斑鳩宮《いかるがのみや》を造営し、斑鳩寺である法隆寺の若草伽藍が隣接して設けられた。その金堂の薬師如来像は、推古天皇と聖徳太子によって推古紀十五年(六〇七)に造立され、続いて舒明《じょめい》紀十年(六三八)に法起寺の金堂・弥勒像がつくられた。

法隆寺に伝わる「玉虫厨子」は、金銅透彫装具の下に玉虫の羽がはめ込まれ、釈迦が我が身を投じて虎の餌となった図が描かれており、太子の妻の橘大女郎《たちばなのおおいらつめ》が、太子が往生したという天寿国の様を刺繡で描かせ、中宮寺に現存する「天寿国繡帳《てんじゅこくしゅうちょう》」とともに飛鳥文化の粋が凝縮されている。釈迦三尊像は聖徳太子の病気平癒を祈って止利仏師が制作にあたり、太子が亡くなった年に完成を見たが、それに込められた美意識と技術の粋からは、文明化の精神性が神秘性の形をとって伝わってくる。

法隆寺は天智紀九年(六七〇)四月に焼失するが、やがて再建され、今に残る世界最古の木造建築である。どっしりとした重厚感の溢れる建築は新時代の息吹を伝え、太い柱のふくらみのエンタシスはギリシアをへて唐に入った文化の国際性を示す。金堂壁画にみる陰影法にも国際性が認められ、それが木造建築のなかで表現されたところに独自性がうかがえる。

仏教文化の広がりとともに大寺院が次々と造営された。敏達天皇の孫の舒明天皇は舒明紀十一年(六三九)に飛鳥からやや離れた地に百済大寺《おおでら》の造営を開始したが、これには九重塔が備わり、飛鳥寺に匹敵する規模を誇った。蘇我氏の一族の蘇我倉山田《くらやまだ》石川麻呂は、山田寺を舒明紀十三年(六四一)に創建したが、その山田寺で自決したための中断を経て、造営が再開され、中門、塔、金堂、講堂が南北に一直線に並んで回廊がめぐる四天王寺式伽藍配置であることが、発掘により明らかになった。天武紀十四年(六八五)には講堂の本尊が完成した。

舒明天皇の皇后であった斉明天皇の死後、その宮が寺として改められた川原《かわはら》寺は、百済大寺に続く国の大寺で、一塔二金堂、三面僧房からなり、天武紀二年(六七三)に一切経の書写がおこなわれた。同年に天武天皇は飛鳥の宮の近くに百済大寺を移して高市大寺と命名するが、これも九重塔をもち、その三年後に大官《だいかん》大寺と改称された。

天皇は天武紀五年（六七六）に使者を全国に派遣し、『金光明経《こんこうみょうきょう》』『仁王経《にんのうきょう》』を説かせた。『金光明経』は、国王は天の子であって生まれたときから守護され、人民を統治する資格を得ている、と説く経典である。

仏教の普及と寺院

仏教文化は、地方へも広がっていた。推古紀三十二年（六二四）に寺は四六所であったが、持統紀三十二年（六九二）には「天下の諸寺、およそ五百四十五寺」と爆発的に増加している。この広がりの様子を伝えるのが景戒《けいかい》の仏教説話集『日本霊異記』である。本書は上・中・下の三巻、上巻に三五話、中巻に四二話、下巻に三九話のあわせて一一六話からなり、話は基本的に年代順に配列されている。

仏教説話集とはいえ、最初の三話はいずれも仏教とは直接関係がなく、四話から八話にかけての推古天皇の時代の話から仏教関係の話となっている。その四話は、聖徳太子を「進止《ふるまい》・威儀《よそおい》、僧に似て行ひ、しかのみならず勝鬘《しょうまん》・法花等の経の疏《しょ》を製《つく》り、法を弘め物を利し、考績功勲《こうしゃくこうくん》の階を定めたまふ、故に聖徳と曰す」と記し、「聖徳」の名の謂《いわ》れについて語り、太子の慈悲の話を載せる。

太子が観遊に出かけた時のこと、道のかたわらで伏している物乞いがいたので、太子が着ていた衣をかけてやった。その帰路、その物乞いはおらず、衣が木の枝に掛かっていると、太子はそれを平然と着たばかりか、その物乞いが他所で亡くなったのを知るや、墓をつくって遺骸をおさめたという。

この話に続くのは、葛城の高宮寺《たかみやでら》に住む法師の願覚《がんかく》の話である。願覚は朝に出て夕に帰る日課をしていて、ある優婆塞《うばそく》がその住む部屋を覗くと、部屋の中は光に溢れ照り輝いていた。その後、願覚が亡くなったので、優婆塞は火葬にし、近江に移り住んでいたところ、願覚という法師がいるとの話を聞いて会うと、まさにかの願覚であった。

五話は、紀伊の名草郡の大伴連の先祖の大伴「屋栖野古《やすのこ》の連《むらじ》の公《きみ》」が、仏法僧の三宝を信じてまつり、現世で果報を得たという。編者の景戒が名草郡出身の僧なので、その先祖の話と考えられる。六話は、高句麗で学んだという老師行善《こうぜん》の話、七話は、百済の禅師弘済《こうさい》が亀を助け、亀に助けられた話、八話は、義禅師《ぎぜんじ》が耳の聞こえなくなった人を救った話である。多くは因果応報に関わる説話であって、仏教の民間流布は、こうした因果応報に関わる説教とともに広がったのである。

地方でも多くの寺院がつくられたが、その造営にあたった話もある。七話は、百済救援に加わった備後《びんご》三谷郡の郡領が三谷寺を造営しているが、広島県三次市の寺町廃寺の調査によって、それが史実と確かめられている。一七話は、伊予の越智《おち》郡大領が百済救援の敗戦から帰国後、郡を立て寺をつくることを天皇に認められた話で、伊予の久米評《こおり》に付属する寺院跡が発掘されている。

寺院の多くは瓦葺きで、その瓦には川原寺式の軒丸瓦が多いことが発掘によって明らかにされており、七世紀後半の白鳳文化に因んで白鳳寺院と称されていて、北の陸奥国の伏見廃寺から西は肥後《ひご》の興善廃寺まで、六〇〇カ所以上に及ぶ。文献には多く郡の呼称のついた郡寺の存在が見えており、郡

（評）を単位に寺院は造営されていった。天武紀十四年（六八五）に「諸国に家ごとに仏舎をつくり、すなわち仏像及び経を置き、礼拝供養せよ」という詔が出されており、僧尼に寺で天皇や国家のための祈禱に専念するよう求め、仏教は国家仏教として広がった。

和歌文化の成立

和歌の文化は聖徳太子の次の時代から広がった。『万葉集』は雄略天皇の歌に続いて、舒明天皇の次の歌を載せている。

高市《たけち》岡本宮に天の下治めたまひし天皇の代〈息長足日広額《おきながたらしひひろのぬか》天皇〉

天皇、香具山に登りて望国《くにみ》したまふ時の御製歌

大和には　群山あれど　とりよろふ　天の香具山　登り立ち　国見をすれば　国原は　煙立ち立つ　海原は　かもめ立ち立つ　うまし国そ　蜻蛉島《あきつ》　大和の国は（二）

大和には多くの山があるが、とくに頼もしい天の香具山に登って国見をすると、広い平野には竈の煙が上り、水面にはカモメが飛び立っている。ほんとうに良い国だ、大和の国は、と詠む。王が高所に登って国を見て、国の形勢を判断する国見の行事での喜びを謡った。

斉明紀四年（六五八）、孝徳天皇の遺児有馬皇子が、謀反を起こそうとしたとして処刑される事件が起きたが、紀伊白浜に護送された皇子は一切釈明せずに次の歌を詠んだという。

有馬皇子自ら傷《いた》みて松が枝を結ぶ二首

岩代の　浜松が枝を　引き結び　真幸《まさき》くあらば　またかへり見む（一四一）

家にあれば　笥《け》に盛る飯《いひ》を　草枕　旅にしあれば　椎の葉に盛る（一四二）

幸いにも家に帰ることができればよいが、と詠んだが、その願いもむなしく終わった。その二年後の斉明紀六年（六六〇）年、百済が唐・新羅の連合軍に攻められ滅んだ報が入ると、百済の遺臣からの救援依頼がで、斉明天皇は救援を決定し、自身も九州に下った。その一行が伊予に寄港した時、額田《ぬかたの》王《おおきみ》が詠んだというのが次の歌である。

熟田津《にきだつ》に　船乗りせむと　月待てば　潮もかなひぬ　今は漕ぎ出でな（八）

山上憶良《やまのうえのおくら》編の『類聚歌林《るいじゅうかりん》』は斉明天皇の歌と記すが、天皇が額田王に代作させたと見られている。額田王は大海人皇子との間に十市皇女《とおちのひめみこ》を生んだ歌人で、「あかねさす　紫野行き　標野《しめの》行き　野《の》守《もり》は見ずや　君が袖振る」（二〇）などの秀歌が多い。なお斉明天皇は伊予で諸国からの徴兵を待ったが、石湯行宮《いしゆあんぐう》こと道後温泉で病気療養をするためであった。

和歌の文化は宮廷歌人の柿本人麻呂の登場とともに耀きを増した。後世に歌聖と称されるようになるが、その出自は明らかでない。

さざなみの　志賀の辛崎《からさき》　幸きあれど　大宮人の船待ちかねつ（三〇）

ささの葉は　み山もさやに　さやげども　吾は妹をおもふ　別れ来ぬれば（一三三）

淡海の海　夕波千鳥　汝が鳴けば　心もしのに　いにしへ思ほゆ（二六六）

最初の歌は、天智天皇の造営の近江宮が荒れてしまった様を詠んだ「玉襷《たまたすき》　畝傍の山の」と始まる長歌（二九）への反歌で、続くのは石見国の妻と別れて詠んだ歌である。

漢詩文化の広がり

文化の広がりに大きな影響を与えたのが、舒明紀二年（六三〇）から派遣した遣唐使が将来した文物である。最初の遣唐使は、大使が犬上御田鍬《いぬかみのみたすき》、副使が僧恵日《えにち》であり、第二回は白雉《はくち》四年（六五三）、第三回はその翌年、第四回は斉明紀五年（六五九）である。

隋・唐から帰った留学生の恵日は、唐が「法式」の備わった国で、常に交流すべきであると奏上し、倭国でも方式を定める方向へと進んだ。高向玄理と僧旻は、国博士《くにはかせ》に任じられて大化の改新政治に参画した。その改新政治を進めた中大兄皇子（天智天皇）と中臣鎌足（藤原鎌足）は、ともに留学生の南淵請安の私塾で周孔《しゅうこう》の教えを学び、その往復の道すがら蘇我氏打倒の密談をするようになったという。

改新の詔を出した孝徳天皇は、仏法を尊び、神道を軽んじ、その人となりは柔仁で、儒学を好み、貴賤を選ばず登用した、と評され、その旧俗矯正の詔は、薄葬令と称される儒教的秩序に基づく造墓規制と風俗統制からなっている。

第五回の遣唐使の派遣は天智紀四年（六六五）、第六回は天智紀八年（六六八）であり、漢詩集『懐風《かいふう》藻《そう》』によれば、この近江朝の安定した政治による平和が詩文の発達を促し、多くの作品を生んだという。『懐風藻』は天平勝宝《しょうほう》三年(七五二)成立で、編者は「余が撰此の文を撰ぶ意は、将に先哲の遺風を忘れずあらむが為なり。故、懐風を以て名づくるぞ」と、昔の賢者哲人の遺風を忘れないために編んだという。一一六首の詩はほとんどが五言詩であり、作風は中国の風雅な六朝詩の影響が大きいとされる。

近江朝から奈良朝までの六四人の作者は、天皇や大友・川島・大津などの皇子、諸王・諸臣・僧侶で、そのうち大友皇子、大津皇子、僧正智蔵《ちぞう》師、式部卿葛野《かどの》王、弁正《べんしょう》法師、律師道慈《どうじ》師、中納言石上朝臣乙麻呂《おとまろ》については、とくに撰者により伝記が加えられている。なかでも天智天皇の皇子である大友皇子は、『懐風藻』に唐の使節の劉徳高《りゅうとくこう》から「風骨世間の人に似ず、実にこの国の分に非ず」と高く評価され、巻頭に「侍宴述懐《たいえんじゅっかい》」の詩が載る。

皇明《こうめい》　日月と光《かが》き、帝徳　天地と載す。三才　並びに泰昌《たいしょう》、万国　臣義を表す。

天武天皇の皇子の大津皇子は、天皇の死後に謀叛を理由に死を賜った。風貌たくましく音吐《おんと》朗々として才学があり、文筆を愛し、「詩賦《しふ》」はこの皇子に始まったといわれたほどの逸材というが、そのことの故に除かれたのであろう。辞世の句を載せる。

金烏《きんう》　西舎《せいしゃ》に臨み、鼓声《こせい》　短命を催《うなが》す。
泉路に　賓主《ひんしゅ》無し、この夕　家を離れ向かふ。

藤原京造営と大宝律令

六七二年の壬申の乱で天智天皇後継の近江朝廷方に勝利した天武天皇は、国家の制度整備を強力に推し進め、政治・文化の中心となる宮都の造営に着手した。永続的な都を建設する抱負から適地を探し、天武紀五年（六七六）に「新城」の造営に取りかかった。

天武紀十年（六八一）、天武天皇と皇后は、律令の編纂を始めることを告げ、翌年に南西諸島の「多《た》禰《ね》」（種子島）、「掖玖《やく》」（屋久島）、「阿麻弥《あまみ》」（奄美大島）の人々に禄を下し、東北地方の蝦夷には冠位を授け、ここに国土の領域がほぼ整った。全国に使者を派遣して国堺を画定し国司の任務を定め、国司制や畿内七道制の地方行政機構も整った。

天武紀十三年（六八四）には八色《やくさ》の姓を定め、氏姓制度を全面的に再編成して、皇族の裔を真人《まひと》、旧来の臣《おみ》の氏族を朝臣、連の氏族を宿禰《すくね》とした。そのかたわら官人と畿内の武装強化を図り、「政の要は軍事」として文武の官と諸人に用兵と乗馬を習うよう命じ、地方軍制も整えた。この年には宮室の地を定め、工事を開始した。

天武紀十五年（六八六）五月、天皇は病に倒れ、七月に亡くなるが、三年後に律令の令のみが発布され（「飛鳥浄御原令《あすかきよみはら》」）、これにともなって中央の官庁として政務を総括する太政官以下の官庁が置かれた。後の「大宝令」「養老令」とは細かな点で異なるが、実質的意義や内容は同じで、天武・持統政権のもとで、日本の律令体制の基礎が定まった。

造都は天皇の死によって中断したが、持統天皇の手で進められて完成し、持統紀八年(六九四)に持統天皇は藤原宮に移った。この日本最初の本格的都城藤原京は、東西九二八メートル、南北九〇七メートルのかつてない広大な規模で、内裏や瓦葺きの大極殿、朝堂、宮城門などが計画的に配置され、多大な労働力と時間、費用をつぎ込んで完成した。十条四方のほぼ正方形の条坊制がしかれ、中国の『周礼《しゅうらい》』の「考工記《こうこうき》」の記述と合致する。

持統天皇は天武天皇が病気平癒を祈願して造営を始めた薬師寺も完成させ、勅願寺とした。藤原京の地から天皇が詠んだ歌が「春過ぎて　夏来るらし　白たへの　衣干したり　天の香具山」(二八)である。

藤原京近くの天武天皇陵に合葬された。天武・持統天皇の陵墓周辺には多くの陵墓が築かれており、キトラ古墳や高松塚古墳の内部の装飾された壁画には四神が描かれ、高松塚古墳の東壁の男子群像や西壁の女子群像(口絵参照)からは、唐代の人物画の強い影響がうかがえる。

第二章　律令国家と伝統文化

1　律令国家の国制と文化

律令制への始動

持統天皇の譲位により即位した文武天皇が「大宝令」を制定した大宝元年(七〇一)から、平城天皇が嵯峨天皇に譲位する弘仁四年(八〇九)までの約百年間を本章は扱う。この時期の日本は本格的な律令国家の道を歩み始め、仏教文化が広がり、それに付随してさまざまな文化が形成された。

『日本書紀』に続く官選の国史『続日本紀《しょくにほんぎ》』の大宝元年(七〇一)正月七日条は、藤原宮の大極殿に文徳《もんとく》天皇が出御し、臣下の朝賀を受けた際の記事である。新羅の使節も参列するなかでの宮廷儀礼があって、「文物の儀、これに備れり」と誇らしく記したのは、法令が完備した国家になったという自負に基づいていた。その直後、久しぶりに遣唐使を派遣することを定め、三月に、対馬から金の貢進があったことを記念して大宝に年号を改元し、同日に大宝令を施行している。

その令に続いて、残る律の条文が作成されて「大宝律令」が完成するが、その制定には、刑部《おさかべ》親王・藤原不比等《ふひと》・粟田真人《あわたのまひと》・下毛野古麻呂《しもつけのこまろ》らが携わった。「律」六巻・「令」一一巻で初めて律と令がそろった形で成立した。律令の条文は現存しないが、天平宝字元年(七五七)に施行された「養老律令」が「大宝律令」を継承しており、復元されている。

律令を全国一律に施行するため、大宝元(七〇一)八月に西海道以外の六道に明法博士《みょうぼう》を派遣して新令を講義させ、翌年には「大宝律」を諸国に頒布し、さらに「大宝律令」を諸国に頒布している。ここに国家の支配領域(東北地方を除く本州、四国、九州の大部分)での統治・支配の仕組みがほぼ一律的に及ぶようになり、国制が定まった。

大宝二年(七〇二)、遣唐使の粟田真人は、大宝令を携えて唐(則天武后《そくてんぶこう》が新たに建てた武周《ぶしゅう》)に渡って、「日本国の使者」であると伝えると、国号が倭から日本にかわったことをわかってもらえたという。粟田真人はかつて遣唐使船に留学僧として随行、唐で学問をおさめて帰国後に還俗《げんぞく》して朝廷に仕え、「大宝律令」の編纂に参画し、遣唐使に任じられたのであり、その際に天皇から節刀《せっとう》を授けられた。軍事大権を象徴する節刀授与の初例である。真人は則天武后に謁見し、「好く経史を読み、属文を解し、容止(容姿)温雅なり」と評され、司膳員外郎《しぜんいんげろう》に任じられた。

この時の遣唐使には、宮廷歌人の山上憶良や僧の道慈もいた。憶良が唐にあって国のことを思って詠んだ「いざ子ども早く日本へ　大伴の　三津の浜松　待ち恋ひぬらむ」(六二)の歌の「日本」とは、国号の日本であって、それが認められたことを踏まえ詠んだのである。道慈は宮中で『仁王経』を修するために派遣され、三論《さんろん》宗に精通し、帰国すると平城京の大安寺造営に関わった。

律令制のしくみ

大宝律令制定の意義の第一は、中国(唐)の方式を基準とした制度への転換である。官位を一位、二位などの数字によって上下関係を示す中国式に変え、その位階秩序にそって官職を対応させた官位相当制をとった。五位以上が貴族と称され畿内豪族が独占し、特権が与えられた。地方では、「評」から「郡」に呼称が変わり、郡司がおかれ、地方官制では国・郡・里の単位が定められた(国郡里制)。

意義の第二は、行政法や民法にあたる「令」が、唐令に倣いつつも日本社会の実情に則して改変された点である。中央官制は、天皇を中心とした二官八省(太政官・神祇官の二官、中務省・式部省・治部省・民部省・大蔵省・刑部省・宮内省・兵部省の八省)の機構から構成され、太政官の議政官《ぎじょうかん》は大臣・大納言、それに中納言・参議が追加され、彼らが国政を審議し、天皇に上奏して裁可を得る仕組みである。

第三の意義は、民衆を把握するために公地公民制がとられ、戸籍・計帳が作成され、班田収授や租庸調の税制が導入された点にある。民衆を戸に編成し、五〇戸を里として里長をおき、毎年、戸主に戸の内訳を記す計帳・手実《しゅじつ》を出させた。それを基に課する戸の数を集計した計帳を作成し、その年の庸調の収入を示し、六年に一度、戸籍を作成した。租庸調制の租は、田にかかる税で諸国の正倉におさめられ、調庸は、二一歳から六〇歳の男性にかかる人頭税として、その地の織物や特産物などの雑《ぞう》物《もつ》を課し、庸は本来は、中央での労働が課されていたが、布をおさめることもおこなわれた。

第四の意義は、外来の知識・学問に関わりをもつ部局がつくられたことである。天文・暦日と陰《おん》陽《みょうどう》道の知識を管理する陰陽寮、僧尼の名簿を保管し、寺院を監督する玄蕃《げんば》寮、中国の典籍を講読し、儒教の教養を身につけた律令官人を養成する大学寮などである。その一方で、中国にはない神祇官を太政官と並置し、神祇令によって年間におこなうべき祭を定め、職員令では国司の務めの第一として国内の神社の祭をおこなうものとした。

慶雲《けいうん》四年（七〇七）、文武天皇が亡くなって、元明天皇が即位した。天皇の妹から皇后をへず天皇になった初めての天皇で、これを補佐したのは藤原鎌足の子不比等である。不比等は持統天皇の譲位によって即位した軽皇子《かるのみこ》（文武天皇）擁立に功があり、その後見をして政治の表舞台に出た。

元明天皇付き女官の橘三千代《みちよ》と結婚し、文武即位直後に娘の藤原宮子《きゅうし》が文武夫人となって首皇子《おびと》（聖武天皇）が生れると、娘の光明子《こうみょうし》をその聖武天皇に嫁がせ、大きな力を振うが、特筆される業績といえば、「大宝律令」の編纂に続く平城京の造都にあった。

平城京遷都と風土記

造都は慶雲四年（七〇七）、遷都の審議から始まった。唐の長安城を見聞した遣唐使の報告から、中央集権の帝国にふさわしい新都が求められたのであろう。翌慶雲五年（七〇八）正月、武蔵国秩父から銅が献じられたので、元明天皇は和銅に改元し、和同開珎の銭貨鋳造をおこない、その和銅元年（七〇八)に遷都の詔を出した。和銅三年(七一〇)に遷都となるが、いまだ内裏と大極殿その他の官舎のみが整備された程度であり、寺院や邸宅などは段階的に造営されていった。

平城京は、南北に長い長方形で、中央を貫く朱雀《すざく》大路を軸に東西の右京・左京に分かれ、左京の傾斜地には、二条大路から五条大路にかけ、条坊区画が東四坊大路より東に張り出し、外京《げきょう》が設けられた。東西軸には一条から九条大路、南北軸には朱雀大路と左京の一坊から四坊、右京の一坊から四坊の大路がつくられた。大路で囲まれた部分の坊は堀と築地に区画され、そのなかを東西・南北の三つの道で区切って町としている。

京域は東西約四・三キロ、南北約四・七キロに及び、唐の都の長安を模してつくられたが、羅城《らじょう》はなく、京南面の門が羅城門と称され、形式だけにとどまった。具体的な設計では、大和盆地中央部を南北に縦断する古道の下ツ道・中ツ道を基準としていたと見られている。

道路の両側に街路樹の柳や槐《えんじゅ》が植えられ、側溝が設けられて排水路や水道として機能し、橋が架けられた。側溝にそって築地塀がつくられ、内側が宅地とされた。公務で大宰府から上京した大宰少弐の小野老《おゆ》は、平城京の整備された様子を「あをによし　寧楽《なら》の都は　咲く花の　薫《にほ》ふがごとく　今盛りなり」(三二八)と詠んでいる。

和銅五年(七一二)四月、不比等は郡司の任用試験の対象範囲を四等官全体に拡大し、五月に郡司や人民の評価基準を定め、国司巡行の際の食料の支給基準を定めて租税収入の確保に向けるなど、地方支配を強化していった。和銅年間からは諸国の官庁として国府がおかれていった。

和銅六年(七一三)、政府は諸国に『風土記《ふどき》』の撰進を命じ、国ごとに特産品や土地の肥沃の程度、地名の由来、伝承などを地誌にまとめさせた。現在までまとまった形で残るのは常陸・出雲・播磨・肥前・豊後の五カ国で、全貌がうかがえるのは『出雲風土記』である。

国内諸郡の郡司の報告を得てまとめられたもので、総論で国の概略を述べ、本編で意宇郡《おうのこおり》以下の郡ごとに郡司(主帳・大領・少領)が連署して、郡内の地誌を記し、最後に天平五年(七三三)二月三十日に「勘造《かんぞう》」、と秋鹿《あきか》郡司の神宅《みやけ》臣金太理《かなたり》と出雲国造で意宇郡司の出雲臣広島の二人が加署している。改訂をへて天平年間までに編修が終わっている。『常陸国風土記』には、土地に伝わる興味深い伝承が記されているので見てみよう。

神々の親が各地の子の元を廻《めぐ》っていた時のこと、富士山を訪ねて一泊させて欲しいと頼むと、富士の神は、「新嘗《にいなめ》をしており、お断りします」と、つれない返事であった。怒った母神が、その足で筑波岳を訪れると、「新嘗ではありますが、どうぞお泊りを」とやさしい返事。そのため、以後、富士には雪で閉ざして登れないよう措置をとり、筑波には人々が集まって歌い舞い、飲み食べなどをするのを認め、それが今に絶えないという。

筑波山は古くから人々が登り、楽しんでいた。山は二つの嶺のうちの西側の男体山は岩がごつごつしていて険しく、東側の女体山はやや標高が高いものの、泉が流れ、多くの男女が登って歌や舞を楽しみ交歓する歌垣《かがい》の習慣があったという。歌人高橋虫麻呂作の筑波山の歌が『万葉集』にある。

鷲の棲む　筑波の山の　裳羽服津《もはきつ》の　その津の上に　率《あど》ひて　娘子壮士《をとめをとこ》の　行き集ひ　かがふか
がひに　人妻に我も交はらむ　我が妻に　人も言問へ　この山を　うしはく神の　昔より　禁《いさ》め
ぬ行事《わざ》ぞ　今日のみは　めぐしもな見そ　事も咎むな（一七五九）

山の神のお許しのもと、若い男女がのびのびとした交歓を楽しんでいる、と詠んでいる。虫麻呂自身が筑波山に登った時に詠んだ歌「筑波嶺の　良けくを見れば　長き日に　思ひ積み来し　憂へは止みぬ」（一七五七）には、近代の登山文化に通うものがある。これらの歌は、筑波の真東に位置する常陸国府に赴任した時につくられたのであろう。

虫麻呂は養老三年（七一九）に常陸守の藤原宇合《うまかい》（不比等の子）に同道し下ってきたと考えられ、『常陸国風土記』はその頃に完成したと見られている。『万葉集』には、このような京下りの官人が自然に触れて詠んだ歌が数多くおさめられている。次に掲げるのは宮廷歌人の山部赤人《やまべのあかひと》が富士山を詠んだ歌である。

天地の　分れし時ゆ　神さびて　高く貴き　駿河なる　富士の高嶺を　天の原　振り放け見れば
渡る日の　影も隠らひ　照る月の　光も見えず　白雲も　い行きはばかり　時じくぞ　雪は降り
ける　語り継ぎ　言ひ継ぎ行かむ　富士の高嶺は（三一七）

田子の浦ゆ　うち出でて見れば　ま白にぞ　富士の高嶺に　雪は降りける（三一八）

次の赤人の歌は、下総葛飾の真間《まま》の手児名《てごな》の伝説の墓を過ぎた時の短歌である。

葛飾の真間の入江に　うちなびく　玉藻刈りけむ　手児名し思ほゆ(四三三)

霊亀の遣唐使と国内情勢

元明天皇は、和銅八年(七一五)の元日の朝賀で孫の首皇子を披露すると、九月に自身の老いを理由に譲位した。だが首皇子はまだ幼いため、独身の娘氷高《ひだか》皇女に皇位を譲って(元正《げんしょう》天皇)太上《だいじょう》天皇となり、その翌霊亀二年(七一六)、十五年ぶりに遣唐使を任じた。

この時の遣唐使は、遣唐押領使の多治比県守《たじひのあがたもり》、大使の阿倍仲麻呂、副使の藤原宇合らであった。県守は帰国後に蝦夷征討に従事し、宇合は政治の要職につくが、阿倍仲麻呂はその優秀さから唐で玄《げん》宗《そう》皇帝に「朝衡《ちょうこう》」という高官に任じられ、帰国はかなわなかった。次の歌は仲麻呂が明州で詠んだ歌と伝わる(『古今和歌集』)。

唐土にて月を見て、よみける　　安倍仲麿

あまの原ふりさけ見れば春日なる　三笠の山にいでし月かも

留学生として派遣された吉備真備《きびのまきび》も「朝衡」になったが、帰国の際に律令の摂取に比べて遅れていた礼の秩序について記す『唐礼』一三〇巻や、最新の暦書、音楽書などの書物、武器や楽器などの文物をもたらした。僧玄昉《げんぼう》も仏典・仏像を将来して仏教界に大きな影響を与えた。ほかにも遣唐使は新たな風習や制度をもたらした。たとえば、以後、官人が正装する際の衣服が右襟とされ、笏《しゃく》を持つことになる。国司を監察する按察使《あぜち》の制度も養老三年(七一九)七月に設けられた。

国内では七一〇年代の後半から大きな政治・社会問題が生じていた。平城京の造営事業が諸国の人々を疲弊させていたのである。使役された役民が多大な負担に堪えかねて、道端で行き倒れ、道路で飢えていた。課役の免除をはかって王臣に仕えたり、私的に出家したりしていた。

そこで、朝廷は寺院の実態調査をおこない、財物管理を徹底させ、寺院の統合を進め、勝手に僧尼になることを禁じる僧尼統制をおこなった。これにより、民間で救済活動にあたっていた行基《ぎょうき》が弾圧された。行基は河内の大鳥郡に生まれ、入唐した道昭《どうしょう》に学び、二四歳で受戒して元興寺(飛鳥寺)、薬師寺に住み、山林修行に入って優れた呪力・神通力を身につけ民間布教を始めるなか、困窮する民や逃亡した役民・流浪者が行基のもとに集まった。

彼らは私度僧《しどそう》となっていたので、政府は霊亀三年(七一七)に「小僧行基」の布教活動を禁じた(『続日本紀』)。しかし行基集団は厳しい規制にもかかわらず、拡大をとげ、京住の衛士《えじ》や仕丁《しちょう》・采女《うぬめ》、商工業者にまで信者が広がり、養老六年(七二二)には元明天皇勅願で平城京右京三条に菅原寺が建てられた。翌養老七年の三世一身法で開墾が奨励されると、これを機に池溝の開発に関わるなど、行基の活動は急速に進展し、その声望は各地で高まった。道場や寺院が建立され、その数は溜池一五、溝堀九筋、架橋六所、布施屋九所となった。

そうした時の養老四年(七二〇)二月、大隅の国司殺害事件が起きた。南九州の朝廷に服属して隼人《はやと》と称されていた人々が南西諸島や中国大陸と交流するのを疑った朝廷が、使者を九州南部・南西諸島に派遣しところから起きた事件である。朝廷は隼人対策として大宝二年(七〇二)に日向国《ひゅうがのくに》から薩摩国《さつまのくに》を分置し、さらに和銅三年(七一〇)に大隅《おおすみ》国を分立させ、豊前《ぶぜん》国から五〇〇〇人を移住させるなど支配体制を固める措置をとり、その一方で隼人を畿内に移住させて管轄する隼人司《つかさ》を設けるなど分断政策をとっていた。

この事件に、朝廷は大伴旅人《たびと》を征隼人持節《じせつ》大将軍に任じて征討にあたらせたが、容易に鎮圧できず、やっと隼人に勝利するが、戦死者は一四〇〇人にも及んだという。

聖武天皇の登場と和歌の宴

養老七年(七二三)、左京から両目の赤い白亀が献上されると、翌年に神亀元年(七二四)と改元され、皇位を譲り受けた首皇子が同日に即位した(聖武天皇)。時に二四歳、その十一月、天皇は外国の使節や辺境の民、地方の豪族や民に対し、天皇の徳を顕《あらわ》し示すことを告げ、平城京を荘厳すると宣言するなど、意欲に満ちた出発となった。皇女でもない母の宮子を皇大夫人に待遇し、神亀四年(七二七)に光明子との間に皇子を儲け、帝国の荘厳の視覚化と内実化に向けて動いた。

その政権中枢を担ったのは藤原不比等の子らで、長子の武智麻呂《むちまろ》は南家、次子の房前《ふささき》は北家、三子の宇合は式家、四子の麻呂は京家と称され、その後の藤原氏発展の基礎を築いた。神亀六年（七二九）、「天平貴平知百年」の文字が甲羅に見える亀が献上され、年号が天平に改元されて藤原四子政権が始まり、光明子が天皇の正妻の皇后となった。

その二年後の天平三年（七三一）、大伴旅人、続いて天平五年（七三三）に山上憶良と、『万葉集』を代表する歌人が相次いで亡くなる。旅人は隼人の乱に対応した後に大宰帥《だざいのそつ》となり、大宰府に赴任した。大宰府は八世紀初頭から整備が進められ、政庁は南門、中門、正殿、後殿が一直線に並んで、正殿の東西に脇殿が東西二棟ずつの礎石立ちの建物が配され、築地が周囲を囲んで整えられ、「遠《とお》の朝廷《みかど》」と称されるにふさわしい威容を誇っていた。

その大宰府の官舎において、天平二年（七三〇）正月十三日に旅人が歌宴を開いて、官人から「梅花の歌三十二首」が寄せられた。旅人は序に「時に、初春の令月にして、気淑《よ》く風和《やはら》ぐ。梅は鏡前の粉《ふん》を披《ひら》き、蘭は珮後《ばいご》の香を薫らす（折しも、初春の佳い月で、気は良く、風は穏やか。梅は鏡の前の白粉のように白く咲き、蘭は匂い袋のように香っている）」と記したが、この一文から現在の元号「令和」がとられたのである。

とはいっても、その表現は『文選』「帰田賦」の「於是仲春令月　時和気清」の文が踏まえられたものであり、『万葉集』の和歌への中国の古典の影響は絶大であった。この時に旅人は「正月立ち　春の来らば　かくしこそ　梅を招きつつ　楽しき終へめ」の歌（八一五）を詠み、筑前守山上憶良は、

「春されば　まづ咲くやどの　梅の花　ひとり見つつや　春日暮らさむ」の歌（八一八）を詠んでいる。

当時、憶良は筑前守として現地に赴任していて、旅人やその子の家持の歌にも大きな影響を与えたが、憶良には中国の詩文の影響を受けた「貧窮問答《ひんきゅうもんどう》の歌一首」（八九二）がある。「風交じり　雨降る夜の　雨交じり　雪降る夜は　すべもなく」と始まって、貧しい農民に苛酷な徴税をする里長《さとおさ》の様子を詠んでいて、「我よりも　貧しき人の　父母は　飢ゑ寒《こご》ゆらむ　妻子《めこ》どもは　乞ふ乞ふ泣くらむ　この時は　いかにしつつか　汝が世を渡る」という箇所には当時の社会状況が反映している。

2　天平文化

飢饉と反乱

天平七年（七三五）、大宰府管内の西海道諸国で天然痘の流行が猛威を振るい、その影響は都にまで及んで、九月に新田部《にいたべ》親王、十一月に舎人親王が死去し、大赦が実施された。対外交流が盛んになるとともに、疫病が大陸から入ってきたのである。

このため聖武天皇は天平八年（七三六）に吉野に行幸して疫病の調伏を祈り、光明皇后は五月一日に仏典をすべて書写する一切経書写を発願し、九月から開始した。書写に用いられたのは、玄昉将来の『開元釈教録』に載る五〇〇〇巻に及ぶ経典で、本格的な一切経書写となった。光明皇后は母の県犬《あがたいぬ》養三千代《かいのみちよ》の仏教信仰の影響から深い信仰を抱き、この二月には法隆寺で法華経講読の法会（法華会）

を開き、さらに法隆寺の東院造営へと向けて動いていた。

皇后の信仰の影響もあって、聖武天皇も写経事業に乗り出し、天平七年(七三五)頃から内裏で一切経の書写を開始した。疫病の猛威は天皇・皇后そろって仏教信仰へ傾倒したにもかかわらず、やまず、ついに天然痘は天平九年(七三七)に政権の首脳部をも襲って、藤原四子らすべてがこの年に亡くなってしまう。

この事態に、大宰少弐の藤原広嗣《ひろつぐ》が、疫病や災害が頻発するのは、僧正玄昉や吉備真備を重用する政治が悪いからと訴えてきた。広嗣は宇合の長男で、素行が悪いという理由で大宰府に遠ざけられていた。この広嗣の訴えにすぐに反応した天皇は、広嗣の行為を謀反と断じ、大野東人《あづまひと》を大将軍に任じて追討にあたらせた。

東人は東北地方の開発と征討事業に関わり、養老四年(七二〇)の蝦夷の反乱後に多賀柵《たがのさく》を築き、天平五年(七三三)には最上川河口付近にあった出羽柵を雄物《おもの》川河口付近に移し、多賀柵から出羽柵への直通連絡路を開通させていた。この東北地方経営の功によって、天平十一年(七三九)に参議になっていたことから、持節大将軍に任じられ、一万七〇〇〇人を動員して広嗣追討へと向かった。

予想外の政府軍の早い動きに遅れをとった反乱軍は、十月、板櫃《いたびつ》河(豊前国企救郡)で官軍六〇〇〇人余りと会戦して敗れ、船で海上に逃れたものの、広嗣はとらえられ、十一月に処刑された(藤原広嗣の乱)。地方の豪族を糾合して政府軍に対抗したこうした動きは、この広嗣の乱の鎮圧を契機になくなってゆき、乱の平定は大きな意味があった。

聖武天皇の政策

天平十二年(七四〇)九月、天皇は、諸国に観世音菩薩《かんぜのんぼさつ》像をつくらせて『観世音経』を写させ、十月には『華厳経《けごんきょう》』の講演をさせて、それを終えると伊勢に行幸し、その途中で山城の恭仁京《くにきょう》への遷都を決断した。平城京ともう一つの都を営もうとしたもので、これを期し新たな政策を展開していった。

同年十二月十五日に恭仁京に入るが、恭仁京の造営にはこれまで弾圧の対象としていた行基が率いる集団があたっており、仏教信仰の広がりとともに仏教統制が新たな段階に入っていたことがわかる。翌天平十三年(七四一)二月、国ごとに国分寺と国分尼寺をつくるよう命じている。

これより先の天平九年(七三七)に丈六の釈迦三尊を国ごとにつくることを命じていた天皇は、天平十二年六月に七重塔の寺院建立の方針を示し、『金光明最勝王経《こんこうみょうさいしょうおうきょう》』『法華経』の書写を命じた。『金光明最勝王経』は、それを信じる国王の下には仏教の護法善神である四天王が現れ、国を護るとされる経典である。

翌年五月には墾田永年私財法を発令した。これまでの墾田の取扱いは、三世一身法に基づいて期限が到来した後には収公されていた。そのために農民が怠けるようになり、開墾した土地が再び荒れるようになったとして、今後は永年にわたって私財としてよいこととしたのである。現実的政策に転換し、墾田の私有化を認めたわけで、この施策にそって、各地では耕地の開発と区画整理がおこなわれていった(条里制)。

さらに天皇は天平十五年(七四三)に近江の紫香楽宮《しがらき》で大仏造立の詔を発し、『華厳経』の本尊である盧舎那仏《るしゃなぶつ》金銅像の造営へと進んだ。「菩薩の大願を発し、盧舎那仏金銅像一軀を造り奉る」と発願して、国内の銅を溶かし大仏をつくり、山を削って大仏殿をつくることとした。その際、「天下の富を有《たも》つ者は朕なり。天下の勢を有つ者も朕なり」と、権勢を誇示しつつも、人々に「一枝の草、一把の土」をもって大仏造立を手伝おうとする者がいれば許し、大仏造立を理由にして人民から無理な租税を取り立てない、と大仏造立への強い意欲を示した。盧舎那仏は、『華厳経』の説く「蓮華蔵世界」の中心的存在で、世界の存在そのものを象徴する絶対的な仏とされていた。

天平十六年(七四四)十一月に平城京の東山の山金里で大仏造立が始まる。この地は外京の麓で、亡き皇子のために建てた金鍾寺《こんしゅ》があって、大和の国分寺とされていた。これにより惣国分寺として東大寺へと発展してゆくことになる。

大仏の造営と開眼

天平十八年(七四六)十月に聖武天皇は東大寺に行幸するが、この時までに大仏の原型が完成しており、翌年九月に大仏鋳造が開始され、天平二十年(七四八)七月に造東大寺司が設けられた。鋳造に用いられた銅は、長門から約一八トンの銅を二〇人で、片道二〇日かけて運ばれた(「正倉院文書」)。長門の長登《ながのぼり》銅山跡で発見された天平二年(七三〇)前後の八〇〇〇点余りの木簡からは、銅生産の状況や採掘・製錬所の存在が知られる。

こうして帝国の荘厳の視覚化が、大仏造立という形で進行するなか、天平十七年(七四五)正月、大仏造立に人々を率いて活躍していた行基を大僧正に任じている。ところが天平二十年(七四八)、元正上皇が病気平癒の祈りの甲斐無く、四月に亡くなると、翌年正月、天皇は平城宮の中島宮で大僧正の行基から菩薩戒を授けられて出家をとげ、太上天皇沙弥《しゃみ》勝満《しょうまん》と称した。天皇が出家した初例である。その天皇をさらに嘆かせたのが、直後の二月、民衆に菩薩と仰がれていた行基の死去である。その力を借りて、大仏の造営に邁進していただけに歎きは大きかった。

翌年二月に陸奥国から金の発見という嬉しい報告が届いたので、天皇はすぐ四月に産金を謝し、出家を報告するために東大寺に行幸した。大仏の前殿に北面して像に向かい、左大臣橘諸兄《もろえ》に「三宝の奴と仕へ奉る天皇」という文言を含む宣命を言上させ、産金の喜びから年号を天平感宝《かんぽう》とした。

その天平感宝元年(七四九)七月二日に阿倍内親王が即位し(孝謙天皇)、改元されたばかりの年号を改めて天平勝宝とした。天平勝宝四年(七五二)、東大寺の大仏殿が完成し、鋳造した大仏の鍍金も終えた四月九日、大仏開眼供養会が盛大に開催された。譲位していた聖武太上天皇、光明皇太后、孝謙天皇が臨席し、五位以上は礼服、六位以下は通常の朝服を着用して、文武百官の官人が列席したほか、その参列者は一万数千人に及んだという。

開眼の導師はインド出身の僧菩提僊那《ぼだいせんな》が務め、開眼の筆には長い緒が繋がれ、参列者はその緒を握って結縁《けちえん》した。その後、楽人によって五節舞や久米舞《くめまい》、楯伏舞《たたふし》などの日本古来の舞、唐・高麗・林邑《りんゆう》(ベトナム南部にあったチャンパー)などの外来の楽舞が奉納された。開眼の際に使用した筆や、筆に結びつけられた紐の開眼縷《るい》、大仏に奉納された伎楽《ぎがく》に使用された面などは、東大寺正倉院に宝物としておさめられた。『続日本紀』は「仏法東にいたりてより、斎会の儀、未だ嘗て此の如き盛なるはあらず」と、仏教が伝来して以来、これほどに盛大な儀式はないと記している。

この供養に向けては、新羅の王子の率いる総勢七〇〇人からなる使節団が、大量の交易物資をもって来日しており、アジア仏教史を飾る一大イベントとなった。ただ大仏造営の工事には、のべ二六〇万人が関わるなど、多大な労働力と費用が消費され、国家財政や人民に多大な消耗をもたらした。

天平勝宝六年(七五四)、唐から招かれ平城京に入った鑑真は、大仏殿の前に設けられた戒壇において、聖武太上天皇や光明皇太后、孝謙天皇をはじめ、多くの人々や僧に授戒した。鑑真は六度目の渡航の試みでようやく来日したのである。大仏造立を見届けたかのように、天平勝宝八年(七五六)五月二日、聖武太上天皇が五六歳で没した。

天平の仏教文化

七世紀後半に始まった国家の仕組みの形成は、八世紀中葉に完成し、それとともに文化も開花した。この天平文化は仏教文化の面で著しいものがあり、平城京の諸大寺を舞台に繰り広げられた。創建された東大寺をはじめ、法興寺(元興寺)、薬師寺、大官大寺(大安寺)、厩坂《うまやさか》寺(興福寺)などが新都へと移ってきた。

興福寺は養老四年(七二〇)十月に造興福寺仏殿司がおかれて造営が始まる。藤原不比等本願の中金堂が建てられ、次々と堂舎が建てられた。光明皇后は天平六年(七三四)に西金堂を建て、本尊丈六釈迦三尊、十大弟子・八部衆立像を造立した。異彩を放つのが八部衆の阿修羅《あしゅら》像で、神秘性のなかにも人間味の溢れた姿が時代の趣向を物語っている。

大安寺は霊亀二年(七一六)に移転した。南大門は六条大路に面しているが、寺域は六条大路の南側にも伸び、東西三町、南北五町に及ぶ。東西両塔(七重塔)は金堂から離れ、南大門の外側(南方)に建つ「大安寺式伽藍配置」である。『大安寺資材帳』によれば、八八七名の僧が居住した。インド僧の菩提僊那はここに住み、東大寺大仏開眼の導師を務め、留学僧の道慈は三論宗系の学僧で『金光明最勝王経』を日本にもたらした。

薬師寺は養老二年(七一八)に右京六条二坊に移り、天平三年(七三一)に建てられた東塔が現存する。三重塔であるが、裳階《もこし》がついていて六重塔のように見えるのは、本来の屋根と裳階とが交互に積み重なっているためで、水煙の天人の文様とあいまって優雅な趣を示している。東院は吉備内親王により、西院は舎人親王によって整備されるなど、皇族の帰依が篤かった。

元興寺は養老二年(七一八)に移された。天平元年(七二九)に聖武天皇が「大法会」を開いたことが見え、三論・法相宗の寺として重きをなした。天平勝宝元年(七四九)に大安寺・薬師寺・興福寺・東大寺とともに墾田一〇〇町が施入されており、諸寺の墾田の限度が定められた時には東大寺四〇〇〇町に次ぐ二〇〇〇町の規模で、薬師寺や興福寺の一〇〇〇町より経済的基盤は大きかった。

天平文化の粋

平城京の諸寺では、経論の研究がおこなわれ、善珠《ぜんしゅ》や智光《ちこう》らによって教学上の著作が書かれた。中国で生まれた宗派が持ち込まれ、天平勝宝四年(七五二)頃には東大寺に六宗の宗所が成立し、祖師菩薩を描いた厨子や学派に関する図書が置かれると、同様な組織が元興寺などでも生まれた。

こうした枠組みのなかで活発な思想教学の研究が進展し、とくに法相《ほっそう》宗・三論宗などの宗派が法会での論議を通じて互いに論争をへながら成長した。南都六宗の成立であるが、この六宗とは先の二宗のほか、成実《じょうじつ》・倶舎《くしゃ》・華厳《けごん》・律宗《りっしゅう》をさす。

光明皇太后は、聖武を追善するために遺愛の品々を東大寺大仏に献納したが、その目録『国家珍宝帳』に記された品々は六百数十点にも及び、一点一点に皇太后が名称や由来、特徴を記している。

阿修羅像　興福寺

「右の物は、皆先帝遺愛の品々や内廷に備え付けの物であり、先帝ありし日の昔のことを思い出させ、目に触れれば悲しみがこみあげてくる」と、その心情を吐露している。まさに天平文化の目録の観があって、なかでも「赤漆文欟木御厨子《もんかんきみずし》（漆塗の厨子）」は高さが約一メートルで、もっとも由緒がある天武天皇の遺愛品と伝わる。聖武天皇自筆の「雑集」、元正天皇筆の「孝経《こうきょう》」、光明皇后筆の「楽毅《がっき》論」、王羲之《おうぎし》の書法二〇巻、刀子、笏など、天皇の身の回りの宝物がおさめられた。

平螺鈿《ひらでん》背円鏡と平螺鈿背八角鏡（口絵参照）は、鏡の背面を異にする材質で飾られた宝飾鏡で、径二七センチ前後、夜光貝の螺鈿細工を鼈甲《べっこう》（東南アジア産）、琥珀（ミャンマーあるいは中国産）、トルコ石（イラン産）、ラピスラズリ（アフガニスタン産）で飾られたその豪華さは、正倉院宝物の華やかさと国際性を示している。「鳥毛立女屛風《とりげだちおんなびょうぶ》」は、唐風の女性が描かれた六扇の屛風で、これも聖武天皇遺愛の宝物である。樹木の下に唐風の女性を一人ずつ描いた六枚一対からなり、かつては女性の着衣などに鳥の羽毛が飾られていたことを物語っている。色濃い唐色の趣にもかかわらず、羽毛は日本特産のヤマドリの羽毛である。

万葉集の歌群

天平文化は仏教文化とともに、和歌の文化でもあった。その和歌を収録した『万葉集』全二〇巻は、内部の徴証から次の手順で増補されたと推定されている。最初が巻一の前半部分（一〜五三番）の原万

赤漆文欟木御厨子　正倉院蔵

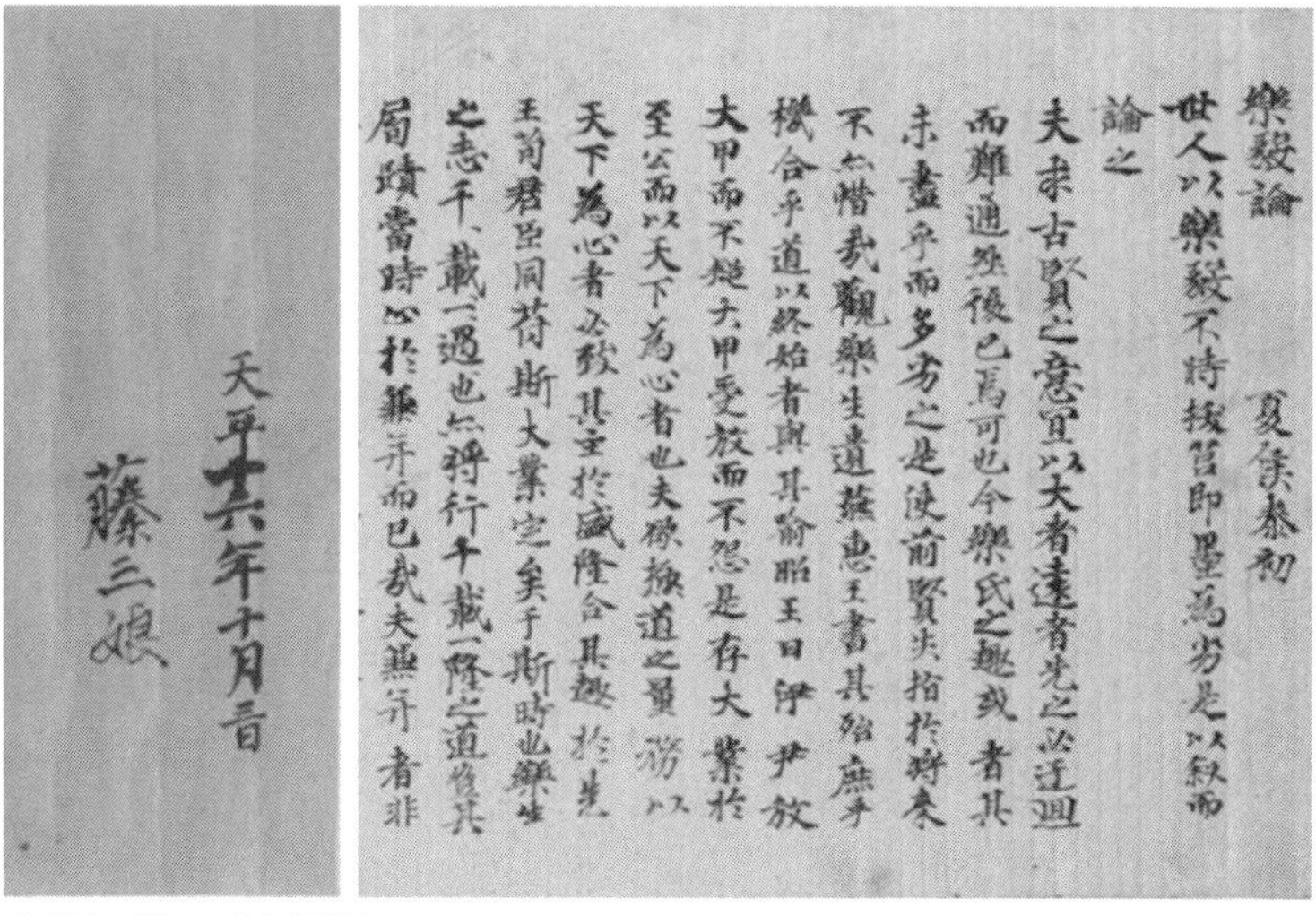

樂毅論　夏侯泰初
世人以樂毅不時拔莒即墨爲劣是以敘而
論之
夫求古賢之意宜以大者遠者先之必迂迴
而難通然後已焉可也今樂氏之趣或者其
未盡乎而多劣之是使前賢失指於將來
不亦惜哉觀樂生遺燕惠王書其殆庶乎
機合乎道以終始者與其喩昭王曰伊尹放
大甲而不疑大甲受放而不怨是存大業於
至公而以天下爲心者也夫欲極道之量務以
天下爲心者必致其主於盛隆合其趣於先
王苟君臣同符斯大業定矣于斯時也樂生
之志千載一遇也亦將行千載一隆之道豈其
局跡當時止於兼幷而已哉夫兼幷者非

天平十六年十月三日
藤三娘

光明皇后筆の「楽毅論」　正倉院蔵

葉集で、各天皇を「天皇」と表記する。次は巻一の後半部分と巻二で、元明天皇の在位期を現在としている。『万葉集』には、大伴家持の歌が圧倒的に多く、そのことと、大伴一族の歌が数多くあることや、増補部分が家持の歌日記風であることなどから、家持が編んだものと見られている。家持は先行する作品に基づいて巻二までを構成し、続いて多くの歌を採録したのであろう。

歌は舒明天皇以下の歴代の天皇や大津皇子などの皇族男性が多く、さまざまな歌を集めた「雑歌《ぞうか》」には、柿本人麻呂や山部赤人、山上憶良、大伴旅人ら宮廷歌人の秀歌が多く載り、のちの恋歌に相当する「相聞歌《そうもんか》」には、額田王や坂上郎女《さかのうえのいらつめ》らの女性歌人の秀歌が多い。「挽歌」（哀傷歌）にはその双方の歌人の秀歌が多い。総じて技巧を凝らしたものはなく、素直な感性を表出したものが多い。

『万葉集』編者である大伴家持は、父に従って旅人の赴任地である大宰府に赴き、天平三年（七三一）に父が死去すると、佐保《さほ》大伴氏を継ぎ、聖武天皇の行幸に従うようになった。天平十八年（七四六）六月に越中守となり赴任するが、『万葉集』はこの年以降、家持の歌日記からとられている。次の歌は、妻の母で歌人の大伴坂上郎女から旅立ちに際して贈られた歌である。

草枕　旅行く君を　幸《さき》くあれと　斎《いはひ》ほり据ゑつ　我が床の辺に（三九二七）

越中では、国守館、介館、掾《じょう》館、大目《さかん》館、小目館など国司四等官の館で宴があって歌を詠むとともに、越中の各地に赴いては、山や海の風景を詠んだ。「立山に　降り置ける雪の　常夏に　消ずて渡るは　祖でながらとそ」（四〇〇四）の歌など、異郷の風土に接し、新鮮な感動を詠んで、家持の和歌は新たな段階に入った。次の歌は都に帰って詠んだ秀作である。

我やどの　いささ群竹《むらたけ》　吹く風の　音のかそけき　この夕《ゆうべ》かも（四二九一）

鵲《かささぎ》の 渡せる橋に 置く霜の 白きを見れば 夜ぞふけにける（『新古今和歌集』）

家持は天平勝宝七年（七五五）に防人《さきもり》の交替業務に関わったことから、摂津の難波で防人の歌を採録している。防人は東国から派遣され、西海の辺境防衛を担った民である。

天平勝宝七歳乙未《いつび》の二月に、相替りて筑紫に遣はさるる諸国の防人らが歌

恐《かしこ》きや　命被《みことかがふ》り　明日ゆりや　草《かえ》がむた寝む　妹なしにて（四三二一）

右の一首、国造丁《こくぞうてい》 長下郡《ながたのしも》の物部秋持

我が妻は　いたく恋らし　飲む水に　影さへ見えて　よに忘られず（四三二二）

右の一首、主帳《しゅちょう》丁麁玉《あらたま》郡の若倭《わかやまと》部《べ》身麻呂《のみまろ》

この二人は遠江国の長下《ながしも》郡の国造、麁玉《あらたま》郡郡司の主帳などの地方豪族から派遣されてきて、詠んだのである。また東国の歌である東歌《あずまうた》には、労働や民俗、性愛に関わる歌が多い。

信濃なる　須我《すが》の荒野に　ほととぎす　鳴く声きけば　時過ぎにけり（三三五二）

まかなしみ　さ寝に我は行く　鎌倉の　水無瀬川《みなのせがは》に　潮満つなむか（三三六六）

3　列島の文化配置

道鏡法王と宇佐八幡神

天平宝字四年(七六〇)七月に光明皇太后が亡くなり、孝謙上皇が翌五年に近江の保良《ほら》宮に移ったところ、病気になって、その看病にあたった弓削《ゆげ》氏出身の僧道鏡が、寵愛を得て頭角を現した。道鏡は東大寺別当の良弁《ろうべん》の弟子で、葛城山で山林修行を積んで宿曜《すくよう》秘法を会得し、良弁建立の近江の石山寺にあって、上皇の看病に召されたのであろう。

上皇は同六年六月、子の淳仁《じゅんにん》天皇と対立すると、五位以上の官人を召して、天皇が不孝《ふきょう》なので、仏門に入って別居すると表明するとともに、これからは自身が国家の大事や賞罰を定めるとした。このことに危機を募らせた淳仁天皇を支えていた恵美押勝《えみのおしかつ》が反乱をおこすと、これを退けた上皇は、道鏡を大臣禅師となし、十月に淳仁天皇を廃して淡路に流し、皇位に復帰した(称徳天皇)。

天平神護二年(七六六)、天皇は道鏡を太政大臣禅師に任じ、翌年十月、隅《くま》寺(海龍王寺)の毘沙門像から仏舎利が出現したとして、道鏡をさらに法王となして法王宮職を設けた。ここに天皇・法王の二頭体制となり、道鏡は仏教界に君臨して寺院の整備に努め、称徳天皇は東大寺に匹敵する寺院として西大寺と尼寺西隆《さいりゅうじ》寺の造営を進めた。

天皇は皇太子を定めずに政治を進めたので、皇位継承をめぐって次々と事件が起きるなか、神護景雲三年（七六九）九月、大宰府の中臣習宜阿曾麻呂《すげあそまろ》から、「道鏡をして皇位に就かしめば、天下太平ならむ」という宇佐八幡神の託宣が伝えられた。同じ頃、宇佐八幡神が側近の尼法均《ほうきん》の派遣要請の夢を見た天皇は、その神託を確かめるべく、法均の弟和気清麻呂《わけのきよまろ》を勅使として宇佐八幡宮に派遣した。

宇佐八幡神への信仰が広がりを見せるようになったのは、養老四年（七二〇）の大隅の国司殺害事件からであって、乱が勃発して、宇佐の僧法蓮《ほうれん》が隼人征討のために八幡神に祈ると、「我征《ゆ》きて降し伏すべし」と、八幡神が征討に向かったという。養老五年（七二一）、朝廷はその褒賞として、隼人征討の滅罪のための放生会《ほうじょうえ》（生き物を放って殺生を禁断する法会）を開いている。さらに、創建した弥勒禅院を宇佐神社境内に移して神宮寺となして、弥勒寺と命名した。ここに宇佐八幡宮は神託を通じて国家を護持する位置を占めるようになった。

八幡神への信仰から、称徳天皇は和気清麻呂に神託を確かめさせるために派遣したのだが、天皇の意に反して、清麻呂が託宣は虚偽であると復命したため、清麻呂を大隅国に流した（宇佐八幡宮神託事件）。神護景雲四年（七七〇）二月、天皇は再び由義宮《ゆげのみや》に行幸して、重病に陥った。しかし、この度の看病は宮人（女官）の吉備由利《ゆり》があたり、道鏡は召されなかった。ここに道鏡の失脚が明らかになり、軍事指揮権は藤原永手《ながて》や吉備真備らの太政官に移る。

神護景雲四年（七七〇）八月、称徳天皇が平城宮西宮寝殿で亡くなると、群臣が集まって評議した結果、藤原氏の永手・宿奈麻呂《すくなまろ》・百川《ももかわ》らの推す、天智天皇の孫で施基《しき》皇子の子白壁王《しらかべ》が皇太子になった。

その新皇太子の命によって道鏡は、下野国《しもつけのくに》薬師寺別当に移され、和気清麻呂が呼び戻されて、宝亀《ほうき》元年(七七〇)十月に白壁王が即位した(光仁天皇)。

神仏習合と御霊信仰

この時期、宇佐八幡と弥勒寺の関係のように、諸国では神を鎮護する神宮寺が多く生まれている。霊亀元年(七一五)の越前神宮寺はその初見で(『藤氏家伝』)、隣国の若狭でも若狭彦・若狭姫両神を鎮護する神宮寺が養老年間に建てられ、当初は神願寺《しんがんじ》と称された(『類聚国史《るいじゅうこくし》』)。

伊勢の多度《たど》神宮寺の創建に関わった僧の満願《まんがん》は、天平宝字七年(七六三)、伊勢の多度神宮のかたわらに住んで阿弥陀仏を拝していたところ、多度の神から「重い罪によって神に身をやつしてしまった。できるならば神の身を離れ、仏教に帰依したい」という託宣があったので、小堂をつくり神像を安置した。これが多度神宮寺であり、桑名郡の郡司が鐘と鐘楼を寄進するなど、伽藍が整備されていった。満願は天平神護年間に常陸に鹿島神宮寺を創建し、相模の箱根神宮寺の創建にも関わった。

悩める人々を救うことができなくなった神の力の衰えを、仏が加護し、仏神一体となって支え合う関係が生まれたのである。逆に仏教の広がりとともに、神が仏を加護する関係も生まれたが、それが鎮守神であって、東大寺には宇佐八幡神が勧請され、八幡鎮守の手向山《たむけやま》八幡が創建された。

このような神仏の関係を神仏習合という。習合とは、異質な領域の調整や統合のことで、相容れない二項対立に遭遇して両者をどう融合するか、そこで生まれてきたのが習合の考えである。異質な領域にある両者の一方を拒否するのではなく、妥協点を探って共存させるのである。仏の領域の拡大とともに神の領域が侵されるなか、その二つのすり合わせがおこなわれ、神仏習合という考えが広まった。習合の思潮はさまざまな領域に及んでいった。唐から制度や文化を移植するなかで、いかに在来の習俗とどう調整するのか、という課題にも応じて広がった。

神仏習合の習合思想とともに、社会に広がったのが御霊《ごりょう》信仰である。度重なる災害や社会変動、疫病などの原因を悪霊の祟りによるものとみる考えで、光仁朝ではその御霊信仰が蔓延した。宝亀三年(七七二)正月、光仁天皇は大極殿で、元日朝賀の儀に臨んだが、天皇の同母姉の難波内親王が亡くなると、この内親王を呪詛《じゅそ》し、殺害したとして、皇后の井上《いのうえ》内親王とその皇子の他戸《おさべ》親王が大和国宇《う》智《ち》郡に幽閉され、渡来系氏族の血を引く高野新笠《にいがさ》の産んだ山部《やまべ》親王が宝亀四年(七七三)に皇太子に立てられた(のちの桓武天皇)。

幽閉された二人は宝亀六年(七七五)に幽閉先で急死し、それとともに藤原式家の兄弟が相次いで亡くなった。同年に藤原蔵下麻呂《くらじまろ》も亡くなると、祟りを恐れた光仁天皇は翌七年に秋篠寺建立の願を発した。しかし、宝亀八年(七七七)に藤原良継《よしつぐ》・藤原清成《きよなり》、宝亀十年(七七九)には藤原百川も亡くなった。これらは井上内親王の怨霊によるものと考えられ、井上内親王の遺骨を改葬して御墓と追称し、墓守一戸をおくことと定めた。また翌宝亀九年には、皇太子の病気平癒のため東大寺・西大寺・西隆寺の三寺で誦経がおこなわれ、天下に徳のある政治を示すために大赦の勅を発し、幣帛《へいはく》が伊勢神宮と天下の諸社に捧げられ、畿内と畿外の各境界で疫神を祀らせた。

地方諸国の国制と文化

中央で政治に大変動があったにもかかわらず、国々では国府が整備され、国分寺・国分尼寺の建設が進められるなど、地方の支配は比較的安定していた。たとえば下野国《しもつけ》では、道鏡が造下野薬師寺別当として移ってきたが、この寺の造営は、律令の制定に関与し、式部卿にまで昇進した下毛野朝臣古《こ》麻呂《まろ》の手によってなされたと考えられている。

白鳳期の古瓦が出土しており、天平五年(七三三)の「下野国薬師寺造司工」という銘のある造薬師寺司所属の瓦工の存在から、国家の援助で造営・整備されてきたことがわかる。天平勝宝元年(七四九)に筑紫の観世音寺とともに墾田五〇〇町が寄せられて経済的基盤が整い、天平宝字五年(七六一)に僧尼に授戒する戒壇が設けられ、東大寺・観世音寺とともに三戒壇の一つとされた(『東大寺要録』)。

近くには、中央と地方を結ぶ重要な大道である東山道が通る。京を出発して信濃・上野をへて、下野に入った東山道は、やがて国の政庁がある国府へと至るが、『和名抄《わみょうしょう》』に「国府は都賀《つが》郡に在り、行程は上三十四日、下は十七日」と見える下野国府は、発掘調査の結果、栃木市田村町の宮目《みやめ》神社付近に確認されている。

国府から東に行くと、国分寺へと出るが、発掘により国分寺建立の詔の出された天平十三年(七四一)からさほど下らない時期の造営であることが指摘されている。建物は南大門・金堂・講堂・塔が南北中軸線上に配され、文字瓦に「国分寺」や「河内」「都可」などの郡名が刻まれていた。東山道はこの国分寺の前を過ぎ、隣接する国分尼寺をへて薬師寺へとゆき、薬師寺から北上して陸奥国へと向かう。宇都宮市の鬼怒《きぬ》川の河岸段丘上には「烽家《とぶひや》」と墨書された須恵器坏《つき》が出土しており、ここには古代の狼煙《のろし》を上げる施設があって、奥州での変事を伝える烽《とぶひ》はここで上がり、下野国府に伝えられたのであろう。

東山道の北の到達点は陸奥国で、ここには国府機能を兼ねた多賀城が神亀元年(七二四)に按察《あぜ》使《ち》大野東人により築城され、八世紀半ばに恵美朝狩《えみのあさかり》によって大規模な改修がおこなわれていた。このことを示すのが多賀城碑で、「京を去ること一千五百里、蝦夷国界を去ること一百廿里」と始まって、平城京、蝦夷国、常陸国、下野国、靺鞨《まっかつ》国から多賀城までの行程を記し、多賀城築城の歴史を語る。

国府とともに各地の郡司行政の場である郡家《ぐうけ》の発掘もおこなわれており、それによれば、八世紀後半に衰退を迎える遺跡もあるが、大きな変化はない。ただ郡単位にあった寺院の多くが廃寺になっており、一郡に一窯ほどあった窯も大きく変化している。窯は郡単位から広域型、一国型へと変わっている。国の存在が大きくなり、寺院も窯も国の保護を得るようになって、修築や生産が盛んになったのであろう。

八世紀後半から神火によって官衙の倉が焼失した報告が頻出しており、とくに郡家の正倉への被害が多かった。天平宝字七年(七六三)の勅は、「疫死数多く、水旱時ならず」という状況で、「神火」があったのは、国郡司が「国神」を祀っていない咎の故であると指摘している。

桓武天皇の即位と長岡遷都

桓武天皇は白壁王(光仁天皇)の第一皇子として天平九年(七三七)に生まれたが、生母の出自が低かったため、即位に至らないと思われていた。だが、藤原式家の藤原宿奈麻呂や百川兄弟らが擁立に動き、天応元年(七八一)四月には位を譲られ、その翌日の五月一日に同母弟の早良《さわら》親王を皇太子とし、十五日に即位の詔を宣している。

天皇が、自らの即位の正統性を訴えるべく持ち出したのは、天智天皇が定めたとする「不改常典《ふかいじょうてん》」であり、それに基づく即位であると宣命で宣言している。さらにこの年が中国で大きな変革(革命)が起きるとされる辛酉の年であったから、遷都とともに新たな政治が開始される前例を踏まえ、延暦元年(七八二)に長岡京遷都に向けて佐伯今毛人《いまえみし》を左大弁に、翌年に和気清麻呂を摂津大夫に任じた。

延暦二年(七八三)に藤原宿奈麻呂の娘乙牟漏《おとむろ》を皇后としたが、この皇后との間にはすでに安殿《あて》親王(のちの平城《へいぜい》天皇)を儲けており、続いて神野《かみの》親王(のちの嵯峨天皇)を、やがて夫人藤原旅子《たびこ》との間に大《おお》伴《とも》親王(のちの淳和《じゅんな》天皇)を儲けることになる。延暦三年(七八四)に造長岡宮使に藤原種継《たねつぐ》(宿奈麻呂の甥)、佐伯今毛人らを任じ、翌年十一月、母の出た百済王《くだらのこにしき》氏の河内の交野《かたの》で昊天《こうてん》祭祀を執りおこなっている。これは中国の皇帝が都の南郊で、天帝と王朝の初代皇帝を祀るもので、それに倣って天皇は交野において、天神と光仁天皇を祀った。自らを光仁新王統の二代目として位置づけた。

遷都は、平城京で根を張っていた貴族や僧などの旧勢力との決別を果たす必要もあったためで、それだけに新都にはほかにない魅力が必要とされ、選ばれたのは、平城京から北へ四〇キロの長岡である。山城盆地の西、西山が低く長く伸びた向日《むこう》丘陵の南端、桂川や宇治川、木津川など三本の大河川が淀川となる合流点をおさえる地である。丘陵地としたのは、平城京の課題であった排水の悪さへの対策を考えてのものである。

摂津大夫の和気清麻呂は、難波宮の大極殿などの建物を長岡京に移築する任にあたり、延暦四年(七八五)には淀川の味生野《あじふの》(大阪市江口)に運河を掘って淀川と三国川(安威《あい》川)を通じさせ、神崎川を造成した。

延暦三年(七八四)は甲子革令《かっしかくれい》の年にあたることから、それを期して長岡遷都を宣言し、翌年正月には宮殿で新年の儀式をおこなっている。造都は突貫事業により、のべ三一万の労働力により進められた。ところが同年九月、造長岡宮使の種継が工事現場で殺される事件が起き、これには皇太弟の早良親王が関係していたという疑いが浮かび上がって、親王を幽閉し淡路に配流したが、親王は抗議のために絶食し配流中に死去した。

征夷事業の展開と平安京

長岡京の造営を進めるなか、天皇は蝦夷の征討事業にも乗り出した。宝亀五年(七七四)、桃生城《ものう》が蝦夷に襲われ、按察使の大伴駿河麻呂《するがまろ》に蝦狄征討《いてき》を命じて、三十八年戦争と呼ばれる「蝦夷征討の時代」が始まった。この時には蝦夷出身の伊治呰麻呂《いじのとりでまろ》らの協力もあり、宝亀九年(七七八)までに反乱はいったん収束していた。

しかし桓武朝になって延暦七年(七八八)三月、東海・東山・北陸道の諸国に対して陸奥国へ軍粮を送るように命じ、坂東《ばんどう》諸国から五万三〇〇〇人の兵士を集めて多賀城に向かわせ、七月に征東大使に紀古佐美《きのこさみ》を任じ、十二月に天皇大権を象徴する節刀を与え、大規模な蝦夷征討が開始された。しかし、阿弖利為《あてるい》の率いる蝦夷に敗れ、遠征は失敗に終わる。

延暦九年(七九〇)、桓武天皇は、諸国に革製の甲《よろい》二〇〇〇領をつくらせ、坂東諸国に米を準備させ、同十年七月に征夷大使に大伴弟麻呂《おとまろ》、副使に坂上田村麻呂《たむらまろ》ら四人を任命して蝦夷征討に本格的に取り組んだ。「東の小帝国」の威信を示すべく軍事に力を注いだのである。

延暦十一年(七九二)六月には陸奥・出羽・佐渡・大宰府を除いて諸国の軍団制を廃止し、健児《こんでい》の制を定め、百姓らの兵役負担を解消し、軍事面を東北経営に集中した。ところが、そこに皇太子の発病などのさまざまな変事が起きた。早良親王の死後、日照りによる飢饉や疫病の大流行があり、天皇の近親者の死が相次ぎ、伊勢神宮正殿に放火もあった。

天皇がその原因を陰陽師に占わせると、早良親王の怨霊によるものということから、親王の御霊を鎮める儀式がおこなわれ、ここに御霊の祟りが公式に認められた。さらに、長岡遷都が祟られているという考えも湧き上がるなか、大雨で都のなかを流れる川が氾濫し、大被害を被った。

ついに延暦十二年（七九三）正月、天皇は再遷都を宣言して長岡京の北東で、鴨川・桂川の二つの川にはさまれた山背国北部への遷都となった。選定の理由は「山や川が麗しく四方の国の人が集まるのに便が良い」というもので、和気清麻呂が造営大夫となった。

宮城《きゅうじょう》（大内裏）に続いて、京（市街）の造営が進められ、都の中央を貫く朱雀大路の最北に、皇居と官庁街を含む大内裏が設けられ、その中央に大極殿が建てられ、後方に天皇の住まいの内裏が建てられた。都の東西を流れる鴨川・桂川に沿って淀津や大井津などの湊《みなと》を整備し、これらの湊が全国から物資を集める中継基地となり、そこから都に物資を運ばせた。都のなかに大きな二つの市（東市、西市）を立て人々の生活を支えるなど、食料や物資が安定的に供給できる仕組みを整え、人口増加に対応できるようにした。洪水への対策も講じ、京中に自然の川がないことから、東西にそれぞれ「堀川」を整え、水運の便に供するとともに、生活排水路とした。

延暦十三年（七九四）十月に天皇が新京に移って、翌月に山背国を山城国に改名した。新京の誕生を喜んで集まった人々や、喜びの歌を謡う人々が、異口同音に「平安の都」と叫んだので、この都を「平安京」と名づけたという。

平安京内は、東西南北に走る大路・小路によって四〇丈四方の「町」が最小単位とされ、東西方向に並ぶ「町」を四列集めたものを「条」、南北方向の列を四つ集めて「坊」と呼び、同じ条・坊に属する一六の町には番号がつけられ、町は「左京五条四坊十町」のように呼ばれた。堀川小路と西堀川小路では中央に川（堀川、西堀川）を流した。

新王統の正統化

造都が進められるなか、天皇の目は再び東北地方に目を向けた。延暦十三年（七九四）正月、前年に征東使を征夷使に改めた征夷大将軍の大伴弟麻呂に節刀を与え、六月に征夷副将軍の坂上田村麻呂を東北に派遣した。その戦闘の末、大伴弟麻呂から「斬首四百五十七級、捕虜百五十人」という報告が伝えられるが、その日は遷都の詔が出された日であった。

延暦十六年（七九七）に大将軍となった坂上田村麻呂は、延暦二十年（八〇一）に遠征して、九月に蝦夷を征討し、その翌年、胆沢《いさわ》城を築き、鎮守府は多賀城から胆沢城に移った。田村麻呂は七月に降伏した阿弖利為《あてるい》と母礼《もれ》を連れて上京すると、二人の願いを入れて、助命を願い蝦夷懐柔策に転じるよう提言したが、群臣の反対で二人は処刑されてしまう。

桓武天皇は、それまでの神としての天皇の位置づけを大きく変化させた。延暦四年（七八五）十一月の昊天祭祀では、天神と光仁天皇とを祀り、光仁新王統の二代目として自らを位置づけたのをはじめ、新正統であることを示すためにさまざまな手を打った。

先祖の命日を祀る国忌《こっき》を国家的忌日として、天皇は政務を休んで、追善の行事をおこなうものとし、国忌の対象を桓武天皇とその妻など配偶者をも入れて七つとし、現天皇の系統を優遇した。『日本書紀』に続く『続日本紀』も編纂させた。天武天皇が、新王朝を表明して歴史書の編纂を命じたのに倣い、文武紀元年(六九七)から延暦十年(七九一)までの約一〇〇年の歴史を記させた。こうした歴史書では、前代までの歴史を記すのが普通であるが、当代までの歴史を記させ、延暦十六年(七九七)に完成した。ここにも当代の歴史的正統性を明らかにする意図が明白に認められる。

自己の王統の正統化をはかるため、唐の『貞観氏族誌《じょうがんしぞくし》』に倣って『新撰姓氏録《しんせんしょうじろく》』を編纂させている。延暦十八年(七九九)に諸氏に本系帳(氏ごとの系譜の記録)を提出させ、弘仁六年(八一五)に完成する。京及び畿内に住む一一八二氏を、その出自により「皇別」「神別」「諸蕃」に分類し、その祖先を明らかにするとともに、氏名の由来や分岐の様子などを記させた。基本的に父系の記述に徹しているところに狙いがあり、氏族全体の流れを天皇の治世においてしっかり把握するものである。

桓武の母が渡来系であったのと同様に、政界のトップクラスの貴族は渡来系の人々と婚姻関係を結んでいた。藤原氏南家の大納言継縄《つぐただ》は、百済王敬福《けいふく》の娘百済王明信《みょうしん》を妻とし、北家の葛野麻呂《かどのまろ》も百済系の菅野浄子《きよこ》を妻としていた。渡来系の貴族では、坂上刈田麻呂《かりたまろ》に続いてその子の田村麻呂も公卿となり、桓武の母の出た和氏《やまとうじ》の家麻呂も公卿になっている。こうした渡来系の人々を登用するとともに、改姓を頻繁におこない同化政策を進めた。

仏教への姿勢と神祇信仰

造作《ぞうさく》と軍事を進めるなか、南都の僧には厳しい姿勢で臨んだ。延暦元年(七八二)に造法華寺司《ぞうほっけじし》を、同八年には造東大寺司を廃した。私的に寺院をつくることを禁じ、長岡京で寺院造営を認めなかったが、平安京においても官寺である東寺と西寺を除いて、新たな仏教寺院の建立を認めなかった。南都を仏都、平安京を帝都とする意図による。

桓武天皇は、僧たちに戒律を守るよう法令を出すとともに、教学を重視した。出家する僧侶の資質を確認する課試では、『法華経』と『最勝王経』の暗誦を求めていたが、これを改めて経論の理解を課している。毎年に得度を認められる者(年分度者)の数が一〇人ほどであったのを、延暦二十二年(八〇三)に法相宗・三論宗でそれぞれ五名とした。

戒律は天平勝宝六年(七五四)に来日した鑑真が、東大寺大仏殿の前で聖武太上天皇らに菩薩戒を授け、沙弥、僧に具足戒《ぐそくかい》を授けたことによって本格的に導入された。鑑真はその後の五年間を東大寺唐禅院に住み、天平宝字三年(七五九)に平城京の右京五条二坊にあった新田部《にいたべ》親王邸の跡地を与えられて、唐招提寺を創建し、戒律を広めた。

もう一つ天皇が重視したのが、山林で修行をおこなった修行僧の活動である。宝亀年間に東宮の山《やま》部《べ》親王（桓武天皇）の病気平癒のため、室生《むろお》の地において延寿の法を修し、竜神の力を得て、見事に回復させた興福寺僧の賢憬《けんけい》に、室生寺の創建を許可し、賢憬が延暦十二年（七九三）に亡くなると、その弟子の修円《しゅうえん》に引き継がせた（『続日本紀』『宀一山年分度者奏状《べんいちさんねんぶんどしゃそうじょう》』）。

最澄と空海の活動が認められたのは教学のゆえもあるが、山林修行によるところが大きかった。二人が関わったのは京の西の神護寺である。その前身は和気氏の私寺神願寺と高雄山寺で、この二つが天長元年（八二四）に合体して生まれた。神願寺は、和気清麻呂の建立で、寺号は八幡の神意に基づく寺の意味による。高雄山寺は、現在地に古くから存在した寺で、清麻呂の子弘世《ひろよ》が伯母の法均尼の三周忌を営むため、最澄が高雄山寺に招請され、法華会をおこなっており、弘仁三年（八一二）には空海が住んで灌頂《かんじょう》をおこなっている。

九世紀に入ると、国際情勢が大きく変わってきたこともあって、遣唐使の派遣となった。唐では安《あん》史《し》の乱以後、商業課税を導入した結果、国家の統制下で民間の海外渡航や貿易が許されるようになり、国内情勢の不安定さもあって、外国使節を厚く待遇する方向へと転じていた。こうした唐の事情や、蝦夷の征討事業に自信を得たこともあって、遣唐使派遣となったのであり、この遣唐使とともに唐に渡ったのが最澄と空海である。

神祇信仰については、天皇は皇太子の時に伊勢神宮に参詣し、長岡遷都に際しては乙訓《おとくに》社、平安遷都に際しては松尾・賀茂社に奉幣しており、母の出身氏族の祀る神を平野社として祀った。地方の有力な神社にも介入した。延暦十七年(七九八)に畿内諸国の神主の任命権を握ると、終身制を六年任期と改めた。地方の神々を祀っていたのが、国造の系譜を引く氏族であることから、延暦十七年(七九八)、出雲大社の祭祀を司る出雲国造に意宇郡司をやめさせ、延暦十九年(八〇〇)には筑前宗像《むなかた》郡司が宗像社神主を兼ねるのをやめさせた。

仏教文化の新展開

仏教文化の傾向を見ると、唐招提寺は、金堂が鑑真とともに来日した如宝《にょうほう》の造営で、建立年代は八世紀末と推定され、奈良時代建立の寺院の金堂としては現存唯一のもので、寄棟造、本瓦葺き、大棟の左右に鴟尾《しび》を飾る。中央に本尊の盧舎那仏坐像、向かって右に薬師如来立像、左に千手観音立像の三体の巨像を安置するが、この組み合わせはほかに例がない。講堂は天平宝字四年(七六〇)頃、平城宮の改修にともなって貴族の邸宅が移築され、奈良時代の宮廷建築として唯一の遺構である。

神護寺は、木造薬師如来立像が金堂の本尊で、像高は一七〇センチ、カヤ材の一木造である。唇に朱を、眉、瞳などに墨を塗るほか、彩色などを施さない素木で仕上げてある。目を細めた森厳で沈うつな表情と体軀のボリューム感は、親しみよりも威圧感を見る者に与える。『神護寺略記』が引用する資財帳に「檀像薬師仏像一軀」とあるのが本像にあたる。

室生寺金堂の本尊木造釈迦如来立像は、同じ頃の作で、カヤ材の一木造で、台座と光背は当初のも

木造釈迦如来立像
室生寺金堂蔵

鑑真像　唐招提寺蔵

のが残り、光背に七仏薬師が描かれている。金堂内陣に安置の木造十一面観音立像もまた同じ頃の作で、カヤ材の一木造である。このように、木造の仏像が広く普及したのは、安価で制作が容易という面もあるが、僧たちが山林で修行して自然の樹木に触れるなか、神の依り憑く霊木観の影響を受け、木に仏が依り憑くととらえるようになったもので、古来の自然崇拝の影響を受けていたのであろう。

室生寺の五重塔は九世紀初頭の建立で、木部を朱塗りとする。屋外にある木造五重塔としては法隆寺塔に次いで古く、高さは一六メートル強、初重は一辺の長さが二・五メートルと小型である。屋根の初重と五重では大きさがあまり変わらず、全体に屋根の出が深く厚みがあり、屋根勾配が緩く、小規模な塔の割に太い柱を使用している。最上部の九輪の上には水煙の代わりに宝瓶と称する壺状のものがあって、その上に八角形の宝蓋が載る珍しい形式である。山林と自然との調和が考えられている。

なお唐招提寺の乾漆鑑真和尚坐像は脱活《だっかん》乾漆造だが、膝上で組んだ両手は木製で、鑑真の没した天平宝字七年(七六三)頃の作と推定され、日本最古の肖像彫刻である。ここからは、人間への関心がうかがえ、以後の仏像制作における人間らしさに繋がる。

第三章　宮廷文化の達成――嵯峨朝から醍醐朝

1　宮廷の形成と唐風文化

嵯峨宮廷の形成

大同《だいどう》四年(八〇九)に即位した嵯峨《さが》天皇は、兄平城太上《へいぜいだいじょう》天皇が平城宮《へいじょうきゅう》に移っての政治を意図していた動きを阻止して(平城太上天皇の乱)、難局を乗り切ると、弘仁《こうにん》三年(八一二)二月に平安京の神泉苑《しんせんえん》で花宴を開き、平安京を後世に伝えることこそ国の安定と考え、平安宮を「万代宮《ばんだいぐう》」と定めた。かの鴨長明《かものちょうめい》の『方丈記《ほうじょうき》』が「嵯峨の天皇の御時《おんとき》、都と定まりけるよりのち、すでに四百余歳を経たり」と記すように、この嵯峨朝期から平安京を舞台に文化が栄えたのである。本章は嵯峨朝から醍醐《だいご》朝まで、伝統文化の基盤をなす古典文化が形成された約一〇〇年間を対象とする。

嵯峨天皇は即位すると、弘仁元年(八一〇)に蔵人所《くろうどどころ》をおき、蔵人頭《くろうどのとう》に巨勢野足《こせのたり》と藤原《ふじわら》氏北家《ほっけ》の藤原冬嗣《ふゆつぐ》を任命した。蔵人所は緊急事態における軍事力編成や命令伝達に関わって設けられたが、人事が天皇に集中するようになるとともに、天皇の内廷諸機関を統轄していった。征討事業では、降伏した蝦夷《えみし》を俘囚《ふしゅう》として全国に移住させ、現地の蝦夷には懐柔策で臨んだので、宝亀《ほうき》五年(七七四)から始まった長い三十八年戦争は終結し、弘仁四年(八一三)に「中外(国内外)無事」を宣言した。

嵯峨天皇は実務に長けた有能な官僚を起用し、とくに藤原冬嗣を重用し、冬嗣は「弘仁格式《こうにんきゃくしき》」『日本後紀《にほんこうき》』『内裏式《だいりしき》』などの編纂にも従事し、「弘仁格式」は、天長《てんちょう》七年(八三〇)に施行された。格《きゃく》は律令の追加法、式《しき》は律令や格の施行細則で、律令はもはや編纂されなくなり、養老律令の公定注釈書『令義解《りょうのぎげ》』が編まれて承和《じょうわ》元年(八三四)に施行された。以後、「貞観《じょうがん》格式」「延喜《えんぎ》格式」と続く格式の時代となり、これら三つの格式をまとめたのが「類聚三代格《るいじゅうさんだいきゃく》」である。

律令制では、天皇が諸司・諸国の報告を聴いて決済する朝政《ちょうせい》が基本で、政務の報告は朝堂《ちょうどう》でおこなわれていたが、この頃から公卿《くぎょう》が天皇の居所である内裏に詰めることが日常化して、内裏の紫宸殿《ししんでん》が政務の場となった。律令で定められた官司制も変化し、実務が太政官の外記局《げききょく》や蔵人所に集中し、特定の官職の叙爵《じょしゃく》を優先する年爵《ねんしゃく》、加階《かかい》を優遇する制度が生まれ、官職の貴族化・形骸化が進み、実務を担った太政官弁官局へは藤原氏や源氏の進出が著しく、八省長官《かみ》の卿には親王・王が任じられた。

天皇を護衛する左右近衛府《このえふ》の大将・次将には、武の才がある者が用いられていたが、天皇との個人的な関係が重視され、藤原氏北家や源氏の比率が高くなった。京の治安を維持するため、弘仁七年(八一六)に検非違使《けびいし》がおかれ、警察・治安が一本化された。検非違使は蔵人と同じく宣旨《せんじ》で任命された官僚機構で、迅速な対応に欠けていたのを補う令外官《りょうげのかん》である。

弘仁五年(八一四)に天皇は皇子女の八人に源《みなもとの》朝臣《あそん》の姓を与えて臣籍《しんせき》降下させ、多くの皇族を誕生させた。その数は男女三二人に及び、子孫は嵯峨源氏といわれ、皇位継承権はないが、官僚社会への進出が認められた。なかでも源融《とおる》は左大臣にまで上り、鴨川の岸辺に河原院《かわらのいん》を構え、嵯峨に山荘の棲《せい》霞観《かかん》を営むなど豪奢な生活を送った。河原院は陸奥《むつ》の塩竈《しおがま》の風景を模し、「潮の水を汲入《くみいり》て池に湛《たた》へたりけり。様々に微妙《めでた》く可笑《おか》しき事の限を造《つくり》て」という庭園があったという（『今昔《こんじゃく》物語集』）。

『伊勢物語』には、河原院の菊の花が色変りし、紅葉が薄く濃くさまざまに見えた折、融が親王らを招いて歌や音楽を楽しんだ話が載る。貴族文化の一端がよくうかがえる。この融を素材とした能の「融」は風流な大臣の夢の跡を謡っている。

唐風文化の流入

宮廷貴族の教養は、中国文化に多大な影響を受けていた。初の勅撰漢詩集『凌雲集《りょううんしゅう》』が、文章《もんじょう》は「経国《けいこく》の大業《たいぎょう》」（国家経営の大事業）という文学観に基づいて小野岑守《みねもり》によって弘仁五年（八一四）に編まれたが、これには平城・嵯峨両天皇ら二三人の詩篇九〇首が収録された。『凌雲集』成立から作詩が一〇〇余篇にもなったとして藤原冬嗣・菅原清公《きよとも》らの撰で、弘仁九年（八一八）に『文華秀麗集《ぶんかしゅうれいしゅう》』が編まれ、一四八篇が『文選《もんぜん》』の分類で収録された。さらに天長《てんちょう》四年（八二七）には『経国集《けいこくしゅう》』が良岑安世《よしみねのやすよ》・菅原清公らによって編まれたが、ここでは再び「経国の大業」の理念に戻って、一〇二三点もの詩篇が収録され、漢詩文全盛の時代が到来した。

唐風文化の広がりとともに、弘仁九年(八一八)、延暦《えんりゃく》の遣唐使であった菅原清公らの提言で、儀礼制度も唐風に改められた。身分の低い者は高い者に「唐礼」で対応するものと定められ、同十一年(八二〇)に天皇は神事では古来の帛衣《はくのきぬ》(白い練絹《ねりきぬ》)を、重要行事では中国風のきらびやかな礼服・礼冠を着ることと定められ、官人の服色や位階を記す位記も中国風に改められた。内裏の建物や諸門の名称も中国長安城に倣って変えられ、内裏正殿の南殿が紫宸殿《ししんでん》に、その後ろの寝殿が仁寿殿《じじゅでん》に改められた。宮城の出入口の一二の門は軍事氏族の名をつけて大伴《おおとも》門、佐伯《さえき》門などと称されていたが、応天門、藻壁《そうへき》門などと改められた。

一二門の額の字は空海《くうかい》・嵯峨天皇・橘 逸勢《たちばなのはやなり》ら「三筆」によって書かれ、書法も唐風が好まれた。空海の書法は王羲之《おうぎし》に顔真卿《がんしんけい》の書法を加えたもので、自筆の遺品に最澄《さいちょう》に宛てた書状『風信帖《ふうしんじょう》』、修行中に著した『聾瞽指帰《ろうこしいき》』の原稿がある。空海は、王羲之・欧陽詢《おうようじゅん》などの書跡の名品・書体を嵯峨天皇に献呈し、天皇の書を、「わずかに天書をひらいて、字勢竜のごとくわだかまり」と評した。その天皇遺品の書には、最澄の弟子光定《こうじょう》が戒《かい》を受けた時に授けた『光定戒牒《かいちょう》』がある。橘逸勢は空海らとともに唐に渡って、「橘秀才」とその才能を讃えられ、「もっとも隷書《れいしょ》に妙なり」と評されたという(『日本文徳《もんとく》天皇実録』)。

唐風文化とともに入ってきたのが新たな仏教文化である。延暦二十三年(八〇四)派遣の遣唐使船に乗った空海・最澄は、南都六宗(三論《さんろん》・法相《ほっそう》・倶舎《くしゃ》・華厳《けごん》・律)の教学中心の仏教に飽き足らず、山林修行を通じて仏教を学ぶことを実践してきたが、それが認められ、学問僧の空海が第一船、請益僧《しょうやくそう》（短期留学生）の最澄が第二船に乗って大陸に渡った。

最澄は近江《おうみ》に生まれ、東大寺で具足戒《ぐそくかい》を受け、比叡山《ひえいざん》に登って山林修行に入って、延暦七年（七八八）に一乗止観院《いちじょうしかんいん》を建立し、同十六年（七九二）に桓武《かんむ》天皇の安寧を祈る内供奉十禅師《ないぐぶじゅうぜんじ》に任じられ、同二十三年に門弟の義真《ぎしん》をともない明州《めいしゅう》に到着した。天台山で湛然《たんねん》の弟子道邃《どうすい》から大乗菩薩戒《だいじょうぼさつかい》（円頓戒《えんどんかい》）を受け、密教も相承した。滞在中に経典類四六一巻を書写して、翌年五月に帰国した。

空海は讃岐《さぬき》に生まれ、延暦八年（七八九）に大学寮に入って明経道《みょうぎょうどう》を学ぶも、大学での勉学に飽き足らず、讃岐の曼陀《まんだ》羅寺（善通寺市）などでの山林修行に入り、儒教・道教・仏教の比較を論じた『聾瞽指帰』を修行中に著して、俗世の教えが真実ではないことを示した。唐にあっては、長安の青龍寺にいた真言宗第七祖の恵果《けいか》から『大日経《だいにちきょう》』と『金剛頂経《こんごうちょうぎょう》』を中心とする密教を学び、その学識を認められた。大同元年（八〇六）八月に帰国し、経典類の「請来《しょうらい》目録」を朝廷に提出している。

最澄と天台宗

最澄は、宮中で病床にあった桓武天皇の病気平癒を祈り、延暦二十四年（八〇五）には天皇の要請で高雄山寺《たかおさんじ》（のちの神護寺《じんごじ》）において日本最初の公式の灌頂《かんじょう》をおこない、翌年には年ごとに得度を認可する年分度者《としぶんどしゃ》を天台業二人（止観業《しかんごう》、遮那業《しゃなごう》各一人）に認められ、日本の天台宗開宗となった。

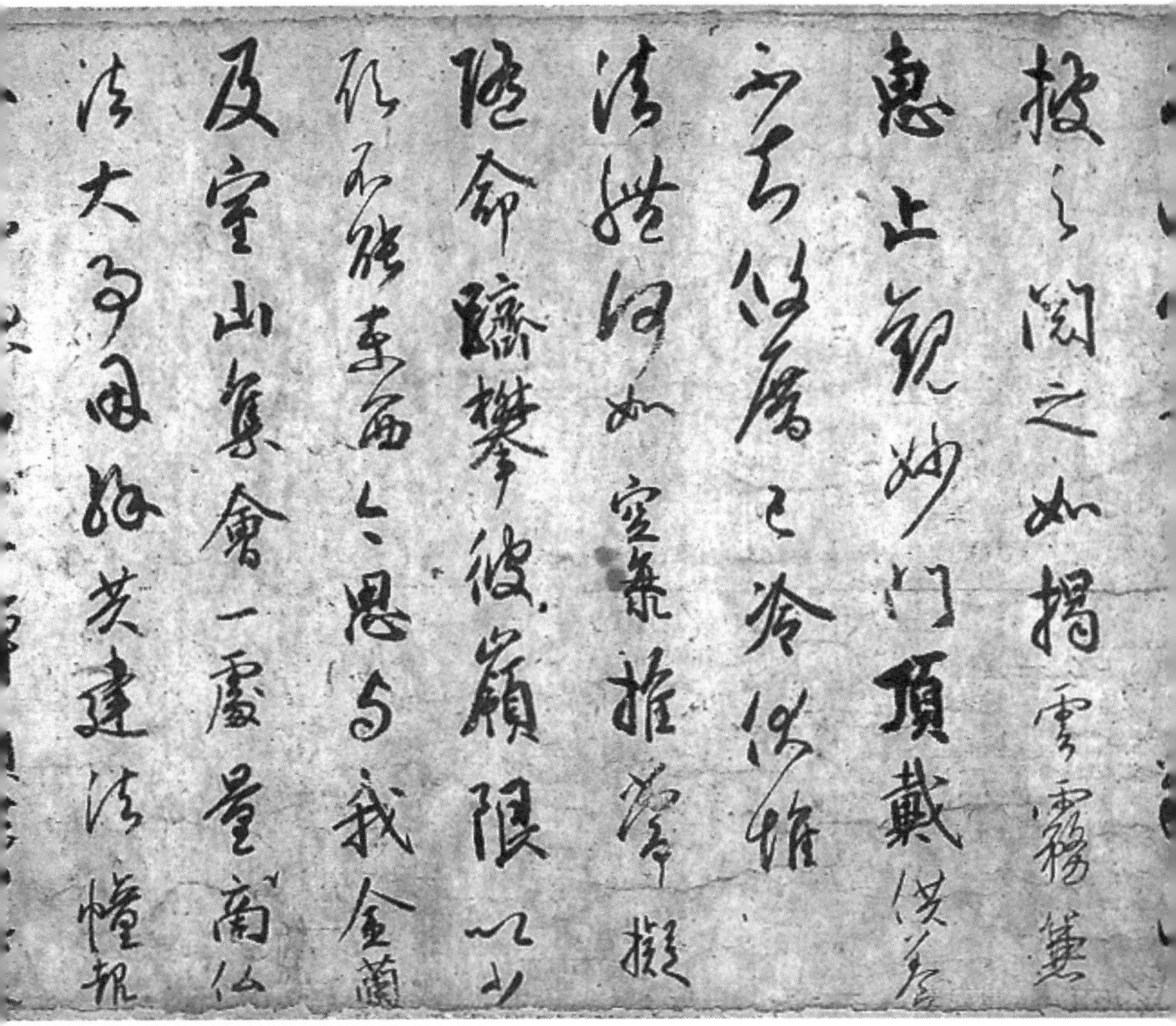

空海『風信帖』 空海が最澄に宛てた手紙で、その筆跡はみごと。教王護国寺蔵

遅れて帰国した空海が、多数の経典類や胎蔵界《たいぞう》・金剛界《こんごう》の両界大曼荼羅《だいまんだら》、祖師図、密教法具など、密教を含む最新仏教の文化体系をもたらしたので、その借覧を望んでいたが、空海との折り合いを欠き、弘仁三年(八一二)に東国布教への旅に出かけた。下野《しもつけ》では「東国の導師」「東国の化主《けしゅ》」と称された道忠《どうちゅう》の弟子に迎えられ、その拠点であった大慈寺《だいじじ》や上野《こうずけ》の緑野寺《みどのじ》に多宝塔を建立し法華経《ほけきょう》一〇〇〇部を安置し、同じように各地で多宝塔を建立し、法華経一〇〇〇部を安置した。

この最澄に、会津の磐梯山《ばんだいさん》西麓の慧日寺《えにちじ》を拠点とする徳一《とくいつ》が論戦を挑んで、ここに仏性《ぶっしょう》論争が始まった。最澄は、人間は誰でも学んで努力すれば悟りの境地に入ることができる、とする一乗《いちじょう》の思想を主張したのに対し、徳一は、人には生まれつき五種類の区別があるとする法相宗の五性《ごしょう》各別を主張、五性の内の無種性に分類された人は、悟りには到達できないとした。論争は決着がつかないまま、徳一が亡くなって終了するが、ここからは地方における仏教信仰の広がりがうかがえる。

東国での経験を踏まえ、最澄は仏の前には誰でも平等であるとして、弘仁九年(八一八)に東大寺で受けた戒を捨て、比叡山上に大乗戒を設立すると宣言し、比叡山を「法界地」として結界し、清浄な場での宗教的純粋性に基づく戒壇設立へと動いた。戒律は『梵網経《ぼんもうきょう》』で説く十重四十八軽戒《じゅうじゅうしじゅうはちきょうかい》という緩やかな大乗戒でよく、授戒の儀式も伝戒の師が一人いればよいとした。だが南都の僧綱《そうごう》の反対にあって『山家学生式《さんげがくしょうしき》』を定め、年分度者には、比叡山で大乗戒を受けて菩薩僧となり、一二年間山中で修行することを義務づけた。戒壇は最澄の死後の弘仁十三年(八二二)六月に勅許となる。

その最澄の跡を継いだ円仁《えんにん》は、弘仁七年(八一六)に具足戒《ぐそくかい》を受け、翌年に教授師として大乗戒を諸弟子に授けるとともに、自らも大乗戒を受け、最澄の遺志にそって遣唐使の請益僧として唐に渡り、最澄には叶わなかった密教の修法をもたらした。

空海の真言宗

空海は平城天皇が退位して嵯峨天皇が即位すると、高雄山寺に入り、嵯峨天皇のために宮廷鎮護の祈禱をおこなって宮中との関係を深めた。弘仁三年(八一二)十一月に、高雄山寺で金剛界結縁《けちえん》灌頂を開壇し、同八年(八一七)にはインド・中国の聖地仏閣に倣って、「深山の霊地」での修禅の道場として高野山《こうやさん》の下賜を天皇に申請した。七月に勅許が下りると、翌年十一月に勅許後初めて自身で高野山に登り、翌年まで滞在し、七里四方に結界を結び伽藍建立に着手した。南都とは融和的に関わり、弘仁十二年(八二一)に東大寺に灌頂道場真言院を建立し、翌年には東寺を真言密教の道場となし、口に真言(陀羅尼《だらに》)を唱え、身に印契《いんげん》を結び、心を三昧《ざんまい》に任せしめ(精神集中し)て、自己と仏との一体化を直接的な体験として実現する「即身成仏《そくしんじょうぶつ》」をめざす真言宗の立場を開示した。

天長元年(八二四)、空海は神泉苑で祈雨法を修し少僧都《しょうそうず》に任命されて僧綱になって、六月に造東寺《ぞうとうじ》別当に任じられ、九月に高雄山寺が定額寺《じょうがくじ》となって真言僧一四名がおかれて、年分度者一名が許可された。天長五年(八二八)には『綜芸種智院式并序《しゅげいしゅちいんしきならびにじょ》』を著し、綜芸種智院を開設したが、これは教育の門戸が貴族や郡司の子弟などにしか開かれなかったのに対し、広く門戸を開いて儒教・仏教・道教など思想・学芸を網羅した総合的教育機関としたもので、天皇や貴族、仏教諸宗の支持・協力の下に運営することで恒久的な存続をはかる方針を示した。

天長年間、勅命で諸宗の第一人者に宗の教義の提出が命じられると、天台宗の義真が『天台法華宗義集』を提出したのに対し、空海は天長七年(八三〇)に『秘密曼荼羅十住心論《じゅうじゅうしんろん》』を提出し、人間の心が浅薄な迷いの第一段階からしだいに深まってゆき、密教の究極の智慧に至る「秘密荘厳心」に到達するまでを段階的に示した。同九年(八三二)、高野山に最初の万燈万華会《まんどうまんげえ》を修し、その願文に「虚空尽き、衆生《しゅじょう》尽き、涅槃《ねはん》尽きなば、我が願いも尽きなん」との想いを示した。この後、高野山に隠棲し、穀物を断って禅定を好む日々を送るなか、承和元年(八三四)に東寺に三綱《さんごう》をおくこと、翌年には真言宗の年分度者三人が認可され、金剛峯寺《こんごうぶじ》も定額寺となった。思いをとげた空海はその三月十五日、高野山で弟子らに遺告を与え、二十一日に亡くなっている。

空海は密教を理解するためには、経典を読むだけでなく法具や絵画も重要であるとして真言五祖像や両界曼荼羅などを恵果《けいか》から与えられ、これが手本となって密教美術が展開していった。真言五祖像とは、中国の五人の祖師を描くものだが、弘仁十二年(八二一)に二人の祖師像を新造し追加して七師像としている。新像は描線がおだやかで色彩に富み、保存状態がよく、五祖像では不空《ふくう》像などが東寺に現存する。

両界曼荼羅は『大日経』に基づく胎蔵界曼荼羅（口絵参照）と、『金剛頂経』に基づく金剛界曼荼羅からなり、二つは同じ大日如来《だいにちにょらい》を主題として取り上げながらも系統が違う経典であったが、恵果はこれらを統合し両界曼荼羅という形にまとめ、密教の奥義は言葉では伝えられないとして、宮廷絵師に命じて描かせて空海に与えた。この両界曼荼羅は痛みが激しく、写しが作成されたものの、現物も写しも、今に残っていない。最古の両界曼荼羅は原本を赤紫の綾に金銀泥で写し神護寺に残る。

空海没後、大日如来を中心に五仏、金剛波羅蜜菩薩《こんごうはらみつぼさつ》を中心に五菩薩、不動明王を中心に五王から構成された東寺講堂の仏像群の開眼供養がおこなわれており、これは東寺講堂を真言密教の根本《こんぽん》道場にする空海の構想に基づいていた。

承和の遣唐使

天長《てんちょう》十年（八三三）、仁明《にんみょう》天皇が即位すると、承和元年（八三四）の遣唐使派遣が天皇の代替わり行事として企画された。大使に藤原常嗣《つねつぐ》、副使に小野篁《たかむら》が任じられたが、篁は大使の不正に憤慨して乗船を拒否し、風刺詩「西道謡《さいどうよう》」を詠んだため嵯峨上皇の逆鱗に触れ、隠岐島《おきのしま》に流された。その時の歌が「わたのはら　八十島《やそしま》かけて漕《こ》ぎ出《ゐで》ぬと　人には告げよ　海人《あま》の釣り舟」といわれる。

こうして副使を欠いての三度目の出発となるが、この時に渡唐した円仁の日記『入唐求法巡礼行記《にっとうぐほうじゅんれいこうき》』は、承和五年（八三八）六月の博多津の出港日から始まる。五台山を訪れた円仁は、法華経と密教

東寺講堂仏像群　教王護国寺蔵

の整合性に関する未解決の問題「未決三十条」の解答を得、所蔵の仏典三七巻を書写した。南台の霧深い山中で「聖燈《しょうとう》」の奇瑞などを目撃すると、これは文殊菩薩《もんじゅぼさつ》の示現《じげん》に違いない、と信仰を新たにし、金剛界曼荼羅を絵師に描かせ、その金剛界曼荼羅を得て承和十四年(八四七)に帰国した。

このように最澄・円仁や空海による新たな仏教と、それにともなう文化体系が日本社会に浸透してゆくなか、楽を学ぶべく唐に渡った人々もいた。藤原貞敏《さだとし》は揚州《ようしゅう》で廉承武《れんしょうぶ》から琵琶の伝授を受けて『琵琶譜《びわふ》』を贈られ、日本に「賀殿《かてん》」の曲を伝えた。渡唐以前に「安摩《あま》」「承和楽《じょうわらく》」「清上楽《せいしょうらく》」を作曲していた笛の大戸清上《おおべのきよかみ》のように渡唐の船が「南海賊地」に漂着し殺害されてしまった例もある。

遣唐使のような正式な交流だけでなく、民間交流によっても唐風文化が入ってきていて、その拠点が博多に設けられた外国人接待施設の鴻臚館《こうろかん》である。博多には早くから外交使節の接待所がおかれ、持統紀《じとうき》二年(六八八)に新羅《しらぎ》国使の全霜林《ぜんそうりん》が「筑紫館《ちくしのむろみつ》」でもてなされており、天平《てんぴょう》八年(七三六)には遣新羅使が同じく「筑紫館」で歌を詠んだことが『万葉集』に見える。この筑紫館は『入唐求法巡礼行記』に鴻臚館の名で見え、遣唐使副使の小野篁が唐人と大宰《だざい》鴻臚館で詩を唱和したとある。

天安《てんあん》二年(八五八)には留学僧円珍《えんちん》が商人李延孝《りえんこう》の船で帰国すると、鴻臚館の北館門楼で歓迎の宴があった(『園城寺文書《おんじょうじもんじょ》』)。鴻臚館跡からは越州窯《えっしゅうよう》青磁・長沙窯《ちょうさよう》磁器・荊州窯《けいしゅうよう》白磁・新羅高麗《こま》産の陶器、イスラム圏の青釉陶器・ペルシアガラスが出土しており、東アジアの流通の拠点となっていたことがわかる。

2　宮廷文化の確立

密教修法と年中行事

承和九年(八四二)に嵯峨上皇が重病になって起きた承和の変をへて、藤原冬嗣の子良房《よしふさ》が大納言に昇進して右大将を兼ね、その望みのとおりに娘順子《じゅんし》の生んだ道康《みちやす》親王を皇太子とした(のちの文徳天皇)。ここに嵯峨・淳和《じゅんな》の兄弟による王朝迭立《てつりつ》が解消され、嵯峨から仁明《にんみょう》・文徳への直系王統が成立した。良房は名族の伴氏(大伴氏)や橘氏に打撃を与えて伝統氏族の没落が決定的になり、同じ藤原氏の競争相手を失脚させたことから藤原氏北家や源氏が大幅に政界へ進出することになった。

仁明朝には多くの護国の修法が始まる。空海が承和元年(八三四)二月に毎年正月の宮中御斎会《ごさいえ》の七日間に真言の修法をおこない、鎮護国家を祈ることを奏上したことで、翌年正月から宮中における後《ご》七日《しちにちの》御修法《みしゅほう》が恒例化した。円仁とともに承和の遣唐使に加わった常暁《じょうぎょう》は、大元帥法《だいげんすいのほう》を将来して承和七年(八四〇)に初めて修したが、仁寿《にんじゅ》元年(八五一)から恒例化し、新羅の海賊、蝦夷の反乱など「隣国賊難」降伏の法として修された。

仁明天皇の危篤に際し真言宗が護摩《ごま》法を修したのに対し、帰国した円仁は文殊八字法を修したが、この最新の修法が、「慈覚大師《じかくだいし》(円仁)御門徒の最極秘法なり」と尊重されてゆくことになる。文徳天皇即位に際しては、唐の内道場でおこなわれている熾盛光法《しじょうこうほう》が除災致福《じょさいちふく》、宝祚祈念《ほうそきねん》のため修するの

がよい、と上奏して勅許を得、比叡山に惣持院《そうじいん》を創建し、斉衡《さいこう》元年(八五四)に第三代の天台座主《てんだいざす》となり、天皇や貴族に灌頂や菩薩戒を授け天台密教を確立した。

仁明天皇は死の直前に落飾入道《らくしょくにゅうどう》するが、この臨終出家の影響は大きく、同年の皇太后橘嘉智子《かちこ》(檀林《だんりん》皇后)をはじめ、次々にその周辺で出家が続き、繁子《はんし》内親王は「情を彼岸に馳《は》せ」、人《さね》康《やす》親王は「出家の功徳にて三途《さんず》の苦を逃れん」と述べ、極楽往生を願った。この時期から密教修法や極楽往生の観念が貴族層にも広がっていった。

密教修法は後七日御修法のように年中行事化して定着をみたが、これは延

『年中行事絵巻』
後白河法皇の命で年中行事を描いた絵巻物。12世紀後半。　田中家蔵

暦二十一年(八〇二)に朝賀に不参した五位以上の官人に対し、正月の三節会《さんせちえ》(元日、七日、踏歌《とうか》)への参加が禁止されて以後、宮廷の諸年中行事の整備が進んだ現れで、嵯峨朝では正月七日と十六日の節会が復活し、唐風の朝賀については弘仁九年(八一八)に儀式作法を予め教習(習礼)させた。

宮廷の年中行事には大陸の習俗や日本古来の習俗が取り込まれ整備されていった。相撲節《すまいのせち》は七月七日の七夕の詩宴にともなっておこなわれるなかで七月末の行事となり、左右の相撲人が二十番の勝負をおこなう形で定着した。仁和《にんな》元年(八八五)に清涼殿《せいりょうでん》に一年の公事《くじ》が『年中行事御障子《ねんじゅうぎょうじごしょうじ》』に示されたが、行事・公事の少ない五月でも、五月二日の小五月《こさつき》、三日の六衛府《ろくえふ》菖蒲《しょうぶ》花を献《たてまつ》る、四日の走《はしり》馬結番《うまのけちばん》毛付を奏す、五日の節会、内膳司《ないぜんし》早瓜《はやうり》を献る、六日の競馬《くらべうま》、十日の源氏《げんじ》夏衣服《なつのいふく》の文《もん》を申す、日日未定の京中賑給《しんごう》、雷鳴陣、解陣《げじん》など一〇もの行事があった。

律令の制度運用においても施行細則の「式」が整えられ、さらにその式の細則も定められてゆき、そうした細則を現実に運用するにあたっては旧来の習慣とのすり合わせがはかられ（習合の論理）、それが作法や年中行事として定着したのである。

和風・和様文化に向けて

楽制《がくせい》の改革もおこなわれた。楽が生まれた国別に楽師がおかれてきたのを改め、左方唐楽《さほうとうがく》（唐楽・林邑楽《りんゆう》）と右方高麗楽《うほうこまがく》（高麗楽・百済楽《くだら》・新羅楽・渤海楽《ぼっかい》）に整理、楽器も統一し、王朝雅楽が整えられて和風の奏楽体制が成立した。学業や芸能に優れた氏族である文章道の菅原・大江氏、明法道《みょうぼう》の讃岐《さぬき》・惟宗《これむね》氏、算道の家原《いえはら》・小槻《おづき》氏、明経道《みょうぎょう》の善道《よしみち》・紀《き》氏、暦《れき》道の大春日《おおかすが》氏などは、貴族が上級官司を占めてゆくなか、諸道において世襲する道を開いた。

『続日本後紀《しょくにほんこうき》』の仁明朝への評価は高い。天皇が聡明で「衆芸」に通じ、経史を愛して通覧し、漢音に練達し、書法に秀で、弓射や音楽をも得意とした、と評したが、この時期から『万葉集』以来途絶えていた和歌の復興も始まった。嘉祥《かしょう》二年（八四九）に天皇四〇歳の賀《が》の祝《いわい》で、興福寺僧が「唐の詞《ことば》」よりも「この国の本《もと》つ詞」である和歌で表現するほうが伝統もあり優越する、と語ったことを伝え、心を感動させるには和歌がもっとも優れているが、末世ゆえに衰え、僧に古語が伝えられていたとして「則ちこれを野に求む」と記している。

この動きのなかで遍昭《へんじょう》・在原業平《ありわらのなりひら》・文屋康秀《ふんやのやすひで》・喜撰《きせん》・小野小町・大友黒主《くろぬし》ら『古今和歌集』の序に載る六歌仙が現れた。遍昭は俗名が良峯宗貞《よしみねのむねさだ》で蔵人頭になったが、仁明天皇の死により出家したのち、僧正《そうじょう》にまで至った異色の人物で、宮中の五節《ごせち》の舞姫を詠んだ歌「天つ風　雲の通ひ路ふきとぢよ　をとめの姿しばしとどめむ」は『百人一首』にとられている。

平城天皇の皇子阿保《あぼ》親王の子業平の歌ぶりについて「その心あまりてことばたらず」と評し、「月やあらぬ　春や昔の春ならぬ　わが身ひとつはもとの身にして」の歌を載せ、女房歌人の小野小町について「あはれなるやうにて、つよからず。いはばよき女のなやませるところのあるに似たり」と評し、「思ひつつ寝ればや人の見えつらむ　夢と知りせば覚めざらましを」の歌をあげている。

和歌の復興とともに漢詩の表現も変化してきた。さまざまな詩風を取り入れてゆくなか、唐の詩人の白居易《はくきょい》の影響が広がったのである。白居易の詩文は承和五年(八三八)に大宰大弐《だざいのだいに》藤原岳守《おかもり》が唐人から入手し、承和の遣唐使も持ち帰っていた。具平《もとひら》親王が「我が朝の詞人才子、白氏文集を以て規模となす。故に承和以来、詩を言う者みな体裁を失わず」と述べるなど(『本朝麗藻《ほんちょうれいそう》』)、その影響は和歌にも及ぶようになり、漢詩文の表現が和歌に取り入れられた。

和歌の復興は平仮名の発達と関連している。万葉仮名を発展させた平仮名文は、貞観九年(八六七)二月の讃岐国司解《こくしのげ》に藤原有年《ありとし》が書き添えたメモ、屏風絵歌での文徳朝の「女房の侍《さぶらい》」の場での作歌に見える。唐風の浸透とともに古来の風習や自然に馴染んだ和風・和様が見直されてきたのである。

大地変動と摂関政治

九世紀後半に日本列島を襲った大災害の影響は大きかった。貞観六年(八六四)五月に駿河国《するがのくに》から富士山噴火の報告が都に届いた。「噴火の勢いは甚だしく、山火事は二里四方、光炎の高さは二十丈ほどに及んだ。雷鳴のような音がし、地震が三度あり、十余日経っても火はおさまらず、岩を焦がし、嶺を崩して砂石が雨のように降ってきた」という。

貞観十一年(八六九)には平成二十三年(二〇一一)三月の東日本大震災に匹敵する大規模な地震と大津波が東北地方を襲った。陸奥の国司は五月二十六日、「地の大震動」があって、津波が陸奥を統治する多賀城の城下にまで襲ってきた様子を報告している。「海鳴りが雷鳴のようにあがり、川が逆流、津波が長く連なって押し寄せ、たちまち城下に達した。海を去ること十百里、果てしなく水浸しになり、原野も道路もすべて海となった」。溺死者は一〇〇〇人、財産や農地はほとんど何も残らなかったという。

貞観十三年(八七一)には出羽《でわ》の鳥海山《ちょうかいさん》が噴火し、九州薩摩《さつま》の開聞岳《かいもんだけ》も同十六年に噴火、ほかにも地震や大風など自然災害が毎年のように襲った（『日本三代実録』）。さらに飢饉や疫病が都と周辺地域を直撃した。貞観年間に「近代以来、疫病頻発し、死亡甚だ衆《あまた》なり」と、疫病で多くの死者が出、貞観四年（八六二）には内裏や建礼門・朱雀《すざく》門で大祓《おおはらえ》をおこなったがその効果はなかった。疫病は「崇道天王《すどうてんのう》（早良《さわら》親王）」など政治的に失脚した人々の「御霊《ごりょう》」によるものとみなされ、その祟《たた》りを鎮めるために神泉苑で僧が『金光明経《こんこうみょうきょう》』『大般若経《だいはんにゃきょう》』を読経し、伶人が雅楽を奏し、童が舞をおこない、雑伎《ざつぎ》や散楽《さんがく》などの芸能もおこなわれて鎮撫がはかられた。

大地変動、疫病や外敵の侵入などへの対応が政府に求められるなか、その治世を担うことから始まったのが摂関政治である。太政大臣藤原良房は娘明子《あきらけいこ》が儲けた惟仁《これひと》親王を即位させると（清和《せいわ》天皇）、唐の太宗の治世「貞観《じょうがん》の治《ち》」にあやかって、年号を貞観に改め、新たな政治を展開していった。都を対象に多くの法令を出し、「貞観交替式」や「貞観格式」などの法整備にも力を入れた。

貞観八年（八六六）に応天門の変によって大納言伴善男《とものよしお》が失脚するなか、良房は八月十九日に「天下の政《まつりごと》を摂《と》り行はしめよ」と、天皇を補佐し国政を総攬《そうらん》する摂政を命じられた（『日本文徳天皇実録』）。なお応天門の変での伴善男の陰謀と失脚をあつかった作品に『伴大納言絵詞』があるが、これは摂政が天皇を補佐する政治の始まりを象徴する絵巻として描かれた。

この良房の死後を継承した藤原基経《もとつね》も、摂政・関白（政務のすべてを預かる職）となって摂関政治が展開してゆくことになる。摂政・関白が天皇を支えることによって、皇位をめぐる度重なる皇族間の争いは影を潜め、摂関が主導する会議(陣定《じんのさだめ》)が政治意思を決定し、それを摂関と天皇とが決済する形で政治が進められていった。

宮廷政治の確立

寛平《かんぴょう》三年(八九一)に藤原基経が亡くなると、宇多《うだ》天皇は親政への意欲を燃やし、菅原道真《みちざね》・藤原保則《やすのり》らの文人政治家を起用し、政務を直接支える蔵人所の充実をはかり、「蔵人式」を編纂して蔵人の職務を明確にした。内裏の清涼殿に昇殿する資格を天皇の代ごとに審査して認める昇殿制を整え、側近を殿上人として待遇し、内裏には参議以上の公卿《くぎょう》、蔵人頭指揮下の殿上人が伺候して天皇の政治を支える宮廷政治の体制を整えた。この治世は後代に「寛平《かんぴょう》の治」と称された。

これにより殿上人、地下《じげ》などの宮廷社会の身分秩序が定まり、天皇は朝廷儀式に公的に出席する機会が少なくなり、京都とその近郊への外出(行幸《ぎょうこう》)も特別なときに限られた。その一方で、寛平三年に貴族の地方転出や留住、地方民の京都居住などの規制がはかられ、寛平七年(八九五)には上層貴族の京都居住が義務化され、五位以上の王族や貴族の行動範囲が、東は逢坂《おうさか》、南は山崎・淀《よど》、西は摂津《せっつ》・丹波の境、北は大江山の畿内近国の範囲に限られた。

この「寛平の治」を支えた菅原道真は、学者の道を歩んできて、仁和二年(八八六)に讃岐守となって地方の実情を知り、宇多天皇の信任を得て、寛平三年に蔵人頭、左中弁《さちゅうべん》に登用された。そのかたわら六国史《りっこくし》を分類し整理した『類聚国史《るいじゅうこくし》』を編纂し、寛平六年（八九四）に遣唐大使に任じられた。しかし、大帝国を築いた唐の衰退は著しく、遣唐使を派遣せずとも新羅や渤海《ぼっかい》、唐の商人が唐物《からもの》をもたらしていた事情もあり、派遣中止を要請すると、派遣は見送られ、やがて派遣されなくなった。

寛平九年（八九七）、宇多天皇は醍醐天皇への譲位に際して『寛平御遺誡《かんぴょうごゆいかい》』を与え、天皇としての心得、政務に関する注意や人物の登用について訓示した。そのなかで前年に入京した唐人に面会したことを反省しており、これを契機に天皇が異人を都に召し会見することがなくなる。また、藤原基経の子時平《ときひら》を顧問に備えさせるよう、道真が「鴻儒《こうじゅ》」（大学者）であり「政事」を深く知るので重用するよう求めた。『寛平御遺誡』は天皇のあり方の基準とされ、のちの順徳《じゅんとく》天皇の『禁秘抄《きんぴしょう》』や徳川幕府の「禁中幷公家衆法度《きんちゅうならびにくげしょはっと》」に引用されるなど、大きな影響を与えることになる。

だが、醍醐天皇はその通りには動かなかった。延喜元年（九〇一）に誣告《ぶこく》を受けた道真は、罪を得て大宰権帥《だざいのごんのそち》に左遷され、政務は太政官筆頭の左大臣藤原時平が主導するところとなった。同年に国史『日本三代実録』が完成し、延喜二年（九〇二）に荘園整理令が出され、同七年（九〇七）には貨幣改鋳と『延喜式』の編纂がおこなわれ、この時の政治は「延喜の治」と称された。なかでも荘園整理令は、国司に租庸調の遵守《じゅんしゅ》や班田の実施を命じ、皇族・貴族などの院宮王臣家《いんぐうおうしんけ》が地方の有力者と結びついて荘園を増加させている情勢を食い止めようとしたものだが、律令制的支配の遂行はもはや不可能な段階にあって、結果的に律令制復活の最後の試みとなり、同時に新たな段階への出発点となった。

政府は、租税収入を確保するために租税の収取や軍事などの権限を大幅に国守に委譲し、自由に国内を支配する権利を与えていったので、国守は任国の行政機関（国衙《こくが》）に赴任し、最高責任者（受領《ずりょう》）となって任国統治をおこなった。受領とは、国守の交替の際に前任の国司から、適正な事務引継を受けたことを証明する帳簿（解由状《げゆじょう》）を受領したことによる呼称である。

宮廷文化の成熟

宮廷政治の確立は宮廷文化の成立をともなっていた。延喜五年（九〇五）に醍醐天皇の命により『古今和歌集』が編纂されている。紀友則《きのとものり》、紀貫之《つらゆき》、凡河内躬恒《おおしこうちのみつね》、壬生忠岑《みぶのただみね》ら四人が撰者となって、『万葉集』には撰ばれなかった古い時代の歌から、当代に至るまでの秀歌を集めた初めての勅撰和歌集で、その歌数は一一〇〇余、合わせて二〇巻からなる。紀貫之の手になる仮名序は語る。

和歌は人の心に浮かんだことを詠むものであり、自然を見、聞きするなか、どうして歌を詠まずにいられようか、力を入れなくとも天地を動かし、目に見えない鬼神をも哀れと感じさせ、男女の仲をなごませ勇猛なものの心をも慰める、それが和歌である。

こう説いて、和歌の歴史と現今の状況、いかに撰集作業に携わったのかを記している。撰者たちは列島が未曾有の災害に襲われた貞観年間に生を享け、それへの文化的対応を求められ成長するなか、和歌には力があることに思いを致し、勅撰和歌集の編纂にあたったのである。漢詩文を咀嚼した上で

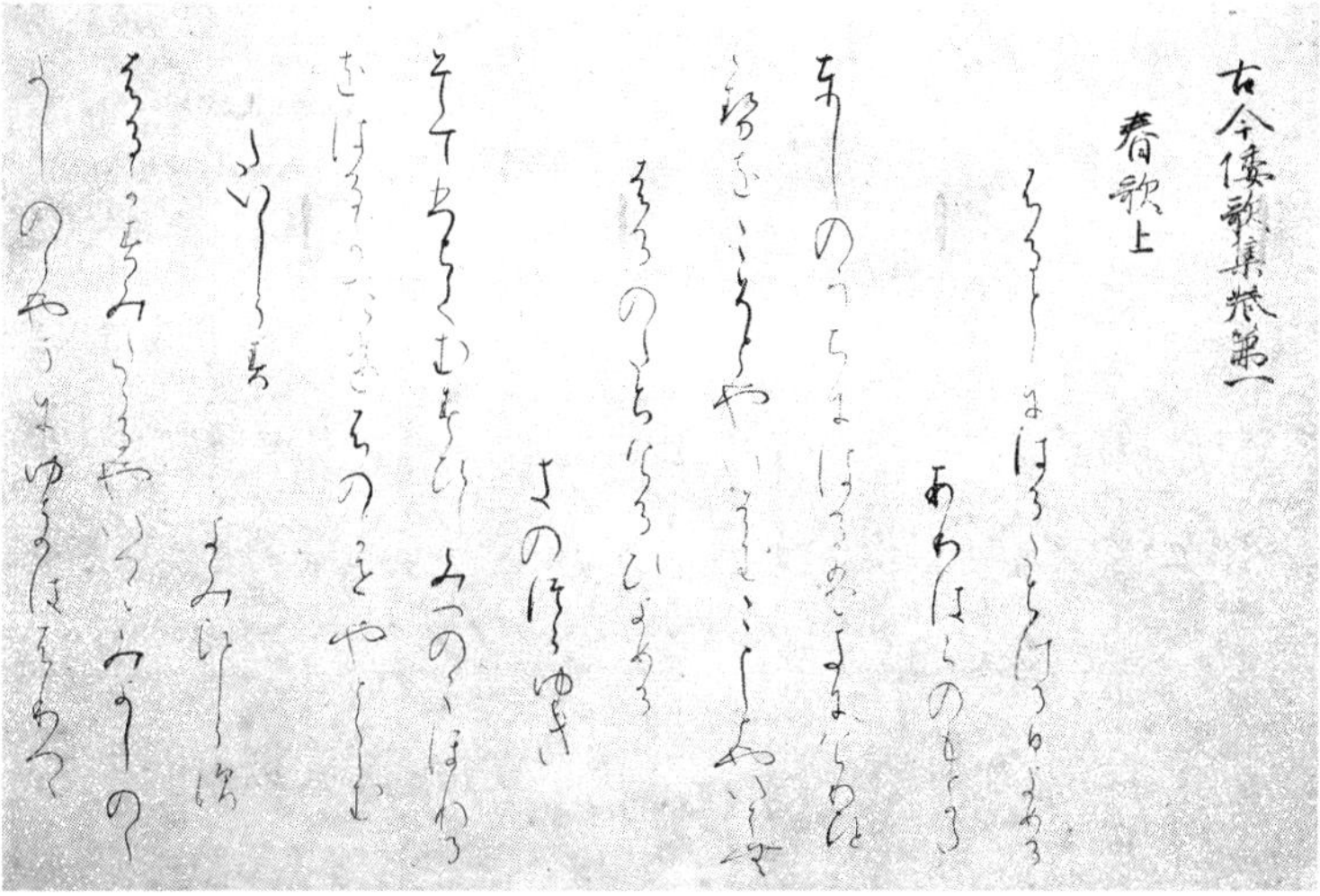

『**古今和歌集**』(高野切古今和歌集)　伝紀貫之　五島美術館蔵

『万葉集』の歌を再評価して詠んでおり、この和歌の詠まれ方が以後の和歌文化の規範とされた。

宮廷文化の様相は、『伊勢物語』『竹取物語』の二作品から知られる。『伊勢物語』は宮廷文化を代表する歌人を主人公に選び、文化の内実や片鱗を語る。在原業平の歌を軸に、業平周辺の動きを虚実を入り交えた歌物語として描いた。話は「むかし、男ありけり」に始まり、好き者の恋の冒険や逃避行を歌物語として展開する。宮廷文化のタブーに挑戦した動きから宮廷文化の華やかさと社交術を明らかにし、和歌をどう詠めばよいのかを状況ごとに示す指南書の意味合いもあった。「天の下の色好み」の源至《いたる》の話や、宮廷文化の裾野をなす民間の筒井筒《つついづつ》などの話も見える。

『竹取物語』は、竹を取って暮らしていた翁《おきな》が、竹林で光り輝く竹があったので見たところ、中から三寸程の可愛らしさこの上ない女子が出てきたことから始まるファンタジーである。成長した娘は、石作皇子《いしつくりのみこ》、車持皇子《くるまもちのみこ》、右大臣阿倍御主人《あべのみうし》、大納言大伴御行《おおとものみゆき》、中納言石上麻呂《いそのかみのまろ》などの皇子二人・議政官三人の宮廷政治の牽引者の求婚を拒否したばかりか、帝の求婚にも応じず、最終的には天に昇ってこの世を去ってしまう。美女を主人公とし、その物語を通じて宮廷文化のあり方を示し、宮廷の主催者である帝が天により支えられていることを語っている。

この時期に確立した宮廷文学は、のちの文化の祖形となり、大きな影響を与えてゆく。『伊勢物語』『竹取物語』の系譜を引く『大和物語』『宇津保《うつほ》物語』は十世紀半ばに著されている。その後、『伊勢物語』の話は能や絵画の素材として描かれ、『竹取物語』は物語の元祖とされ『源氏物語』に影響を与え、お伽噺《とぎばなし》の素材ともなった。この宮廷文化と深く関係するのが京を彩る祭である。

京鎮護の神々と祭

延暦十二年(七九三)、平安遷都とともに京の東南に位置する稲荷神(京の地主《じしゅ》神で秦《はた》氏の氏神)と西に位置する松尾神、北に位置する賀茂《かも》神(賀茂氏の神)が奉斎されたが、長岡京遷都の際に藤原氏の氏神の春日神を勧請《かんじょう》した大原野社が洛西に創建され、橘氏の氏神梅宮社も移されており、京の周囲にはさまざまな氏神が祀られ、祭がおこなわれてきた。

なかでも重要性を増してきたのが賀茂上下社である。鴨川が北山から京都盆地に流れ出る谷口に鎮座するのが賀茂別雷《わけいかづち》神社（上《かみ》賀茂神社）で、高野《たかの》川と合流する地に鎮座するのが賀茂御祖《みおや》神社（下鴨《しもがも》神社）である。京都を安定させるためには山城盆地を流れる幾筋もある河川の治水事業が重要で、その最大の河川の鴨川を治める上で賀茂の神の役割は大きく、京都の安定後も、鴨川の水防にあたる防《ぼう》鴨河使《かし》が天長元年（八二四）に設けられている。

『日本紀略』弘仁五年（八一四）六月十九日条に「鴨川に於いて禊《みそぎ》す。神祇官《じんぎかん》の奏に縁《と》る也」とあって、鴨川では穢《けが》れを払う禊がおこなわれた。天皇の即位の初めに未婚の内親王あるいは女王を卜定《ぼくじょう》すると、その斎王《さいおう》は賀茂川で禊をおこない初斎院《しょさいいん》として二年間の潔斎に務め、三年目の四月の賀茂祭に奉仕した。天皇の穢れを付着させた人形《ひとがた》（撫物《なでもの》）を賀茂川の七瀬で水に流す、七瀬の祓の行事もおこなわれた。

宮廷の重要な行事や公事にあたっては常に賀茂の神に祈禱や奉幣《ほうへい》がおこなわれ、祭といえば賀茂祭をさし、朝廷のもっとも重要な祭の一つとなった。賀茂斎王が上・下両社に参る行列には、朝廷派遣の使者が参加し（『延喜式』）、その多数の乗馬行列に多くの見物客が集った。『源氏物語』葵《あおい》の巻はその賑わいぶりを描いている。

京の西南の男山には貞観元年（八五九）に奈良大安寺《たいあんじ》の僧行教《ぎょうきょう》が九州の宇佐《うさ》八幡宮《はちまんぐう》の八幡大菩薩を勧請していた。大菩薩が京の近くに鎮座し国家を鎮護するという神託を受けた僧の行教が、上京する途中で男山に鎮座するとの示現を得たことから動き、石清水八幡宮《いわしみずはちまんぐう》が造営されたのである（『護国寺略記』）。行教は男山にあった石清水寺を護国寺（「薬師堂」）と改めて神宮寺となしたので（『遷座略記《せんざりゃっき》』）、八幡宮・護国寺が一体となって王城鎮護の神として尊崇された。

貞観十一年（八六九）、疫病を鎮めるため四条河原の東の八坂郷《やさかごう》で祇園御霊会《ぎおんごりょうえ》が開かれ、六月十四日に洛中の男児や郊外の百姓がその神輿《みこし》を神泉苑に送った。寛平元年（八八九）に賀茂臨時祭が創始されたが、この祭は賀茂の神から秋にも祭が欲しいという神託が下って始められ（『大鏡《おおかがみ》』）、芸能が奉納された。日本列島を襲った災害の脅威を避けられなかったのは、神の威力が衰退しているためであり、その威力を取り戻すため、神が芸能を求めたものと考えられたのである。石清水八幡宮でも臨時祭が開かれ、朝野をあげてその祭は賑わった。『年中行事絵巻』（一〇八頁参照）に見える京の祭の多くはこの時期に始まる。

自然災害や疫病に繰り返し襲われても、人々は京都に住み続けるようになり、永続的な都市として京都が生まれた。その頃から土師器《はじき》や須恵器《すえき》などの律令制にともなう食器が衰退し、緑釉《りょくゆう》陶器や灰釉《かいゆう》陶器、黒色土器、白色土器などの新しい食器が登場するようになった。

第四章　宮廷文化の光と影——醍醐朝から一条朝

1　開かれる列島の文化

地方の文化の動き

醍醐《だいご》天皇を支えた藤原時平《ときひら》が延喜《えんぎ》九年（九〇九）に亡くなると、弟の忠平《ただひら》が跡を継承して延喜十四年（九一四）に右大臣となって政治を主導したが、その年に文人政治家の三善清行《みよしのきよゆき》は天皇に「意見封事《ふうじ》十二箇条」を提出し、地方政治に大きな変化が生じているとして、その問題提起と対策を提案した。本章はこの九一〇年代から一条朝の一〇一〇年代までの、宮廷文化が輝きを増すなか、それを支えた地方社会がこれまでにない変動を経験した一〇〇年を対象とする。

地方の諸国では、八・九世紀から郡司一族やその出身者、土着した国司など律令官の経験者が、その蓄積した富により墾田《こんでん》開発や田地経営に乗り出し、百姓への出挙《すいこ》（高利貸付）をおこない「富豪の輩《ともがら》」と呼ばれた。彼らは列島規模の大変動に応じて、荒地や未開地の開発・再開発、奥山や高山の開発など、山野河海の開発をさかんに推進した。

山野を開き、その地を守るにあたり、富豪の輩が武力を用いると、蓄財によって任国に根をおろした人々も、武力を用いるようになる。こうしたなかで登場してきたのが「兵《つわもの》」であり、その存在を生き生きと描いた作品が『今昔物語集』である。天竺《てんじく》（インド）・震旦《しんたん》（中国）・本朝《ほんちょう》の三国の仏法と世俗に関する話を収録した説話集で、世俗部には本朝の怪霊鬼・盗賊・悪行・兵・笑いといった話が見える。その巻二六の藤原「利仁《としひと》の将軍」は、北陸越前《えちぜん》の有仁《ありひと》の婿になって、摂関《せっかん》家に仕えるなか、同僚の五位の侍が芋粥《いもがゆ》を腹いっぱい食べたい、と語ったのを聞き、裕福な有仁の敦賀の家に連れ出してもてなしており、有仁・利仁は富豪の輩から「兵」になった存在である。

諸国の支配を請け負った受領《ずりょう》は、こうした兵を組織して国内の軍制を整備するとともに、富豪の輩の活動を規制する一方、積極的に取り込む方策も進めた。農業経営者の面から彼らを「田堵《たと》」として掌握し、その開発地の占有権を開発者の権利（本主権《ほんしゅ》）として認め、開発を推進させた。開発には、武力の備わった兵のほか、山野に分け入ってゆくための宗教力や知恵の備わる僧も関わった。『今昔物語集』巻二六には、飛驒国《ひだのくに》の山野に分け入り、道に迷った僧が豊かな家に寄宿したところ、その家の娘が神の生贄とされることを聞きつけ、その神が猿と知って知恵を絞ってこらしめ、郷人から「郷の長者」として崇められ、奉仕を受けるようになった、という話が見える。

高山も修験者《しゅげんじゃ》により開かれた。加賀の白山《はくさん》は奈良時代に泰澄《たいちょう》が開いたという伝承があるが、発掘された遺物からは十世紀に開かれたことが知られている。山林修行の僧や富豪の輩の求めに応じて仏・神像がつくられた。奈良期の仏像には銅造・乾漆造《かんしつぞう》・塑造《そぞう》の技法が用いられていたが、一木から掘り出す木彫造が広がった。

神護寺の薬師《やくし》・釈迦如来像《しゃかにょらい》はその始まりを示す作品である。大和長谷寺《はせ》の十一面観音像《かんのん》の木は、近江《おうみ》の高島郡に流れ着いたもので、落雷を受け人に災いをもたらす「疫木《えきぼく》」とされていたが、僧徳道が霊験をもたらすと考えてつくった、という。祟《たた》る神の威力を転じて呪力となしたのである。『法華経《ほけきょう》』「普門品《ふもんぼん》」には、観音がさまざまに姿を変えて現世に現れ、諸難を救済すると説かれており、大和法華寺の十一面観音、河内《かわち》観心寺の如意輪《にょいりん》観音などその作例は多い。

山野の開発が広がるなか、個性的な仏像が多くつくられた。若狭《わかさ》小浜の多田・羽賀両寺の十一面観音像、柔和で落ち着いた雰囲気を醸し出す会津勝常寺《あいづしょうじょうじ》の薬師如来像・十一面観音像、目尻がつりあがり威嚇的表情をとる「貞観《じょうがん》四年十二月」銘がある盛岡黒石寺《こくせきじ》の薬師如来像などの貞観仏である。

兵の台頭

『今昔物語集』巻二五は兵の列伝であって、その第一話は「東国に平将門《まさかど》と云ふ兵有りけり」と始まる平将門の話、第二話は「伊予国《いよのくに》に有りて多くの猛き兵を集めて眷属《けんぞく》となし」と始まる藤原純友《すみとも》の話、第三話は将門の叔父良文《よしふみ》が「魂太く心賢き兵」武蔵箕田《むさしのみだ》の源充《あつる》と戦ったものの、勝負がつかないので一騎打ちの戦いに挑んで引き分けた話である。彼ら兵は「合戦を以て業」とし、「兵の道」によって公に仕え、「見目をきらきらしく、手きき魂太く思慮あり」という勇猛な存在として描かれており、その兵たちにより承平《じょうへい》・天慶《てんぎょう》の乱が起きた。

平将門の祖父高望王《たかもちおう》は、九世紀末に平朝臣《たいらのあそん》と賜姓され、上総介《かずさのすけ》となって東国に下った後、土着したことから、その子らは関東各地に勢力を扶植していった。なかでも良持《よしもち》は下総国《しもふさのくに》北部に根づき、跡を継承した子の将門は、子弟や従類・伴類を組織して勢力を広げてゆき、下総の豊田《とよた》を本拠とした。

これと争ったのが平国香《たいらのくにか》で、常陸大掾《ひたちのだいじょう》をへて土着し、常陸の石田に「舎宅」を構えていた。大掾の源護《まもる》も、筑波山西北麓の真壁《まかべ》に宅を構えていて、彼らは将門の父の田畠をめぐり争い(『今昔物語集』)、承平五年(九三五)、源護は将門の襲撃によって、常陸の筑波・真壁・新治《にいはり》三郡の伴類の舎宅を焼かれた。ここまでは兵による日常的な合戦の一齣《ひとこま》であったが、将門が兵を率いて常陸国府を攻め、国府の印璽《いんじ》を奪って国の実権を握ったため、国家を揺るがす大乱へと発展していった。

勢いに乗った将門は下野《しもつけ》・上野《こうずけ》の国府をも領し、巫女《みこ》の託宣によって「新皇《しんのう》」と称して関東諸国の国司を任命したので、朝廷は天慶三年(九四〇)に坂東八カ国に追捕凶賊使《ついぶきょうぞくし》を任命し、藤原忠文《ただふみ》を征東大将軍に任じた。これに応じて国香の子左馬允《さまのすけ》平貞盛《さだもり》と下野国押領使《おうりょうし》の藤原秀郷《ひでさと》とが連携して将門を攻めたところ、この戦いで将門が流れ矢に当たって一命を失ったことで、乱はあっけなくも終結する。この将門の半生を漢文体で記す『将門記《しょうもんき》』が著され、軍記物語の嚆矢《こうし》となった。

乱を平定した功により平貞盛は出世をとげて、桓武《かんむ》平氏のその後の発展の基礎を築き、伊豆の北条氏や下総の千葉氏、常陸の大掾氏など、源平の争乱で活躍する東国の平姓武士の多くはこの子孫である。藤原秀郷の子孫は北関東から奥州にかけて広がった。将門の乱は記憶に残る戦乱として後世に大きな影響を与えてゆく。

純友の乱は、鎮西《ちんぜい》諸国や山陽道《さんようどう》・四国という豊かな国々で起きた。瀬戸内海では運送する物資を狙った海賊が頻発していたため、伊予掾《いよのじょう》藤原純友はその海賊討伐の任にあたっていたが、承平六年(九三六)頃には伊予の日振島《ひぶりしま》を根拠地とする海賊の頭目《とうもく》となっていた。その純友配下の藤原文元《ふみもと》が天慶二年(九三九)に備前《びぜん》や播磨《はりま》の国司を摂津で襲撃する事件が起きたので、朝廷は翌年正月に小野好古《よしふる》を山陽道追捕使に任じる一方、純友の懐柔をはかるが、純友は海賊行為をやめなかった。

八月に伊予・讃岐国《さぬきのくに》を襲って放火し、備前・備後《びんご》の兵船を焼き、長門《ながと》を襲撃して官物を略奪し、十月には大宰府《だざいふ》の兵と追捕使の兵を破り、十二月に土佐国《とさのくに》を襲撃するなど、反乱は西国一帯に広がった。ところが、天慶四年(九四一)二月、純友に属する藤原恒利《つねとし》が朝廷軍に降《くだ》ってから情勢が一変した。朝廷軍の日振島攻めで、逃れた純友は大宰府を攻撃・占領するが、小野好古の率いる官軍や府官の大蔵《おおくら》春実《はるざね》の攻撃にあい、大宰府を焼いて博多湾で大敗を喫し、伊予に逃れたところをとらえられ、乱は終わる。乱で活躍した海賊の子孫は瀬戸内海の各地に拠点を有し、のちの源平合戦の水軍へと繋がってゆく。この乱も十一世紀に『純友追討記』としてまとめられた。第二の軍記物語である。

御霊信仰と天道思想の広がり

地方で兵乱や疫病が広がり、京では怨霊《おんりょう》や「もののけ」が跳梁《ちょうりょう》していた十世紀前半、恐れられたのが菅原道真《すがわらのみちざね》の怨霊である。道真は延喜三年(九〇三)に大宰府で死去したが、その二〇年後の延長《えんちょう》元年(九二三)、醍醐天皇の皇子保明《やすあきら》親王が亡くなると、死因は疫病にもかかわらず、「菅帥《かんのそち》の霊魂の宿怨」によるという噂が広がった。

驚いた朝廷は菅原道真を本官に復し、正二位に叙して霊をなぐさめたが、延長八年(九三〇)に再び疫病が猛威を振るい、落雷で大納言藤原清貴《きよたか》らが亡くなり、醍醐天皇も九月に没した。ここに至り、変事は道真の御霊によるとする考えが定着し、天慶二年(九三九)の平将門の乱も御霊にともなうものという見方が生まれた。『将門記』によれば、八幡大菩薩《はちまんだいぼさつ》の使者の神託が女性に下って、道真の霊魂が将門に位を与え、八幡大菩薩の軍を授けることを伝えたという。

道真の霊魂の噂が広がるとともに、これを鎮める動きも始まった。天慶四年(九四一)には金峯山《きんぷせん》の道賢《どうけん》上人が、地獄に赴いて蘇生した自らの顚末を朝廷に捧げた。それによれば、「日本太上威徳天《にほんだじょういとくてん》」と名乗る道真が現れ、落雷で人を焼き殺した「火雷天気毒王《からいてんきどくおう》」とは、我れの使者であって、我れの形像をつくって祈禱すれば、その祈りには必ず応じると語り、地獄で苦しむ醍醐天皇の姿を見せ、これは我れの怨《うら》みによるものである、と語ったという。

その翌年(九四二)、右京の女性に道真の託宣があって、生前に遊んだ北野の右近馬場に我れを祀る

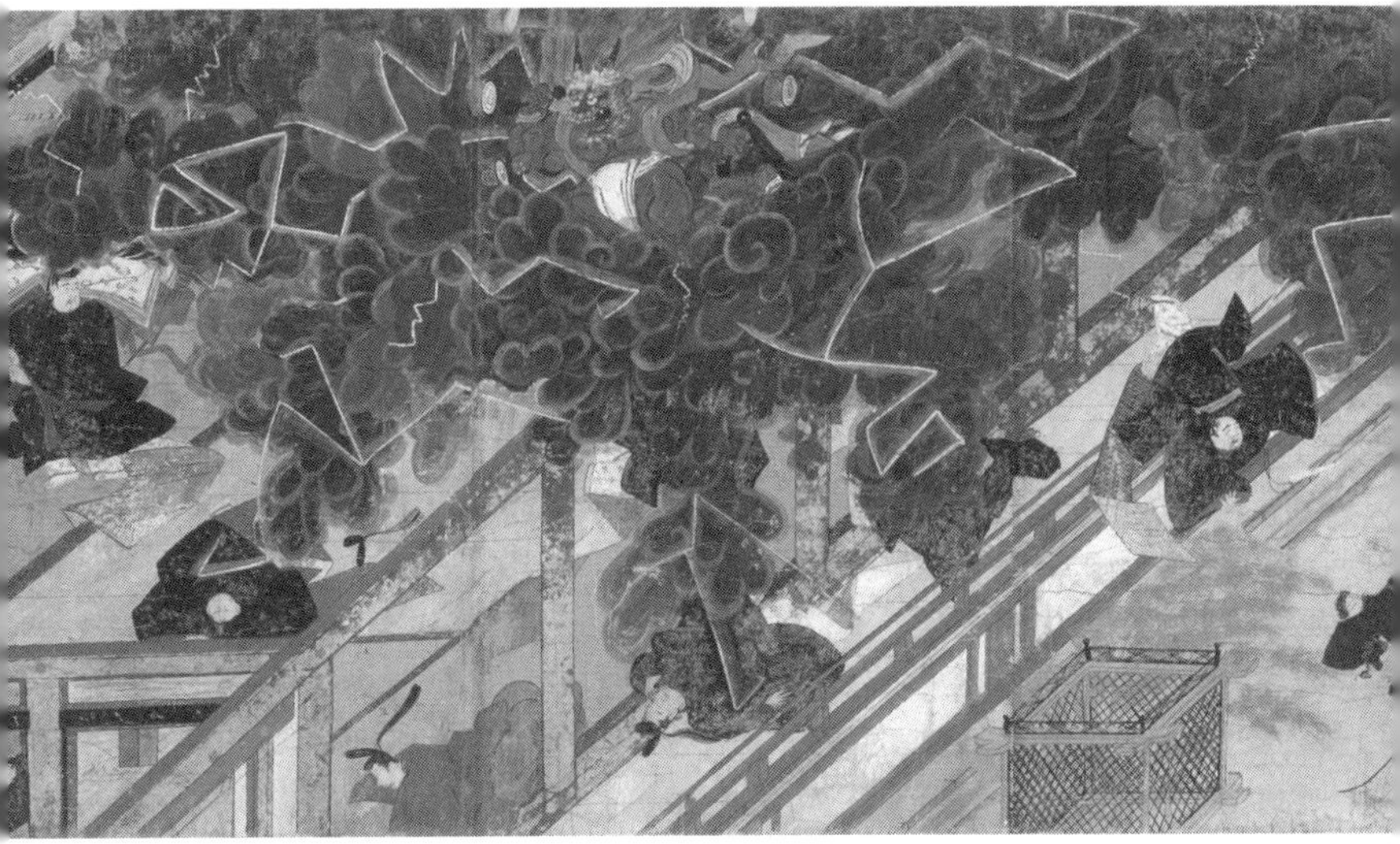

『北野天神縁起絵巻・承久本』（上：天を仰ぐ道真　下：清涼殿への落雷）　北野天満宮蔵

よう語ったという。天暦《てんりゃく》元年（九四七）にも近江国比良社の禰宜《ねぎ》の子への託宣があり、雷神を従えた道真が、右近馬場に祀られたならば、人々を守るといったということから、ついに道真の霊は北野に祀られることになった（『北野天神縁起《てんじんえんぎ》』）。

その道真が「天神」と称されたのは、天あるいは天道の思想に基づいている。『日本文徳《もんとく》天皇実録』嘉祥《かしょう》三年条に「生民《せいみん》の訛言《かげん》、天その口を仮る」とあり、人の口を借りて天はその判断、意思を伝えるという考えが広まっていた。『今昔物語集』には、「天の責め」「天の助け」「天の加護」の語句が頻出し、道真の文集『菅家後集《かんけこうしゅう》』には、「天道の人を運ぶに一にその平坦ならず」という一節がある。

『北野天神縁起』によれば、配流中の道真が自身には罪のないことを祭文《さいもん》に記し、高い山に登って「天道に訴へ」たところ、祭文が帝釈天《たいしゃくてん》・梵天《ぼんてん》にまで昇り、道真は天満天神になったという。『宇津《うつ》保《ほ》物語』には「貧しくて、我が子の行先のおきてせすなりぬ、天道にまかせ奉《たてまつ》る」とあり、『栄花《えいが》物語』「見果てぬ夢」には「何事も人やはする、ただ天道こそ行はせ給《たま》へ」とあるなど、天が物事を判ずるという天道の思想が広まっていた。

天暦の治と国風文化

醍醐天皇の皇子成明《なりあきら》親王は天慶九年（九四六）に即位すると（村上《むらかみ》天皇）、代替わりの政策として「天《てん》暦《りゃく》新制」という新法を出すとともに、受領の功過や貢納の制を整え、政務や儀式を整備し、学芸を奨励するなど、のちの模範となる政治をおこなって、「天暦の治」と称された。

その治世下で摂関の藤原忠平の長男忠頼《ただより》は、小野宮の邸宅を伝領し、小野宮流と称される儀式・行事を整え、次男師輔《もろすけ》は『九条年中行事《くじょうねんじゅうぎょうじ》』を著して、九条流の儀式・行事を整備した。醍醐天皇の皇子で源氏に降下し藤原師輔の娘を妻にした源高明《たかあきら》も儀式や政務に精通し、儀式書『西宮記《さいきゅうき》』を著した。こうして朝廷の年中行事や節会《せちえ》・宴、政務の次第がほぼこの時期に定まった。

天暦九年(九五五)、村上天皇の命で勅撰和歌集『後撰和歌集』が「梨壺《なしつぼ》の五人」と称される源順《したごう》・清原元輔《もとすけ》・大中臣能宣《おおなかとみのよしのぶ》・紀時文《きのときぶみ》・坂上望城《さかのうえのもちき》らにより編まれた。貴族と女房との贈答歌や日常の詠歌を多くおさめ、これ以後、勅撰和歌集が編まれてゆくようになる。彼ら五人は道真が失脚して以来、文人の地位が低下するなかで撰集にあたったのである。

そのうちの嵯峨《さが》源氏の源順は『万葉集』の読解にもあたり、醍醐天皇の皇女勤子《きんし》内親王のために百科辞書『和名類聚抄《わみょうるいじゅうしょう》』を著し、漢詩文制作の手引書『作文大体《さくもんだいたい》』を著すなど、和歌・漢詩両面で後世に大きな影響を与えた。その弟子源為憲《ためのり》は諸般の知識を分類し、節をつけて『口遊《くちずさみ》』にまとめ、仏法僧三宝の仏教説話と行事の絵巻『三宝絵詞《さんぽうえことば》』を冷泉《れいぜい》天皇の皇女尊子《そんし》内親王のために著した。

陰陽道《おんみょうどう》の賀茂忠行《かものただゆき》の子慶滋保胤《よししげのやすたね》は、詩文を菅原文時《ふみとき》に師事して、天元《てんげん》五年(九八二)に『池亭記《ちていき》』を著し、京の変貌や阿弥陀《あみだ》仏に信心を寄せる文人の心境をまとめ、永観《えいかん》元年(九八三)頃からは『日本《にほん》往生極楽記《おうじょうごくらくき》』で極楽に往生した人々の伝記を記した。医家の丹波康頼《たんばのやすより》は、十世紀の出雲広貞《いずものひろさだ》が『大《だい》同類聚方《どうるいじゅうほう》』、その子菅原峯嗣《みねつぐ》が『金蘭方《きんらんほう》』を著したのに続いて、永観二年(九八四)に医書の『医心方《いしんぼう》』を撰進している。このほか、和歌を部類して収録した大部の『古今和歌六帖』がまとめられるなど、この時期には多くの教養書・実用書が著され、王朝文化が広く浸透していった。

目を大陸に転じると、唐王朝が滅んだ後、中国では五代の諸国が生まれては衰退を繰り返した。やがて、九六〇年に宋王朝が建てられると、これと前後して周縁地域で新たな国家や王朝が次々と建設された。朝鮮半島では高麗《こうらい》が、中国北辺では西夏《せいか》・遼《りょう》・金《きん》などの諸国が建国され、その三国では西夏文字・契丹《きったん》文字・女真《じょしん》文字などの文字が用いられた。それぞれ国のあり方に応じて、中国文化の影響を受けつつ、独自の文化をつくりあげる取り組みがなされていた。

日本では新たな王朝は生まれなかったが、これに対応した動きが「国風化」である。中国文明の影響を直接に受けつつも、和歌や仮名、倭絵《やまとえ》、寝殿造建築がつくられた。これらは、中国風のものを「唐風《とうふう》」「唐様《からよう》」ととらえ、それに「倭風《やまとふう》」「和風」「和様《わよう》」を対置させて文化を解釈し、演出・創出する試みである。「唐風」「唐様」とは唐のごときもの、唐に似せたもの、唐のものと理解する観念で、その唐風に国風が競合しつつ文化が広がった。

このため博多に宋の商人がやってくると、競って唐物を求め、博多・筥崎《はこざき》周辺にさまざまな勢力が進出した。『新猿楽記《しんさるがくき》』に載る商人が取引した唐物は、沈《じん》・麝香《じゃこう》以下の四五種類、「本朝の物」は香木、染料、薬品、顔料、皮革、衣料など三〇種類もあるなど多様多彩であった。

後期摂関政治の始まり

安和《あんな》二年(九六九)三月、源満仲《みつなか》・藤原善時《よしとき》らから、源連《みなもとのつむら》・橘繁延《たちばなのしげのぶ》らに謀叛の疑いがあるという訴えが出たのを契機に、左大臣源高明《たかあきら》が娘婿の為平《ためひら》親王を皇位につけようとしたという嫌疑がかけられ、大宰権帥《ごんのそち》に左遷される安和の変が起きた。

これとともに、藤原氏が他氏を排除して政治の実権を握り、その下で政治が進められていった。密告した清和《せいわ》源氏の源満仲は、以後、摂関に密着しその警固にあたるなか、武士として源氏発展の基礎を築き、多くの文人や歌人も、出世の道を閉ざされるなか、受領になって富者となる途《みち》を選んだ。

歌人の紀貫之《つらゆき》は土佐守になると、任国の土佐から京への帰路の旅を、承平五年(九三五)頃に『土佐日記』に記した。天元二年(九七九)、歌人平兼盛《かねもり》は、「国を拝する者、その楽あまりあり。金帛《きんぱく》、蔵に満ち、酒肉、案《あん》に堆《うずたか》し む。況《いわん》や数国に転任するに於《お》いておや」と記して駿河の豊かな受領になることを望んだ。文人や歌人が競って受領となり、その得た富で娘を宮中に女房として仕えさせ、また宮中の女房を妻に迎えたことで、女性の教養が高まってゆき、和歌を詠み仮名で文章を書く女房文学の世界が開かれた。

受領は国に下って、公領を支配するために郡や郷・保《ほ》・名《みょう》などの徴税単位を設定し、郡司・郷司・保司・名主らにその地の経営を請け負わせ、徴税した。永延《えいえん》二年(九八八)に尾張国《おわりのくに》の郡司百姓は、「尾張国郡司《ぐんじ》百姓等《ひゃくせいら》解《げ》」を作成して、受領の国内収奪を朝廷に訴えているが、この訴えにもあるように、受領は徴税により得た多くの産物を、京にもたらした。『新猿楽記』には、受領の郎等の四郎が交易した「贄菓子《にえがし》」について、阿波絹《あわきぬ》・越前綿・美濃八丈《みのはちじょう》・安芸榑《あきくれ》・備後鉄《びんごてつ》・長門牛《ながとうし》・陸奥駒《むつこま》など諸国の物産をあげている。そのうち東国の物産は近江の大津に集められ、西国の物産は摂津の山崎・淀《よど》などの湊《みなと》に集められ、そこから「馬借《ばしゃく》・車借《しゃしゃく》」によって京に運ばれた。

京にもたらされた富は権門などへの奉仕に使われたが、そもそも受領になるためには権門の推挙が必要であって、公領の土地は寺社権門に寄進されて荘園が生まれていたので、受領が任初にその荘園を整理して徴税を強化しても、任が終わりに近づくと、権力者におもねて、荘園を認可したので、荘園整理はなかなか進まなかった。地方支配が受領に委ねられたことから、摂関や公卿などの政治家は京にあって政治を進めるだけでよくなった。

浄土への祈りと『往生要集』

不遇をかこつ文人の間では浄土への祈りが広がっていた。応和《おうわ》四年(九六四)三月に比叡山《ひえいざん》西麓で開かれた勧学会《かんがくえ》には、慶滋保胤《よししげのやすたね》・藤原有国《ありくに》・橘倚平《よりひら》・高階積善《たかしなのもりよし》らの紀伝学生《がくしょう》と延暦寺《えんりゃくじ》僧各二〇人が集まり、念仏や『法華経《ほけきょう》』の講経、作文《さくもん》をおこなったが、『三宝絵詞』はその会の詳細を記す。まず俗人の参加者が会場に集まり、詩句や経文《きょうもん》を誦《ず》しながら僧侶の来訪を待つなか、延暦寺僧が下山して会場の寺院に訪れ、『法華経』の講読をおこなった。夕方に阿弥陀仏を念じ、夜には仏教の功徳を称える漢詩を作成し、白居易《はくきょい》の詩を読み、『法華経』を朗読して夜を明かし、解散している。

天慶年間から空也《くうや》は称名念仏《しょうみょうねんぶつ》を人々に勧め、市で乞食《こつじき》して得た食物を貧窮者や病人に施し、「市聖《いちのひじり》」と称され、東山に西光寺を建立したが（源為憲『空也誄《くうやるい》』）、その空也の没後、中信《ちゅうしん》は西光寺を継承し、貞元《じょうげん》三年（九七八）に六波羅蜜寺《ろくはらみつじ》と改称し、民衆の信仰を集めた。

浄土に往生する往生人が出現するようになると、その伝記を慶滋保胤が『日本往生極楽記』に、僧鎮源《ちんげん》が『大日本法華経験記《だいにほんほけきょうげんき》』に記した。浄土への往生、阿弥陀仏への関心は、最澄《さいちょう》が仏法の修行の方法として中国から伝えた常行三昧《じょうぎょうざんまい》に始まる。九〇日間にわたって心に阿弥陀仏を念じる、休息することのない行法であり、円仁《えんにん》が帰国して浄土教を伝え、常行堂が建てられてさかんになっていた。

遣唐使の派遣は中止となったが、僧には大陸渡航が認められ、大陸に渡る僧も出てきた。永観元年（九八三）に宋に渡った奝然《ちょうねん》は天台山の開元寺に赴いて、釈迦の瑞像を模刻し、多くの経典とともに日本にもたらしたが（清涼寺釈迦如来像）、皇帝太宗《たいそう》に日本の国情を説明した上奏文で、「東の奥州は黄金を産出し、西の対馬《つしま》は白銀を産出して租税とす」と記している。

寛和《かんわ》二年（九八六）に二五名の天台僧は横川《よかわ》の首楞厳院《しゅりょうごんいん》に集まり、二十五三昧会という組織を結成した。これは「この結衆、時々に心を同じくして浄土の業を共にせん。就中、毎月十五の夕、念仏三昧を修し、臨終の十念を祈らん」という、極楽への往生をめざす結社であって、慶滋保胤が規則を定めたのち、源信《げんしん》が十二カ条の規則を定めた。

阿弥陀二十五菩薩来迎図　知恩院蔵

源信は比叡山の慈慧《じえ》大師良源《りょうげん》（元三《がんさん》大師）に入門し、『往生要集』の撰述に入っていた。源信の師事した良源は、康保《こうほう》三年（九六六）に天台座主《ざす》になると、二〇年間の治山の間に、荒廃が進む比叡山を再興し、「二十六箇条起請」で山内の規律をはかったので、天台僧はこの頃から地方に進出して活躍するようになった。住房が横川の首霊厳院にあり、源信も横川の恵心院に隠棲《いんせい》したが、念仏三昧の求道の道を選んで、永観二年（九八四）に良源が病になったのを機に『往生要集』を著した。

そのなかで極楽と地獄の風景を描き、とくに第一章の地獄の凄まじい様相の記述は人々に大きな影響を与えた。地獄には等活《とうかつ》地獄から無間《むけん》地獄に至る八大地獄があるが、それらは人間世界の地下に重なってあるとして、詳しい解説を付し、この絶望から逃れて浄土を願う心のあり方や行について、記している。だが、中心をなすのは

第二章の欣求浄土《ごんぐじょうど》から第四章の正修行念仏であり、素晴らしい極楽浄土にいかに往生できるかを、視覚的に観想するよう求めた。「弥陀如来は、ただ光を以て遙かに照らしたまふのみにあらず。自ら観音・勢至《せいし》とともに、常に来たりて行者を擁護したまふ」と記し、「願はくは、仏、大光明を放ち、決定し来迎し、極楽に往生せしめたまへ、南無阿弥陀仏《なむあみだぶつ》と念をすべし」と念仏をすすめたが、この風景は「阿弥陀聖衆来迎図《しょうじゅらいごうず》」として絵画化された。

2 古典文化の達成

人間と自然の風景

文人や歌人たちの娘や妻は、その備わった教養から新たな文学世界を切り開いていった。最初を飾るのは藤原倫寧女《もとやすのむすめ》の『蜻蛉日記《かげろう》』である。宮廷世界に憧れて、和歌や物語の教養を身につけてきたものの、摂関家の藤原兼家《かねいえ》という貴公子の妻となったため、宮廷に直接に関わることはなかったが、兼家との恋や、その愛憎と焦燥、自我の有様、兼家との間に儲けた子藤原道綱《みちつな》への思いなどを、直截に記した。男女の愛情については、これまでにも恋歌や恋物語によりさまざまに表現されてきたが、散文の日記という形で表現した点で極めて意義深く、後世に大きな影響を与えた。成立は天延《てんえん》二年（九七四）以後と見られている。

これとは違い、宮中に入って体感した宮廷文化を『枕草子《まくらのそうし》』に著した清少納言《せいしょうなごん》は、祖父が『後撰《ごせん》和歌集』の撰者の清原元輔《もとすけ》で、父の清原清輔《きよすけ》も周防《すおう》・肥後《ひご》の受領を歴任した歌人である。父が肥後で亡くなったのち、一条天皇の中宮定子《ちゅうぐうていし》に仕えるなか、家の生活や宮中の勤めなどの体験に基づいた観察眼を発揮し、その研ぎすまされた鋭い感性で、身近な自然や宮中・社会の風景を的確に描いた。「野分《のわき》の又の日こそ、いみじうあはれにをかしけれ」と始まる一八八段の自然観などは今に繋がる。

> 立蔀《たてじとみ》、透垣《すいがき》などの乱れたるに、前栽《せんざい》どもいと心ぐるしげなり。大きなる木どもも倒れ、枝など吹きをられたるが、萩《はぎ》、女郎花《おみなえし》などのうへによころばひふせる、いと思はずなり。格子《こうし》のつぼなどに、木の葉を、ことさらにしたらんやうに、こまごまと吹入れたるこそ、荒かりつる風のしわざとはおぼえね。

野分(台風)の翌日の庭の風景を目にして、立蔀や透垣などが壊れ、庭先の植え込みが荒れているのを心苦しく思い、大きな樹木が倒れ、萩や、女郎花などの上にかぶさっていることに、思いがけず驚かされるなど、雑然とした景色をむしろ愛でている。

清少納言は自然の背景に人間を見、人の動きに自然の興趣を感じとっていた。勅撰和歌集の部立ては四季の部に始まり恋の部へと続くが、清少納言はそこに見られる自然観や人間観を散文で表記した。田植女の労働歌や稲刈り男の様子、恋愛感情と子育ての苦労、身近な鳥の鳴き声や山奥の樹木の葉の色、稲荷社に登る苦労や荒海に翻弄《ほんろう》された船人の動きなどをも記している。

『枕草子』を書いた契機は、内大臣藤原公季《きんすえ》から一条天皇と中宮定子に紙が献呈されたので、中宮に何か書くようにいわれ、天皇のもとで「しき」(『史記』)が書写されるのを聞き、「しき」にあやかって「四季」をテーマに記した。「春は曙《あけぼの》」から始まるのはそのためである。中宮に出仕した清少納言が目を見張ったのは、中宮の「紅の唐綾《からあや》をぞ上にたてまつりたる」という姿や、御前の「沈《じん》の御火おけの梨絵《なしえ》したる」という東南アジア産の沈香でつくられた火鉢であった。宮中は唐綾、唐鏡《からかがみ》、唐《から》の紙など唐物で満ちていた。

文化は大陸文化の教養や文物とともに築かれ、御所や貴族の邸宅には多くの唐物の工芸品が飾られたが、室内の調度や間仕切りのために制作されたのは大和絵の障子《しょうじ》や屏風《びょうぶ》(障屏画)である。日本の景物を描く大和絵は、藤原行成《ゆきなり》の日記『権記《ごんき》』長保元年(九九九)十月三十日条に「倭絵四尺屏風」と見えるが、遺品は少ない。東寺伝来の「山水屏風」は、密教の灌頂《かんじょう》の道場に立てられた屏風と考えられ、画面中程の草庵のなかに隠者がおり、なだらかな山が広がり、桜・柳・藤などの花木が春の景色を伝えている。

紫式部と『源氏物語』

定子が長保二年(一〇〇〇)に亡くなると、仕えていた清少納言は宮中を去って筆を擱《お》き、かわりに登場したのが紫式部《むらさきしきぶ》である。式部の父藤原為時《ためとき》も文人受領で、夫の藤原宣孝《のぶたか》も歌人の受領であったが、その夫が亡くなったので藤原道長と娘の中宮彰子《しょうし》に仕えた。宮廷文化はこの道長の登場で輝きを増し、紫式部・和泉《いずみ》式部らの女房の文学は、道長のもとで花を開いたのであり、その栄華の様は『栄花物語《えいがものがたり》』『大鏡《おおかがみ》』などに描かれている。

紫式部の『紫式部日記』には女房評があって、文才のある女房には手厳しい。とくに清少納言には「したり顔にいみじう侍りける人」と辛辣で、和泉式部についても「けしからぬかたこそあれ」と記している。和泉式部は大江雅致《まさむね》の娘で和泉守橘道貞《みちさだ》と結婚したが、道貞の陸奥守赴任を契機に別れて、冷泉院の皇子敦道《あつみち》親王と結ばれ、その情愛の記録『和泉式部日記』は、「夢よりもはかなき世のなかを嘆きわびつつ明かし暮らすほどに」と始まる。ただ式部自身が編んだという確証はない。

清少納言が現実を散文に記したのとは違い、豊かな物語世界の構築へと向かって、紡ぎ出したのが紫式部の「光源氏の物語」(『源氏物語』)である。主人公に摂関ならぬ源氏を選び、物語という創作の仕掛けにより、宮廷政治と地方社会の動きを自在に取り入れ、時代の光と影とを描くことに成功した。作中の人物の言葉を借りて「日本紀《にほんぎ》などはただ片そばおかし、これらこそ道々しく詳しき」と、歴史書よりも物語の優位性を強調し、人生の真実を表現するのに物語に優るものはないと指摘した。

人間観と自然観の極致を描いたことで、当代の人々を魅了し、後世に大きな影響を与えることになる。その『源氏物語』の描く六条院の邸宅は、六条京極付近に四町を占める広大な寝殿造で、その四町には各々四季を象徴させ、辰巳《たつみ》(東南)の町が春、丑寅《うしとら》(東北)の町が夏、未申《ひつじさる》(西南)の町が秋、戌亥《いぬい》(西北)の町が冬であって、それぞれに寝殿や対屋《たいのや》があり、敷地は町ごとに壁で仕切られていたが、廊で繋がり往来できていた。

春の町の庭園は草木が無数に植えられ、高い築山《つきやま》と広大な池を有した池は隣の秋の町へと続き、女房たちが舟で往来し(「胡蝶《こちょう》」)、数多くの華やかな行事・儀式の舞台となった。夏の町は泉があって山里風に木々を配し、南側に池、東側に馬場殿と厩《うまや》が設けられ、馬場では競馬《くらべうま》などがおこなわれた(「蛍」)。秋の町は紅葉や秋草が見事で、冬の町は寝殿がなく対屋二つが並ぶ質素なつくりであった。敷地の北側には倉が並び、松林と菊の垣根を配していた。

『源氏物語』は、京から離れた土地の動きも描いた。一つは須磨《すま》・明石《あかし》の地である。都の暮らしに嫌気がさし、明石に移り住んだ明石入道《にゅうどう》が、浜辺に館をつくり、打ち寄せる波の音を聞き、松林をわたる風にのせて琵琶を弾いては心を慰めていたといい、話はその明石入道の娘が光源氏と結婚することになる。もう一つが鎮西《ちんぜい》である。夕顔の遺児玉鬘《たまかずら》が母の死後に乳母《めのと》一家にともなわれて筑紫《ちくし》に下ったところ、玉鬘の美貌に肥後の豪族大夫監《たゆうのげん》が強引に求婚してきたので、船で京に逃れ、光源氏の庇護《ひご》を得ることになった。大夫監とは大宰府の官人(府官)で鎮西の兵である。

宮廷文化の極み

一条天皇の時代について、大江匡房《まさふさ》『続本朝往生伝《ぞくほんちょうおうじょうでん》』は「時の人を得たること、ここに盛《さか》りとせり」と記し、「天下の一物」として親王や九卿《きゅうけい》、雲客《うんかく》、管絃《かんげん》、文士を列挙して、文運が盛んであったという。九卿とは藤原実資《さねすけ》・斉信《ただのぶ》・公任《きんとう》・行成、源俊賢《としたか》、源扶義《すけよし》、平惟仲《これなか》、藤原有国《ありくに》らの公卿で、そのうち実資は小野宮流の故実を継承して『小野宮年中行事』を著すなど有職故実《ゆうそくこじつ》に通じ、日記『小右記《しょうゆうき》』は、行成の『権記《ごんき》』や道長の『御堂関白記《みどうかんぱくき》』とともに政界の情勢や雰囲気をよく伝える。

藤原公任は政務の面では小野宮流の故実を伝えられ、故実書『北山抄《ほくざんしょう》』を著したが、その詳細な内容は後世の政務や行事に多大な影響を与えた。和歌集『拾遺和歌抄《しゅういわかしょう》』は勅撰和歌集『拾遺和歌集』へと繋がり、『新撰髄脳《しんせんずいのう》』は歌学書の先駆となり、和歌と漢詩の名句を集めた『和漢朗詠集《わかんろうえいしゅう》』をも編み、代表的歌人の和歌を撰んだ『三十六人集』からは、のちに「三十六歌仙絵」が描かれた。

朗詠とは『文選《もんぜん》』に「思ひを幽厳に凝らし、朗らに長川《ながかわ》に詠《うた》ふ」とあるのに由来し、韻文を朗誦する意味で、日本では、和歌と漢詩の名句を屛風絵に描くようになり、「詩つくり歌よむにたへたるあまた」の人々が、「からの詩、やまとの歌」を詠む作文和歌会が開かれてゆき(『源順集』)、和歌と漢詩の名句を唱する風が起きた。寛和二年(九八六)の円融《えんゆう》法皇の大井川での紅葉狩は、詩・歌・管絃の三つの船に堪能な人を乗せたが、公任はそのいずれにも乗って才能を示したのである。

『和漢朗詠集』「山家《やまが》」に『白氏文集《はくしもんじゅう》』からの佳句「遺愛寺《いあいじ》の鐘は枕をそばだてて聴く、香鑪峯《こうろほう》の雪は簾《みす》をかかげて看《み》る」があるが、これを踏まえた話が『枕草子』に見える。雪がすこぶる降った朝、中宮定子に仕える女房が、いつもとは違い格子を下ろし、炭櫃《すみびつ》に火を起こして集まり、物語をしていた折、「少納言よ、香炉峰《こうろほう》の雪はいかならん」という定子の仰せがあったので、清少納言はすぐに格子を上げ、御簾《みす》を高く上げさせたところ、中宮がほほ笑んだ、という。

詩歌の営みを「狂言綺語《きご》」と考える見方から「願はくは今生世俗の文字の業、狂言綺語の誤りをもつて、かへして当来世々讃仏乗《ほぶつじょう》の因、転法輪《てんぽうりん》の縁とせむ」と詠んだ句が、文学芸能と仏教者の実践とに関わる内容として大きな影響を与えた。今様《いまよう》にも「狂言綺語の誤ちは、仏を讃《ほ》むる種として、あらき言葉も如何なるも、第一義とかに帰るなる」(二二二番)と謡われ、物語や芸能の作者たちはこの狂言綺語観と格闘することになる。

藤原行成は、朝廷の実務のみならず、書でも名を成した。再建された内裏の諸門の額や障子の文を書いて、小野道風《みちかぜ》、藤原佐理《すけまさ》と並んで三蹟と謳われ、三筆の唐風に対する和風の書として継承され、多くの書が伝わる。道風は『源氏物語』「絵合《えあわせ》」に「絵は常則《つねのり》、手は道風なれば、今めかしうをかしげに目に輝くまで見ゆ」といわれ、佐理は公卿にまで至って、その遺品に『離洛帖《りらくじょう》』がある。

大江匡房の『詩境記《しきょうき》』が、「我朝は弘仁《こうにん》・承和《じょうわ》に起こり、貞観・延喜に盛んに、承平・天慶に中興し、長保・寛弘《かんこう》に再び昌《さかん》なり」と記したように、一条朝は漢詩文でも一時代を画した。文人の文章を集めた『本朝文粋《ほんちょうもんずい》』は、弘仁年間からの詩文を収録するが、その公文書類や秀句は文章を作成する上で規範とされた。寛弘四年(一〇〇七)四月、朝廷で大規模な宴・作文がおこなわれ、そこでは公卿の斉信、公任、俊賢、行成らとともに道長も詩をつくった。

道長と弥勒・浄土信仰

道長は一条朝で天皇に奏する文書を前もって覧《み》る内覧となって、政治の実権を握ると、寛弘二年（一〇〇五）に藤原氏の墓地がある宇治木幡《こはた》に浄妙寺《じょうみょうじ》三昧堂《ざんまいどう》を造営し、仏師康尚《こうしょう》に本尊普賢菩薩《ふげんぼさつ》をつくらせて墓所の整備にあたった。氏長者《うじのちょうじゃ》として藤原氏一門の結びつきを強めるためで、翌年に藤原氏の氏寺である法性寺《ほっしょうじ》に五大堂を再建したが、この五大堂の本尊五大明王《みょうおう》の中尊不動明王も康尚の作で現存する。その康尚の弟子定朝《じょうちょう》は浄妙寺や無量寿院《むりょうじゅいん》の仏像をつくり、定朝作の阿弥陀仏を見た藤原資房《すけふさ》は「尊像満月の如し」と称したように（『春記《しゅんき》』）、当代第一の仏師であった。

寛弘四年（一〇〇七）に道長は金峯山に詣でて、弥勒《みろく》仏に来世の救済を祈り、経を埋納している。江戸時代に発掘されたその経筒《きょうづつ》の銘文には、自筆の法華経、無量義経《むりょうぎきょう》、観普賢経《かんふげんきょう》、阿弥陀経、弥勒経、般若心経《はんにゃしんぎょう》など合わせて一五巻をおさめたとあり、法華経信仰、浄土信仰、弥勒信仰にそって埋経したことが知られる。この弥勒信仰は、弥勒菩薩が将来釈迦仏を継ぐ仏となってこの世界に出現した際には、その理想世界に生まれ合わせたい、と願う信仰である。

道長が経をおさめた金峯山から大峯をへて熊野を結ぶ道は、修験の道場であった。「大峯行ふ聖こそ　あはれに尊きものはあれ　法華経誦《じゅ》する声はして　確かの正体未だ見えず」（一八九番）と今様に謡われたように、修験者や聖は法華経を暗誦しながら修行をしていた。二九九番には「大峯通るには仏法修行する僧ゐたり　唯一人　若や子守は頭を撫《な》で給ひ　八大童子は身を護《まも》る」とあって、大峯

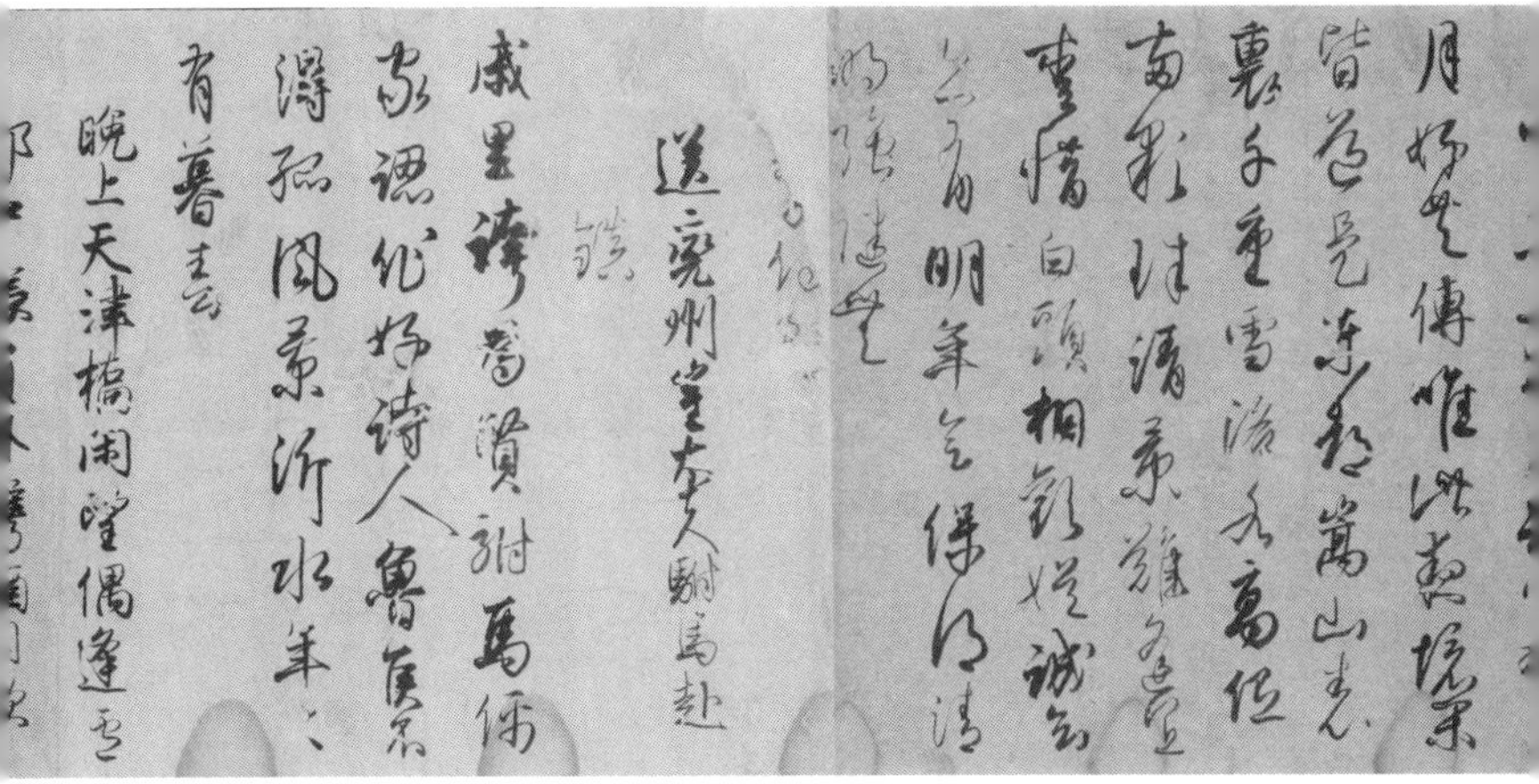

藤原行成『白氏詩巻』 東京国立博物館蔵

藤原道長金銅経筒
奈良県吉野郡金峯山経塚出土
金峯神社蔵

山脈の行場《ぎょうば》で道に迷った修行者を、熊野の神や大峯の童子が守ったという。「若や子守」とは熊野の若王子《にゃくおうじ》と子守御前で、なかでも若王子は熊野参詣路の各地に勧請されていった。

熊野では早くから新宮《しんぐう》と那智《なち》宮の信仰があって、その上に熊野坐神《くまのにいますかみ》の鎮座する熊野川の中州に社殿がある神社が本宮《ほんぐう》とされて、熊野三山が整備されてゆき、出家した花山院《かざんいん》が参詣している。『新猿楽記』に載る一生不犯《いっしょうふぼん》の大験者《だいげんざ》は、大峯や葛城《かずらぎ》に通い、「辺道《へち》」(四国遍路)を踏んでいたが、その赴いた修験所は熊野や金峰、越中立山《えっちゅうたてやま》・伊豆走湯《はしりゆ》・根本中堂《こんぽんちゅうどう》・伯耆大山《ほうきだいせん》・富士御山《ふじみやま》・越前白山《えちぜんはくさん》・高《こう》野《や》・粉河《こかわ》・箕面《みのお》・葛川《かずらがわ》など列島各地にあった。

神仏習合思想

神仏習合の考えが旧来の神社に広く入るようになったのも、この時代からである。仏教を受容するにあたって、在来の神の信仰と結びつくなか、仏はその威光を和らげて世俗に交わり、教えを広めるために神の姿をとったとする「和光同塵《わこうどうじん》」の考えが広がり、神の背後には仏(本地仏《ほんじぶつ》)がある、とする本地垂迹説《ほんじすいじゃくせつ》が浸透してきた。

熊野三山の本地は、新宮が薬師如来、那智宮が千手観音《せんじゅかんのん》、本宮が阿弥陀如来とされ、神社に参拝するのは、その本地仏の功徳を頼んでのこととなった。すなわち本宮では阿弥陀如来に浄土への往生を祈り、那智宮では千手観音への信仰からであり、観音浄土である補陀落《ふだらく》島への信仰が高まった。

藤原氏の氏社である春日社《かすがしゃ》に神仏習合の信仰が入ってきた様子を伝えるのが『春日権現験記絵《かすがごんげんげんきえ》』である。承平七年(九三七)二月二十五日、亥の時に春日社の神殿が鳴動して風が吹いたその時、中門に参籠していた橘氏女《たちばなのうじのにょ》に託宣が下り、氏女は人々を集めその託宣を語った。自分は菩薩なのに朝廷から菩薩号が与えられないのはおかしいと述べ、我れは「慈悲万行菩薩《じひまんぎょうぼさつ》」であると名乗った後、太政大臣や大臣など諸々の公卿も自分が判じているなどと語ったという。

春日社の大宮は、一宮が常陸の鹿島社の武雷命《たけみかづちのみこと》、二宮が下総の香取社の斎主命《いわいぬしのみこと》、三宮が河内の枚岡社《ひらおかしゃ》の天津児屋根命《あまつこやねのみこと》で、勧請されていたが、四宮はその三つの神の神殿に相住む相殿《あいどの》姫と称されていた。この神々の信仰のなかに菩薩という仏の信仰が入ってきたのである。さらに長保四年(一〇〇二)に疫病が流行した頃には若宮が生まれた。それぞれの本地仏は、時代の変遷とともに変わるが、承安《じょうあん》五年(一一七五)段階の春日社では、一宮が不空羂索《ふくうけんざく》観音、二宮が薬師如来、三宮が地蔵菩薩、四宮が十一面観音、若宮が文殊《もんじゅ》菩薩であった(『吉記《きっき》』)。

こうした新たに生まれた神に衆生《しゅじょう》の願いを届けたのが巫女であって、その若宮と巫女との関係も『春日権現験記絵』からうかがえる。興福寺の林懐僧都《りんかいそうず》が興福寺の大事な法会《ほうえ》(維摩会《ゆいまえ》)の講師となり、それを無事に勤め終えて春日社に参詣していたところ、「宮人」(巫女)らが鼓を鳴らし、鈴を振って念誦を妨げた。そこで林懐は「法味《ほうまい》の供えを妨げるとはけしからん」と怒り、興福寺別当《べっとう》になった際には停止させる、と誓い、その後、別当になったので停止させたところ、神の怒りに触れたため、以後、鼓を再開させたという。石清水八幡宮《いわしみずはちまんぐう》の若宮にも巫女がいて、神のメッセージである神託を衆生に伝えていた。

　都人は、遠くの霊場に赴いて祈りの成就を神仏に祈るとともに、京の巷《ちまた》でさまざまな神仏を祀るようになっていた。その信仰に大きな影響を与えたのが疫病である。長保三年（一〇〇一）に「道路の死骸、その数を知れず。天下男女の夭亡《ようぼう》、半を過ぐ」という流行で、紫野の御霊会《ごりょうえ》が開かれると、朝廷は神殿や神輿を寄せた（『日本紀略』）。一条天皇が亡くなった時、天皇は土葬を希望していて火葬に付されてしまうが、このことは火葬・土葬・風葬など葬礼のなかで、火葬が貴顕では一般化しつつあったことがわかる。だが、疫病での使者は河原などに捨てられていた。

　長和《ちょうわ》四年（一〇一五）六月にも「京人、花園辺に神殿を建立して疫神を祀る」と、京の紫野の花園に疫神が祀られ御霊会が開かれている（『百練抄《ひゃくれんしょう》』『小右記』）。大陸との通交が盛んになり、西から疫病が広がり、疫病をもたらす御霊神が祀られるようになった。

若宮への祈り

　御霊の神を慰め楽しませるために、京郊外の神を洛中の旅所《たびしょ》に迎えて、さまざまな芸能を奉納する祭が開かれるようになると、朝廷からは殿上人《てんじょうびと》・蔵人所《くろうどどころ》が童を煌《きら》びやかな衣装に飾り立てて、馬に乗せて神幸《しんこう》行列に添える馬長《うまおさ》を奉納した。京の東南の深草に鎮座する稲荷社は、京の七条辺りに住む人々が産神《うぶすながみ》として二月の初午《はつうま》の日に詣でるのを恒例としていたが（『今昔物語集』）、そこに御霊信仰が入ってきて、稲荷の神を東寺近くの御旅所に迎えて稲荷祭をおこなうようになり、蔵人所から馬長の童が出された。

藤原明衡《あきひら》の『雲州消息《うんしゅうしょうそく》』（『明衡往来《めいごうおうらい》』）には、稲荷社の神輿が渡る七条大路に見物に出かけたことを記した消息文が載る。蔵人町の「村」（グループ）が馬長の童に付き従って「町」の清太《せいた》や黒観寿《くろかんじゅ》などとの間で争いを起こしていたが、彼らは金銀をちりばめた衣装で身を飾り、その風流の華美な様は「十家」の財産を使い尽くすようなものであった、という。

京では稲荷社や東の祇園《ぎおん》御霊会、北の今宮社、御霊社、北野社などで御霊神が祀られたが、その神は従来の神とはいささか異なっており、天から降りてきたことから「天神《てんじん》」とも、旧来の神の境内に生まれたことから「若宮」「王子」とも称された。こうした神々を謡ったのが十一世紀から広がった今様である。

今様は神楽歌《かぐらうた》や催馬楽《さいばら》とは違って、和歌や朗詠、物尽くし、和讃《わさん》などを自由な表現で謡って流行した。後白河《ごしらかわ》上皇が編んだ『梁塵秘抄《りょうじんひしょう》』二四二番の今様は、「神の家の小公達は　八幡の若宮　熊野の若王子　子守御前　比叡には山王《さんのう》十禅師　賀茂には片岡　貴船の大明神《だいみょうじん》」と、神の子として生まれた神々を列挙している。

このうち「八幡の若宮」は石清水八幡宮に生まれた神で、後白河上皇がここに詣でた際に今様を捧げており、奥州合戦の戦勝を祈った武士の源頼義《よりよし》は康平《こうへい》六年(一〇六三)に相模鎌倉の由比浜《ゆいがはま》に勧請していて、これがのちに源頼朝《よりとも》に整備され鶴岡《つるがおか》若宮として武士の崇敬を得るようになった。

「熊野の若王子・子守御前」は、熊野の信仰の広がりとともに生まれた神で、「比叡には山王十禅師」は、延暦寺鎮守の日吉山王社のうちの十禅師社、「賀茂には片岡 貴船《きぶふね》の大明神」は、賀茂社の末社で、片岡社は上賀茂《かみがも》神社の境内に鎮座し、貴船社は鴨川を遡った貴船の地に鎮座する川の神、水の神で、大和の丹生《にう》・川上社と並んで祈雨や止雨のために祈られた。

第五章　民衆文化の胎動――三条朝から院政期

1　都と鄙の文化

仏教信仰の貴賤への広がり

寛弘《かんこう》八年（一〇一一）六月、一条天皇が居貞親王《おきさだ》（冷泉天皇皇子《れいぜい》）に譲位して亡くなり三条天皇が即位したが、本章はこの時期から白河院政が確立する一一一〇年代までの約一〇〇年の時期を対象とする。この一〇〇年間には、中世文化を特徴づけるさまざまな事象が生まれた。

寛仁《かんにん》元年（一〇一七）三月、藤原道長は摂政と氏長者《うじのちょうじゃ》を嫡男の頼通《よりみち》に譲って後継者と定め、十二月に太政大臣に任じられて位人臣を極めると、ほどなくこれを辞して頼通を後見した。翌二年、後一条天皇に三女威子《いし》を入内させて中宮とし、「一家三后を立つ、未曾有なり」と評された。その威子立后の日、諸公卿《くぎょう》を集めた祝宴で歌ったのが「この世をばわが世とぞ思ふ望月の　欠けたることもなしと思へば」という我が身の栄華を詠んだ歌である（『小右記《しょうゆうき》』）。

この時期、阿弥陀仏の本願を信じ極楽浄土に往生を願う信仰は急速に広がっていた。都では阿弥陀堂やさまざまな仏を祀る堂が建立されている。淳和天皇《じゅんな》の離宮の紫野院《むらさきの》に発する雲林院《うりんいん》では、境内に念仏寺が営まれて菩提講《ぼだいこう》が源信によって始められた。藤原道長の栄華を描く『大鏡《おおかがみ》』の語りは、二人の翁《おきな》がこの堂で出会って昔語りをすることから始まる。

その道長の帰依していた源信《げんしん》が、『阿弥陀経略記《あみだきょうりゃくき》』を撰述した後、寛仁元年に阿弥陀像の手に結びつけた糸を我が手にしつつ合掌して入滅すると、寛仁三年(一〇一九)三月に病の道長が出家し、半年後に東大寺で受戒し、さらに壮大な法成寺《ほうじょうじ》の建立に精力を傾けて資財と人力を注ぎ、丈六の阿弥陀如来像を安置して浄土《じょうど》を希求した。『栄花《えいが》物語』はその道長の栄耀栄華の極みとして法成寺の壮麗さを記している。道長はこの堂に由来して「御堂関白《みどうかんぱく》」と称された。万寿《まんじゅ》四年(一〇二七)に道長は死期を悟ると法成寺の西の九体《くたい》阿弥陀堂(無量寿院《むりょうじゅいん》)に入り、阿弥陀如来の手と自分の手を糸で結び、念仏を口ずさみ西方浄土《さいほうじょうど》を願いながら往生したという。

浄土信仰だけではなく、巷ではさまざまな信仰が広がっていた。長保《ちょうほう》元年(九九九)に千手陀羅尼《せんじゅだらに》の験力《げんりき》で世に知られた行円《ぎょうえん》は、一条北辺に革堂《こうどう》を構え、賀茂社《かもしゃ》の槻《つき》の霊木でつくった千手観音《かんのん》を本尊として安置し信仰を広めた。頭部に仏像を戴き宝冠を被り、鹿皮《ろくひ》衣《え》を着るという特異な風体から、「皮聖」と称された、貴族の信仰も集め、藤原行成《ゆきなり》が寺の額に「行願寺」と書いた。

如意輪観音《にょいりんかんのん》を本尊とする六角堂(頂法寺《ちょうほうじ》)は、長徳《ちょうとく》四年(九九八)に花山《かざん》天皇の行幸《ぎょうこう》を得てから西国巡礼十八場札所となり、寛仁二年(一〇一八)にその名が見える。観音信仰の霊場として今様《いまよう》に「験仏《げんぶつ》の尊きは東の立山、美濃《みの》なる谷汲《たにぐみ》の　彦根寺・志賀・長谷・石山・清水　都に間近き六角堂」(四二八番)と、石山・清水寺とともに謡われた。

『宇治拾遺《うじしゅうい》物語』『古事談《こじだん》』には「傅殿《ふどの》(藤原道綱《みちつな》)の子に色にふけりたる僧」道命《どうみょう》阿闍梨《あじゃり》という読経の名手の話が見える。道命が和泉式部《いずみしきぶ》のもとに通っていたある夜、道命が目を覚まし読経していると、翁が現れて、「五条の斎《いつき》」(道祖神)と名乗り、今日は法華経《ほけきょう》を聴くことができて嬉しかった、いつもは清く読まれているので梵天《ぼんてん》や帝釈天《たいしゃくてん》が聞いており聞けなかった、と語ったという。巷の辻にはこのような道祖神など多くの怪しい神々が生まれ、神々の秩序を大きく変化させていた。

京童の生態

巷で神仏を祀り、稲荷《いなり》祭や祇園《ぎおん》祭など祭礼の担い手となった京の住人は、「京童《きょうわらわ》」と称された。八坂郷に鎮座する祇園の神は天延《てんえん》二年(九七四)に洛中の高辻東洞院《ひがしのとういん》の御旅所に迎えられ、それ以来、毎年六月七日に祇園の神輿《みこし》はその御旅所に向かい、六月十四日に本社に帰る祇園祭がおこなわれるようになって、これに向けて朝廷からは馬長《うまおさ》が寄せられ、民庶からは芸能が奉納された。承暦《じょうりゃく》四年(一〇八〇)の祇園祭の馬長の童につき従ったのは、世に知られた「京童」であったという(『水左記《すいさき》』)。

『新猿楽記《しんさるがくき》』は西の京で猿楽を見物する右衛門尉《うえもんのじょう》一家を紹介する形で、京の住人の生態を描くが、その一家が見物した猿楽の演目に、田楽や傀儡子《くぐつし》、唐術、品玉《しなだま》などの奇術、琵琶法師が語る物語の話術とともに、「京童の虚左礼《そらざれ》、東人の初京上り」という京童が演じる寸劇がある。

その右衛門一家の構成を見ると、妻三人、女子一六人、男子九人であって、これを紹介する形で京童の活動を描いている。すなわち三人の妻は六〇歳の本妻、家を切り盛りする次妻、そして一八歳の妖艶な美女で、糟糠《そうこう》の妻、家中の雑事を担当する賢い妻、若い愛妻というこの時代の妻の三類型を示している。娘は遊女・巫女《みこ》で、娘の夫には「高名の博打《ばくち》」「天下第一の武者」「大名田堵《たと》」「学生《がくしょう》」「相撲人《すまいびと》」「大工」「医師」、陰陽師《おんみょうじ》、管弦和歌の上手がおり、男子は「能書《のうしょ》」「験者《げんじゃ》」「受領《ずりょう》の郎等《ろうとう》」「大名の僧」「絵師」「仏師」「商人の主領」、楽人の弟子など、さまざまな職業に携わっていた。

彼らによってこの時代の都市文化は担われていたのであり、『二中歴《にちゅうれき》』の「名人歴」は彼らのなかでも名立たる人々をあげている。読経の道命阿闍梨、能書の藤原行成《ゆきなり》、儒者の藤原明衡《あきひら》、陰陽師の安《あ》倍晴明《べのせいめい》、医師の丹波重雅《たんばのしげまさ》と和気正世《わけのまさよ》、仏師の康尚《こうしょう》・定朝《じょうちょう》、武者の源満仲《みつなか》・満政《みつまさ》・平致頼《むねより》(良正《よしまさ》の子)・源頼光《よりみつ》、明法《みょうぼう》の惟宗允亮《これむねまさすけ》・允正《まさただ》、明経《みょうぎょう》の清原広澄《ひろずみ》らの芸能の「名人」である。『続本朝往生伝《ぞくほんちょうおうじょうでん》』は往生人を記すが、そこには画工の巨勢弘高《こせのひろたか》、陰陽の賀茂光永《かものみつなが》・安倍晴明、能説の清範《せいはん》・静照《じょうしょう》・院源《いんげん》・覚縁《かくえん》、医方の丹波重雅・和気正世、武士の満仲・満政・平維衡《これひら》(貞盛《さだもり》の子)・致頼・頼光など、『二中歴』と同じ名が見える。このうち弘高が絵師、晴明が陰陽師、道命が読経道、行成が能書のそれぞれ祖となった。

都市文化の成長とともに生まれたのが昔語や説話である。なかでも『今昔《こんじゃく》物語集』は天竺《てんじく》・震旦《しんたん》の仏教説話と本朝の仏教・世俗の多様な説話を収録し、京や地方で起きた事件や奇異な話を多くおさめている。たとえば巻一九の四〇話は、検非違使《けびいし》の忠明《ただあきら》が「京童」との争いで清水寺に追いつめられ、その舞台から谷底に飛び降りて事なきを得たという話で、京童の動きを記している。

『今昔物語集』と鄙の文化

『今昔物語集』巻一三は、十四もの話を比叡山横川《ひえいざんよがわ》の鎮源《ちんげん》の『大日本国法華験記《だいにほんこくほっけげんき》』からとり、そのほかにも比叡山の話が多く、近江《おうみ》や東国の話なども多いことから、比叡山の僧(山僧)の手になる作品と考えられる。

鎌倉時代成立の『宇治拾遺物語』の序に、宇治大納言源隆国《だいなごんたかくに》が宇治を通行する人々から話を聞き、生まれたのが『宇治大納言物語』であると記しており、『今昔物語集』成立に手掛かりを与えてくれる。この隆国は、治暦《ちりゃく》三年(一〇六七)に大納言となり、極楽浄土に往生を願う僧俗が集まり、阿弥陀信仰に関わる天竺・震旦・本朝三国の文献の要文を書き抜いた書物『安養集《あんようしゅう》』をまとめているので、『今昔物語集』は隆国と親しい山僧が編んだと考えられる。その成立は巻二六の一四話が記す後三年合戦が寛治《かんじ》元年(一〇八七)に起きており、それよりやや後のことであろう。

『今昔物語集』巻二八の七話は、田楽の芸能の話である。近江の栗太《くりた》郡司から矢馳《やばせ》での堂供養を依頼された天台座主《てんだいざす》教円《きょうえん》は舞楽で供養すると伝えたところ、郡司が勘違いし矢馳津で教円を田楽の集団で迎え、彼らは鼓、桴《ばち》やササラなどの楽器を用いて演奏したという。長徳三年(九九七)四月十日の洛西の松尾祭で山崎の津人による田楽があったとあるので(『日本紀略』)、京近郊の津では田楽の芸能が盛んになっていたことがわかる。田楽は田植の芸能である「田遊び」とは違い、猿楽のごとく「田楽」という楽であった。

京の文化は地方に伝わり、逆に地方の文化が京に流入する動きが顕著になっていた。その都と鄙の文化を媒介したのが、遊女や巫女・聖《ひじり》である。『新猿楽記』は「遊女・夜発《よほつ》の長者、江口・河尻の好色」が「声は頻伽《びんが》のごとく、貌《かお》は天女のごとし」と記しており、遊女は淀川河口の江口や神崎川の河尻に住み着き、往来する客をもてなしていた。『栄花物語』は長元《ちょうげん》四年(一〇三一)九月に道長の娘上東門院《じょうとうもんいん》が摂津住吉社に詣でた時、江口の遊女が参って歌謡の今様を謡ったと記している。

遊女は今様で客を喜ばせるとともに、自らの境遇に思いを込めていた。『梁塵秘抄《りょうじんひしょう》』に載る今様「我らは何して老ぬらん　思へばいとこそあはれなれ　今は西方極楽の弥陀の誓を念ずべし」(二三五番)は、神崎の遊女「とねぐろ」が西海に赴いた時に戦さにあって負傷し、この歌を謡って往生をとげたという。

遊女の活動は列島の各地に広がっていた。菅原孝標女《たかすえのむすめ》の『更級日記《さらしな》』は東海道の箱根路で遊女に出会ったことを記している。父の任国上総《かずさ》から、「あづま路の道のはてよりも」と、上洛する門出から筆を起こし、東海道の足柄山《あしがらやま》にさしかかって麓の宿にいた時、「月もなく暗き夜の、闇に惑ふやうなるに、遊女三人、いづくよりともなくいで来たり。五十ばかりなるひとり、二十ばかりなる、十四、五なるとあり」と、遊女の一行に出会い、その歌を聞いて誉め讃えている。この話からは遊女が東海道を下って旅をしていたことや、受領の任国下向にはその妻や娘が同伴していたことがわかる。

孝標女は「世の中に物語といふもののあんなるをいかで見ばや」と、『源氏物語』を耽読するなか、幸せな生活を夢に見て結婚生活を過ごし、宮中に勤め、亡夫追慕の日々を送ったその一生を、日記に綴ったのである。『土佐《とさ》日記』とは違って、その関心は広く『伊勢《いせ》物語』の話など各地に伝わる物語を思い起こしながら記していて、のちの紀行文のスタイルがここに生まれた。

巫女も「歩き巫女」のように諸国を廻っており、聖もまた諸国修行の旅をしていた。「我らが修行せし様は忍辱《にんにく》袈裟《けさ》をば肩に掛け　また笈《おい》を負ひ　衣はいつとなくしほたれて　四国の辺地《へち》をそ常に踏む」(三〇一番)の今様歌は、聖の四国遍路を詠むもので、この時期には四国遍路が始まっていた。

受領と武者・大名田堵

地方の文化の事情は、『新猿楽記』の描く受領の郎等四郎の活動からうかがえる。四郎は「五畿七道にいたらざる所なく、六十余国に見ざる所なし」と、全国をあまねく渡り歩き、その活動領域は「東は俘囚《ふしゅう》の地にいたり、西は貴界《きかい》が島に渡る」ものであった。東の俘囚の地とは蝦夷《えぞ》との境界地である東北地方、西の貴界が島とは九州の薩摩国《さつまのくに》の南西の島々で、この範囲が当時の日本の国土として意識されていた。四郎は「諸国の土産を集め、貯ゑ《たくわ》はなはだ豊か」という裕福さであった。

受領が地方の諸国にあって依拠していたのは、合戦や夜討《ようち》、笠懸《かさがけ》、流鏑馬《やぶさめ》などの武芸に達者な武者であり、彼らは「兵《つわもの》の道」「弓箭《きゅうせん》の道」を究めていた。京の高山寺に伝わる往復書簡集『高山寺本古往来《こうざんじぼんこおうらい》』は、国司周辺の消息を載せていて、そのなかに武者の「鹿岡《しかおか》」が、国内で射手《いて》としての誉れがあるので、国司主催の狩に召して欲しい、と訴える手紙が見える。武者は官物を京に運上する際の護衛や、国司館・国庁の警固など、国司の命令で警察や軍事にあたっていた。

彼らは『今昔物語集』『将門記《しょうもんき》』にその活躍が記された、東国などで活躍していた「兵」の子孫であり、十一世紀に入ってからは武士・武者として把握されるようになっていた。『梁塵秘抄』の今様に「上馬《じょうめ》の多かる御館かな　武者の館とぞ覚えたる　呪師《じゅし》の小呪師の肩踊り　巫《きね》は博多の男巫《おとこみこ》」（三五二番）と、武者の館を訪れた芸能集団の様子を詠んだ歌があるが、こうした武者が受領の武力を担うとともに、国の一宮や惣社《そうじゃ》などの有力な神社に武芸を奉納していた。

受領の経済は『新猿楽記』に見える田中豊益《とよます》のような大名田堵が支えていた。彼らは経営規模の大きな農業経営者で、天気や地形などの自然条件を熟知し、農具や耕地を整え、農業上手な労働者（「田夫農人」）を育成し、田の稲や畠の麦をはじめさまざまな作物を収穫した。『今昔物語集』巻二一の三一話に見える、山城《やましろ》・大和・伊《い》賀《が》三カ国に田をつくって「器量の徳人」と称された藤原清廉《きよかど》は、まさにその大名田堵の一人である。大蔵丞《おおくらじょう》から五位になって「大蔵大夫《たいふ》」と称され、その権威によって税をおさめないので、大和の国司が清廉の猫嫌いを知り、一室に閉じ込め猫に責めさせた結果、税をおさめさせるのに成功したという。

清廉は追求をおそれて伊賀の東大寺の庄に逃げ込んだが、その子藤原実遠《さねとお》は伊賀国の諸郡に所領をもち、郡ごとに「田屋《たおく》」をつくり、「佃《つくだ》」(直営田)をつくらせ、「国内の人民」を従者として服仕させて「当国の猛者《もさ》」と称された(「東大寺文書」)。天喜《てんぎ》四年(一〇五六)二月の実遠の甥への譲状には、伊賀郡の猪田《いだ》郷、阿我郷比奈村などの郷、村単位などあわせて二八カ所以上の土地が記されている。父の失敗を顧み、各地の田屋に「人民」を駆使してその経営にあたるようになったのである。

武士の勢力拡大

諸国の受領からの奉仕もあって、藤原道長は栄華の絶頂を極めていたが、その寛仁三年(一〇一九)、刀伊《とい》の賊が五〇隻余りの船団で対馬《つしま》・壱岐《おき》・北九州を襲う事件が起きた。死者は三〇〇人以上で、一〇〇〇人以上が拉致されたものの、大宰権帥《だざいのごんのそち》の藤原隆家《たかいえ》が武士団を指揮して撃退した。

それも束の間、長元元年(一〇二八)には関東で平忠常《ただつね》の反乱が起きた。忠常は上総《かずさ》の国司になって土着し、下総《しもうさ》や安房《あわ》を襲って反乱を起こしたのである。同族の平直方《なおかた》が追討使《ついぶし》に任じられたが、鎮撫《ちんぶ》できなかったので、朝廷が甲斐守《かいのかみ》源頼信《よりのぶ》を追討使に任じたところ、忠常が頼信の家人となっていたので、降伏したという。

頼信は源満仲《みつなか》の子で、『今昔物語集』巻二五の九話に「兵の道に聊《いささ》かも愚かなる事」なく朝廷に認められたとある武士で、常陸《ひたち》の受領だった時に上総の平忠常を攻めたことがあり、その時に主従関係が築かれていたのである。この事件をへて忠常の子孫は、上総氏や千葉氏など房総半島に勢力を広げ、直方の子孫は、北条氏など伊豆や南関東に勢力を広げていった。

源頼信が関東に勢力拡大をはかっていたことから、子頼義《よりよし》が相模守《さがみのかみ》となって赴任すると、その武勇を好んで民が帰服し、逢坂《おうさか》以東の「弓馬《きゅうば》の士」は大半が「門客《もんかく》」となったという。そうしたなか、永《えい》承《しょう》六年(一〇五一)に奥州《おうしゅう》で前九年合戦が勃発した。奥州の安倍氏が朝廷への貢租を怠ったのを理由に、陸奥守《むつのかみ》藤原登任《なりとう》が秋田城介《じょうすけ》の平繁成《しげなり》の支援を得て懲罰を試みたのだが敗れてしまい、朝廷は源頼義《よりよし》を陸奥守に任じて事態の収拾をはかった。

そこで頼義は陸奥に赴任し、天喜元年(一〇五三)に鎮守府将軍を兼ねて安倍頼時《よりとき》を従えさせた。しかし天喜四年(一〇五六)二月、頼義が鎮守府の胆沢《いさわ》城に赴いて国府に戻る途中で、配下の者が頼時の子貞任《さだとう》の夜討にあったと告げられ、怒って貞任を懲罰しようとしたが、黄海《きのみ》で大敗を喫してしまう。頼義は康平《こうへい》五年(一〇六二)春に任期が切れたが、後任も経営に失敗したので、再び陸奥守に任じられると、出羽《でわ》の仙北《せんぼく》三郡の豪族清原光頼《みつより》に来援を要請し、七月に弟武則《たけのり》が派遣されてきた。それからは形勢が有利に転じて、衣川柵《ころもがわのさく》や安倍氏の本拠の鳥海柵《とのみのさく》を落とし、同年九月十七日に安倍氏最後の拠点である厨川柵《くりやがわのさく》を陥落させた。

この合戦の記録は和風の漢文体で『陸奥話記《むつわき》』に編まれたが、多くの文書が使われ、史料的価値が高く、軍記物語としての質も高い。そのなかで安倍氏による陸奥の奥六郡《おくろくぐん》の支配を「管領《かんれい》の司」と記しているが、この「司」とは諸国の郡司のそれとは違い、辺境の地を支配するために力ある豪族にとくに管領権を与えたもので、頼義を支援した清原氏にはそう記されてはいないが出羽の仙北三郡の「司」であったろう。この奥六郡の「管領の司」は、のちに藤原清衡《きよひら》に継承されてゆく。

2　浄土信仰の美術

頼通の政治と新たな氏の流れ

藤原頼通は父道長が万寿四年(一〇二七)に亡くなってからは独自に権力の確立に努め、長元九年(一〇三六)に後一条天皇が亡くなって同母弟の後朱雀《ごすざく》天皇が即位すると、引き続いて天皇の外叔父として関白となった。しかし内裏《だいり》や大内裏が焼失してその造営に費用がかかるなど、国家財政の危機的状態に直面しており、長元七年(一〇三四)以降、嵯峨朝の詩歌の宴を起源とする天皇の私的な宴の「内宴」はおこなわれなくなった。

頼通は財政立て直しのため、長久《ちょうきゅう》元年(一〇四〇)、寛徳《かんとく》二年(一〇四五)、天喜三年(一〇五五)に荘園整理令を出して荘園整理をおこなったが、整理にあたるのが荘園を認可する国司であり、荘園領主が摂関・大臣や有力寺社の権門であったのでは、効果はなかった。度重なる荘園整理令とともに注目されるのが、この頼通政権期に朝廷を構成する貴族層に大きな変化が起きて、上流貴族が特定の氏に限定されるようになったことである。
『今鏡《いまかがみ》』は、このことを指摘する歴史書で、道長の栄華を描いた『大鏡』の記事の終わる万寿二年（一〇二五）から、嘉応《かおう》二年（一一七〇）にかけての一五〇年に及ぶ歴史の流れを、「すべらぎ」「藤波」「村上の源氏」「御子たち」（源氏）といった四つ氏の流れにそって描いている。

このうち「藤波」の上・中で道長・頼通と続く御堂流について語り、下では他の流れを語っている。藤原頼宗《よりむね》から中御門《なかみかど》、持明院《じみょういん》の流れが、長家から御子左《みこひだり》の流れが生まれ、師輔《もろすけ》の十一男の閑院《かんいん》太政大臣公季《きんすえ》が一条院や後三条院に女御《にょうご》を入れて閑院の流れが生まれたことを記す。この四つの藤氏の流れと、源師房《もろふさ》に始まる村上源氏が、摂関との婚姻を通じて世襲することによって、上流貴族が限定されていったのであり、ここに氏の社会から家の社会への変化が認められる。

上流貴族だけではない。検非違使は別当《べっとう》、次官の佐《すけ》、三等官の尉《じょう》から構成されていて、その佐は藤原氏北家《ほっけ》の高藤流、内麻呂流、堂上《とうしょう》平氏が占め、彼らは太政官の弁官となり、頼通の家司《けいし》ともなって、氏と官司、家業を結びつけていった。太政官の事務職である外記《げき》と史《し》のうち、外記局《げききょく》を管掌する局務は中原氏と清原氏が世襲し、史の官務は小槻《おつき》氏が世襲するようになって、彼らは摂関にも家司としても奉仕した。

同じ藤原氏や源氏でも蔵人頭《くろうどのとう》や蔵人、中少将を官職の到達点とする「公達《きんだち》」と称される流れや、「諸大夫《しょたいふ》」と称される地下《じげ》の四・五位層の流れなど、氏の流れが限定・固定化されて家が形成されていった。武士でも清和源氏の源頼信・頼義が、氏の流れと武芸の職を結びつけて頼通に仕え、武官や受領に任じられた。

このような政治支配層の固定化が、新たな政策を打ち出すのを困難にし、出世を望めない人々には不遇感を募らせた。折しも末法の時代の到来と考えられていたこともそれに追い打ちをかけた。浄土信仰から、教・行・証が備わった正法《しょうほう》の時代、そして証(悟り)のない像法の時代をへて、行(実践)もない仏法が廃れる末法の時代が到来するという末法思想が浸透してきていた。

宇治の平等院

頼通は晩年の余生を宇治で過ごすため、道長から譲られていた別業《べつぎょう》(別荘)を永承七年(一〇五二)三月二十八日に寺と改めて平等院と名づけ、浄土をこの世の自然の中に映そうと試みた。宇治は平安京と南都を結ぶ連絡路上に位置し、水陸交通上の要衝であって、平安京の発展とともに貴族の別業が設けられていた。宇治川が注ぐ先の巨椋《おぐら》池の岸辺には葦原が広がり、洲や島が形成されていた。宇治は扇状地にあり、豊かな地下水脈にともなう湧水があったから、水辺に臨んで水閣を建て、庭園をつくるのに便宜があった。

そこで頼通は宇治川に釣殿を出した仏堂を供養し、永承八年三月に池の中島に建てた阿弥陀堂に丈六の阿弥陀像を安置した。その定朝《じょうちょう》作の仏像の荘厳は古今無双であったという(『扶桑略記《ふそうりゃっき》』『定家朝

平等院鳳凰堂(上)とCGで復元された内陣(左)　平等院蔵

臣日記』)。円満な相好に溢れる気品と静かな感情、身体各部の均整のとれた像様など、寄木造技法とあいまって完成の域に達しており、以後、仏像の様式は定朝様が席捲《せっけん》することになる。

阿弥陀堂の壁扉画は「九品来迎《くぼんらいごう》」を主題とし、その意匠は阿弥陀仏が救いの手を差し伸べるために西方浄土からやってくる図として描かれた「阿弥陀聖衆《しょうじゅ》来迎図」に基づく浄土教仏画である。往生人の家の前に降《お》りた阿弥陀と前導する菩薩、背景のなだらかな山、樹木の松、流れる川とともに四季の景物が描かれている。

阿弥陀堂は屋根の鳳凰の姿からのちに鳳凰堂と命名されたが、その鳳凰堂をめぐる景観が宇治を救いの場としていた。平等院に込められた願いは、『扶桑略記』康平《こうへい》四年(一〇六一)十月二十五日条に載る平等院に多宝塔一基が建立された際の願文からうかがえる。

> 前に一葦《いちい》の長河を渡すこと有り。あたかも群類を彼岸に導くが如し。傍らに二華の層嶺《そうれい》を畳むるがあり。(中略)賓閣《ひんかく》を改めて仏家となし、心匠を廻らして精舎《しょうじゃ》を構ふ。ここに弥陀如来の像を造り、極楽世界の儀を移す。

眼前には「一葦の長河」である宇治川が流れ、それはあたかも生類を彼岸に導くようなもので、彼方の「二華の層嶺」の朝日山は諸善の積み重ねられた山である。そこで別業を改めて仏家となし、さまざまな意匠を凝らして精舎を構え、阿弥陀如来像を安置し、ここに極楽世界を映した。月輪を礼拝して挙手すれば、八〇種の光明がもたらされ、露地に臨んで歩けば、一〇万億土の刹土《せつど》を詣でたようなものである。極楽世界が構想されていたのである。

発掘調査によって創建時は、もっと池が広く、堂の前側の池も後ろ側の池も広くとられ、その中島に堂が浮かぶようなものであったという。堂とその左右の翼廊《よくろう》、後ろの尾廊《びろう》という構成は今と同じであるが、翼廊は基壇の上に建てられておらず、柱は洲浜《すはま》あるいは池中から立つという、極めて脆弱なつくりであったらしい。池の前面には、のちに池を埋めて小御所《こごしょ》が建てられ、そこから阿弥陀仏を拝するようになるが、当初の池は大きく広がっており、庭園はそのまま宇治川まで地続きで広がっていたらしい。

庭園の二つの仕様

宇治川は、彼岸と此岸を結んでいるのを実感させていた。川向こうに二つの嶺が聳《そび》えて、朝日山と称され、そこからは朝日が昇った。「朝日山麓をかけてゆふだすき　明け暮れ神を祈るべきかな」(『実方集《さねかたしゅう》』)と、朝日が昇る山からは夕月も昇る。この朝日と夕月とが鳳凰堂の阿弥陀仏と対置され、そこに浄土の世界が浮かび上がってくる演出であったと考えられる。

ここを訪れた貴人は庭園をめぐり、夕月が山から昇るのを見て鳳凰堂に籠もって往生を祈る。阿弥陀に寄り添って救いを求め、朝ともなれば朝日が昇るのを見てその救いを実感したのであろう。道長が京に建てた法成寺の無量寿院の東には鴨川が流れ、その向こうに東山が聳えるが、平等院はこの趣

向に倣って宇治に堂を建てたものと見られる。鳳凰堂は空中に浮かぶような美しさで建てられ、自然の風景と一帯化して、極楽浄土に想い描かれた景観を写したのである。

頼通は都では高陽院《かやのいん》を造営していたが、この高陽院の有様について、『栄花物語』巻二三は「寝殿の北南西東など皆池あり。中島に釣殿を建てさせ給へり。東の対《たい》をやがて馬場の御殿にさせたまひて、その前に北南ざまに馬場させたまへり」と記している。寝殿造と言えば三間四面の南向きの寝殿を中心としてその東西に対屋《たいのや》を配し、寝殿の南に池を設け、東西の対屋から池辺に向けて東西釣殿を設けるのが基本だが、頼通の高陽院はやや違っていた。

『栄花物語』が真似すべくもない景観と絶

『駒競行幸絵巻』　左は寝殿の池に漕ぎ出される龍頭鷁首《りゅうとうげきす》の楽船
和泉市久保惣記念美術館蔵

賛したのは、その「花の甍《いらか》」「珍奇《めずら》しき草木」「佳所《かしょ》あり巌石《がんせき》」「山を畳み、四方の海を心に任せ給へる池の水」という庭園で、頼通は天皇の御覧に入れるべく造作したという。右大臣藤原実資《さねすけ》はこれを見て「過差《かさ》の甚《はなは》だしきは禅門（道長）に倍すべし」「五六尺の石をたてしめ、樹木を植えしむ」と記し、父道長の土御門《つちみかど》殿に倍するほどの贅沢であったという。高陽院は寝殿造の建築と庭園の極致であったことから、万寿元年（一〇二四）九月に高陽院での駒競《こまくらべ》行幸の記事の様は、のちに『駒競行幸絵巻』に描かれることになる。

頼通の庶子で橘俊遠《としとお》の養子となった橘俊綱《としつな》はこの庭園を見て育ち、庭園づくりの作法書『前栽秘抄《せんざいひしょう》』（『作庭記《さくていき》』）を著した。それには宇治殿（頼通）自らが石立などを沙汰していたと記されている。『前栽秘抄』は日本最古の造園書で、「石を立てん事」「池の姿」「島姿」「滝を立てる次第」「遣水《やりみず》」「滝事」「立石口伝」「禁忌」「樹事」「泉事」「雑部」の項目からなり、地形をよくよく観察し、池の姿にそって趣向に思いを致し、自然の風景をよく考え造作すべしと指摘する。自然の景観をすこぶる大事にしていた。寝殿造庭園がこのように自然を映すことを基本とするのに対し、平等院は浄土を映すことを求めていて、庭園の仕様には寝殿造庭園と浄土庭園の二系列があった。

阿弥陀浄土の風景が平等院の庭園に生まれた影響は大きかった。永承二年(一〇四七)に南山城の山中に建てられた浄瑠璃寺は、本尊が薬師如来《やくしにょらい》で、寺号が薬師如来の浄土である東方浄瑠璃浄土に因むものであれば、浄瑠璃浄土を模した庭園がつくられた筈であるが、のちに九体《くたい》の阿弥陀仏が安置されたために、庭園がつくり変えられたのであろう、その残映は今も残る。

後三条天皇の親政

浄土信仰が広がり、東北地方で戦乱が始まった頃、朝廷でも新たな動きが始まっていた。後朱雀天皇の第二皇子尊仁《たかひと》親王は、それまでの親王とは違い、卑しいと考えられていた鯖の頭に胡椒《こしょう》をぬって炙り、常に食べていたという異色の人物で、親政をめざし、父もまずは皇太弟にと考えていた。しかし母が藤原氏の出身ではない陽明門院《ようめいもんいん》(道長の外孫)であったので、頼通に抑えられていた。

やがて頼通の異母弟藤原能信《よしのぶ》の後援もあって、父の遺言により皇太弟となったが(『今鏡』)、頼通からは歴代の東宮が伝領する「壺切御剣《つぼきりのみつるぎ》」を、「藤氏腹の東宮の宝物」であることを理由に献上されなかった(『江談抄《ごうだんしょう》』)。それでも治暦四年(一〇六八)、兄の後冷泉《ごれいぜい》天皇に皇子が生まれなかったことから即位すると(後三条天皇)、以前から援助していた能信の養子藤原能長《よしなが》や、村上源氏の源師房・源経長《つねなが》、東宮学士大江匡房《おおえのまさふさ》や藤原実政《さねまさ》などの文人貴族を登用して親政をおこなった。

延久《えんきゅう》元年(一〇六九)二月に延久の荘園整理令を発布し、延久四年(一〇七二)には宣旨枡《せんじます》や、物品の公定価格を定める估価《こか》法を制定するなど、画期的政策を進めた。『古事談』は、この一連の政策着手を「延久の善政」と称え、宣旨枡の制定について「延久の善政には、先づ器物を作られけり」と、天皇が公定の枡をつくらせた話を載せている。枡の寸法をはかり、穀倉院から米を取り寄せて殿上《てんじょう》の小庭で入れさせ、枡の使用を命じたのである。

政策のなかでも強力に推進したのが荘園整理である。諸国で荘園が増え、国庫を圧迫していることから、これまでは国司が荘園整理の審査にあたっていたのを改め、内裏の朝所《あいたんどころ》に審査機関である記録荘園券契所《けんけいじょ》(記録所)を設け、国司(受領)と「神社仏寺院宮王臣家」(荘園領主)の双方から書類を提出させて審査し、その結果を国司には太政官符《かんぷ》で、荘園領主には太政官牒《かんちょう》で伝えた。

摂関家領にまで審査を及ぼそうとしたその方針は、荘園領主に大きな影響力を与え、厳密にして公正な審査によって多くの荘園が停廃された。たとえば、石清水八幡宮《いわしみずはちまんぐう》寺領では二一カ所の荘園は認められたものの、一三カ所が停止された。

この整理を通じて神社仏寺院宮王臣家の各家は所領をしっかり把握するようになった。なかでも荘園が改めて認められた場合は、その荘園の安定した支配が可能となったので、荘園制はむしろ定着するところとなった。また、この荘園整理にあわせて国司は荘園以外の地を公領として把握する体制へと向かい、国内の土地調査(検田)をおこなった。その帳簿として作成された大田文《おおたぶみ》は、中央政府から課される臨時雑役《ぞうやく》や一国平均役の賦課《ふか》の台帳とされ、国内支配の帳簿として長く利用されていった。こうして荘園と公領が共存して中央政府を支える体制(荘園公領制)が成立した。

3　院政の文化

院政への動き

後三条天皇は、即位に際して高御座《たかみくら》に臨んで、密教の秘印(大日如来《だいにちにょらい》の智拳印《ちけんいん》)を結び、真言を唱える即位灌頂《かんじょう》を初めておこなうなど、政治に仏教を取り込んでゆき、延久二年(一〇七〇)に円宗寺を建てた。これは円融《えんゆう》天皇の円融寺、一条天皇の円教寺、後朱雀天皇の円乗寺に続く天皇の御願寺《ごがんじ》であり(四円寺)、天皇中心の体制への志向に基づいている。

皇室経済の強化もはかって各地に勅旨田《ちょくしでん》を設定し(後三条院勅旨田)、畿内各地に御稲田《みいねだ》を設けて御稲供御人《くごにん》を定め、天皇の供御(飯食物)を貢納する供御人制度を拡充した。即位後の四年、延久四年(一〇七二)に第一皇子貞仁《さだひと》親王(白河天皇)に譲位し、その次の皇位には最愛の后との間に生まれた実《さね》仁《ひと》親王を皇位につけるべく皇太弟とした。このことについて『愚管抄《ぐかんしょう》』は、末世にあって「天皇が幽玄」の場にあったままではよくないと考え、譲位後に太上天皇として院政をおこなおうとしたものと見ている。ただ、翌年に病に倒れ四〇歳で亡くなったため、院政をおこなおうとしていたかは明らかでないが、わが皇統に皇位の継承を考えていたことは疑いない。

後三条の跡を継いだ白河天皇も、父の意思を受け継いで国政を整えることに意を注ぎ、「国王の氏寺」として法勝寺を創建する。四円寺は京の西北の仁和寺《にんなじ》境内に建てられたが、これは京の東にある摂関家の邸宅が献上された地に、承保《じょうほう》二年(一〇七五)に発願し、播磨守高階為家《はりまのかみたかしなためいえ》が造営を請け負う受領功で建立され、承保四年に落慶供養がおこなわれた。その八角九重の塔は従来にない規模と形状をもち、院政を象徴するモニュメントとなった。

法勝寺では承暦二年(一〇七八)に大乗会《だいじょうえ》の法会が創設され、円宗寺の法華会《ほっけえ》、最勝会《さいしょうえ》と並んで北京三会の筆頭とされ、続いて尊勝寺《そんしょうじ》(堀河《ほりかわ》天皇)、最勝寺(鳥羽《とば》天皇)など六つの勝の字のつく寺(六勝寺《ろくしょうじ》)が次々と建てられ、「国王」の布施が与えられた。

白河天皇も最愛の后である賢子《けんし》との間の皇子に位を譲ろうと考え、第一子が亡くなって、第二子を期待するなか皇子が生まれたのだが、賢子が産後に亡くなってしまう。すると天皇は側近が止めるのも聞かず、その骸《なきがら》を抱いていたという。タブーを恐れないその行動もあって、生まれた皇子に位をすぐに譲るべく向かった。実仁親王が亡くなったので皇位継承の候補には異母弟三宮輔仁《すけひと》親王がいたが、応徳三年(一〇八六)にわが皇子を東宮にすると、すぐに譲位し、東宮を位につけ(堀河天皇)、天皇を補佐する形で政治の実権を握った。

ここに院政が成立するが、それは天皇が退位しても家長権を掌握するなかで生まれた政治形態であって、天皇家に荘園や公領を集積し、継承してゆく体制を築いていった。有能な文人官僚や中級貴族を登用した。「高才明敏、文章博覧、当世無比」と称された学者の大江匡房を中納言に昇進させ、源俊明《としあき》や藤原為房《ためふさ》、源通俊《みちとし》、源雅兼《まさかね》などの実務に秀でた貴族層を院近臣《いんのきんしん》として組織し、院政を推進した。『古事談』には白河院の政治姿勢を物語る逸話が見える。ある時、院が「吾れ文王なり」と自讃したので、これを聞いた人々が訝《いぶか》しげな顔をしていると、稽古の大才を必ずしも文王とはいわない、匡房を取り立てたのは文道を尊んでのもの、文道を尊ぶのを文王という、と語ったという。

院政の展開

白河院は人事権を握って、乳母夫《めのと》や近習などの幼い頃から仕えていた下級貴族を裕福な国司(受領)に任じて、経済的に奉仕させ、院の所領である院領の経営をおこなう院庁を設け、彼らをその職員とし、院領を与えて経営をおこなわせた。

院政の経済基盤は荘園とともに諸国の公領であって、その経営にあたる受領になるためには院御所や御願寺などの費用負担を担わされたことから、現地で公領の支配にあたった目代《もくだい》の人事が重視された。目代は任国に赴いて国衙《こくが》に留守所を設け、国衙の役人である在庁官人《ざいちょうかんじん》を指揮して国務の遂行にあたったので、文筆能力のある人物、とくに外記や史《し》など太政官の事務経験者が用いられ、国内では武士が勢力を広げていたのでそれを統御できる武士も求められた。

院近臣が都で院に仕え、目代が国で実務にあたるようになると、受領は任初・任終に国内の神社への参拝(神拝)をおこなって、支配の遂行を祈り感謝するだけになった。国内の有力な神社を一宮・二宮などの格式を与えて組織し、国内諸社の神を国府近くの神社に勧請《かんじょう》して総社として祀り、これらを参拝するのみになったことから、式内社や国分寺・国分尼寺は衰退した。

受領が地方に下っていたときには、受領が地方の文化の中心であった。延久四年(一〇七二)に能登《のとの》守《かみ》藤原通宗《みちむね》は任国での歌合《うたあわせ》を主催して『気多宮歌合《けたぐう》』を編み、嘉保三年(一〇九六)に安房守として任国に下った源親元《ちかもと》は、寺を建立して阿弥陀仏を安置し、国内の人々に念仏を勧めた(『後拾遺往生《ごしゅういおうじょう》伝《でん》』)。歌人の能因《のういん》法師は伊予守《いよのかみ》の供をして下り、伊予一宮の大三島社に旱魃《かんばつ》に対する雨乞いを祈る歌を捧げたところ雨が降ったという(『古今著聞集《ここんちょもんじゅう》』)。受領が地方に下った話は多い。

しかし康和四年(一一〇二)以後になると、任国に下った受領の話はほとんど見られなくなる。九州を知行する大宰府《だざいふ》長官になった大江匡房は、二度任地に下って多くの富を得たので、「道理」によって得た富を船一艘《そう》に積み、「非道」によって得た富をもう一艘に積んで都に運ばせたところ、道理の船のみが沈没したので、匡房は「世ははやく末になりたり」と実感したというが(『古今著聞集』)、三度目の任では赴かなくなった。院政期の文化は京の院を中心に展開していったのである。

こうした院政が展開した背景には、荘園や公領を基盤とした権門や寺社、地方の武士の動きが活発化し、南都北嶺《ほくれい》(奈良興福寺と比叡山延暦寺《えんりゃくじ》)の大衆《だいしゅ》が強訴する大衆の動きが盛んになるなどの分権化の深まりがあった。大衆の強訴は寛治七年(一〇九三)に南都の衆徒が春日社《かすがしゃ》の神木を奉じて入京して以後、頻発しており、この情勢に、超越する王権が求められたのである。

康和《こうわ》元年(一〇九九年)には仁和寺に入っていた皇子を法親王とし、嘉保《かほう》三年(一〇九六)に娘の郁芳《いくほう》門院《もんいん》が亡くなると出家し法皇として仏教界を掌握し、熊野御幸や石清水・春日詣《もうで》など神社への参詣も頻繁におこなった。東大寺別当には浄土教に帰依し念仏を勧めていた永観《ようかん》を任じて東大寺再建にあたらせたが、その永観は寺家の財源が国家から与えられた封戸《ふこ》中心だったのを荘園中心に切り替え、東大寺に関係する文書を管理して東大寺は再興された。

院政と後三年の合戦

院が握った専制的権力とその限界をよく物語る逸話が『源平盛衰記《げんぺいじょうすいき》』に見える。白河院が双六《すごろく》の賽《さい》の目、鴨川の水、山僧(延暦寺僧)の三つが意のままにならないものであると語った話である。これは院が京の風俗、鴨川の治水、山僧の強訴の三つに対処しようとしたもので、そのいずれもがうまくはゆかなかったが、これらに立ち向かうべく院は武力を支えとするようになり、中央・地方で力をつけてきた武士を起用していった。

武士の起用は、直接には大衆の強訴や異母弟の三宮輔仁親王を警戒してのものであったが、東北地方で起きた合戦の影響も大きかった。これは永保《えいほう》三年（一〇八三）、安倍氏にかわって奥州で勢力を得た豪族清原真衡《さねひら》一族に内紛が起き、それに頼義の子陸奥守義家《よしいえ》が介入して、真衡の義弟清衡を支援し家衡《いえひら》らと戦ったことに始まる。

清原氏は前九年合戦時の清原光頼《みつより》から弟武則《たけのり》の系統へと移り、武則の子武貞《たけさだ》は安倍氏に従っていた藤原経清《つねきよ》の妻を迎えて家衡を儲け、安倍頼時の娘と経清との間の子を養子（清衡）としていた。武貞が亡くなって、子の真衡が跡を継ぐが子に恵まれず、海道小太郎の子を養子（成衡《なりひら》）に迎えた。その成衡の婚礼の日に、出羽から清原一族の長老・吉彦秀武《きみひこのひでたけ》（武則の娘婿）が祝いに訪れたところ、真衡に無視され面目を潰されて怒り、二人の争いが始まった。

秀武が家衡・清衡に援軍を依頼して、真衡との間で争いが広がるなか、家衡・清衡が真衡の本拠地を攻撃したことから、陸奥守として陸奥国に入っていた源義家が真衡に加勢したので、清衡・家衡軍は大敗を喫して義家に降伏した。ついで真衡が急死したので、義家は真衡の所領の奥六郡を三郡ずつ清衡と家衡に分けた。この裁定に不満の家衡は、応徳三年（一〇八六）に清衡の館を攻撃し、清衡の妻子一族を殺害した。

そこで清衡は義家の助けを得て沼柵《ぬまのさく》に籠もる家衡を攻撃するが、十分な戦の用意がなく敗れる。こ

『後三年合戦絵詞』 東京国立博物館蔵

の家衡勝利の報を聞いた武貞の弟清原武衡《たけひら》が家衡のもとに駆けつけ、難攻不落の金沢柵に移ることをすすめた。これにより寛治元年(一〇八七)、義家・清衡軍は金沢柵に拠る家衡・武衡軍を攻めたが、攻めあぐねた末、兵糧攻めをおこなうと、家衡・武衡軍は金沢柵に火をつけて敗走し、武衡は斬首され、家衡も討ち取られ、戦いは十二月に終わった(後三年の合戦)。

この合戦は『後三年合戦絵詞』として後白河院の命によって描かれ、武士の台頭を示す作品として合戦絵巻に大きな影響を与えたが、朝廷はこの戦いを義家の私戦とみなし、戦費の支払いをも拒否したばかりか、義家が金の貢納をおこなわずに戦費に回し、官物から兵糧を支給したことで陸奥守を解任した。このため義家は関東から出征してきた将士には私財で恩賞を与えることになったが、そのことで義家の声望は高まって「武士の長者」と称えられたという。

この合戦に義家に従った武士たちは、合戦での武功を誇りに家を形成していった。武士の氏から家への流れは後三年の合戦をへて、広く進行してゆくことになった。

白河院は義家に恩賞を与えなかったが、その武力の意義を認めて院の殿上人に遇し、さらに伊勢平氏の平正盛《まさもり》が承徳《じょうとく》元年(一〇九七)に伊賀の所領を娘の媞子《ていし》内親王の菩提所六条院に寄進したのを受けて、院北面に取り立てて源平両氏を仕えさせた。武士を院の殿上人や院北面として武力の支えとしたのである。なお奥州では清衡が清原氏の旧領を手に入れ、実父の藤原経清の姓に復して奥州の奥六郡を継承し、さらに南の平泉に出て宿館を構えて、奥羽両国に勢力を伸ばしていった。

院の文化戦略

白河院は京の南の鳥羽に広大な地を占定し鳥羽殿を離宮として造営した。この御所の造営は讃岐守《さぬきのかみ》高階泰仲《たかしなやすなか》が受領功で請け負い、庭園の池は五畿七道六〇余州に課してつくられた。南殿、北殿、馬場殿・泉殿などがつくられ、南殿に付属して証金剛院《しょうこんごういん》が康和《こうわ》三年（一一〇一）に建立され、平等院に倣って丈六の阿弥陀仏が安置された。

鳥羽離宮の境域は、東と南が鴨川、西は西大路、北は北大路と広大で、「近習の卿相《けいしょう》・侍臣・地下の雑人《ぞうにん》等」の家地は、離宮の西・北へと広がっていた。国王の権威を法勝寺の九重塔は垂直的に示した院は、鳥羽離宮は水平的に示したのである。東国から上洛した人々は粟田口《あわたぐち》から京に入り、法勝寺の塔を見上げて院の権勢を実感し、西国から上洛した人々は淀川を遡って鳥羽離宮の広大な様子を見渡し、その富と権力を実感したに違いない。

ただ造園の名手橘俊綱は、白河院から「一つにおもしろき所はいづこか」と問われて、第一に近江の石田殿、次に高陽院と答え、第三は鳥羽かと問われると、鳥羽は地形や眺望はそれほどでもなく、第三は私俊綱の伏見《ふしみ》であると語ったという（『今鏡』）。

白河院は古典文化の復興をも企て、伝統文化の継承を試みた。『拾遺和歌集』以来、途絶えていた勅撰和歌集を近臣の源通俊《みちとし》に編ませ、応徳三年（一〇八六）に『後拾遺和歌集』が成立すると、続いて源俊頼《としより》に『金葉《きんよう》和歌集』を編ませている。これにより勅撰和歌集は継続して出されるようになった。

この和歌の復興に応じて「和歌を類なく」好んだ堀河天皇は、時の歌詠み一四人に一〇〇首の歌を詠ませる初の試み『堀河百首』を編んだだけでなく、笛を源政長《まさなが》に、神楽を多資忠《おおのすけただ》に学び、朝夕に御遊《ぎょゆう》をおこなうなど、文化面に優れた才能を発揮した（『今鏡』）。

白河院の文化振興に応じて廷臣もさまざまな書物を著した。院近臣の藤原為房《ためふさ》は故実書『撰集秘《せんしゅうひ》記《き》』『貫首抄』を著し、大江匡房は藤原公任《きんとう》の故実書『北山抄《ほくざんしょう》』に倣って『江家次第《ごうけしだい》』を、『大日本国法華験記』に倣って往生伝『本朝往生伝《ほんちょうおうじょうでん》』を編んだほか、説話集『江談抄』や『傀儡子記《かいらいしき》』『遊女記』『洛陽田楽記《らくようでんがくき》』など芸能に関わる書物を著した。源俊頼は『俊頼髄脳《ずいのう》』を著して歌論書に先鞭をつけ、越中《えっちゅう》出身の三善為康《みよしのためやす》は三善為長《ためなが》に算道や紀伝を学んで、文書や文章の文例を記す『朝野群《ちょうやぐん》載《さい》』を編集し、大江匡房の『続本朝往生伝』を継承して『拾遺往生伝』を編んだ。

摂関期の宮廷社会・文化を回顧して、新たな時代に備える動きも広がった。摂関時代の歴史を描く『栄花物語』、藤原道長の栄華を描く『大鏡』が著され、説話集『今昔物語集』がまとめられ、三井寺の僧の手になる仏教史の『扶桑略記』も著された。時代の変わり目にあたって、歴史を見つめるようになったのである。

芸能では田楽が永長《えいちょう》元年（一〇九六）に大流行した。廷臣たちはこぞって内裏や院御所、女院《にょいん》御所に押し掛けて田楽を演じた（『洛陽田楽記』）。白河院が祇園御霊会《ごりょうえ》に殿上人や受領に命じて馬長や田楽法師・田植女《たうえめ》を調進させると、その行列は院御所や鳥羽殿にまで招き入れられ、祇園祭は国王家の祭礼の呈を成した。

田楽とともに今様も広がり、院近臣の監物《けんもつ》源清経《きよつね》や土佐守藤原盛実《もりざね》、修理大夫《しゅりだいぶ》藤原顕季《あきすえ》らは遊女らと交流して、今様を都に広めた。東国の傀儡子は美濃の墨俣《すのまた》や青墓《あおはか》を、西国の遊女は摂津の神崎・江口を根拠地とし、宿や津などの交通の要衝を往来する人々を相手に今様を謡った(『遊女記』)。

家の形成と秩序

白河院政といっても当初は、堀河天皇が父の政治介入を嫌い、摂関の藤原師通《もろみち》とはかって政治を推進していたが、天皇は嘉承二年(一一〇七)に亡くなってしまう。その死に至るまでの様子は、天皇に乳母として仕えた讃岐典侍《さぬきのすけ》が『讃岐典侍日記』に記しているが、その死は多くの人を落胆させた。

なかでも困ったのが白河院で、皇位継承の候補に異母弟の三宮輔仁親王がいたこともあって、再び天皇になることを考えたが、娘郁芳門院の死を契機に出家して法皇となっていたため、幼い孫の皇子を位につけ(鳥羽天皇)、政治の実権を握り、院政を本格化させた。娘の令子《れいし》内親王を鳥羽天皇の准母とし、鳥羽天皇の践祚に際しては道長の流れにあった御堂流の藤原忠実《ただざね》を摂政とした。

忠実は天皇の外戚ではなかったので、摂政にはなれないのではと恐れていたところ、白河院の指名によって摂政になると、天皇の外戚にならずして摂関を継承する道が開かれ、摂関家を形成していった。それとともに分散していた荘園を集めて子孫に伝えることをはかり、家政機構として摂関家政所を整備した。

このような家形成の動きは上流貴族の間にも広がった。氏から家が形成されてくる歴史を記す『今鏡』は、後三条天皇について「世を知らせ給ひて後、世の中治まりて今に至るまでその名残になむ侍りける」と語って、国王の家の歴史を記しており、次の「藤波」では、摂関の流れを中心にすえて忠実の話に多くを割き、忠実が摂関家を形成したことを記している。さらに閑院流の公季の孫公成《きんなり》の娘が白河院を生んで、子の実季《さねすえ》の娘が堀河天皇の妃となり、公実の子実行《さねゆき》が三条家、通季《みちすえ》が西園寺《さいおんじ》家、実能《さねよし》が徳大家を形成したことを記している。「村上の源氏」では、村上源氏が白河院を支える家を形成したことを語っている。

以上、見てきたようにこの一〇〇年は、文化が京を中心にし流通や戦を媒介に地域的に広がるとともに、さまざまな身分の人々に民衆文化が広がりを見せ始めた時代であって、以後、中世の社会と文化はこの枠組みを母体に展開してゆくことになる。

第六章　家の文化の展開――白河院政から後鳥羽院政

1　家の文化

家の文化の時代

天皇家・摂関家に続いて、院の政治を実務的に支える官僚や下級官人の諸道の家、さらに武士らの家が形成され、家を中心に文化が展開した一一一〇年代から、武家の家である鎌倉幕府（将軍家）が確立する一二一〇年代までの約一〇〇年間を本章は対象とする。

この時代には、院や摂関家の荘園が広く形成され、有力貴族が子弟・家司を国守（受領）に申し任じて国の実権を握る知行国制が整った。そのなかで、院に奉仕する院近臣《いんのきんしん》や院・摂関家に仕える実務官僚・事務官が、荘園や公領を管理するようになり、武士も所領を形成して家を形成する動きが顕著となったが、それとともに家の財産として所領を形成、継承するなかでトラブルも多発した。

『古事談《こじだん》』は、院近臣と武士の所領をめぐる争いに関わる次の説話を載せている。白河《しらかわ》院の乳母子《めのとご》の藤原顕季《あきすえ》は、武士の源義光《よしみつ》（義家《よしいえ》の弟）との所領争いに院の裁許がなかなか出されないので、その理由を尋ねると、「そなたに勝訴を言い渡せば子細を弁《わきま》えない武士が何をするかわからない。そなたには所領も知行国もあるが、義光はかの土地を〈一所懸命〉の地として知行しているのであり、裁許を猶予しているのだ」と答えた。これを聞いて顕季が義光に所領を与えたところ、喜んだ義光は実名の二字を記した名簿《みょうぶ》を捧げ家人として仕えたという。

家の形成の動きが進むなか、家格の秩序が定まっていった。摂関家を筆頭に、近衛大将《このえのたいしょう》をへて大臣に昇る家柄では、閑院《かんいん》流の家や村上源氏の家、摂関家の藤原師実《もろざね》から出た花山院《かざんいん》家、大炊御門《おおいのみかど》家は「清華《せいが》家」と称された。これに次ぐのが大臣に昇る家柄の「大臣家」であり、以下、近衛の少将・中将をへて中納言《ちゅうなごん》・大納言《だいなごん》に至る「羽林《うりん》家」、弁官・蔵人《くろうど》から納言に進む「名家」、四位・五位の官人クラスの「諸大夫《しょたいふ》」、六位クラスの「侍品《さむらいぼん》」、その下の「凡下《ぼんげ》」といった別が生まれた。

寺院や神社でも寺家や社家の形成へと向かった。天台宗の延暦寺《えんりゃくじ》、真言宗の仁和寺《にんなじ》、醍醐寺《だいごじ》には院の子弟が入って長官となり、藤原氏の氏寺である奈良興福寺には摂関の子弟が入って長官となって寺家を形成した。高野山《こうやさん》や熊野山、春日《かすが》神社・賀茂《かも》社などでは院の御幸《ごこう》を仰いで荘園が寄進され、寺社家として財産を形成していった。

家の形成と継承においては、公事《くじ》・行事に関わる日記が重視された。摂関家では藤原忠実《ただざね》が『殿《でん》暦《りゃく》』、子忠通《ただみち》が『忠通公記』、頼長《よりなが》が『台記《たいき》』を記した。蔵人や弁官の実務を担った家では、日記が先例や故実を調べるために利用された。たとえば名家の勧修寺《かしゅうじ》家は、弁官をへて公卿《くぎょう》に至る出世コースをたどるなか、藤原為房《ためふさ》が『為房卿記』、為隆《ためたか》が『永昌記《えいしょうき》』、顕隆《あきたか》が『顕隆卿記』を記している。

先人の日記の内容を事項別に分類・整理した部類記も編まれた。藤原道長の子頼宗《よりむね》の流れの藤原宗忠《むねただ》は、蔵人頭《くろうどのとう》をへて公卿となり、右大臣に至るまでの日記『中右記《ちゅうゆうき》』を記すかたわら、天永《てんえい》二年（一一一一）に祖父俊家《としいえ》の日記の部類記を作成し、自らの日記の部類記も子息のために保安《ほうあん》元年（一一二〇）に作成している。この『中右記部類』は摂関の九条家でも書写され参照された。

家の形成・継承にあたっては、多くの書物も著された。摂関家の年中行事の費用を定めた『執政所抄《しっせいじょしょう》』や、藤原忠実の話をまとめた『富家語《ふけご》』『中外抄《ちゅうがいしょう》』などで、摂関家の故実が伝えられた。このうち『中外抄』をまとめた中原師元《もろもと》は、太政官《だいじょうかん》の外記局《げききょく》にあって、父の中原師遠《もろとお》が『年中行事障子文《ねんじゅうぎょうじしょうじぶみ》』にそって『師遠年中行事』を著すと、自身も『師元年中行事』を編むなど、朝廷の年中行事書を著している。明法道《みょうぼうどう》の中原（坂上）明兼《あきかね》は永久《えいきゅう》元年（一一一三）に明法博士になり、摂関期の惟宗允亮《これむねまさすけ》が編んだ『政事要略《せいじようりゃく》』に拠りつつ、法書『法曹至要抄《ほっそうしようしょう》』を編んで兼成《かねなり》・明基《あきもと》らに伝えた。御厨子所《みずしどころ》預《あずかり》の紀久長《きのひさなが》は、宮中や摂関家の調度を調進する家を形成し、朝廷や摂関家の恒例・臨時公事における供御《くご》・調度・装束などを詳しく指図入りで記す『類聚雑要抄《るいじゅうざつようしょう》』の作成に関わった。

「国王」の家の継承

白河院は永久元年（一一一三）に護持僧《ごじそう》の仁寛《にんかん》が絡む陰謀事件で、輔仁《すけひと》親王を閉門に追いやって、院政を万全なものとし、保安四年（一一二三）に鳥羽院の第一皇子（崇徳《すとく》天皇）を位につけた。その七月に石清水八幡《いわしみずはちまん》に捧げた告文《こうもん》で「王法は如来の付属により、国王興隆す」と、王権が仏法に授けられたものであると主張し、保安年間には大規模な殺生禁断令を発した。

大治《だいじ》四年(一一二九)にその生涯を閉じると、この報を聞いた藤原宗忠は、「天下の政《まつりごと》をとること五十七年」、「聖明の君、長久の主」であると評価しつつも、「意に任せ、法にかかわらず除目・叙位を行ひ給ふ」と、その専制的な政治を回顧している(『中右記』)。この白河院の跡を継承した鳥羽院は、院庁を整備して、翌年十一月二十八日には熊野に赴き、院政の開始を神に告げてその納受を祈った。

白河院が政治の秩序化をめざしたのに対し、鳥羽院は鳥羽殿の勝光明院《しょうこうみょういん》に宝蔵を設けて列島内外のコレクションをおさめ、広く荘園の寄進を認めて積極的に受け入れるなど、統合に力を注いだ。モニュメントで王権を飾った白河院に対し、コレクションで飾ったのである。このため荘園が院の周辺に集中し、院はその荘園に国役免除や国使不入《ふにゅう》などの特権を与えた。

荘園とともに多くの武士が院の周辺に集まった。院は源氏・平氏の武士を国司や検非違使《けびいし》に任じ、院北面《いんのほくめん》や殿上人《てんじょうびと》として待遇し、御所や京都を守護させた。平氏では正盛《まさもり》・忠盛《ただもり》が受領《ずりょう》を歴任して院近臣となり、なかでも忠盛は肥前神崎荘《ひぜんかんざきのしょう》など多くの荘園を預けられて富を蓄え、長承《ちょうしょう》元年(一一三二)には但馬《たじま》守として得長寿院《とくちょうじゅいん》を造営した功により、内裏への昇殿が認められて殿上人になった。

この昇殿には多くの貴族が反発したが、『平家物語』はこの時に起きたという「殿上の闇討ち」事件から語り始め、忠盛が事件を上手にかわしたことで、貴族との交わりをもって武家として台頭し、武家政権への階梯の第一歩となった、と記している。この平氏に対抗していた源義家の孫為義《ためよし》は、父義親《よしちか》が追討にあうなど不遇であったが、検非違使になって畿内を中心に活動して摂関家に仕え、子の義朝《よしとも》を東国に、為朝《ためとも》を鎮西《ちんぜい》に派遣して地方の諸国に勢力を広げていった。

このように、国王の家の継承に連動して、さまざまな領域で家が形成され、文化の場が生まれていった。なかでも院の後宮は文化サロンとなっていた。閑院《かんいん》流の藤原公実《きんざね》の娘は鳥羽天皇の后となって白河・鳥羽両院に愛され、天治《てんじ》元年(一一二四)に院号宣下によって待賢門院《たいけんもんいん》と称された。藤原長実《ながざね》の娘は鳥羽院の寵愛を受けて皇后となり、久安《きゅうあん》五年(一一四九)の院号宣下で美福門院《びふくもんいん》と称された。このほか摂関家の娘も高陽院《かやのいん》、皇嘉門院《こうかもんいん》など、院と同じ待遇を与えられる女院《にょいん》となって、多くの荘園を有し、華やかな文化の拠点となった。

院の信仰と文化

白河院・鳥羽院は仏教信仰に篤く、法会や修法を頻繁におこなったので、仏像や仏画が大量につくられた。仁和寺《にんなじ》、醍醐寺、東寺や高野山などの真言宗寺院、延暦寺や園城寺《おんじょうじ》(三井寺)の天台宗寺院、東大寺・興福寺の南都寺院、遠く熊野三山には多くの堂舎が建立され、文化の殿堂となった。

なかでも院の熊野御幸《くまのごこう》は、白河院が寛治《かんじ》四年(一〇九〇)に始めてから九回、鳥羽院が天治二年(一一二五)から二一回、後白河院も三三回にも及び、こうした度重なる御幸は、院が苦難を乗り越え熊野の神に祈り、その神託を得てさまざまな決断に臨もうとしたからである。白河院は保安元年(一一二〇)に関白忠実の職を解いたが、それは熊野御幸から帰った直後であった。天治二年に鳥羽院は七宝塔一基と金泥の法華経《ほけきょう》を熊野本宮《ほんぐう》に、金字法華経と無量義経《むりょうぎきょう》・観普賢経《かんふげんきょう》を熊野那智《なち》宮に、金字薬師経・金剛寿命経《こんごうじゅみょうきょう》・般若心経《はんにゃしんぎょう》を熊野新宮《しんぐう》に奉納している。仁平《にんぺい》三年(一一五三)の鳥羽院最後の熊野御幸では金字一切経四七二八巻を神前に捧げ法会を開いて舞楽を奉納している。

この時期に製作された仏像を見ると、大治五年(一一三〇)頃制作の法金剛院《ほうこんごういん》の阿弥陀如来《あみだにょらい》坐像、久《きゅう》寿《じゅ》元年(一一五四)制作の峰定寺《ぶじょうじ》の千手観音《せんじゅかんのん》坐像、不動明王二童子《ふどうみょうおうにどうじ》立像、毘沙門天《びしゃもんてん》立像、大倉集古館蔵の普賢菩薩騎象像《ふげんぼさつきぞうぞう》など多くの優品がつくられた。浄瑠璃寺の九体阿弥陀如来《くたいあみだにょらい》像は現存唯一の九体仏で「九品往生《くほんおうじょう》」に基づくもので、その中尊の丈六像は来迎印で、他の半丈六像は定印を結び、寄木造で漆箔《しっぱく》が施されている。

仏画では、東寺旧蔵の「十二天像」が、大治二年(一一二七)に宮中真言院の後七日御修法《ごしちにちのみしゅうほう》の十二天像が焼失したためつくり直され、さらに鳥羽院の命で描き直されており、画像の着衣は美しい彩色にくまが施され、截金《きりがね》(切金)による文様で覆われている。京都曼殊院《まんしゅいん》の「黄不動《きふどう》」と近江《おうみ》石山寺の「不動明王二童子像」は、なだらかな曲線と優美な色彩からなり、大和内山永久寺旧蔵の「両部大経感得図」は、藤原宗弘《むねひろ》が保延《ほうえん》二年(一一三六)に描いている。総じて仏画は描写が繊細で豊かな色彩をもち、截金などさまざまな工芸手法により、貴金属をちりばめて描かれている。

絵巻の『信貴山縁起絵巻《しんぎさんえんぎえまき》』は、院や天皇を神仏が護る意味合いからしても、この時期の制作と見られる。信濃《しなの》から出て東大寺で出家した命蓮《みょうれん》が、紫雲に導かれ西の信貴山に籠もって修行を積んで、天皇の病を治す奇瑞《きずい》を起こしたという説話に基づく作品である。

長者の米倉が命蓮の飛ばした鉢に載って、信貴山上まで飛ぶ風景を人々が驚き見上げる場面、護法童子《ごほうどうじ》が宮中に飛翔してゆく場面など、動的な線描は連続性と変化に富み、噂をする京童など庶民の生活・風俗も描かれている。

高山寺《こうざんじ》に伝わる『鳥獣人物戯画《ちょうじゅうじんぶつぎが》』は、甲巻と乙巻には蛙や兎、猿、狐などの動物が擬人化され、軽妙な筆致で描かれ、寺院の童の楽しみのために描かれたものと考えられる。高い身分の僧に仕えた童は、寺院で教育を受け、僧が出仕する法会にはその華を添え、素人芸の童舞《わらわまい》を演じていた。この童の楽しみのため描かれたのであろう。鳥羽僧正覚猷《とばそうじょうかくゆう》筆の伝がある。覚猷は鳥羽院の護持僧で、絵を描いて院に訴えた逸話

『**鳥獣人物戯画**』　高山寺蔵

『**信貴山縁起絵巻**』　朝護孫子寺蔵

も伝わるが(『古今著聞集《ここんちょもんじゅう》』)、覚猷筆の証拠はない。覚猷は死の間際に弟子から遺産処分を求められ、「処分は腕力によるべし」と書いたところ、これを伝え聞いた院が、弟子たちを呼び寄せ、遺財をすべて自らのものとし、その上で彼らに分配したという(『古事談』)。

徳川美術館蔵『源氏物語絵巻』は、俯瞰《ふかん》描写によって「吹抜屋台《ふきぬきやたい》」「引目鉤鼻《ひきめかぎばな》」のつくり絵の手法を用い、人物の心意や場面の情趣を描いて、色彩も豊かな作品だが、その制作時期については、元永《げんえい》二年(一一一九)十一月二十七日に白河院から「源氏絵」を描くよう源師時《もろとき》が命じられており、同じ頃の制作と考えられている。

貴族の家と装飾経

貴族の家の文化は、華麗な装飾経や和歌集の冊子からよくうかがえる。駿河久能寺《するがくのうじ》に伝わる『久能寺経』は、『法華経』の「寿量品《じゅりょうぼん》」を鳥羽院、「譬喩品《ひゆほん》」を待賢門院、「提婆品《だいばほん》」を「女御殿」得子《とくし》(美福門院)が書いたことから、得子が女御となった保延《ほうえん》五年(一一三九)七月から、皇后になる永治《えいじ》元年(一一四一)十二月までの間に制作されたとされ、願主については、待賢門院関係者が書写しているのでその周辺の人物と考えられてきた。

だが、開経である『無量義経』を「左大弁実親卿《さねちか》」が担当し、ほかにも多く平実親一家が関わっているので、願主は実親であろう。実親は、生前に諸寺諸山や悲田・獄舎を訪れ、飲食を与えるなどの仁慈を施し、久安二年(一一四六)に往生をとげたといわれており(『本朝新修往生伝《ほんちょうしんしゅうおうじょうでん》』)、実親一家の繁栄と往生への祈りを込めた作品と見られる。

長寛《ちょうかん》二年(一一六四)九月に平清盛は厳島社《いつくしましゃ》に装飾経『平家納経』を寄せている。その願文は、安芸《あき》国の「伊都岐島大明神」の「霊験威神」が「言語道断」なので信仰して以来、「家門の福禄」「子弟の栄華」がもたらされ、「今生の願望」は満たされたが、「来世の妙果」も期されよう、と厳島信仰の意味を説き、『妙法蓮華経』二十八品と『無量義経』『観普賢経』『阿弥陀経』『般若心経』各一巻を書写し宝殿に安置すると記している。

清盛をはじめ、「家督」平重盛《しげもり》や子息、舎弟頼盛《よりもり》、教盛《のりもり》、経盛《つねもり》ら、「門人家僕」など、すべて三二人に一品一巻ずつ、善と美を尽くして制作にあたった。見返しの絵には往生を願う多くの女性の姿が描かれ、色紙を金銀の箔や砂子で装い、経文の罫線まで截金であらわされている。装飾経は、貴族の一門の発展と往生、亡き人の供養のために書写され、浄土往生を求める信仰が家の文化として成立したこの時期に多く制作された。

京都大原の往生極楽院《ごくらくいん》は高松中納言藤原実衡《さねひら》妻の真如房尼《しんにょぼうに》が夫の菩提を弔うために久安四年(一一四八)に建立したが、本尊の阿弥陀如来像は来迎印を結び、観世音《かんぜのん》菩薩、勢至《せいし》菩薩を脇侍《きょうじ》とする三尊坐像である。日野の法界寺阿弥陀堂は日野資業《すけなり》によって建立され、阿弥陀像五体を安置し、方五間《ほうごけん》の身舎《もや》の周りに庇《ひさし》状の吹放ちの裳階をつけている。

不遇な人々の文化

院を中心として文化が輝く一方で、家の継承を断念して文化の創造と継承へと向かった人々もいた。その一人が「花園の左大臣」源有仁《ありひと》である。父輔仁《すけひと》親王が皇位継承ならずして亡くなったため、源氏姓を与えられ、風雅の世界に生きる道を選んだ。その容貌や境遇から光源氏にたとえられ、「衣紋《えもん》を好み給ひて」と衣紋の道に優れ、萎装束《えなしょうぞく》から強装束《こわしょうぞく》への流行を先導した。

風俗・流行の最先端にあったその邸宅には、琵琶の名手の「伊賀大夫」源信綱《のぶつな》や笛の名手「六条大夫」基綱《もとつな》など、芸能に堪能な五位の人々(「百大夫」)が出入りしていた(『今鏡《いまかがみ》』)。蹴鞠《けまり》の藤原頼輔《よりすけ》は有仁に「汝を見るにつけ、猶《なお》道は絶えざりけり」と思わしめたといわれ、『蹴鞠口伝集』を著して蹴鞠の家を興こした。久安三年(一一四七)に有仁が亡くなって、その文化世界を継承したのが、鳥羽院と待賢門院璋子《しょうし》との間に大治二年(一一二七)に生まれた第四皇子の雅仁《まさひと》親王(後白河院)である。

有仁は雅仁の元服の際の加冠役を務めるなど、その後見であったため、雅仁は有仁邸で百大夫と交流を重ね、芸能の世界に深く関わったであろう。保延三年(一一三七)の親王の御書始は御遊《ぎょゆう》や作文《さくもん》もあって近代稀な「良き例」と評された(『今鏡』)。『続本朝文粋《ぞくほんちょうもんずい》』を編んだ儒者の式部大輔《しきぶのたゆう》藤原敦光《あつみつ》が侍読《じとう》を務め、漢詩文に才を示し詩文集『法性寺関白御集《ほっしょうじかんぱくぎょしゅう》』のある関白藤原忠通《ただみち》も出席しているなど、雅仁の周囲に学問に造詣の深い人物が多かった。なかでも雅仁を育てた藤原通憲《みちのり》(信西《しんぜい》)は、父藤原実《さね》兼《かね》が大江匡房《おおえのまさふさ》に才能を認められて『江談抄《ごうだんしょう》』の筆録にあたったが、早く亡くなったため、高階経敏《たかしなのつねとし》の養子となり鳥羽院・待賢門院に仕えるなかで学問をおさめていた。

雅仁の母待賢門院のサロンには、和琴の名手源資賢《すけかた》や篳篥《ひちりき》の名手藤原季兼《すえかね》、待賢門院堀河、待賢門院加賀などの女房歌人がいたが、雅仁の心をとらえたのは今様《いまよう》である。待賢門院の院司《いんし》には、今様の謡い手「目井《めい》」の弟子藤原伊通《これみち》や、「さざなみ」の弟子中納言藤原家成《いえなり》もいた。それもあって、女院に出入りしていた神崎の遊女「かね」に今様を学び、今様に耽溺していった。『梁塵秘抄口伝集《りょうじんひしょうくでんしゅう》』によれば、「十余歳の時より今に至る迄、今様を好みて怠る事なし」と、「昼はひねもす謡い暮らし、夜はよもすがら謡い明かさぬ」日はなかったという。『雑芸集《ぞうげいしゅう》』を広げて謡い尽くし、声を三度もつぶし、上は公卿から「京の男女、所々のはしたもの、雑仕、江口・神崎のあそび、国々の・傀儡子《くぐつ》」に至るまで広く身分の低い人々と今様を通じて交流を重ねたという。

2　武者の世の文化

往生と遁世の願望

家の形成が広がるとともに、家から逃れ、遁世を求める人々が増えていた。左馬大夫《さまのたいふ》藤原貞季《さだすえ》は滝口の武士となって五位に叙されたが、その後は後世のことのみを営み、雲林院《うりんいん》に塔婆《とうば》を建てるなど行《ぎょう》を積み、長承《ちょうしょう》三年(一一三四)に往生をとげたという(『後拾遺《ごしゅうい》往生伝』)。こうした遁世を志向した人々の間では、和歌を詠んで仏に捧げる和歌法楽がおこなわれた。京の東山の瞻西《せんせい》は、雲居寺《うんごじ》に八丈の大仏を造立し、歌人たちと和歌会を開いて、過去七仏を和歌曼荼羅《まんだら》に描いて供養している（『古今著聞集』）。

人々を遁世へと駆り立てたのは長承三年に始まった「天下飢饉《ききん》」である。翌年の保延元年（一一三五）には悲惨を極め、餓死者が「道路に充満」という事態となり、大規模な賑給《しんごう》によって貧窮者に食料が施された。しかし翌二年にも「世間多く道路に小児を棄《す》つ、大略天下飢餓」という状況となった（『百練抄《ひゃくれんしょう》』『長秋記《ちょうしゅうき》』）。この飢饉や盗賊蜂起などの世情から、徳政・善政が求められたことから、藤原敦光は、世の変異や飢饉・疾疫・盗賊などの難に関して徳政の意見を朝廷に提出したが、はかばかしい対策はとられなかった。

こうした社会状況もあって、長承二年（一一三三）に美作久米《みまさかくめ》の武士の家に生まれた法然《ほうねん》は、幼くして館を襲った武士の手にかかって父を失ったため、出家をとげて比叡山《ひえいざん》に登っている。都の武士の紀《きの》季重《すえしげ》の子として生まれた重源《ちょうげん》も醍醐寺で出家し、諸国の山々を修行する道を選んだ。永治《えいじ》元年（一一四一）に備中《びっちゅう》の吉備《きび》津神社賀陽《かや》氏の家に生まれた栄西《えいさい》も、比叡山に登るなど、この時代に生を享《う》けた人々のなかから、鎌倉仏教の担い手が生まれた。

歌人の藤原義清《のりきよ》（西行《さいぎょう》）も同じ頃に出家遁世した。父は白河院に仕えた武士で、父の関係から徳大寺家に仕え、鳥羽院にも仕えて兵衛尉《ひょうえのじょう》に任官するが、友と語り合い和歌を詠むなかで、仏道に心を入れるようになり、人々が止めるのも聞かずに世を遁れた。永治二年（一一四二）三月、西行が左大臣藤原頼長《よりなが》邸を訪れると、頼長は西行について「重代の勇士を以て法皇に仕へ、俗時より心を仏道に入れ、家富み年若く、心愁《うれ》ひ無きも、遂に以て遁世す」と、家が富み年も若いのに遁世した、と記している（『台記』）。この遁世の波紋は大きく広がって、遁世を志す人々が多くなり、一度出家しながらさらに遁世し聖《ひじり》として活動する僧も現れた。

浄土への祈りから摂津四天王寺の西門から難波の海に落ちる夕陽を拝し、時に入水した人々が増えていたが、この時期には四天王寺の百万遍《ひゃくまんべん》の念仏行が盛行し、鳥羽法皇は念仏三昧《ざんまい》院を建て、出雲《いずも》聖人が組織した四天王寺の念仏衆に入って、百万遍念仏をおこなった（『台記』）。久安五年（一一四九）に富士山に数百回も登った富士上人が上洛して、鳥羽院中に参り、大般若経を書写し、それを富士山に埋めたいと訴えると、広く書写されて上人に下賜された（『本朝世紀』）。

地方での文化的営み

経塚に経を埋納して祈りを籠める作善も広がっていた。「累代の名儒」清原信俊《のぶとし》は、保安元年（一一二〇）に鞍馬寺《くらまでら》の経塚、天治二年（一一二五）に紀伊の粉河寺《こかわでら》経塚に法華経八巻の経筒《きょうづつ》を埋め（『経塚遺文』）、遁世した後には阿弥陀を念じ往生をとげたという（『本朝新修往生伝』）。常陸《ひたち》東城寺薬師堂脇の経塚出土の経筒は、常陸大掾《だいじょう》氏の平致幹《むねもと》が「法界衆生平等利益《ほっかいしゅじょう》」のため保安三年（一一二二）と天治元年（一一二四）におさめている（『経塚遺文』）。

各地で勢力を拡大していた武士も浄土への祈りを捧げていた。九州国東《くにさき》半島の富貴寺《ふきじ》大堂は、豊前《ぶぜん》宇佐《うさ》八幡宮《はちまんぐう》の大宮司の宇佐昌輔《まさすけ》が建てた方三間の阿弥陀堂建築で、堂内には定朝様《じょうちょうよう》の阿弥陀仏が安置され、壁や柱には華麗な来迎図が描かれている。国東半島の山々寺々は、天台宗無動寺の末寺に編成されて「六郷満山《ろくごうまんざん》」と称されていて、その屋山《ややま》の長安寺には木造の太郎天・二童子像が寺の鎮守として祀られている。カヤの一木造の立像の太郎天の胎内には大治五年(一一三〇)の銘があり、山寺での童子信仰がうかがえる。八メートル以上もの不動明王像などが刻まれた熊野磨崖仏《まがいぶつ》もあるが、豊後《ぶんご》臼杵《うすき》のホキ石仏群の六十数体に及ぶ臼杵磨崖仏は、凝灰岩の岩肌に造仏されている。

奥州《おうしゅう》では藤原清衡《きよひら》が平泉文化を築いていた。「寺塔四十余宇、禅坊三百余宇」といわれる大寺院の中尊寺を造営し、その境内の大長寿院は藤原氏の氏寺で「二階大堂」と称された高さ五丈の大建築である。本尊が金色の阿弥陀像、脇侍が九体丈六阿弥陀の阿弥陀堂(金色堂《こんじきどう》)は、「上下四壁・内殿、皆金色也。堂内に構三壇を構へ悉《ことごと》く螺鈿《らでん》也」と金色で装飾された。大治元年(一一二六)の中尊寺供養には、清衡発願で金銀を交互に書く「紺紙金銀交書《こんしきんぎんこうしょ》一切経」(『中尊寺経』)が奉納されている。

中尊寺金色堂の正方に位置して清衡は館(平泉館)を築いており、そこから金色堂をいつも正面から拝していたのであろう。その館は衣川《ころもがわ》と北上川の合流地点の河岸段丘上にあって、西・北を壕で囲んで築かれ、池を付属する家屋の遺構が出土している。金色堂の堂内の三壇には清衡以下の遺体がおさめられているので、清衡は入滅の年に合掌して仏号を唱え、眠るがごとく閉眼しており、おそらくこ

中尊寺阿弥陀堂（金色堂内陣）

の金色堂に籠もって最期を迎えたのであろう。

清衡が大治三年(一一二八)に亡くなると、その跡を継承した子の基衡《もとひら》は、毛越寺《もうつうじ》の造営に励んだ。金堂の円隆寺を建て、関白藤原忠通に額を、参議藤原教長《のりなが》に堂中の色紙形を依頼した。続いて建立した嘉勝寺《かしょうじ》は、法勝寺《ほっしょうじ》をはじめとする六勝寺に因んで命名したもので、両寺の造営には莫大な富をつぎ込んだ。毛越寺の諸堂の前面には、東西に広がる池に中島があり、その南に南大門が建てられ池に船を浮かばせ、船遊びをおこなっていた。

この平泉の影響を受けたのが、福島県いわき市の願成寺《がんじょうじ》阿弥陀堂(白水《しらみず》阿弥陀堂)で、豪族岩城則道《いわきのりみち》の夫人徳尼《とくに》(藤原秀衡《ひでひら》の妹)が夫の菩提を弔うため永暦《えいりゃく》元年(一一六〇)に建立したといわれ、北・東・西の三方を山に囲まれて立地する三間四方の宝形造の建物である。

保元の乱と武者の世

諸国には武士が台頭して都の権門と結んで勢力を築くなか、都で経済的に成長した家々では、その家の実権(家長権)をめぐって争いが起きていた。発端は、鳥羽院が永治元年(一一四一)に崇徳天皇に退位を迫り、「最愛」の美福門院との間に生まれた近衛天皇を皇位につけたことにある(『今鏡』)。

しかし近衛天皇が病弱で子が生まれないため、崇徳院は子の重仁《しげひと》親王を立てることを考え、美福門院は養子としていた雅仁親王の子守仁《もりひと》を立てようとした。その二つの思いが競り合うなか、信西は雅仁を後見して皇位継承へと動き、家の形成へと動いていた。歴史書『本朝世紀』や法書『法曹類林《ほうそうるいりん》』を編み、長子俊憲《としのり》に故実を識者に尋ねさせて、弁官や蔵人頭の故実を学ばせた。その結果、俊憲は『新任弁官抄《しんにんべんかんしょう》』『貫首秘抄《かんじゅひしょう》』を著した。

皇位継承をめぐっては摂関家の内紛も絡んでいた。藤原忠実の嫡男関白忠通と末子の左大臣頼長の兄弟の争いが生まれていたのである。「大学生《だいがくしょう》」と称された頼長は、摂関をめざして律令を学び、中国から漢籍を輸入するなど勉学に励んで、兄と対立するようになった。武士の家でも、源氏では源為《ため》義《よし》と東国で育った嫡子の義朝との間で、平氏では忠盛と忠正《ただまさ》兄弟の間で対立が起きていた。

久寿二年(一一五五)七月、近衛天皇が亡くなって、新帝には守仁の父雅仁が即位し(後白河天皇)、守仁が皇太子となった。父を差しおいて子が帝位につくのはいかがかとする信西や忠通らの意見によるものであったが、後白河天皇の中継ぎの立場は歴然であり、すぐにその次をめぐって動きが始まっていた。地方の武士が上洛してきたのである。

保元《ほうげん》元年(一一五六)五月、死を予期した鳥羽法皇は、源義朝・義康《よしやす》らの武士に臣従を誓わせる祭文《さいもん》を書かせ、七月二日に亡くなるが、その三日後、崇徳院が頼長と同心して軍兵を発し、皇位を奪おうとしているという噂が流れ、禁中の警護が強化された。

この情勢に信西が動いた。八日に忠実・頼長父子が諸国の荘園から軍兵を集めるのを禁じるという綸旨《りんし》(天皇の命令)を出し、藤原氏の氏長者《うじのちょうじゃ》を象徴する東三条殿を没官し、氏長者頼長の権限を否定した。さらに上皇・頼長が鴨川の東の白河殿に入ると、これを挙兵とみなし、内裏の高松殿に武士を集め、都は戦乱の巷となった。

この時、東国で私合戦に明け暮れていた源義朝の家人は、晴れて都大路で思う存分に戦った。後三年の合戦で奮戦した鎌倉景政《かげまさ》の子孫である大庭景義《おおばかげよし》・景親《かげちか》兄弟は、合戦の場に臨み「生年十六歳にて、軍の前に立て、右の眼を射られながら答の矢を射て敵を討ち取りて、名を後代に留めたる鎌倉権五郎景政が四代の末葉」と先祖の高名を誇らしく名乗った(『保元物語』)。都の三つの大路から鴨川を渡って攻め寄せた天皇方に対し、崇徳上皇方は源為朝らが奮戦するもむなしく、火を放たれて白河御所は焼け落ち、頼長は流れ矢にあたって死去、上皇は仁和寺に逃れたものの讃岐に流された。

関白藤原忠通の子慈円《じえん》は「鳥羽院ウセサセ給テ後、日本国ノ乱逆ト云コトハヲコリテ後、武者ノ世ニナリニケルナリ」と記し、日本国が「武者《むさ》の世」となったと語っているが(『愚管抄《ぐかんしょう》』)、この認識は貴族層に共通したものであり、時代はその方向へと動いていった。

伝統文化の再興

政治の主導権を握った信西は、死刑を復活して、清盛には叔父の平忠貞《ただざだ》(忠正)らを、義朝には父為義らを斬らせた(『百練抄《ひゃくれんしょう》』)。この死刑の復活は実力で敵対者を葬る考え方を公的に認めたものとなる。保元元年(一一五六)閏《うるう》九月には荘園整理令を軸とする七カ条の保元の新制を出し、「九州の地(全国)は一人の保つところなり。王命のほか、何ぞ私威を施さん」と、「九州の地」が天皇の支配に服すべき王土であるとする王土思想をかざし、荘園整理の断行をはかった。荘園の増加という現実の動きにあわせ、成立した荘園を天皇の支配下に組み込み、王権の下に諸権門を統合したのである。

戦乱の場となった都については、「都の大路をも鏡のごとく磨きたてて、つゆきたなげなる所もなかりけり」と、大路を清掃し、武装して横行することを禁じ（『今鏡』）、東西の大路と大路との間を管轄する保《ほう》検非違使（保官人）を設け、行政や裁判を担当させた。乱の翌年六月に開かれた祇園御霊会《ぎおんごりょうえ》は、戦乱の影響で馬長《うまおさ》が調進されなかったので、祭礼の経費負担を京中の有徳人《うとくにん》（富裕者）が担う馬《ば》上役《じょうやく》の制度を導入し、賑やかさを取り戻した。

さらに「公事は大内こそ本なれ」（『今鏡』）と大内裏（宮城）の復興に取り組んだ。『愚管抄』が「諸国七道スコシノワヅライモナク、サハサハト二年ガ程ニツクリイダシテケリ」と記しているように、諸国の国力に応じて費用を割り当て造営され、保元二年（一一五七）十月に完成して行幸があった。大内裏では新たに仁王会《にんのうえ》が開かれ、断絶していた漏刻器《ろうこくき》がおかれ、華麗な行事が再開され、公事もおこなわれたが、その最たるものが翌年正月の内宴《ないえん》の復興である。

内宴は天皇主催の私宴で十一世紀初頭から途絶えていた。貴族の詩文の力が衰え、内教坊《ないきょうぼう》の舞姫が衰退していたのを悔やんでいた信西は、この二つを愛好して復活させた。保元三年（一一五八）正月二十二日、「春は聖化の中に生まる」の題で、文人が天皇に漢詩を献呈し、管絃・舞などの御遊が華

やかにおこなわれたが、舞姫は間に合わず、仁和寺の童による童舞で急場をしのいだ。当時、寺院では延年・田楽・猿楽、さらには童舞などが法会が終わった後の余興として楽しまれていた。そこで翌年正月の内宴では、舞姫を育成しての舞があり、その華麗で上品な様は「陽台の窈窕《ようちょう》」と評され（『百練抄』）、『年中行事絵巻』に描かれた。信西の失脚とともに内宴は再び途絶えるが、信西の教えを受けた磯禅師《いそのぜんじ》がその芸を娘の静《しずか》に伝え、この女舞が白拍子舞《しらびょうしまい》として展開してゆく（『徒然草《つれづれぐさ》』）。

平治の乱

保元の乱をへて二年後、後白河を中継ぎの天皇として認めた美福門院が、天皇の退位を求めてきて、信西との談合により二条天皇が即位したが（『兵範記《へいはんき》』）それとともに天皇親政を求める勢力が台頭した。一方で、院近臣の藤原信頼《のぶより》が保元二年（一一五七）十月に蔵人頭、翌年二月

『平治物語絵巻』(三条殿夜討)　ボストン美術館蔵

に参議に任じられるなど目覚しい出世をとげ、信西に対抗するようになった。信頼から大将への望みを聞いた信西は、唐の玄宗皇帝の物語「長恨歌《ちょうごんか》」を絵巻に描かせて後白河上皇に献呈し、信頼を寵愛する軽挙を諫めた。

信西は上皇の性格について「謀反の臣傍らに在るも、一切覚悟の御心無し」と、近臣に謀反を起こす人物がいても、これに全く気づかない、知らせてもそうは思わない、これ程の愚昧な君主は古今にいない、と語っていたという(『玉葉《ぎょくよう》』)。しかし信西の諫めは効果がなかった。

信頼は政治の実権を握るべく、源義朝を誘って、平治元年(一一五九)十二月九日、平清盛が熊野詣に赴いた隙をついて兵を挙げ、三条殿の院御所を襲って火を放ち、上皇を大内の一本御書所に移した。信西は宇治田原に逃れたものの、観念し自殺をとげる。

上皇の政治に危機感を覚えていた旧勢力は、信頼にも不信感を抱いていて、信頼の挙兵を支持するどころか、鳥羽院に仕えていた内大臣三条公教《きみのり》を中心に打開策を練った。二条天皇の親政を求める勢力を取り込むとともに、熊野詣から清盛が帰還した六波羅《ろくはら》邸に天皇を迎え入れたことで、信頼・義朝追討の宣旨《せんじ》が下って、源義朝が平家軍に敗れ、信頼は捕まって処刑され、都を落ちた義朝は尾張で家人に討たれて、平治の乱は終わり、子の頼朝は捕縛されて伊豆に流された。

この平治の乱も『保元物語』に続いて、『平治物語』として編まれ、絵巻『平治物語絵巻』が制作されたが、その三条殿焼き討ちの場面は武士の政界進出を象徴的に表現している。

平治元年(一一五九)十二月の合戦の恩賞により、清盛は多くの知行国を得、後白河上皇が院政の復活を試み、二条天皇が親政を望み、両勢力の争いが始まるなか、院別当として上皇を支え、乳母夫《めのと》として天皇をも支えるなど、後白河・二条両主に仕えつつ、その二頭政治に重きをなした。

永暦《えいりゃく》元年(一一六〇)六月、清盛は三位になって公卿に昇進すると、八月五日に安芸の厳島社に「年来の宿願」と称して赴いて喜びを伝えた。その六日後には政治に参画する参議に任じられて、朝廷を支える武家の地位がここに定まった。

二頭政治の文化環境

二条天皇は学問に秀でて和歌をよくし、漢詩にも造詣が深く、「末の世の賢王におはします」と評された。天皇を支えたのは忠通の子関白基実《もとざね》、乳母夫の平清盛であり、太政大臣藤原伊通《これみち》も政治の意見書『大槐秘抄《たいかいひしょう》』を天皇に提出して支えた。天皇はこれにそって、唐の太宗と臣下との問答集『貞観《じょうがん》政要《せいよう》』に学び、政治に積極的に取り組んだ。また和歌・管絃を好みその文化が広がった。

「故二条院御宇、しきりに御琵琶のさたあり」と『胡琴教録《こきんきょうろく》』に見え、天皇は琵琶をとくに好んだが、その琵琶の師範は少将源通能《みちよし》で(『禁秘抄《きんぴしょう》』)、配流地の土佐から戻った藤原頼長の子師長《もろなが》にも学んだ。和歌については、崇徳院の命で勅撰《ちょくせん》和歌集『詞歌和歌』を撰集した六条家の藤原顕輔《あきすけ》の子清輔《きよすけ》が歌学書『袋草紙《ふくろぞうし》』を著したことを聞いて進覧させ、歌人たちに和歌の撰集を命じた。

これに応じて清輔が『続《しょく》詞歌和歌集』を編んで献呈して勅撰集へと動くと、和歌を藤原基俊《もととし》に学び、崇徳院の『久安百首《きゅうあんひゃくしゅ》』に手伝いをした藤原顕成《あきなり》も、撰集をおこなって、歌の家を興すことをはかり、名を実父の俊忠《としただ》に因んで俊成《としなり》と改め、御子左《みこひだり》家の歌の家の基礎を築いた。

勅撰和歌集を編んだ源俊頼《としより》の子の俊恵《しゅんえ》は、家を形成する方向へとは向かわず、歌僧の道を選び、多くの歌人と交流した。俊恵に和歌を学んだ鴨長明《かものちょうめい》の『無名抄《むみょうしょう》』には、その歌の会「歌林苑《えん》」での交流の様が記されている。歌人の西行は仏道修行をする聖として、月を愛で、花を愛し漂泊の旅を繰り返し、高野山や吉野の庵に身をおいて歌を詠み、崇徳院の流された讃岐を訪れている。

後白河上皇は二条天皇に対抗するなか、新たな御所を平氏の六波羅邸の南、法住寺《ほうじゅうじ》境内に殿舎を建て、法住寺御所として整備すると(『吉記《きっき》』)、その鎮守として永暦元年(一一六〇)十月に延暦寺の鎮守日吉社を勧請《かんじょう》して新日吉社を、紀伊の熊野社を勧請して新熊野社を建てた。この新熊野社で精進を始めた上皇は、三井寺の覚讃《かくさん》を先達に、平清盛らを伴にして熊野御幸に出発するが、そこには熊野の神に国政掌握を祈る狙いがあった。

上皇は応保《おうほう》二年（一一六二）に熊野三山に詣で、千手経《せんじゅきょう》を転読していると、神体の鏡が輝いたので、その本地仏《ほんじぶつ》の千手観音を讃える今様「よろづのほとけの願よりも　千手の誓ひぞ頼もしき枯れたる草木もたちまちに　花さき実なると説いたまふ」を繰り返し謡った。神がわが訴えを了解したと確信したのであろう、都に戻り千手観音を本尊とする蓮華王院（三十三間堂）を法住寺殿御所に造営した。

蓮華王とは千手観音の別称であり、その造営は清盛が担った。堂内中央に中尊の千手観音像があり、その左右一〇段の壇上に千軀の千手観音像が、中尊の背後にもう一軀が、ほかに二十八部衆と風神・雷神像があるという構成をとる。建長《けんちょう》元年（一二四九）の火災の際に一一二四軀が取り出されて現存し、残る八七六軀は鎌倉再建時の造像である。

3　武家政権と文化

蓮華王院宝蔵のコレクション

蓮華王院には付属して宝蔵が建てられ、多くの宝物がおさめられた。琵琶・琴・筝《そう》などの楽器、帯などの衣装、仏像、典籍、太刀・剣などの武具であって、近臣はこのために列島内外から宝物蒐集《しゅうしゅう》に奔走し、清盛は日宋貿易を推進して唐物の調達に励んだ。それとともに多くの絵巻が制作され、蓮華王院の蔵におさめられた。

　永万《えいまん》元年（一一六五）七月の二条天皇の死とともに後白河院政が全開し、高倉天皇の即位するが、それにともなって仁安《にんあん》三年（一一六八）におこなわれた御禊《ごけい》を描く『仁安御禊行事絵巻』、承安《じょうあん》元年の五節《ごせち》の様子を描く『承安五節絵』、さらに朝廷の年中行事や京都でおこなわれている祭礼や闘鶏などの遊びも描く大部の『年中行事絵巻』など、世が王化された姿を絵画で表現した絵巻が多い。

　承安四年（一一七四）三月、院近臣の藤原経房《つねふさ》は、法皇が信西の子静賢《じょうけん》法印に命じて制作させた『後三年合戦絵詞』を蓮華王院の蔵から借り出して見ていたが（『吉記』）、これには「武士の長者」源義家の奥州での活躍と、奥州世界が王化されてゆく次第が描かれている。

　蓮華王院に「六道絵」という絵巻がおさめられたとあるが、これは今に伝わる『餓鬼草紙《がきぞうし》』『病草紙《やまいのぞうし》』か、それに近似する作品である。地獄は『往生要集』に記され「地獄絵」も描かれていたが、『餓鬼草紙』『病草紙』の場合は、現実世界を背景に描かれているのが特徴である。『餓鬼草紙』は『正法念処経《しょうほうねんしょきょう》』餓鬼品に依拠しつつ京中の情景を描き、『病草紙』は『大宝積経《だいほうしゃくきょう》』に依拠しつつ京中の人々の病を扱っていて、なかに肥満の女を「七条わたりにかしあげする」と記している。

　伴大納言《ばんだいなごん》の事件（一一三頁参照）を描いた『伴大納言絵巻』も、蓮華王院の宝蔵におさめられた。大内裏の応天門を焼いた張本は左大臣源信《みなもとのまこと》である、という伴大納言善男《よしお》から訴えがあったのだが、摂政の藤原良房《よしふさ》の進言によって信の罪が許され、無実を主張する信の天道への訴えから、放火犯が善男と判明して流罪になったという、都市・王権を襲う火事や陰謀を克服する物語絵である。

遣唐使として派遣された吉備真備《きびのまきび》が、唐の朝廷から出された難問を解いて無事に帰国した物語を描く『吉備大臣入唐絵巻《きびのおとどにっとうえまき》』も制作され、蓮華王院におさめられた。平氏は清盛や頼盛が博多を管轄する大宰大弐《だざいのだいに》となって日宋貿易に深く関わり、上皇のコレクション蒐集に応じて大陸に宝物を求めたので、そうした動きへの関心とともに描かれたのであろう。

天道思想と運命観

『伴大納言絵巻』には、源信が庭に降りて天道《てんどう》に訴える場面があり、当時、天道思想が広がっていた。信の天道への訴えにより、やがて子どもの喧嘩《けんか》を契機に放火犯が善男であるとの噂が広がり、善男が流罪となる。これは天道のはからいによって子どもの喧嘩が起き、それとともに犯人がわかったというもので、天は人知を超えた判断を下すとする天道思想が認められる。

『平家物語』は、二条天皇の葬送に際して、興福寺と延暦寺の大衆が、寺の額を立てて供奉《ぐぶ》する先を争って、これに遅れをとり怒った比叡山の大衆が、興福寺の末寺清水寺《きよみずでら》を焼いた事件を描いている。この焼き討ちは、法皇が大衆に命じ平家を追討させたものであるという噂が流れたため、その噂を打ち消すために法皇は急いで六波羅邸に入った。やがてそれが単なる噂だけとわかり、この根も葉もない噂がどうして生まれたのか、と法皇に聞かれた近臣の西光《さいこう》は、「天に口なし。人をもっていはせよ、

『伴大納言絵巻』（上：中巻　子どもの喧嘩と噂をする人々、下：下巻　急使の来訪・邸内で泣く女房たち）　出光美術館蔵

と申す。平家以外《もってのほか》に過分に候あひだ、天の御はからひにや」と、平家の過分な振る舞いに、天が人の口をもって示したのでしょう、と答えたという。

同じく『平家物語』には、富士川の合戦で平家が水鳥に驚き敗走したのを聞いた人々が、鳩は八幡大菩薩の使者であって水鳥の中に鳩が多く交っていたので、「天に口なし。人を以ていはせよ」ということであれば、「さもあらん」と覚えた、と語りあった話も載っている。ここでは天は鳩によって判を示したと考えられたのである。

この天道思想に基づいて、「運を天道に任せ、身を国家に投じ」という、運や運命を天道に任せる運命観が武士の間に広がった。『保元物語』には「義朝の多勢は天運のしらしめましますにあらずや」とか、「合戦のならひ、かならず一方は勝、一方はまくる。かねて勝負しりがたし。是は只果報の浅深により運命の厚薄にこたえし」とあるなどと、合戦の結果を天運として受容する考えを生んだ。『平家物語』には、平知盛《とももり》が壇の浦の合戦に臨んで、戦は今日が最後、と大音声で発した後、「ならびなき名勝勇士といへども、運命尽きぬれば力及ばす、されども名こそおしけれ」と語って、「見るべきほどのものは見つ、いまは自害せん」と、死を運命の極まりとして受け入れたとしている。

保元・平治の乱をへて武者の世となって、その世に生きる武士の精神が育まれてきたのである。さらにそこから進んで、「御運ははや末になりぬと覚。人の運命の傾かんとては必ず悪事をおもひたち候なり」と、運命が傾いたときには悪事を思い立つようなことが起きるとする考えも生まれた。先の比叡山の大衆が清水寺を焼き討ちした事件において、大衆の僉議《せんぎ》の場において、無動寺法師の乗円《じょうえん》が「罪業もとより所有なし、妄想顚倒より起る。心性源清ければ衆生即仏也。只本堂に火をかけて焼くや者ども」と発すると、これに衆徒一同が同意し、焼き討ちへと向かったという。

ここにはありのままの現実はそのまま悟りの現れであり、別に求めるべき悟りはない、とする極端な天台本覚思想に基づいた現状肯定観がうかがえる。本覚とは『大乗起信論《だいじょうきしんろん》』に見える、衆生に内在する悟りの本性を意味するもので、すべての衆生には悟りの可能性があるとする考え方であり、最澄《さいちょう》が人間は誰でも学んで努力すれば悟りの境地に入ることができるとしたことに始まり、発展してきたのである。

女院文化圏の広がり

仁安二年(一一六七)二月、後白河上皇は清盛を太政大臣、重盛を大納言に任じ、五月十日に海賊追討の宣旨を重盛に下した。追捕《ついぶ》の宣旨はこれまで受領や検非違使に下され、高い地位の大納言に出されることはなかったが、それだけにこれは現実の海賊の横行への対処というよりも、武家の存在を国制として位置づけ、あわせて重盛を武門の長として認めたものである。その七日後に清盛は太政大臣を辞し、政界からの形式的引退と、家督《かとく》の重盛に自己の地位の継承を示した。軍制・官制において武家権門による平氏政権が誕生したのであり、翌三年二月に清盛は出家し、憲仁《のりひと》親王が位についた(高《たか》倉《くら》天皇)。

後白河上皇は仁安四年(一一六九)正月に熊野に赴き、帰京するや今様集『梁塵秘抄』を嘉応《かおう》元年(一一六九)三月中旬に完成させ、自らの今様遍歴を『梁塵秘抄口伝集』に記している。和歌には「髄《ずい》脳《のう》」(歌学書)や「打聞《うちぎ》」(撰集)が数多くあるのに、今様にはなかったので編んだものといい、その六月に出家をとげた。法皇となった院は仏法に関わる芸能を整備し、読経《どきょう》師を読経衆として組織し、これにより道命《どうみょう》の系譜を引く慶忠《けいちゅう》の読経の家が成立し、その他にも澄憲《ちょうけん》が唱導《しょうどう》の家を、良忍《りょうにん》の系譜を引く家寛《けかん》が声明《しょうみょう》の家を興すところとなった(『元亨釈書《げんこうしゃくしょ》』)。

高倉天皇が即位し、母滋子《しげこ》が嘉応元年(一一六九)の院号宣下で建春門院《けんしゅんもんいん》と称され、後白河法皇の姉の上西門院《じょうさいもんいん》、美福門院の娘の八条院と高松院、崇徳院后であった皇嘉門院《こうかもんいん》、近衛天皇の后であった九条院など、この時期には六人の女院が誕生した。これら女院には多くの女房が仕え、女院文化サロンが広がった。建春門院に仕えた建春門院中納言は藤原俊成の娘であるが、その『建春門院中納言日記』には女院を中心とする華やかな世界が描かれている。

八条院が膨大な鳥羽院領を継承した大荘園領主であったごとく、女院は多くの荘園を領して裕福であったことから、その周辺で優美な絵巻が制作された。『源氏物語絵巻』には女房の手になる作品が多く見え、『寝覚《ねざめ》物語絵巻』は銀箔の美しさが際立っている。絵巻『粉河寺縁起《こかわでらえんぎ》』は女房たちの観音信仰を反映して、紀伊の粉河寺の観音の霊験譚を描く。河内の讃良《ささら》郡の長者の娘が不治の病にかかったが、これを救った童形の行者が実は粉河の千手観音の化身とわかり、それを機縁に一家が出家をとげたという。地方の豊かな長者の家は、警護の侍によって固められ、山野河海の産物が運ばれ、その財宝の満ちた倉からは宝物が出される様子が描かれている。

美福門院加賀は俊成との婚姻の前に、『今鏡』の作者である藤原為経《ためつね》との間に藤原隆信《たかのぶ》を儲けていたが、この藤原隆信は似絵《にせえ》を描き、承安三年（一一七三）に建春門院御願で最勝光院《さいしょうこういん》が造営された際、その障子絵として、日吉御幸の行事絵に供奉した人々の面貌を描いている。隆信の画事は子の信実《のぶざね》に継承されて似絵の家が成立していった。文芸評論の『無名草子《むみょうぞうし》』は、老尼と女房との会話を通じて、『源氏物語』『夜の寝覚』『浜松中納言物語』などの物語評や小野小町、清少納言、紫式部などの人物評を記し、女院文化の雰囲気をよく示す作品だが、その著者は隆信の可能性がある。

武士の活動と勧進上人

京での華やかな文化が展開するなか、地方の武士たちは、保元・平治の乱で己が家の名乗りを高らかに叫んで存在感を示したことから、帰郷すると館中心の社会を広げていった。荘園公領制の下では、名や私領などさまざまな名目の土地所有、下司職・公文職など荘園公領の職務にともなう権利（「職」）が重層的に存在したが、武士はそれらを開発、あるいは買い取るなど集積して所領としていた。

曾我《そが》兄弟の仇討事件を描く『曾我物語』の原型に近い『真名本《まなぼん》曾我物語』は、そうした東国の武士の動きや姿を活写している。武蔵《むさし》・相模《さがみ》・伊豆・駿河《するが》の東海道四カ国の武士たちは、日頃から狩りや武芸の交流を重ねていたが、伊豆の奥野で狩りをおこなっていた時に事件が起き、それを発端に、話が展開してゆく。その場には永暦元年(一一六〇)に伊豆に流された源頼朝の姿もあった。

頼朝は伊東・北条《ほうじょう》・狩野《かのう》など伊豆の在庁官人の監視下で過ごすなか、武士たちが頼朝に奉仕していたのである。当初は伊東氏の監視下にあったが、伊東の娘との間に子を儲けたことが知られ、「伊豆の豪傑」北条時政《ときまさ》の館に逃れて住むが、ここは伊豆平野中央を流れる狩野《かの》川にそう守山の麓で、北条館には願成就院《がんじょうじゅいん》が付属し、この時期から賑わっていたことが発掘調査からも知られている。

畿内周辺では源氏が摂津や近江、平氏が伊勢や伊賀に勢力を広げており、さらに摂津渡辺には源競《きおい》など一字名の源氏や遠藤盛遠《もりとお》など藤原姓の渡辺党武士がいた。その一人である「遠藤武者」盛遠(文覚《もんがく》)は、神護寺《じんごじ》の再興勧進《かんじん》のため後白河法皇の院中に乱入したため、伊豆に流されて頼朝と会うことになる。

文覚のような遁世の聖や別所の聖たちが、勧進上人として作善《さぜん》を「民庶」に働きかける動きが、この時期になると、急速に広がっていった。西行も高野山の蓮花乗院の造営勧進のために法皇に接近していった。重源は醍醐寺で出家した後、上醍醐を基点にして各地の修験の場を渡り歩き、大陸にも渡り、帰国後は高野山の別所を中心に活動し、安元二年(一一七六)の高野山延寿院の鐘に「勧進入唐三度聖人重源」の銘を刻んでいる。勧進上人は寺院の造営や鐘、仏像、橋、道、港湾の修理・造築など公共性の高い土木事業に精力的に関わった。

鋳物師の手になる梵鐘《ぼんしょう》は寺院の行事で時を告げるべく使われていたが、朝夕に鐘を撞《つ》いて衆生の迷夢をさまし、悪業を離れて仏道に帰依させる意味合いが付与され、その鐘の声を聴く人は地獄の苦厄を逃れ、楽土に至ると説かれ、功徳が強調された。石造物も多くつくられ、石灯籠《いしとうろう》、板碑《いたび》、笠塔婆《かさとうば》、五輪塔、石幢《せきどう》、石仏、層塔、宝篋印塔《ほうきょういんとう》、宝塔など種類も多い。板碑は板石卒塔婆であり、五輪塔は地・水・火・風・空の五種類の形の石の組み合わせからなる卒塔婆《そとうば》で、胎蔵界大日如来《たいぞうかいだいにちにょらい》が衆生を救済するという意味からつくられ、宝篋印塔は内部に「宝篋印塔陀羅尼《だらに》」の経文をおさめたことに由来する石塔である。

同じ作善でも法然は、念仏の教えを広め、勧める作善へと向かった。比叡山別所の一つ黒谷で叡空《えいくう》に師事して「法然房源空《げんくう》」と名乗り聖として修行していたが、承安五年(一一七五)の四三歳の時に、善導《ぜんどう》の『観経疏《かんぎょうしょ》』によって専修《せんじゅ》念仏による往生を確信し、東山吉水《よしみず》に住んで布教にあたったという。

列島南北の文化

勧進聖の活動が列島規模で広がるなか、武家政権の道を歩んだ平清盛は、摂津の福原に別荘を造営し、仁安四年(一一六九)三月には院を輪田浦に迎えて千僧供養《せんそう》をおこない、嘉応二年(一一七〇)には福原の別荘で院と宋人との対面を実現させて、本格的に貿易に取り組んだ。

それとともに、博多に在住する唐人たちが増加した。博多の湊《みなと》付近の陸揚げした白磁を廃棄した白磁だまりからは、皿や碗が出土するが、その底には「張綱」「丁綱」「李綱」の文字がある。「張」や「丁」は荷主の姓、「綱」は海上輸送のために組織された集団のことで、その船長は博多居住の「博多綱首《こうしゅ》」と称された。多くの産物が博多経由で列島に流入し、承安元年(一一七一)に羊が御所にもたらされたことから流行する病が「羊の病」と称され、治承《じしょう》三年(一一七九)に流行した疫病は折からの銭の流行から「銭の病」と称された(『百練抄』)。

日本列島の南、琉球からも産物が入ってきたが、その琉球列島ではグスク時代に入っていた。肥前の西彼杵《にしその ぎ》半島産の滑石製の石鍋が、九州一帯から琉球にまで及ぶようになって、この調理用具に象徴される水田農耕の文化が琉球に伝わり、農耕生活が始まった。やがてカムィ焼という奄美《あまみ》諸島の徳之島伊仙町《いせんちょう》産の焼き物が広く南西諸島に分布し、それとともにグスク時代が本格的に到来した。

海岸近くの低地から内陸部の台地上に移動して集落(グスク)をつくり、その集落内に神を祀る聖域(御嶽《うたき》)を設け、水稲や麦・粟中心の農業を営み、鉄製の農具も使い始めていた。ここに琉球の島々には共通の文化圏が形成され、海外交易も始まったのである。

列島の北では奥州平泉の藤原秀衡が嘉応二年(一一七〇)五月に鎮守府将軍に任じられるが、その背景には、日宋貿易をおこなう上で、奥州産の金を必要としたことが考えられる。平泉では、毛越寺東隣の観自在王院《かんじざいおういん》の南大門の近くに東西に数十町に及ぶ倉町が形成され、数十字の高屋が建てられた

（『吾妻鏡《あずまかがみ》』）。一帯の遺跡からは、道路や建物遺構が出土し、高屋らしき建物遺構からは巨大な八角形に整形された柱材、その周辺から中国産陶磁器の破片が多数出土している。

秀衡は平泉館を整備し、一門を館の周囲に配置して、自らは無量光院の東門の伽羅御所《きゃらのごしょ》を居所とし、西に小御所を設け、持仏堂の無量光院を宇治の平等院を模して建てた。この柳之御所遺跡からは、大量の土器や大陸渡来の白磁、能登産の珠洲焼《すずやき》など国産陶器が出土している。館の西南角の「倉」には「牛玉・犀角《さいかく》・象牙笛・水牛角・紺瑠璃《こんるり》等の笏《しゃく》・蜀江錦《しょっこうにしき》の直垂《ひたたれ》」があったという（『吾妻鏡』）。奥州の平泉文化は豊かに成長していた。

4 内乱をへて広がる文化

内乱の始まり

安元二年（一一七六）七月に平家と法皇とを結びつけていた建春門院が亡くなると、失意の法皇は翌年三月に福原で建春門院の供養をおこなって帰京したところ、山門大衆が加賀白山《はくさん》の末寺鵜川寺《うかわでら》の僧と争いを起こした加賀守藤原師高《もろたか》の配流を強訴してきた。その四月二十八日、樋口富小路辺に起きた火事は、東南の風に煽られ、焼失範囲は一八〇町に及び、大内裏では大極殿以下が、公卿の家では関白以下一三人の邸宅が焼けた（「太郎焼亡」）。

この大火を目の当たりにした法皇は、山門強訴の責任を追及して天台座主《てんだいざす》明雲《みょううん》の座主職を解き、その所領を没官した。これに反発した大衆は再び蜂起し、神輿《みこし》を山上の講堂に上げて軍陣を張り、明雲の処分撤回を求め、五月二十一日に明雲が配流とされるや、配流途中の明雲の身柄を奪い取った。そこで法皇は清盛を福原から呼び、比叡山攻めを命じたので、清盛はやむなく山門攻撃に腹を固めた。そこに清盛の西八条邸に多田源氏の源行綱《ゆきつな》が訪れ、藤原成親《なりちか》らの謀議を密告してきた。『愚管抄』は、法皇が東山の鹿ヶ谷にある静賢法印の山荘に御幸した際、近臣の藤原成親や西光、法勝寺執行《しゅぎょうしゅんかん》の俊寛らが集って平氏打倒を協議し、その結果、行綱に旗揚げの白旗用に宇治布三〇反が与えられたという。

行綱から話を聞いた清盛は、西光を呼び出して問い詰めて白状させ、法皇の近習を捕縛するとともに、俊寛や検非違使の平康頼《やすより》ら六人を流罪に処した。事件は未遂に終わるが、こうして始まる内乱の動きを描いたのが『平家物語』である。当初は『保元物語』『平治物語』のように『治承《じしょう》物語』として書かれ始めたが、内乱とともに諸山の大衆の動きや諸国の武士が活発になるなど、内乱の画期的性格から構想が膨らみ、平家の興亡の歴史を中心に描くようになり、さらに「平曲《へいきょく》」として琵琶法師の語りで流布するようになったのである。

鹿ヶ谷事件の後、治承二年(一一七八)五月に清盛の娘で高倉天皇中宮徳子《とくこ》の懐妊がわかったので、皇子の誕生を願った清盛は、厳島神社に祈願し、無事に皇子が誕生すると、皇子の身体を守って天皇の外戚となることに力を注いだ。ところが治承三年六月に娘盛子《もりこ》、七月には家督の重盛が相次いで亡くなり、これを歎く清盛に対し、山門の衆徒と低い身分の堂衆《どうしゅ》とが争う合戦が起きたことから、法皇が悪僧追捕の命を下した。

だが、さらに十月九日に重盛の知行国である越前《えちぜん》が没収され、関白藤原基房《もとふさ》の子師家《もろいえ》が、清盛の甥にあたる前摂政基実の子藤原基通《もとみち》の官職を超越《ちょうおつ》した。これでは清盛の面目は丸潰れであり、清盛は裏切られた思いから強硬な態度に出た。十一月十四日に福原から大軍を擁して「武者ダチニテ俄《ニハ》カニ上リ、我ガ身モ腹巻ハヅサズ」という戦姿《いくさ》で上洛し(『愚管抄』)、一族を引き連れて鎮西に下る、という恫喝に法皇は屈した。

治承・寿永の乱

清盛は娘婿の基通を関白・内大臣とし、院近臣をからめ取り、大量の院近臣を解官し、十九日には法皇の身柄を鳥羽殿に移した。ただ清盛は新たな政治をめざすこともなく、大量の知行国を平氏一門の手中におさめて福原に戻ってしまう。

清盛が法皇を鳥羽殿に幽閉した影響は大きかった。それまで武家は法皇の命令に基づいて動いてきて、実力で治天《ちてん》の君《きみ》を変える動きに出ることはなかったのだが、これを契機に武士が積極的に政治に介入する道が開かれ、武力を行使し反乱を起こすことへと繋がった。その翌治承四年(一一八〇)に清盛の孫が即位すると(安徳《あんとく》天皇)、法皇の皇子の以仁王《もちひとおう》が、摂津源氏の源頼政《よりまさ》に擁されて、平家打倒を促す令旨《りょうじ》を諸国に発した。

寺院の大衆も蜂起したので、清盛が法皇や高倉上皇、安徳天皇の身体を福原に移すと（福原遷都）、源氏の武士が東国で挙兵した。なかでも伊豆で挙兵した源頼朝は、以仁王の令旨を旗印に、安心して土地に住んで生活をする「安堵《あんど》」の政策を掲げ、諸勢力を糾合していった。挙兵とともに相模の三浦氏との合流をめざして伊豆を出、相模の石橋山の合戦で破れると、海を渡って房総半島に上陸し、各地の武士を引き連れて、「要害の地」鎌倉に根拠地をすえ、東下する官軍を迎えるべく出兵した。

頼朝挙兵に追討使が派遣されたことを聴いた藤原俊成の子定家は、日記『明月記《めいげつき》』治承四年（一一八〇）九月条に「世上の乱逆・追討、耳に満と雖《いえど》も之を注さず。紅旗・征戎《せいじゅう》、吾が事に非ず」と記している。平氏軍が東国に下る情勢下で、戦乱に我は関さない、と言い放っており、こうした心情を吐露した王朝人はこれまでにはなかった。

追討軍は駿河の富士川の合戦で、頼朝とともに挙兵した甲斐の武田氏に敗れて敗走したので、頼朝は急ぎ上洛を考えたが、三浦・上総《かずさ》・千葉氏など有力武士に諫められ、諦めて鎌倉に戻る途中の相模国府で傘下の武士の所領を安堵した。国司や荘園領主の下にあって甘んじていた武士たちの所領を安堵し、それを武家政権の柱にすえたのである。鎌倉では前九年合戦の際、源頼義が勧請していた鶴岡《つるがおか》八幡を由比ヶ浜から北の山際に移し、鶴岡若宮八幡として祀り、その東に大蔵御所を造営、周囲の街区を整備し、鎌倉は武家政権の根拠地となった。東国武士は武士の長者・頼朝に結集した。

平氏は源氏追討に失敗したことから、福原から京に戻って南都北嶺の大衆の鎮圧へと向かったが、その南都焼き討ちで東大寺の大仏などを焼いた直後、高倉上皇が、続いて清盛が亡くなり、内乱は新たな段階に入った。西国の武士や信濃の木曾義仲《きそよしなか》も蜂起し、全国的な飢饉にも襲われた（養和《ようわ》の飢饉）。そうしたなか、平氏は寿永《じゅえい》二年（一一八三）に北陸道を奪った源氏の木曾義仲《きそよしなか》に大敗を喫すると、西海に没落し、一の谷、屋島の合戦をへて、壇の浦の合戦で文治元年（一一八五）に滅亡した。

頼朝は平氏追討後に鎌倉に氏寺の勝長寿院《しょうちょうじゅいん》を建立し、東大寺の大仏再建に協力しつつ、源義経の追討を名目に後白河法皇に迫り、守護地頭を諸国荘園に配置する権限を獲得した。「武家」の基盤を東国に築き、摂政に九条兼実《かねざね》を推挙し、朝廷の体制を整えるよう求めた。成立した鎌倉幕府は東国を実力で支配し、東国の武士の所領を保障（「安堵」）し、独自に地頭職を給与するとともに、平家の遺産を継承して多くの荘園（「関東御領」）や知行国を領有したので、荘園公領制は新たな段階に入った。

和歌の新時代

内乱の世を身をもって体験した歌人の鴨長明は、『方丈記《ほうじょうき》』に「ゆく河のながれはたえずして、しかも元の水にあらず。よどみに浮かぶうたかたはかつ消えかつ結びて、ひさしく留まりたるためしなし。世中にある、人と栖《すみか》と、又かくのごとし」と、心境の吐露から記している。これは長明の自伝であって、福原遷都や治承の大火・辻風、養和の飢饉、元暦《げんりゃく》の地震などの惨状を記すが、このような災害の体験を記したものはこれまでにはなかった。

歌人の西行は、内乱が始まると、伊勢に移り住み、そこから和歌を通じて活動を展開した。文治《ぶんじ》二年(一一八六)に伊勢「大神宮の法楽」のために慈円や寂蓮《じゃくれん》、藤原定家・家隆《いえたか》・隆信らの歌人に勧めて、『二見浦《ふたみうら》百首』を編み、さらに秀歌を撰んで三十六番に番《つが》って伊勢の内宮《ないくう》・外宮《げくう》に奉納するために『御裳濯河歌合《みもすそがわうたあわせ》』『宮河《みやかわ》歌合』を編んだ。

藤原俊成は、内乱前から和歌の撰集(『三五代集』)をおこない、法皇に勅撰集の撰集を求め、六条家の清輔が亡くなると、これを機に摂関家の九条兼実の和歌の師となり、治承二年(一一七八)には仁和寺の守覚《しゅかく》法親王に家集『長秋詠藻《ちょうしゅうえいそう》』を献呈している。歌の家である御子左家を興すことに動くなか、その希望を託された子の定家が、養和元年(一一八一)に『養和《ようわ》百首』を詠むと、九条兼実や西行に絶賛され、定家は和歌の勉学に励むようになった。

賀茂社の神主の賀茂重保《しげやす》は、寿永元年(一一八二)に天下太平を願い、三六人の歌人の和歌を集め、宝前に備える企画を立てて『月詣《つきもうで》和歌集』を編んだが、これに触発されて俊成は、法皇に強く勅撰集の撰集を勧め、その結果、翌寿永二年に撰集の院宣が俊成に下され、文治四年(一一八八)に完成を見る。俊成の自賛歌「夕されば野べの秋風身にしみて 鶉《うずら》鳴くなり深草の里」など、その所収歌は格調と抒情性を重んじる「幽玄」の心、本歌取りの技巧を特色としていた。序は、法皇の千載《せんざい》と治世を寿《ことほ》いで『千載和歌集』と命名された。

文治二年(一一八六)に頼朝の推挙で九条兼実が摂政になったこともあり、九条家が和歌の中心となり、兼実の子良経《よしつね》は和歌会をしばしば開いた。定家や寂蓮、慈円、藤原家隆らの歌人と研鑽を積み、良経が主催した建久《けんきゅう》四年(一一九三)の『六百番歌合』の会では、定家・寂蓮らが六条家歌人に対抗して新たな境地を切り開いた。その判者の俊成も、建久八年に守覚法親王の求めに応じ『古来風体《ふうてい》抄《しょう》』を著し、和歌の本質や歴史を記して、新たな和歌の時代の到来を待望した。

その新時代の和歌を牽引するようになったのが後鳥羽《ごとば》天皇である。早くに父高倉上皇を失い、寿永二年(一一八三)に平氏が安徳天皇を連れて西海に下ったので、三種の神器無しで天皇となり、東国も鎌倉政権に奪われるなど、天皇の資格があるのかという疑いの目に晒されてきていた。そこで多くの欠を身体的に克服すべく、蹴鞠などさまざまな芸能を自ら実践し身につけた。

後白河法皇没後、関白九条兼実の補佐を得て親政をおこない、建久七年(一一九六)に源通親《みちちか》の後見を得て建久九年(一一九八)には院政を開始し、それとともに通親や寂蓮からの指導を得て和歌に親しむようになった。ひとたび和歌を学び始めるとその上達は速く、正治《しょうじ》二年(一二〇〇)には百首歌を歌人に命じ、自らも詠んだ。この時の『正治初度百首歌《しょうじしょどひゃくしゅうた》』で上皇に認められた藤原定家は、「道の面目」、和歌の家の継承がなったと喜んだ(『明月記』)。

南都復興と重源

焼失した東大寺大仏の再建を後白河法皇から託された勧進聖の重源は、全国的に勧進活動を展開し、奥州の藤原秀衡や鎌倉の源頼朝の協力を取りつけ、来日中の陳和卿《ちんなけい》を大仏の鋳造に起用し、文治元年（一一八五）に大仏の再建鋳造を果たすと、その大仏の開眼は法皇の手によっておこなわれた。

続いて重源は大仏殿の造営へと進んだ。法皇から周防《すおう》・備前《びぜん》国を造営費用として与えられると、幕府の御家人の協力を求め、各地に「別所」と称される宗教施設を設けて勧進集団を組織した。信仰をともにする同朋には『法華経』の経文から一字をとって「安阿弥陀仏《あんあみだぶつ》」のように命名し、自らは「南無阿弥陀仏」と名乗り、その同朋の集団を核にして、外縁部に協力者を組織した。

巨大建造物の造営には新たな技術が必要となり、重源は大仏様と称される中国の福建省辺の建築技術を導入した。東大寺南大門は、柱を貫通する長い貫を縦横に張りめぐらせ、天井を張らずに高い吹き抜けとなっている。建久五年（一一九四）建立の播磨《はりま》浄土寺の浄土堂は、屋根裏を屋頂までみせる内部空間があり、阿弥陀像の背後からさす西日など、見る者を圧倒する。

東大寺の再建は建仁三年（一二〇三）の総供養で終わるが、再建と並行しておこなわれた興福寺の再建においても、多くの建築・美術の職人が動員された。興福寺の場合、藤原氏の氏寺であるから、堂舎や仏像の再興は藤原氏一門が担ったので、完成には時日を要したが、東大寺・興福西寺をあわせ造仏像に大きな役割を果たしたのが、奈良仏師の康慶《こうけい》と運慶《うんけい》である。

奈良仏師は、京仏師の定朝《じょうちょう》様の規格化された美しさに対抗するかのごとく、南都伝来の天平の古典彫刻に学び、大陸の宋彫刻の刺激をも受け、新しい作風を展開してきた。安元二年（一一七六）に運

俊乗上人坐像（重源像）　東大寺俊乗堂蔵

慶のつくった奈良円成寺《えんじょうじ》「大日如来坐像」は、肉身の柔らかな表現やみずみずしい顔の表情に特徴がある。運慶の父康慶は興福寺の再建では南円堂の大仏師となり、文治五年(一一八九)に不空羂索観音《ふくうけんざくかんのん》などを造立し、建久年間に一門の総力をあげて大仏殿内の造像を担当した。建仁三年(一二〇三)、高さ八メートルの東大寺南大門の仁王像が運慶、快慶《かいけい》、定覚《じょうかく》、湛慶《たんけい》らにより約二カ月でつくられた。

鎌倉の文化形成

東国の武士は京や南都の文化に憧れがあって、受け入れてきた。文治二年(一一八六)、運慶は北条時政の発願により伊豆韮山《にらやま》の願成就院の「阿弥陀如来像」「不動明王像」「毘沙門天像《びしゃもんてん》」をつくった。その重量感あふれる雄大な体軀、深く彫られ奔放にうねる衣文《えもん》は、運慶の彫刻のその後を決定づけるものとなった。文治五年(一一八九)には三浦半島の浄楽寺の「阿弥陀三尊像」「不動明王像」「毘沙門天像」を和田義盛《よしもり》の発願でつくっている。

頼朝は文治三年(一一八七)八月、石清水八幡宮の放生会《ほうじょうえ》に倣い、鶴岡八幡宮で放生会を開くと、その祭礼に流鏑馬《やぶさめ》や相撲などの武芸を取り入れ、武家独自なものとした。法皇の熊野御幸にも倣って、箱根・伊豆権現に詣でる二所詣《にしょもうで》を企画すると、文治四年正月に赴いた。文治五年(一一八九)の奥州合戦では宣旨なくして追討を実施し、義経・藤原氏を滅ぼし、名実ともに東国の王となった。

そこでその成果をもって建久元年(一一九〇)に上洛して法皇に対面し、鎌倉に戻って政所など幕府

毘沙門天像（運慶作）　願成就院蔵

機構を整備した。翌年、鎌倉の大火で御所・鶴岡若宮が炎上したので、改めて八幡神を鶴岡八幡宮に勧請して上宮を造営し、平泉の中尊寺大長寿院に倣って二階大堂の永福寺《ようふくじ》を建立して武家の寺院とした。翌年、信濃と上野《こうずけ》の境の三原野や下野《しもつけ》の那須野、富士の裾野での巻狩《まきかり》に赴き、武士の長者としての立場を示し、富士野の巻狩で鹿を射止めた嫡子頼家《よりいえ》を後継者として世に知らしめた。

この時に曽我兄弟が工藤祐経《すけつね》を討ち、頼朝の面前にまで殺到する事件が起きた。事件の真相は不明だが、時代は武家政権の成立期であったことから、東国武士の勃興の物語として、『曽我物語』が書かれた。建久六年(一一九五)、頼朝は上洛して東大寺の大仏殿の落慶法要のため妻政子や子頼家をともなって臨み、鎌倉に帰ると、新たな体制の整備に向かった。だが、相模川の橋供養の直後に急死し、その跡を頼家が継ぐが、幕府の実権は御家人らに握られて、頼家は退けられ、建仁三年(一二〇三)弟の実朝が将軍に推戴された。武家政権は武士の家連合としての性格を強くした。

法然の浄土宗

内乱の荒廃から立ち直った京では、建久九年(一一九八)に法然が『選択《せんじゃく》本願念仏集』を著し、専修念仏を世人に勧めていた。阿弥陀仏は多くの行《ぎょう》のなかで四十八の願を選択し、そのなかでもっとも平易な念仏の行を第十八願として選択したことから、人はただそのことを信じ、称名念仏すれば極楽に往生できる、と説いた。

この法然の考えは本覚思想に基づくものであるが、大衆らの極端な本覚思想とは一線を画し、念仏の行を実践することでその悟りを自覚することに重点がおかれ、九条兼実らの貴族や熊谷直実《くまがいなおざね》らの武士の信仰を獲得していった。その動きに危機感を抱いたのが比叡山の大衆であって、元久《げんきゅう》元年(一二〇四)に法然の専修念仏を停止するよう迫って蜂起した。これに法然は『七箇条制誡《しちかじょうせいかい》』を起草し、門弟の署名を添えて延暦寺に送って弁明したが、弟子の一部に反省の色がないこともあって、南都の興福寺からは貞慶《じょうけい》執筆の念仏停止の奏状が出された。

法相宗《ほっそうしゅう》の学僧の貞慶は、一度は笠置《かさぎ》に遁世したものの、唐招提寺の東室を修造して念仏道場とするなど、幅広い社会活動を展開するなか、法然批判の筆をとったのである。貞慶は法然の考えについて、新宗を立てる失(誤り)をはじめ、九つの失を指摘し、その上で、浄土宗の布教の方法から教義内容や門弟の活動の問題点をも指摘した。天台宗の慈円も「念仏ノ事ヲ法然上人ススメ申シヲバ信ジテ」と、兄兼実が法然を戒師として出家する傾倒ぶりに、危機感を覚え、天台教学の興隆を考えて、仏教興隆道場の大懺法院《だいせんぼういん》を建てた。

大陸に渡って帰国した栄西は、博多周辺で座禅の行を通じて仏法を体得する教えを広め、禅宗こそ護国の仏教であり鎮護国家にふさわしいと説く『興禅護国論《こうぜんごこくろん》』を著すも、京では受け入れられず、鎌倉に下って武家政権とつながって布教を試みた。このように新たな仏教の活動が広がりを見せていた。

専修念仏停止の宣旨は容易には出されなかったが、住蓮《じゅうれん》・安楽《あんらく》ら一念の信で往生すると説く一念義の考えによる行動が問題視され、建永《けんえい》二年(一二〇七)に法然は讃岐に流された(建永の法難)。これまで宗論で流罪となることはなかっただけに、その影響は大きかったが、数年して赦免され帰京すると、建暦《けんりゃく》二年(一二一二)に「一枚起請文《きしょうもん》」に「ただ極楽往生のためには、南無阿弥陀仏と申して、疑なくて往生するぞと思とりて申すほかには別の子細候はず」という遺言を記し亡くなった。

新古今和歌集へ

後鳥羽上皇は幕府の動きや宗教運動に影響を受けつつも、和歌に邁進してゆき、歌人の発掘に意を注いだ。建仁元年(一二〇一)七月に和歌所を設け、摂政の藤原良経や定家らの歌人を寄人《よりうど》に任じ、勅撰和歌集の編纂へと進み、その撰進を定家や藤原有家《ありいえ》、源通具《みちとも》、藤原家隆・雅経《まさつね》、寂蓮らに命じた。

なかでも定家は、『古今和歌集』『源氏物語』『白氏文集《はくしもんじゅう》』など和漢の古典文学に学び、和歌を芸術の境地にまで高めて、家集『拾遺愚草《しゅういぐそう》』や歌論『近代秀歌』を著した。その定家のパトロン的存在が後鳥羽上皇であって、定家の日記『明月記』や、上皇の『後鳥羽院御口伝』には、二人の緊張感溢れる交渉が記されている。

『新古今和歌集』は元久二年(一二〇五)三月に奏覧されたが、その仮名の序は、和歌を「世を治め民を和らぐる道」と記し、「みづからさだめ、てづからみがける」と、上皇自身が撰集にあたったという。「生得の歌人」「不可説の上手」と上皇が称えもっとも多くの歌を採録した西行、上皇が和歌を詠むのに最初に指導を受けた寂蓮、若い時に大きな影響を受けた叔母の式子《しきし》内親王、そして定家の歌を掲げる。

心なき身にもあはれは知られけり　しぎ立つ沢の秋の夕暮　　西行法師

五十首歌をたてまつりし時

村雨の露もまだひぬまきの葉に　霧たちのぼる秋の夕暮　　寂蓮法師

百首歌の中に忍恋を

玉の緒よ絶えなば絶えね長らへば　忍ぶることの弱りもぞする　　式子内親王

守覚法親王、五十首歌よませ侍りけるに

春の夜の夢のうき橋とだえして　峰にわかるう横雲の空　　藤原定家朝臣

上皇はこれに満足せず、和歌の出し入れをおこなうとともに、漢詩文をも愛好して和歌と漢詩を歌人・詩人に詠ませ、番を組んで競わせる詩歌合《しかあわせ》『元久《げんきゅう》詩歌合』も編んだ。上皇の歌「みわたせば山もとかすむ水無瀬河　ゆふべは秋となに思ひけん」はこの時の歌である。

さらに承元《じょうげん》四年(一二一〇)頃から詩や蹴鞠・今様に熱中し、水無瀬殿や鳥羽離宮、京都の神泉苑、二条殿御所を文化と芸能の空間として整備し、院御所の厩《うまや》・小御所を近臣・女房との交流の場とした。建永二年(一二〇七)には最勝四天王院を造営し、定家に命じて和歌の名所を選定させ、和歌と絵画とを障子に描かせている。

こうして文化の領域で上皇への統合が進むなか、その下で芸能の家が確立していった。藤原家隆は和歌の壬生《みぶ》の家を形成して『壬二集』を編み、飛鳥井雅経《あすかいまさつね》は和歌の家の基礎を築くとともに『蹴鞠略記』を著して蹴鞠の家を確立させた。儒者の菅原為長《ためなが》は『文鳳抄《ぶんぽうしょう》』『管蠡抄《かんれいしょう》』『字鏡集《じきょうしゅう》』などの漢文作成の実用書を著して高辻《たかつじ》の家を、藤原孝範《たかのり》は『明文抄』『秀句抄』『桂史抄《けいししょう》』の三部作を著して藤原南家を、書では藤原行成《ゆきなり》の流れを汲む行能《ゆきよし》が世尊寺《せそんじ》の家を確立した。

家の継承とは逆に、家を出る動きも広がった。鴨長明は百首歌の歌人として御所に召されて、「よるひる奉公をこたらず」に研鑽に励むなか、元久元年(一二〇四)、に突然に遁世し、日野に移って方丈の庵《いおり》を建てて住んだ。その庵は広さが方丈、高さが七尺にも満たない移動式の住宅で、長明は「わが身のため」に家をつくったといい、和歌を詠み、琵琶を弾く自由を謳歌した。だが、仏道修行への自戒の念が湧き、「不請阿弥陀仏」と三遍唱えて『方丈記』の記述を終えると、建暦二年(一二一二)、新たな修行への決意とともに鎌倉に向かい、発心《ほっしん》を求めた人々の生き方を心の内面に入って『発心集』を著わした。

第七章　京・鎌倉の文化――公武文化の競合

1　身体の文化

公武競合の文化

京で後鳥羽《ごとば》上皇が順徳《じゅんとく》天皇を即位させて代替わりの政策を推し進め、鎌倉では源実朝《さねとも》が「関東の長者」として将軍に推戴されて新たな政治を展開し始める一二一〇年代から、後醍醐《ごだいご》天皇が即位する一三一〇年代にいたる約一〇〇年を本章は扱う。この一〇〇年に武家の文化圏が整えられ、公家の文化圏と両立するが、その公武の文化が競合するなか、列島各地に地域文化が形成されていった。

後鳥羽上皇は朝廷の公事《くじ》や行事の体系化をはかった。建暦《けんりゃく》二年（一二一二）に「建暦新制」を出して今後の公家政治の方針を示し、建保《けんぽう》元年（一二一三）には『貞観政要《じょうがんせいよう》』を読んで政治への意欲を強め、故実書『世俗浅深秘抄《せぞくせんじんひしょう》』を著して、院を中心とした儀礼秩序を定めた。この父の動きにあわせて順徳天皇は、宇多《うだ》天皇の『寛平御遺誡《かんぴょうのごゆいかい》』を踏まえ、天皇としてなすべき事どもやあるべき行動を『禁秘抄《きんぴしょう》』に著した。天皇は学問をさほどおさめなくともよいという意見もあるが、それは末代に天皇に大才が求められなくなっただけのことであり、天皇の「芸能」は「御学問」が第一である。しっかり学問をすべきであるとした。第二は管弦で、これまで天皇の楽器は笛だが、琵琶もよろしいとした。琵琶の名器「玄上《げんじょう》」(玄象)を父が好んで演奏しており、この王権を象徴する名器を自らも演奏したいという強い望みによる指摘であって、以後、琵琶が天皇の楽器となった。

一方、実朝は武家文化圏の形成に力を注いだ。京から御台所《みだいどころ》を迎え、京下りの源仲章《なかあきら》に学問を学び、歌人源光行《みつゆき》から『蒙求和歌《もうぎゅう》』『百詠和歌《ひゃくえい》』を献呈され、編まれたばかりの『新古今和歌集』を入手して和歌を嗜《たしな》むなど、積極的に京の文化を受け入れた。政治的には政所《まんどころ》を整備し、聖徳太子の「十七条憲法」を入手して太子の精神に基づく撫民《ぶみん》・徳政の政治を志した。次に掲げる撫民の歌は、実朝の政治姿勢をよく物語っている(『金槐《きんかい》和歌集』)。

建暦元年七月、洪水天にはびこり、土民愁嘆せむことを思ひて、ひとり本尊に向ひたてまつり、いささか祈念を致して曰く、

時によりすぐれば民のなげきなり　八大龍王雨やめたまへ

中国の古典『尚書《しょうしょ》』の一節「洪水天にはびこり」を踏まえ、唐の太宗の『貞観政要』に学ぶなかで詠んだ歌である。実朝は後鳥羽上皇や父頼朝の徳政政策の影響を受けて、あるべき政道を求め、上皇の恩と父の徳に基づく大慈寺を創建した。文化的には蹴鞠《けまり》を好み、藤原定家《さだいえ》に和歌の指導を受けるなか、「大海の磯もとどろに寄する波　われてくだけて裂けてちるかも」のようなおおらかでわかりやすく、そして清新な歌を多く詠んだ。

鴨長明《かものちょうめい》が建暦二年(一二一二)三月に『方丈記《ほうじょうき》』を書き上げて鎌倉に下ってくると、実朝は面会してその影響を受けたが、栄西《えいさい》の影響も大きかった。栄西は京の世界では受け入れられず、鎌倉にその活路を求めて下ってきて、北条政子や源実朝の帰依を受け、政子が整備した鎌倉寿福寺の長老となり、さらに幕府の援助で京都に「武家の寺」建仁寺を建立した。

幕府の政治をめぐっては、政所に基盤をおいて政権を運営する北条時政の子義時《よしとき》と、御家人の指揮権を握る侍所別当《さむらいどころべっとう》の和田義盛《よしもり》との対立が表面化し、建保元年(一二一三)六月、義盛が、義時の補佐を得て政治を推進していた実朝に反旗を翻し、挙兵して滅んだ(和田合戦)。この合戦に心を痛めた実朝を癒したのが栄西である。翌建保二年に二所詣《にしょもうで》をおこなった実朝は、二月三日に鎌倉に戻って供奉《ぐぶ》の人々と酒を飲み二日酔いとなった。

実朝の体調が悪いのを見た栄西は、「良薬」と称して茶を勧め、書物から「茶徳《ちゃとく》」について書き抜いて『喫茶養生記《きっさようじょうき》』を献上した。これに茶は、「養生の仙薬なり。延齢の妙術なり」と、養生に最適であると記し、「心神快《こころよ》からざる時は、必ず茶を喫すべし。心臓を調《ととの》へて万病を除愈《じょゆ》す」と、心身の健康のため茶を勧めたことから、今に続く喫茶の習慣はここに始まった。

生身の仏を求めて

実朝の周辺では運慶《うんけい》に依頼して仏像をつくる動きが広がっていた。建保《けんぽう》四年(一二一六)に持仏堂本尊の釈迦如来《しゃかにょらい》像がつくられ、実朝の無事を祈る大威徳明王《だいいとくみょうおう》像が、建保六年には北条義時の願になる大倉新御堂の薬師《やくし》如来像がつくられている。運慶の作品が鎌倉武士に好まれたのは、運慶仏が現世に現れた生身《しょうしん》の仏と考えられたからであろう。

生身の仏に値遇《ちぐう》したいという信仰は早くからあり、そこから生身仏を彫る試みが始まるとともに、生身仏が日本に渡ってきたという信仰が生まれた。東国では、信濃《しなの》善光寺の本尊である阿弥陀仏が三国伝来の「生身」仏として崇められ、その阿弥陀三尊の模刻が各地に安置されていった。

南都では快慶《かいけい》が生身の仏像をつくっていた。快慶は重源《ちょうげん》から「安阿弥陀仏《あんあみだぶつ》」の名を与えられ、播磨《はりま》浄土寺《じょうどじ》の阿弥陀《あみだ》三尊像や高野山《こうやさん》新別所の専修往生院《せんじゅおうじょういん》の四尺四天王像、文治《ぶんじ》五年(一一八九)の弥勒菩《みろくぼ》薩立像《さつりゅうぞう》、建久《けんきゅう》三年(一一九二)の醍醐《だいご》寺三宝院の弥勒菩薩立像などをつくった。その優美で端正な作風は、宋の彫刻の影響がある。東大寺俊乗堂《しゅんじょうどう》の阿弥陀如来立像、東大寺勧進所八幡殿《はちまんでん》安置の僧形八幡神像、建仁《けんにん》三年(一二〇三)の奈良の安倍文殊院《もんじゅいん》の文殊菩薩騎獅《きし》像なども快慶の作品である。

やがて快慶は活動の場を京に移した。建永《けんえい》元年(一二〇六)に重源が亡くなったのと関係しているのであろう。承元《じょうげん》二年(一二〇八)に石清水八幡宮《いわしみずはちまんぐう》に僧形八幡神像を寄せ、承元四年に青蓮院に慈円《じえん》の願により「釈迦《しゃか》如来像」を描き、建保三年(一二一五)に後鳥羽院の高陽院《かやのいん》で弥勒菩薩像をつくっている。

快慶の去った南都では、運慶の活躍が目覚しかった。東大寺俊乗堂の重源の俊乗上人坐像は、その深い皺が刻まれた額や目尻、落ち窪んだ眼窩《がんか》、こけた頬や前かがみの姿勢、力強い両手先の表現から運

僧形八幡神坐像（快慶作）　東大寺勧進所蔵

慶の作品と考えられている。

運慶は承元二年（一二〇八）から建暦二年（一二一二）にかけ、一門の仏師を率い、興福寺北円堂《ほくえんどう》の本尊弥勒仏坐像と無著《むちゃく》・世親《せしん》像（口絵参照）をつくるなど、精力的に造像に励み、栄西の勧進によりなった法勝寺《ほっしょうじ》の九重塔では四天王像をつくっている。こうして運慶の系統は慶派として広がっていった。運慶や快慶は自らを「功匠《こうしょう》」と称したが、これは生身の仏の制作にあたる仏師への呼称である。

明恵と貞慶

宋に渡った奝然《ちょうねん》が模刻し寛和《かんな》二年（九八六）に持ち帰った嵯峨清凉寺《さがせいりょうじ》の釈迦如来像も、三国伝来の生身仏と見られるようになった。治承《じしょう》の頃（一一七七）、多くの人が清凉寺の釈迦が西に帰ると告げた夢を見たので、上下万民が集って名残を惜しんでいると、釈迦が再び夢に出て日本に留まることを告げたという（『清凉寺縁起』）。この清凉寺の釈迦像の模刻は、建久二年（一一九一）に清凉寺で供養され、建保六年（一二一八）に釈迦堂が焼失したことから、明恵《みょうえ》が勧進して再建され、釈迦像の修理には快慶があたった。

この時の再建供養で、明恵が説法をしたところ、神々が聞きにきたという。明恵も生身の仏を求めた僧であって、念持仏としていた「仏眼仏母像《ふつげんふつもぞう》」の目は人格化され、その図中に明恵は母親への思慕の情から「無耳法師《みみなしほうし》の母御前也」「南無《なむ》母御前」と書き込み、自らの耳をその前で切り取ったという。

仏眼仏母像　高山寺蔵

明恵上人樹上坐禅図　高山寺蔵

像の鼻筋の描き方や白を基調とした清楚な色調、裏彩色の手法などは宋画の影響を濃厚に受けていて、明恵は宋の書画を積極的に取り入れていたのである。

紀伊の湯浅党武士出身の明恵は、釈迦への思慕の念深く、建仁二年（一二〇二）にインドに渡ろうとして病気のため止めたが、元久《げんきゅう》元年（一二〇四）に『大唐天竺里程記《だいとうてんじくりていき》』を作成し、再び仏跡巡礼を試みた。しかし、春日明神《かすがみょうじん》の渡海せぬようにという神託を夢に見て断念し、建永元年（一二〇六）、後鳥羽上皇から栂尾《とがのお》の地を与えられて高山寺《こうざんじ》を開いた。華厳《けごん》教学の研究や坐禅修行などの観行《かんぎょう》に励み、戒律を重んじて顕密諸宗の復興に尽力し、華厳の教えと密教との統一・融合をはかった。

建暦二年（一二一二）には法然《ほうねん》の『選択本願念仏集』を読んで、批判を『摧邪輪《ざいじゃりん》』に著し、三時三宝礼、仏光観、光明念仏の行法を人々に勧めた。明恵を描いた「明恵上人《しょうにん》樹上坐禅図」は、松林のなかで坐禅する姿を生身のごとく表現しており、明恵の生き方を彷彿《ほうふつ》させるものがある。

法然は夢に善導《ぜんどう》の『観経疏《かんぎょうしょ》』を見、親鸞《しんらん》は聖徳太子の夢を見たのが信仰のきっかけだったというが、明恵は春日の神を夢に見て信仰を深めていった。『夢記《ゆめのき》』は明恵の見た夢の記録で、見た夢がどのような意味をもつかを記しており、夢の中の見聞や所作も行《ぎょう》としての性格を有していた。明恵は高山寺近くに善妙寺を建てて、多くの女性の救済にも努めた。高山寺蔵『華厳宗祖師絵伝』の「義湘《ぎしょう》絵《え》」は、義湘に恋心を寄せた善妙《ぜんみょう》が竜神となって義湘の渡海を護る話を描いた作品である。

明恵と春日信仰を通じて親交のあった貞慶《じょうけい》は、法相宗《ほっそうしゅう》を興福寺で、弥勒信仰を笠置寺《かさぎでら》において信仰を深めてゆくなか、戒律の重要性を痛感し、教説の理解よりも修行を重視し、厳しく戒律を護って身を持し、山城の海住山寺《かいじゅうせんじ》を道場として再興した。建保二年(一二一四)にその海住山寺五重塔に舎利《しゃり》を安置し、四天王像も安置した。

明恵や貞慶は大陸に渡らなかったが、渡宋して戒律を学んだ俊芿《しゅんじょう》は、建保六年(一二一八)に京都仙遊寺《せんゆうじ》跡の寄進を受けて、承久《じょうきゅう》元年(一二一九)にその復興を企て「泉涌寺勧縁疏《せんにゅうじかんえんそ》」を記して勧進をおこない、台密禅律《たいみつぜんりつ》の四宗兼学、戒法興隆の道場として泉涌寺を建立した。三井寺出身の慶政《けいせい》も、建保五年(一二一七)に宋に渡り、帰国してからは西山の草庵で仏教説話集『閑居友《かんきょのとも》』を編むなど、この時期の仏教者の活動は広範に及んでいた。

実朝暗殺と承久の乱

鎌倉では栄西が亡くなった翌年の建保四年(一二一六)六月、東大寺大仏の工人陳和卿《ちんなけい》が、実朝が「権化《ごんげ》の再誕」であるという噂を聞き鎌倉に下ってきた。実朝に対面し、三回拝して涙を流し、実朝を中国の医王山《いおうざん》長老の生まれかわりである、と語った。実朝には思いあたる夢を見ていたことがあったので、これを信じ、大陸への渡航を思い立ち、陳和卿に唐船を建造させた。しかし完成した船が翌年四月に由比ヶ浜に浮かばず、実朝は渡航を断念した。

大陸への渡航が叶わぬことを知った実朝は、新たな動きにでた。子がいないので、朝廷から次期将

後鳥羽天皇像（伝藤原信実筆）　水無瀬神宮蔵

軍を迎え、兄頼家《よりいえ》の娘と結婚させて、これを補佐しようと考えたのである。これに応じて母の政子が京の政治に大きな影響力を有する卿二位藤原兼子《かねこ》と交渉し、実朝の後継者には上皇の皇子を関東に下す約束がなった。それとともに実朝の官位上昇がはかられ、権大納言、左大将、内大臣と急速に昇進して、建保六年(一二一八)には右大臣となった。

この実朝の急速な昇進は、政治的にも経済的にも後鳥羽上皇の権勢が高まっていた時期であったから、幕府内部には危機感が走り、建保七年正月の雪の夜に事件が起きた。その二十七日、夜陰に右大臣拝賀の神拝を済ませた実朝の退出を狙って、実朝の甥で鶴岡八幡宮《つるがおかはちまんぐう》別当の公暁《くぎょう》が、八幡宮の石階の際から出てきて、剣を取るや実朝を殺害に及んだのである。慈円《じえん》の『愚管抄《ぐかんしょう》』はその模様を詳しく語る。

実朝が「宝前ノ石橋」を下った時、公卿たちが列立しているその近くで、公暁が「馳《はせ》カカリテ下ガサネノ尻ノ上ニノボリテ、カシラヲ一ノカタナニハ切テ」と、刀で実朝を切りつけ、「ヲヤノ敵ハカクウツゾ」と叫んだのを、「公卿ドモアザヤカニ皆聞ケリ」と記している。臨場感の溢れるこの表現は、現場にいた人から聞いたものであろう。

こうして幕府は実朝の右大臣家から政子の「禅定二位家」へとなった。『愚管抄』は「母堂ノ尼二位総領シテ、猶《なお》セウト義時右京権大夫《ごんのだいぶ》サタシテアルベシト議定シタル」と、幕府が政子と義時による体制になった、と記す。この影響は後鳥羽上皇にすぐに及んだ。実朝が殺害されたので、上皇は幕府を従属させるための媒介者を失い、幕府との協調路線が破綻し、幕府からの皇子の下向要請を拒否した。実朝のいない鎌倉に皇子を下すのは皇統分裂を招くと考えたのである。

さらに上皇は鎌倉幕府の混乱から挙兵の機会をうかがって、挙兵の意思を固めるが、その動きを周囲の人々は諌めた。なかでも上皇の護持《ごじ》僧の慈円は、「道理」という独自の視点から、日本の歴史の流れを『愚管抄』に著し、天皇家と摂関家の関係を説くとともに、幕府の存在が道理に基づくものであるとし、上皇の軽挙を諌めた。建保七年(一二一九)成立の『続古事談』は、巻頭の「王道后宮」の話で「帝王ハ人ヲアハレアミ、民ヲハギクム心オハシマスベキ也」と、帝王による撫民の必要性を強調し、巻末の「漢朝」の話でも国王の器量に触れるなど、危機に直面した王権に関する説話を多く収録した。だが上皇は倒幕へと突き進んだ。

順徳天皇を退位させて新帝(仲恭《ちゅうきょう》天皇)を立て、承久三年(一二二一)五月十五日に院中に官軍を集め、北条義時以下の追討の宣旨《せんじ》を発した。これによって幕府は分裂し、北条氏が孤立すると考えたのである。だが、その想定に反し、北条泰時《やすとき》・時房《ときふさ》率いる東国軍は結束し、圧倒的な武力により京方を破って上洛をとげると、上皇を院御所から鳥羽離宮に移送して隠岐《おき》に流し、土御門《つちみかど》・順徳両上皇をも配流して、承久の乱は終わった。出家前の上皇を描いた藤原信実《のぶざね》の後鳥羽天皇像(二四二頁)からは、王朝文化を牽引してきた乱前の王者の風貌が伝わってこよう。

2　公武政治の再編と新仏教流布

承久の乱後の文化と体制

承久の乱後、幕府は後堀河《ごほりかわ》天皇の即位とその父後高倉《ごたかくら》上皇による院政を発足させて、朝廷の体制を温存するとともに、西国に勢力を広げて地頭を配置し、朝廷の監視と西国支配の要として六波羅探題《ろくはらたんだい》をおいた。これにより、朝廷の自律性は著しく失われ、そうしたなかで、改めて歴史を振り返る動きが起きた。保元《ほうげん》以来の歴史を探り、乱を招いた後鳥羽上皇の行動を厳しく批判する『六代勝事記《しょうじき》』が著され、『保元物語』『平治物語』『平家物語』『承久記』などの軍記物語も編まれ、過去の戦乱を回顧し、その背景をなす社会と人間・思想を描いた。

そのうち『平家物語』は平家の興亡の歴史を描くスケールの大きな作品で、後世に大きな影響を与えた。『徒然草《つれづれぐさ》』二二六段によれば、信濃前司行長《ぜんじゆきなが》が論議の場での失敗を悔いて遁世したのを憐れんだ慈円のもとで『平家物語』が著され、琵琶法師の語りより広まったという。とはいえ、これはあくまでも当初の形であり、読まれ、語られるなかで、しだいに増補されるかたわら、整序されていって、語り本は南北朝期に覚一本《かくいっぽん》として形が定まる。

内乱後の政治に先が見えないので、多くの公家は自らの家の継承に心を注いだ。歌人の藤原定家は子の為家《ためいえ》の出世を考え、故実書を編み、歌道のために『土佐日記』や『源氏物語』『枕草子《まくらのそうし》』などの古典作品を書写した。大納言源通方《みちかた》は家に蓄積された故実に基づいて装束の故実書『飾抄《かざりしょう》』を、大炊御門師経《おおいのみかどもろつね》は服飾の故実書『野槐服飾抄《やかいふくしょくしょう》』を著した。

その一方で佐渡に流された順徳上皇は、歌論書『八雲抄《やくもしょう》』を編み、隠岐に配流の後鳥羽上皇は、隠岐本『新古今和歌集』を編み、さらに古今の歌人の歌を番《つがい》に組んだ歌合《うたあわせ》『時代不同歌合《じだいふどう》』も編むなど、和歌文化への意欲はいささかも衰えず、京に帰ることを熱望していた。これに定家は一〇〇人の歌人の秀歌を選んだ『百人一首』で応えるも、幕府は帰京を認めなかった。

鎌倉では貞応《じょうおう》三年(一二二四)六月、北条義時が急死したため、京に進駐して六波羅探題となっていた子の泰時が鎌倉に帰り、執権になって、北条氏嫡流の家(得宗家)の体制を整えた。上洛時に公家政権の実際を見て、武家政権への自信・自覚を深めた体験から、公家政権の政治・文化を積極的に取り入れ、幕府体制の整備へと向かった。

嘉禄《かろく》元年(一二二五)七月十二日の政子の死を契機に、有力御家人による評定《ひょうじょう》会議を立ち上げ、そこでの合議を中心とする政治体制(執権体制)を構築した。これにより政治の場は将軍の下での御所の寝殿から評定へと移っていった。評定会議を構成する評定衆は、執権泰時・連署執権北条時房のほか、二階堂行村《ゆきむら》、問注所執事の三善《みよし》(町野)康俊《やすとし》、大田康連《やすつら》、政所執事の二階堂行盛《ゆきもり》、奉行人の矢野倫重《もとしげ》、助教中原師員《もろかず》、明法道《みょうぼうどう》の佐藤業時《なりとき》・斉藤長定《ながさだ》(浄円《じょうえん》)らの文士、三浦義村《よしむら》・中条家長《いえなが》・後藤基綱《もとつな》らの有力御家人からなる。歴代の評定衆の名を記す『関東評定衆伝』は嘉禄元年から始まっており、この泰時の代に定まった評定衆の家が、幕府を運営していった。

泰時は、京の皇居を御家人が警固する大番役に倣って、遠江《とおとうみ》以東の一五カ国の東国の御家人が幕府御所を警固する鎌倉大番役の制を定めるとともに、東国の王である将軍の身体を、仏法で護る護持僧、陰陽の呪術で護る陰陽師らを京から招き、護持僧は将軍の寝所の近くにあって祈り、陰陽師は鎌倉の霊所や「四角四境」の地において、七瀬の祓《はらえ》や鬼気祭をおこない、穢れや疫病から護った。

幕府が新体制の構築に動いていた頃、京周辺では政治の停滞や不安もあり、聖《ひじり》や山伏、念仏者、巫女、尼などによる多様な信仰が広がりを見せていた。熊野《くまの》や白山《はくさん》、立山《たてやま》、出羽《でわ》三山など諸山の修験《しゅげん》の山伏や念仏者が家々を訪れ、また道場に人々を招いた。安貞《あんてい》元年(一二二七)に求法《ぐほう》上人義空《ぎくう》により大

大報恩寺（千本釈迦堂）

報恩寺（千本釈迦堂）本堂が上棟したのは、そうした民間信仰の広がりを物語っている。この建物は、南面して桁行《けたゆき》五間、梁間《はりま》六間、入母屋《いりもや》造・檜皮葺《ひわだぶき》の和様建築、多くの人が入ることができる五間堂で、内陣《ないじん》と外陣《げじん》からなっている。京都市街地に残る最古の建築物である。

念仏の広がりにともない、天台僧定照《じょうしょう》が『弾選択《だんせんじゃく》』を著し法然の『選択本願念仏集』を非難すると、法然の弟子隆寛《りゅうかん》が『顕選択《けんせんじゃく》』を著して反論したが、これを契機に嘉禄三年（一二二七）に延暦寺《えんりゃくじ》が専修念仏停止を訴え、法然の墓所を破却した。朝廷も隆寛や空阿弥陀仏《くうあみだぶつ》を配流した（嘉禄の法難）。だがこの弾圧によって念仏宗の勢いが止んだのではなく、浄土宗はむしろ広まりを見せた。法然の弟子証空《しょうくう》は、西山の往生院に拠って流罪を免れ、大和《やまと》の当《たい》麻寺《までら》の当麻曼荼羅《たいままんだら》を見て感動しその流布に努め、浄土宗の京での最大勢力となった。法事讃《ほうじさん》や六時礼讃《ろくじらいさん》など念仏の芸能もこの頃に定着した。

寛喜の新制と貞永式目

承久の乱後、朝廷では、将軍に子頼経《よりつね》を送っていた九条道家《みちいえ》が実権を握り、幕府と関係の深い藤原公経《きんつね》が、北山に豪壮な別荘西園寺《さいおんじ》を建て権威を振るっていた(『増鏡《ますかがみ》』)。そこを襲ったのが寛喜《かんぎ》二年(一二三〇)年の飢饉《ききん》である。京の食料倉である北陸道が壊滅し、鎮西《ちんぜい》からも「滅亡」の知らせが入った。疫病も流行、餓死者が京に溢れ、諸国の人口が激減した。飢饉に備えて藤原定家は麦を植えるなど自衛するが、翌年七月一日には死骸が道に満ち、東北院の境内には数知らずという有様で、三日には死臭が家中に入り、死人を抱いて通る人の数は数えられなかったという(『明月記《めいげつき》』)。

飢饉により朝廷で徳政へと動いたのが九条道家である。寛喜三年(一二三一)十一月に「寛喜の新制」を出して、洛中の富裕な人々が祇園《ぎおん》祭や稲荷《いなり》祭などの祭礼を華美におこなうのを戒め、贅沢な宴会や群飲酒や博奕《ばくち》を禁じた。天福《てんぷく》元年(一二三三)には、後堀河天皇の退位をはかって、外孫の四条天皇を位につけると、有能な廷臣を顧問の輩《ともがら》として組織し、『新勅撰和歌集』の撰集を藤原定家に命じた。後堀河天皇の和歌が巻頭にすえられ、武家の存在を顧慮しつつ王朝の権威を高めるべく編まれた。

寛喜の飢饉は東国をも襲い、幕府は地頭《じとう》御家人への徳政として法令の制定へと動いた。北条泰時は貞永《じょうえい》元年(一二三二)七月十日に評定衆から「政道の無私」を表明する連署起請文《きしょうもん》を提出させ、「御《ご》成敗式目《せいばいしきもく》」(「貞永式目」)五十一カ条を八月十日に制定した。荘園領主と地頭の間で争いが多く生じていたので、その紛争を裁く法廷を整備するにあたって、裁判の指針として制定したのである。

泰時は式目の制定にあたり、その効力が及ぶのは武家に限られること、律令に基づいた公家法には背くものではないことを強調した。しかし式目の条文には一般原則の規定のほか、律令の法意とは明らかに違う規定がある上、式目の条数が聖徳太子の「十七条憲法」の三倍の数であるなど、式目には律令以前に定められた聖徳太子の精神に立ち戻る意味が込められ、律令を越える意図があった。それもあって式目は武家政権の基本法とされ、その後の室町幕府の「建武式目」や戦国大名の分国法、江戸幕府の「武家諸法度」に継承されていった。

式目の制定とともに、守護・地頭・評定衆・奉行人などの職制が定まり、幕府を構成する御家人は名誉を重んじ、主人に忠誠を尽くし、従者に恩顧を与える主従のモラルを整え、家政を整えていった。幕府法廷が整備され、公武の土地の紛争を裁くようになったことで、訴訟のために鎌倉に下る公家が増え、京では出世を望めない人々が鎌倉に活動の場を求めて下るようになり、鎌倉下りの紀行文『海道記』(源光行《みつゆき》)、『東関紀行』などが著された。

文芸の新段階

寛喜の大飢饉からの京での復興は早く、横の四条大路・七条大路と、縦の町小路・室町小路の交差する辻に立ち並ぶ町屋の人々が、盛んな商業活動を繰り広げ、祇園祭は三条・四条の住人の費用により、稲荷祭は六条以南の住人の費用によって担われた。文暦《ぶんりゃく》元年(一二三四)八月の大火は、土倉《どそう》や商賈《しょうこ》が充満し、「海内の財貨、ただその所にあり」という盛況の地を焼き払ったが、翌日には造作が始まり、大路を隔てて幕が引かれ、飲酒や肴が運び込まれるなど、復興は早かった(『明月記』)。

この賑わう京都では連歌《れんが》が流行した。連歌は後鳥羽上皇の時代に有心《うしん》・無心《むしん》に分かれ競われていたが、この時期になると、無住《むじゅう》の仏教説話集『沙石集《しゃせきしゅう》』に記された、「毘沙門《びしゃもん》堂に花の比、連歌ありける」「花下の十念、その座にありける」などの「花の下連歌」が流行したのである。その参加者は平等で、共通の意思が形成された。定家も嘉禄二年(一二二六)から連歌会を開いたが、そのメンバーの一人の藤原信実《のぶざね》は、延応《えんおう》元年(一二三九)頃の歌物語『今物語《いまものがたり》』に、「この世の連歌の上手と聞こゆる人々、寄り合ひて連歌しけるに」と始まる話を載せている。

連歌会では多くの噂話が語られ、定家はその噂を日記『明月記』に、信実は説話集に記したのである。連歌会のような「雑談」の場は各所に生まれていて、建長《けんちょう》六年(一二五四)成立の『古今著聞集《ここんちょもんじゅう》』は、その「雑談」の場に赴いた橘成季《たちばなのなりすえ》が、和歌や管絃に関わる話を集めた談話集であり、話は「街《かい》談巷説《だんこうせつ》」「興言利口《きょうげんりこう》」に及んでいる。成季は六二〇段に及ぶ説話を「神祇《じんぎ》」から「魚虫禽獣《ぎょちゅうきんじゅう》」まで三〇部に分類、年代順に配列した。この二年前に成った『十訓抄《じっきんしょう》』は、教訓話を分類・配列した説話集で、才芸に基づく家業が成立し、継承されてゆくなかでの心の持ち方や戒めを提示している。

管絃に関わる書物も多く著された。狛近真《こまのちかざね》は楽の家継承のために天福元年(一二三三)に歌舞の口伝や伶楽《れいがく》の口伝を『教訓抄』に著したが、芸を伝えようとする孫近葛《ちかかつ》がまだ幼く、家継承の危機意識に基づいていた（『舞楽符合鈔《ぶがくふごうしょう》』）。同じ頃に大神景基《おおがのかげもと》は『懐竹抄《かいちくしょう》』で、笛は「大楽の博士」であると語り、大神惟季《これすえ》の流れを子孫が学ぶよう求めている。中原有安《ありやす》の弟子中原景康《かげやす》は、琵琶の芸の由緒を子孫に伝えるため鎌倉に下る際に『胡琴教録《こきんきょうろく》』を著わした。

鎌倉と都市の成長

京都で文芸が盛んになるなか、北条泰時は武家文化圏の中心地である鎌倉を整備した。三方を山に囲まれた鎌倉の内と外とを結ぶため、西北部の巨袋坂《こぶくろさか》を得宗《とくそう》家に仕える御内人《みうちびと》に整備させ、東北部の朝比奈坂《あさひなさか》を御家人に開削させた。海浜の和賀江《わかえ》では勧進上人の往阿弥陀仏《おうあみだぶつ》を支援し、突堤（和賀江島）が築かれ、西部の深沢の地では勧進上人浄光《じょうこう》を援助して暦仁《りゃくにん》元年（一二三八）に大仏の造営が始められ、仁治二年（一二四一）に上棟し、寛元《かんげん》元年（一二四三）六月に供養がおこなわれた。

鎌倉の市街地には行政区として、洛中の「保《ほう》」の制度を導入し、保奉行人《ほうのぶぎょうにん》に保の行政を担当させた。文暦二年（一二三五）には、僧徒が裹頭《かとう》で鎌倉中を横行するのを保奉行に命じて停止させ、延応二年（一二四〇）には、鎌倉中の検断・売買・芸能・土地に関する都市法を定めているが、このことは、『海道記』が「東国はこれ仏法の初道なれば、発心沙弥《ほっしんしゃみ》の故に修行すべき方なり」と記したように、京都で広がった信仰の波が鎌倉に押し寄せたことと関係がある。

大仏殿の近くには観音信仰の新長谷寺が建てられ、筑後《ちくご》の善導寺で法然の弟子弁長《べんちょう》に教えを受けた石見《いわみ》出身の良忠《りょうちゅう》が、北条氏の支援を得て進出してきた(「鎮西義《ちんぜいぎ》」)。泰時は大仏殿の造営を援助するなど阿弥陀信仰に篤く、死期の迫った仁治三年(一二四二)には、鎌倉に建てた常楽寺の本尊の阿弥陀三尊像を仏師行西《ぎょうさい》につくらせている。殺生を業とした武士にとって、念仏で浄土に往生できると説く浄土宗の信仰は理解しやすかった。

この時期の諸国の都市領域は、洛中や鎌倉中などのように「中」と称されており、南都には「奈良中」が、諸国に「府中」が生まれていた。奈良中は南都焼き討ち後、その復興過程で興福寺七郷、東大寺七郷の郷町が発展し、春日神社若宮の「春日若宮おん祭」が南都の大衆によって営まれ、春日大宮の第三神の本地仏が地蔵菩薩とみなされて、住人の信仰を集めた。

地蔵菩薩は地獄の支配者である閻魔王《えんまおう》の本身と説かれ、地獄に堕ちる恐怖から、地獄の救済者として信仰されていった。能満院の「春日曼荼羅」は地獄に堕ちた貞慶の弟子璋円《しょうえん》を、春日の地蔵が浄土に引導する様子を描いており、安貞二年(一二二八)の伝香寺の地蔵菩薩像は、裸形に衣服を着せて拝された。

諸国では、国庁が移動を繰り返していたので都市領域の形成は困難であったが、鎌倉時代になって国府がほぼ定着し、府中という都市領域が生まれた。その府中を対象とした法令が、仁治三年(一二四二)の「新御成敗状《しんごせいばいじょう》」である。豊後《ぶんご》府中を支配する守護大友氏が出した法令だが、そこに特化されたものではなく、広く諸国の府中で出された法と考えられる。府中の土地や大路、墓所、産屋《うぶや》、町に関する規定をはじめ、住人が「道祖《さえ》神社」を立て置くのを禁じるなど、詳細な規定からなる。

対外貿易の拠点となった博多では事情がやや異なっていた。栄西が建久六年（一一九五）に博多に本邦初の禅寺聖福寺を建立し、仁治三年（一二四二）には承天寺《じょうてんじ》が謝国明《しゃこくめい》の支援で円爾《えんに》を開山に建てられた。謝国明は南宋の杭州に生まれ、日本に渡ってきて貿易で富を築いた「博多綱首《こうしゅ》」である。円爾は嘉禎《かてい》元年（一二三五）に宋に渡って無準《ぶじゅん》に学んで円爾の法諱《ほうい》を与えられ、仁治二年（一二四一）に帰国して大宰府に崇福寺《そうふくじ》、肥前《ひぜん》に万寿寺、博多に承天寺を開いた。これら聖福寺や承天寺、さらに蘭渓道《らんけいどう》隆《りゅう》が博多に開いた円覚寺などの禅宗寺院を核に博多は都市として成長していった。

曹洞宗の道元、律宗の叡尊

京の禅宗の広がりは栄西の建仁寺に始まるが、その建仁寺で禅を学んだ道元《どうげん》は、貞応二年（一二二三）に大陸に渡り、諸山をめぐって修行をした。教学重視の日本とは違い、禅・教・律の三つをあまねく学ぶことが求められたので、教学から進んで禅を学ぶなか、曹洞《そうとう》宗の天童如浄《てんどうにょじょう》の指導を得て「身心脱落」の悟りの境地に達し、印可《いんか》を受けた。

安貞二年（一二二八）に帰国して『正法眼蔵《しょうぼうげんぞう》』の執筆に取りかかり、京の南の深草に興聖寺《こうしょうじ》を開いた。ところがその徹底して座禅をする教えは、比叡山《ひえいざん》僧徒の弾圧を受け、寛元元年（一二四三）に在京御家人の波多野義重《はたのよししげ》の招きで越前《えちぜん》の志比荘《しひのしょう》に移り、寛元二年（一二四四）に大仏寺を開き、同四年にその名を永平寺に改めて信仰の拠点とし、ここに曹洞宗の基礎が北陸に築かれた。

『正法眼蔵』は「修証これ一等なり」と、修行と悟りとは同一のものであって、悟るための修行ではなく、すでに悟った上での修行であるといい、その実践方法として「只管打坐《しかんたざ》」（ひたすら坐ること）を説いた。道元の語録を弟子の孤雲懐奘《こうんえじょう》が記録した『正法眼蔵随聞記《ずいもんき》』は、「心の念慮・知見を一向捨てて只管打坐すれば、道は親しみ得るなり。然れば道を得ることは正しく身を以て得るなり。これに依つて坐禅を専《もっぱ》らにすべしと覚ゆるなり」と記し、身心を放下《ほうげ》し身命惜しまず只管打坐することを求め、仏法を学ぶのは自己を知り、自己にとらわれないこと、それによって悟りの境地に達するとした。

大陸に渡って禅や律を将来した僧に対し、叡尊《えいぞん》は建保五年（一二一七）に醍醐寺の叡賢《えけん》を師に出家したが、「資縁の乏欠」に悩まされて渡宋は叶わなかった。その著『金剛仏子叡尊感身学正記《こんごうぶっしえいぞんかんしんがくしょうき》』は、建仁元年（一二〇一）五月の誕生から弘安《こうあん》九年（一二八六）までを記した自伝で、その生きてきた歴史を三つに時期区分している。最初の「生育肉身章」は出生に始まって出家に至るまで、次の「修成法身章」は嘉禎二年（一二三六）の東大寺で覚盛《かくじょう》らと自誓受戒をするまで、最後の「興法利生章」は本格的に律宗の活動を始めた時期について記している。

叡尊は、寛喜の大飢饉の惨状を見聞するなか、戒律を保つことができずに地獄、魔道に堕ちる僧の姿を見て、戒律の重要性を痛感していたところ、東大寺の尊円《そんえん》が貞慶の弟子良遍《りょうへん》に戒律を学んで、戒律復興を志していたのを伝え聞き、頼んで西大寺の持斎僧《じさいそう》となった。これを契機に戒律の復興を志す人々と知り合い、嘉禎二年（一二三六）に覚盛や円盛《えんじょう》らと自誓受戒した。戒律を戒師からでなく、自誓による受戒というこの方法には批判もあったが、叡尊は勉学と同志的な結合を通じてこれを実行し、奈良の西大寺を拠点にして民衆教化へと進んでいった。

叡尊は寛元三年（一二四五）に和泉《いずみ》の家原寺《えばらじ》で授戒してから畿内各地に赴いて、宿の非人の救済にあたるなど活動の幅を広げていった。建長元年（一二四九）に西大寺に安置された清凉寺式釈迦如来像は、叡尊が願主になって仏師善円《ぜんえん》によりつくられ、その胎内には水晶五輪塔や「已上六千六百七十三人也」という結縁交名《けちえんきょうみょう》が籠められた。

親鸞と一遍

念仏宗停止により越後《えちご》に流罪になっていた親鸞《しんらん》は、流罪が解けた後も越後にあって、僧でもなく俗人でもない「愚禿《ぐとく》」と称していたが、建保二年（一二一四）に関東に赴いて常陸《ひたち》の笠間《かさま》の稲田郷に居を占め、布教を開始した。笠間の地頭は笠間時朝《ときとも》の父塩谷朝業《しおやともなり》で、朝業は『信生法師《しんしょうほうし》日記』を著した歌人であり、源実朝に仕え、実朝の死によって出家していた。自らも周防国《すおうのくに》に配流されたことがあったので、流人の境遇に寛容で親鸞をよく受け入れたことであろう。

親鸞の布教は、親鸞が親しく面接し教えを授けた「面授口決《めんじゅくけつ》」の人々が道場をつくり、それを核にして進められた。道場は「すこし人屋に差別あらせて小棟をあけてつくるべきよしまで御諷諫《ふうかん》あり」というほどに小規模で、この道場主が信者を集めた。信者は門徒と称され、その門徒がしだいに増えるなか、親鸞は『教行信証《きょうぎょうしんしょう》』(『顕浄土真実教行信証文類《もんるい》』)の執筆にあたった。親鸞の教えの願力回向《えこう》説とは、法然が阿弥陀仏の第十八願の、浄土に生まれたいという信じ願う心について、その心を備えなければならない条件としたのに対し、心を抱くこと自体がすでに往生を約束されているのであり、念仏は行ではなく、報恩でおこなうものとした。

阿弥陀の信心を唯一の仏法とする絶対他力の教えである。門徒の唯円《ゆいえん》が著した語録『歎異抄《たんにしょう》』には、「善人なをもて往生をとぐ、いはんや悪人をや」と親鸞が語ったという悪人正機説が見える。阿弥陀仏の慈悲を信じずに、自力で善行を積んで救われようとする「善人」は、不信人の人であり、自分の罪業を深く自覚し、ひたすら仏の慈悲に頼ろうとする「悪人」にこそ、真実の救済の可能性がある、と説いた。

東国に下った多くの宗教者は、鎌倉に入ることを望んだが、親鸞はそうせずに京に戻ると、東国の門弟のなかに一念・多念の論争が起きたので、子の善鸞《ぜんらん》を派遣したところ、混乱が一向におさまらずに、善鸞を義絶したこともあるなど、晩年は思いのゆかぬことも多くあって、弘長《こうちょう》二年(一二六二)に京で亡くなり、東山の大谷に埋葬された。

同じ念仏宗でも賦算や踊念仏で信仰を広めたのが一遍《いっぺん》である。伊予国《いよのくに》の武士・河野通広《こうのみちひろ》の子として

踊念仏（『一遍聖絵』） 東京国立博物館蔵

生まれ、宝治《ほうじ》二年(一二四八)に母の死にあって出家の志を抱き、建長五年(一二五三)に天台宗継教寺《けいきょうじ》の教縁《きょうえん》を師に出家して随縁《ずいえん》と号した。弘長三年(一二六三)に父が亡くなると、鎮西に渡って浄土宗西《せい》山義《ざんぎ》に属する大宰府の聖達上人《しょうたつしょうにん》の門を叩き、浄土門に入って法名を智真《ちしん》に改めた。

その一遍が他力本願と賦算《ふさん》(念仏札を配ること)の意義を確信したのは、文永《ぶんえい》十一年(一二七四)に四天王寺・高野山の霊場をへて、熊野本宮の証誠殿《しょうじょうでん》の前で祈っていた時のことである。熊野権現の化身である山伏が現れ、一遍の勧めで衆生が往生するのではなく、「一切衆生の往生は南無阿弥陀仏と決定する所也。信・不信を選ばず、浄・不浄を嫌はず、その札を配るべし」と、衆生の往生は南無阿弥陀仏と唱えることで定まるのであり、ただ念仏札を配るように唔されたという。

熊野の本地である阿弥陀仏から信仰への確信を与えられた一遍は、「南無阿弥陀仏　決定往生六十万人」と記した念仏札を、同行の超一らに渡して賦算を託し、恩愛の情を断ち切って「捨聖《すてひじり》」として念仏勧進をめざした。

幕府は全国的な飢饉に対し、戒律の復興と民衆の救済を勧める律宗の活動を高く評価した。叡尊の弟子忍性《にんしょう》は東国に下って、筑波山の麓の小田氏の庇護を得て三村山《みむらさん》極楽寺に入り、律宗を布教するなかで、叡尊を鎌倉に招くことに奔走して、叡尊が弘長二年(一二六二)に鎌倉に下ってきた。その結果、北条一門の信仰を獲得し、北条重時《しげとき》の極楽寺、北条業時《なりとき》の大宝寺、金沢実時《さねとき》の称名寺が律院となった。

鎌倉に残った忍性は、病院や馬の治療院を極楽寺の境内に設けるなど民衆の救済活動にあたった。

『忍性菩薩略行記』によれば、伽藍を八三カ所草創し、一五四カ所の堂を供養、二〇基の塔婆を建立し、非人三万三〇〇〇人に馬衣《うまぎぬ》を与え、六三カ所で殺生を禁じ、浴室や病屋・非人所を五カ所建立したという。この忍性を叡尊は「慈悲に過ぎる」と語ったという。

3　列島の職能文化

幕府の新たな国家体制

念仏宗や禅・律宗が広がるなか、北条泰時の孫時頼《ときより》は、成長した将軍頼経《よりつね》と結びつく諸勢力を退け、得宗家の内々の会合「寄合《よりあい》」を開いて頼経を京に帰すと、後嵯峨《ごさが》上皇に政治の刷新を要求して認めさせた。一方、幕府草創以来の有力御家人である三浦氏を宝治元年(一二四七)に滅ぼし(宝治合戦)、御家人の訴訟を審議する引付を設けて訴訟制度を整え、さらに頼経の跡に将軍と藤原頼嗣《よりつぐ》をも建長四年(一二五二)に京に帰し、上皇の皇子宗尊《むねたか》親王を将軍に迎えた。

新たな体制を築いた時頼は、建長五年(一二五三)に禅院として建長寺を建立した。「皇帝の万歳、将軍家及び重臣の千秋、天下泰平の祈り」、源氏・北条氏の死者の霊を弔うことを目的とし、その寺名に「建長興国禅寺」と、「建長」の年号と「興国」の二字を入れるなど、新たな国家体制の護持を意図するものである。その少し前に九条道家が造営した東福寺は、東大寺・興福寺から各一字ずつとった大寺院であったから、それを凌駕すべく、開山には来日していた蘭渓道隆をあてた。蘭渓は建長寺を本格的規式の禅宗寺院となすとともに、既存の禅密兼修の寿福寺を禅寺となした。

時頼は同年に阿弥陀の木像であった鎌倉の大仏を、金銅製の八丈「釈迦如来像」に鋳造にすることへと向かった(『吾妻鏡《あずまかがみ》』)。その胎内に人が入れる仕組みや、やや前かがみの姿勢など、鎌倉大仏には衆生《しゅじょう》を救うことを体感させる工夫が凝らされていた。これに連動して、信濃の守護北条重時が檀越《だんおつ》となって信濃の善光寺が同年に修造されると、時頼は弘長三年(一二六三)に善光寺に所領を寄進し、不断念仏をおこなうよう支援した。

このような武家政権の宗教政策を真っ向から批判したのが日蓮《にちれん》である。日蓮は、貞応元年(一二二二)に安房《あわ》の東条郷に生まれて小湊《こみなと》の天台宗清澄《せいちょう》寺《じ》で出家し、比叡山で天台教学を学ぶなか、南無《なむ》妙法蓮華経《みょうほうれんげきょう》と唱え(唱題《しょうだい》)、『法華経《ほけきょう》』の説く精神を実践する行者となり、建長五年(一二五三)に清澄寺で立教開宗し、鎌倉に入って浄土宗を舌鋒鋭く批判した。

そのため名越《なごえ》で浄土宗信徒に襲われる「松葉ケ谷《まつばがやつ》の法難」にあう。だがそれにめげず、文応《ぶんおう》元年(一二六〇)に『立正安国論《りっしょうあんこくろん》』を時頼に進め、近年の天変地異や飢饉、疫病の根源は、仏教の正しい教えに背いているためであり、対策をすみやかに立てるよう、さもないと他国から侵略され、国内には反逆が起きると警鐘を鳴らし、『法華経』への帰依を訴えた。

しかし、念仏は無間《むげん》地獄、禅は天魔の所為、律は国賊、真言宗は亡国と非難した他宗攻撃が、反発を招き、幕府の咎めるところとなって、弘長元年(一二六一)に「悪口の咎」で伊豆に配流された。

鎌倉大仏（高徳院）

日蓮上人像　妙法華寺蔵

武家の家職と文化

幕府が皇族将軍を迎えたことを契機に、武士の家でも家職が形成・継承されていった。宗尊将軍の鎌倉下向にともない、飛鳥井《あすかい》・難波《なんば》など和歌・蹴鞠の家の人々をはじめとして公家が鎌倉に下り、関東祗候《しこう》の廷臣が形成されたことで、宗尊親王将軍家は武家宮廷の体をなしていった。弘長元年(一二六一)三月に和歌所《わかどころ》がおかれ、近習の歌人が毎月歌を詠むものと定められ、そのメンバーには北条時《とき》広《ひろ》、北条時通《ときみち》、後藤基政《もとまさ》、鎌田行俊《ゆきとし》など北条一門や御家人がいた。

弘長三年には紀伝道の藤原茂範《しげのり》や明経《みょうぎょう》道《どう》の清原教隆《のりたか》らが京から召され、唐の太宗撰『帝範《ていはん》』の談義をおこない、北条業時・北条時広らと『臣軌《しんき》』を読んでいる。親王将軍の文化活動は目覚しく、文永三年(一二六六)に成った勅撰集『続古今和歌集』には、親王をはじめ関東の廷臣の歌が多く選ばれた。この武家宮廷の形成とともに、武家に家職の観念が生まれ、家職が継承されていったのである。

ことに北条重時は、六波羅探題から時頼に執権連署に迎えられて政務に関わるなか、子孫にいかに身を処すべきかを武家家訓(『六波羅殿家訓』『極楽寺殿家訓』)に記し、その子長時《ながとき》は康元《こうげん》元年(一二五六)に時頼の執権辞退とともに子時宗《ときむね》の代官として執権になったが、これは時頼が執権を幼い時宗に継承させるための暫定的措置であり、ここに執権を家職とする得宗家が確立し、それとともに北条一門の家職が定まっていった。長時の赤橋《あかはし》や、名越《なごえ》、大仏《おさらぎ》、金沢氏などの北条氏一門と得宗の外戚である安達《あだち》氏などは、評定衆や寄合衆・六波羅探題となる家を形成し、得宗に仕える尾藤、長崎、平氏らは御内人の家を形成した。

その一例として金沢氏を見ると、北条義時の孫金沢実時《さねとき》は、清原教隆から『群書治要《ぐんしょちよう》』を伝授され、六浦庄《むつらしょう》金沢郷に建てていた浄土宗の称名寺に下野《しもつけ》薬師寺の審海《しんかい》を迎えて律院となし、金沢郷の邸宅内に文庫(金沢文庫)を設立し、蒐集《しゅうしゅう》した政治・歴史・文学・仏教など幅広い書籍をおさめ、家を次代に継承させていった。

さらに連動して有力御家人においても、源氏一門の足利《あしかが》・武田・小笠原《おがさわら》氏、幕府初期から諸国の守護となった三浦・佐原・長沼・結城《ゆうき》・佐々木氏などが守護職を継承する家を、政所や問注所、引付などの幕府機構の実務・事務を担う二階堂、太田・矢野、摂津氏などは奉行人の家を形成した。

地頭御家人の家が置文《おきぶみ》や家法を作成するようになったのも、家職が定まってきたことを物語っている。下野の宇都宮景綱《うつのみやかげつな》が弘安六年(一二八三)に制定した『宇都宮家式条』は、宇都宮二荒山《ふたあらやま》神社の社務に関わる規定や、幕府評定衆であることを反映しての裁判に関する規定、支配下領内の人々の統制の規定などからなる。筑前《ちくぜん》の宗像氏盛《むなかたうじもり》は『宗像氏事書《ことがき》』を正和《しょうわ》二年(一三一三)に、宗像社領の経営とともに一門の「内談衆《ないだんしゅう》」による、幼ない次代の当主の補佐の体制を定めている。

武士の家の系図も「北条氏系図」など多く作成された。成立時期が明らかなものでは、小山政光《おやままさみつ》に始まる小山氏・長沼氏・結城氏の「白河結城氏系図」が「永仁《えいにん》二年薗田《そのだ》五郎左衛門入道注進《にゅうどうちゅうしん》」とあって、永仁二年(一二九四)には成立している。系図と同じく武士のアイデンティティーに関わるの

赤糸威鎧　櫛引八幡宮蔵

が、武士の家を象徴する武具であり、美麗な鎧や太刀がつくられ、家に伝えられた。青森県八戸市の櫛引《くしびき》八幡宮所蔵の「赤糸威鎧《あかいとおどしよろい》」は、この時期の鎧の代表例である。山梨県甲州市の菅田天神社《すげたてんじん》の「楯無鎧《たてなしのよろい》」は甲斐源氏に伝わる鎧と伝承されている。

鎧や太刀が神社に寄せられ今に伝わっているのに対し、寺院に安置されたのが武士の彫像で、この時期から作品が目立つ。鎌倉建長寺の北条時頼像、明月院所蔵の上杉重房《しげふさ》像はその代表例で、後者は宗尊親王の供をして鎌倉に下ってきた廷臣の肖像彫刻で、重房は上杉氏の祖にあたる。

鎌倉幕府の歴史を記す『吾妻鏡』は、幕府がいかに形成されたかを詳しく描くとともに、武士の家の形成や、家業・家職の継承について記し、京から迎えられた将軍宗尊親王が文永三年(一二六六)に京に追放され、その将軍上洛をもって記事を終えている。この時期が武家の社会と文化の一つの到達点であることを物語るものである。

武士の生活と文化

武家社会における武士の日常生活は、『男衾《おぶすま》三郎絵詞』に描かれている。武蔵の吉見二郎・男衾三郎という「世にいみじく聞こえける」「兵」の対照的な姿を描く作品で、二郎・三郎の館にはともに弓矢や鎧があって、「勇士の家」であることが示されている。そのうち兄の二郎は、「侍・女房に至るまで、箏・琵琶を弾き、月・花に心を清まして明かし暮らし」という生活について、絵はその館で囲碁や管絃を楽しみ、釣殿で歌会をおこなう様子を描いている。

これに対して三郎は、「馬庭の末に生首たやすな。切懸けよ」「若者共、政澄《まさずみ》、武勇の家に生まれれば、その道を嗜むべし」「荒馬従へ、馳引して、大矢・強弓好むべし」と、家中の者どもに武芸を叱咤する生活振りであって、絵は馬場での笠懸の風景にはじまり、門前を通る「乞食・修験者」を捕えたり、弓で射たりする様子、館内での弓矢や鎧の繕いの様を描いている。

武士の家の二つの側面が見事に描かれているが、その地方在住の武士の姿を正面から描くのが『一遍聖絵《ひじりえ》』の筑前の武士の館である。家主の武士が館の庭で一遍の勧めで念仏を受けており、主屋では家主が客人との酒宴の真最中で、鼓を手にした遊女が側に侍っている。近くには狩猟のための鷹が繋がれ、奥には馬場があり、中央に家主の信仰を物語る持仏堂があって、その縁では犬が寝そべっている。館の門では警固する侍がおり、門の上には櫓《やぐら》があって弓矢などの武具がおかれ、右手には厩があって、馬を守る猿が繋がれている。

無住の『沙石集』は、こうした武士の行動や生活の日常に関わる話を載せている。早くに父を亡くした武士の子の今後をどうすべきか、一門が集まって相談して、しかるべき武士に頼んだところ、その家の養子となって命を繋ぐことができたという話。所領が少ないのに子の多い武士が、それでも一人ずつに所領を配分しようとしたところ、子たちが相談し、器量のある兄弟にすべてを譲って、その兄弟に、残りの兄弟を養ってもらうことにしたという話など。武士のなかには「武勇の家」を継承する者ばかりではなく、器量のある兄弟に所領を譲って出家した者もおり、無住自身が梶原《かじわら》氏の末裔で、出家していた。

後嵯峨院政の文化政策

北条時頼による幕府体制の整備に連動して、朝廷において院政体制を整えたのが後嵯峨院である。仁治三年(一二四二)の四条天皇の没後、幕府の指名で即位した後嵯峨天皇は、寛元四年(一二四六)に譲位して院政を始めた。将軍頼経の鎌倉追放と、その父の九条道家の失脚などをへて、後嵯峨上皇は幕府との連絡役である関東申次《もうしつぎ》に西園寺実氏《さねうじ》を任じ、時頼の要請で院評定制を整えた。政務や訴訟を評定衆が審議して、それを上程し院が勅許する体制である。

宝治三年(一二四八)二月に閑院《かんいん》内裏が焼けると、院は閑院内裏を幕府の援助で再建にあたり、三月の京中大焼亡で蓮華王院《れんげおういん》が焼失すると、その蓮華王院の再建にあたっては、大仏師に運慶の子湛慶《たんけい》を起用し、千体の千手観音《せんじゅかんのん》像のうち取り出された二〇〇余体の残りを補充させた。湛慶は父の作風を継承しつつも穏和な表現によって像を完成させている。

この閑院内裏や蓮華王院、亀山殿などの御所・寺院の造営、熊野・高野山・天王寺御幸、法会の主催などの盛んな様子を詳しく記すのが『五代帝王物語』である。後堀河天皇から五代の天皇の時代の歴史を記しているが、その実は後嵯峨の即位から没に至るまでを記した後嵯峨院の物語である。この時期、後嵯峨院の諱号からも知られるように、嵯峨宮廷の再来ともいうべき文化の花が開いた。

華麗な絵巻の『紫式部日記』や、後一条天皇の行幸《ぎょうこう》を描く『高陽院駒競行幸絵巻《かやのいんこまくらべ》』、白河《しらかわ》院の小野雪見《ゆきみ》御幸の説話を描く『小野雪見御幸絵巻』が制作され、後嵯峨院の女房への恋をテーマとする絵巻『なよたけ物語』も描かれ、後嵯峨宮廷のあり方を伝えている。似絵《にせえ》の『随身庭騎絵巻《ずいじんていき》』は、十二世紀の随身に始まって宝治元年(一二四七)十月の院御随身の秦久則《はたひさのり》までを描いており、「天皇摂関御影《せっかんみえい》」「天皇似絵」「大臣似絵」もこの時期の作品である。

勅撰和歌集も建長三年(一二五一)に藤原為家《ためいえ》が『続《しょく》後撰和歌集』を編み、続いて文永二年(一二六五)に為家ら五人の撰者が『続《しょく》古今和歌集』を編むなど、二度も勅撰和歌集が編まれた。後嵯峨院は禅宗にも強い関心があり、寛元三年(一二四五)に『宗鏡録《すぎょうろく》』の講義を受けてからは、円爾に帰依し禅戒を受け、円爾を東大寺大勧進職に任じ、宮廷での禅宗へ帰依の道を開くと、その影響から皇子が円爾のもとで出家している(高峰顕日《こうほうけんにち》)。

後嵯峨院は正元《しょうげん》元年(一二五九)に病弱な後深草《ごふかくさ》天皇を退け亀山《かめやま》天皇を位につけて、飢饉など多くの苦難に立ち向かい、徳政として「弘長《こうちょう》の新制《しんせい》」を定め、儒学にも熱心に取り組んだ。これに応じて公家も公事や勉学に勤しみ、勧修寺《かじゅうじ》流の吉田為経《ためつね》・葉室定嗣《はむろさだつぐ》、日野流の藤原経光《つねみつ》・兼仲《かねなか》らは儒学の論議や談義の会に出席し、「文道の紹隆《しょうりゅう》」と評された。花山院師継《かざんいんもろつぐ》は故実書『上卿故実《しょうけいこじつ》』を著し、評定衆の徳大寺実基《さねとも》は検非違使庁《けびいしのちょう》の実権を握って明法博士《みょうぼう》中原章澄《あきみず》に『明法条々勘録』を提出させた。

公家の家職と家の分立

院政の制度が整備されたことで、院政政権への期待が高まる一方、それに応えられない政権への失望から、正元二年(一二六〇)正月に「年始凶事アリ　国土災難アリ、京中武士アリ　政《まつりごと》ニ僻事《ひがごと》アリ」と始まる匿名の投書「正元二年院落書《いんのらくしょ》」が院御所におかれた。最初の「年始凶事アリ」とは、三井寺が戒壇設立の勅許を求めたことから起きた、延暦寺と三井寺の争いである(山門騒動)。「国土災難アリ」とは、正嘉《しょうか》元年(一二五七)の飢饉をさし、「京中武士アリ」とは、山門騒動や将軍上洛の動きにともなっての、武士が洛中に充満したことをさす。以下、「政ニ僻事アリ　朝儀偏頗《へんぱ》アリ」など院中の不祥事を並べたて、「当世両院アリ」とあるが、これは後嵯峨院の意思によって後深草天皇が譲位し、天皇家の分立の事態が生まれたことを意味する。後深草上皇は、文永二年(一二六五)に皇子が生まれたので、これへの皇位継承の望みから、天皇の楽器である琵琶を習い、秘曲の伝授を受けるなど学芸に力を注いだ。

さらに「摂政二心アリ」とは、近衛兼経《このえかねつね》の弟鷹司兼平《たかつかさかねひら》が建長四年(一二五二)に兼経から摂政を譲られたのを契機に、嫡子基忠《もとただ》を摂政にすえて鷹司家を興そうとした動きであって、これは文永五年(一二六八)に成就する。続く「前摂政追従《ついしょう》」とは、前摂政の二条良実《よしざね》が外祖父である西園寺公経《きんつね》の支援によって、再び関白になろうとした動きを意味するもので、狙いどおりに弘長二年(一二六二)に関白となって二条家を興した。その弟の一条実経は、父九条道家に愛され、父失脚後、卜部《うらべ》兼文《かねふみ》から『日本書紀』を学ぶなど勉学に努め、文永二年（一二六五）に関白に再任され一条家を興した。この結果、摂家は近衛・九条・鷹司・一条・二条の五摂家が分立するところとなった。

「左府官運アリ　右府果報アリ」とあるのは大臣家の動きで、西園寺実氏の子左大臣公相《きんすけ》が西園寺実氏の関東申次を代々継承するようになったことや、実氏の弟右大臣実雄《さねお》が西園寺家と争いつつ洞院《とういん》家を興したことを指摘したものであり、このほか多くの家々での分立の動きが記されている、公家の家において家業が形成され、その職能が家職として継承されるなか、家をめぐる分立・対立が起きるようになっていたのである。

モンゴル襲来の影響

通交を求めるモンゴルの国書が文永五年（一二六八）に到来した。大陸のモンゴル高原に興ったモンゴル族がユーラシア大陸を席捲し、その余波が日本にも及んできたのである。これに幕府の執権となった北条時宗は、大陸から渡来した禅僧の影響もあり、強硬な態度をとって、体制の引き締めをはかるとともに、朝廷にモンゴルの国書到来を伝えた。それを受けて、後嵯峨院は意見封事の宣旨によって識者に意見を求めたが、この時に提出された意見の一つが徳大寺実基の『徳大寺実基奏状』であり、王権の主導性を強く主張したが、朝廷は国書到来への対応を示さなかった。

時宗は政治の引き締めから、文永八年(一二七一)に他宗を強く批判する日蓮を佐渡に流し(龍口《たつのぐち》の法難)、文永九年に北条教時《のりとき》、六波羅探題の北条時輔《ときすけ》を誅殺《ちゅうさつ》した(二月騒動)。後嵯峨院は同年(一二七二)に亡くなるが、その遺言状で後深草・亀山らへの所領の配分はしたものの、次の政治を担う治天《ちてん》の君《きみ》については記さなかったため、亀山天皇の政治がその母大宮院の裁定で継続し、次代に争いが生じることになる。

国号を元と改めたモンゴルの襲来が必至となったことから、朝廷は叡尊に伊勢神宮や石清水八幡宮に異国降伏の祈禱をおこなわせ、幕府は文永十一年(一二七四)に日蓮を赦免した。神仏の護持を期待したのである。その十月、元・高麗軍が侵攻してきたが、幕府は御家人を動員して決戦に臨み、辛くも退けた(文永の役)。

モンゴル襲来の少し前、京では亀山天皇が位を子に譲り、後宇多《ごうだ》天皇を立てて院政を開始したため、後深草上皇側が強く反発し、幕府を動かして次期天皇に子熙仁《ひろひと》親王とするように働きかけた結果、翌年にその即位が約束され(伏見《ふしみ》天皇)、父後深草院が院政をおこなうことと定まって、ここに天皇家の分立、皇統の分裂が決定的となった。

そうしたなかにあって、元の再来が必至となる。建治《けんじ》元年(一二七五)、元使の杜世忠《とせいちゅう》らを鎌倉滝口で斬首し、翌年には鎮西の御家人に命じて、博多湾に石築地を築かせて上陸を阻止する措置を講じ、弘安二年(一二七九)にも元使周福《しゅうふく》を博多で斬首した。同年、南宋を滅ぼした元は、ついに弘安四年

『**蒙古襲来絵詞**』（上：防塁を警護する菊池武房の軍勢と出陣する竹崎季長主従，下：水軍による夜襲）　宮内庁三の丸尚蔵館蔵

(一二八三)に侵攻してきたが、これも何とか阻止した(弘安の役)。

弘安五年(一二八二)、北条時宗はモンゴル合戦で亡くなった人々を敵味方なく慰霊するため、禅宗寺院の建立を発願して円覚寺を建立し、開山に無学祖元《むがくそげん》をあてた。無学は、蘭渓道隆が弘安元年に亡くなった跡を求められて渡来し、同二年に建長寺五世となり、ここに円覚寺の開山となって、丈六の盧遮那仏《るしゃなぶつ》を円覚寺仏殿の大光明殿に安置し、時宗に禅を説いて教化に意を注いだ。七年間滞在して弘安九年(一二八六)に亡くなるが、無学によって本格的な宋朝禅が日本に定着することとなった。

弘安五年(一二八二)には、佐渡から戻って甲斐《かい》の身延山《みのぶさん》に入っていた日蓮が、武蔵《むさし》池上で亡くなる。日蓮は佐渡で執筆した『観心本尊抄《かんじんほんぞんしょう》』で、「一念三千」(一瞬の思念の中に三千世界の実相を見る)の境地を己がものとできない者であっても、「唱題」(南無妙法蓮華経と唱える)だけで、釈迦《しゃか》仏の大慈悲によって自己のものとすることができるよう釈迦仏がはからってくれると説いた。新たな境地を獲得した日蓮は、自己と仏との一体化を図示する文字《もんじ》曼荼羅を「本門の本尊」と称して信者に渡し、信者を増やしていった。これは中央に南無妙法蓮華経と大書し、四方に守護神として四天王の文字を配したものである。

モンゴル襲来後の文化

モンゴル襲来の影響は大きかった。一遍は、文永の役が起きた年に熊野の本宮に参籠して念仏賦算《ふさん》の神託を受け（時宗開宗）、九州を遍歴して東国へと向かい、信濃善光寺に参詣してその年末に踊念仏を創始した。信濃佐久郡の伴野市庭《とものいちば》の在家での別時念仏《べつじ》の時、紫雲が空に漂う奇瑞が起き、小田切里の武士に招かれて踊り始めると、「道俗おほくあつまり、結縁あまねかりければ、次第に相続して」と、踊念仏は「一期の行儀」になったという。

踊念仏を批判する人々に、一遍は「跳ねば跳ね　踊らば踊れ春駒の　法の道をば知る人ぞ知る」という歌を示し、ともかく踊り跳ねなさい、そうすれば阿弥陀の法の声が聞こえてこよう、と答えたという。弘安五年（一二八二）に鎌倉に入って布教の成否を試めそうとして阻止されたが、これを契機に鎌倉の西の片瀬宿に板屋の舞台をあつらえて、踊念仏をおこなうと、「道俗雲のごとくに群集す。同道場にて三月の末に紫雲たちて花ふりはじめけり」と成功をおさめたので、各地の堂に舞台をつくり、踊念仏で信仰を広めていった。

神々が戦って蒙古《もうこ》を退けたという言説が生まれたことから、八幡大菩薩の霊験を説く『八幡愚童訓《はちまんぐどうきん》』が八幡宮祇官の手で著され、各地の天神社に『北野天神縁起』を奉納する動きが広がった。伊勢神宮では「神領興行」により神職の所領が優遇された。無住の『沙石集』が、伊勢の内・外宮について「両部の大日とこそ習い伝えはべれ」「内宮は胎蔵の大日」「外宮は金剛界の大日」と記しているように、神宮では、真言密教の胎蔵界、金剛界の両部《りょうぶ》理論によって神の関係を位置づける神道信仰（両部神道、伊勢神道）が提唱されていった。

なお無住は常陸で出家したのち、上野《こうずけ》長楽寺や鎌倉寿福寺、京都東福寺で禅を、三井寺で止観を、奈良正暦寺《しょうりやくじ》で真言を学び、弘長二年(一二六二)に尾張の武士山田正親の外護《げご》を得て長母寺《ちょうもじ》の住持となり、揺れる人心に仏法の心を説いて、弘安二年(一二七九)に『沙石集』の執筆に入っていた。

さらに政治も動いた。北条時宗が円覚寺を建てた二年後に急死したのである。その跡を継いだ北条貞時《さだとき》が、外戚の安達泰盛《やすもり》や御内人《みうちびと》の平盛綱《もりつな》の補佐を得て「新式目」を制定すると、朝廷でもこれに呼応して亀山上皇が新制を出して徳政政策を展開した。ところが幕府では弘安八年(一二八五)に平頼綱《よりつな》が泰盛を滅ぼして専権を握る事件が起き(霜月《しもつき》騒動)、朝廷では弘安十年(一二八七)に関東申次の西園寺実兼からの後宇多天皇の譲位を申し入れで、伏見天皇が位について後深草上皇の院政が始まった。亀山院に始まる大覚寺統、後深草院に始まる持明院《じみょういん》統という天皇家の家職の継承を争う皇統の分立・対立が、以後の政界を覆うこととなる。さまざまな分野で対立と批判が渦巻き、これと連動して和歌では二条家と京極《きょうごく》家の対立が激化した。

永仁元年(一二九三)に鎌倉で死者二万人を超す大地震が起きると、その直後に北条貞時は頼綱を誅殺し、永仁五年(一二九七)には御家人を救済するため、借金を帳消しにする永仁の徳政令を出して新たな政治を展開した。徳政令は御家人を対象としていたのだが、庶民がその適用を求めてすぐに動くなど、人々の動きが活発化していた。

4　職能の地域的広がり

職人の台頭

正応二年(一二八九)に摂津和田岬の観音堂で亡くなった一遍の生涯を描く『一遍聖絵』は、正安《しょうあん》元年(一二九九)八月二十三日に聖戒《しょうかい》が詞書《ことばがき》を、法眼円伊《ほうげんえんい》が絵を描き、世尊寺経尹《せそんじつねただ》が外題《げだい》を書いて成立したが、そこにはこの時代の各地の風景、商人や猟師・漁師、舟人、舞人などさまざまな職人の躍動する姿が描かれている。

たとえば、小坊主を連れ犬に吠えられる琵琶法師の姿が各所に描かれているが、この琵琶法師について『普通唱導集《ふつうしょうどう》』は、「平治・保元・平家の物語　何も皆暗じて滞り無し。音声・気色・容儀の体骨　共に是れ麗して興有り」と、その芸能が『平治物語』『保元物語』『平家物語』など軍記物語を語るのに優れていたことを記している。

『普通唱導集』は、永仁五年(一二九七)に良季《りょうき》が職人の回向《えこう》のために語る表白《ひょうびゃく》文の文例を記した作品で、職人を「世間」と「出世間」の二つに分類し、仏事供養の場に迎えられた導師が仏陀に申す表白文の決まり文句を記している。その出世間部の芸能に関わる職人を見ると、「持経者《じきょうしゃ》・説経師・念仏者(学生《がくしょう》・声明《しょうみょう》)、声明師(顕・密)」がおり、そのうちの持経者について「一乗八軸　暗夜の読誦《どくじゅ》滞り無し　慶忠《けいちゅう》・能顕《のうけん》　嚢代《のうだい》の音声趣有り」と、『法華経』の読誦を業とし、闇夜でもよどみなく経をあげるといい、慶忠・能顕らの芸を受け継いでいる、と称えている。

　職人の活動を和歌に詠んだ『東北院職人歌合絵巻』もつくられた。京の東北院の念仏に集まった二四人の「道々の者」(職人)が歌合をするという趣向で、医師と陰陽師、仏師と経師《きょうじ》、鍛冶と番匠《ばんしょう》、刀磨と鋳物師、巫女と盲目、深草と壁塗、紺掻《こんかき》と筵打《むしろうち》、塗師と檜物《ひもの》師、博打《ばくち》と舟人、針磨《はりすり》と数珠引《じゅずひき》、桂《かつら》女《め》と大原人《おおはらめ》、商人と海人《あま》らの番の歌と絵を載せる。これを踏まえて鎌倉の鶴岡八幡宮の放生会《ほうじょうえ》に集った職人の歌合という設定により『鶴岡八幡宮放生会職人歌合』がつくられたが、そこでは持経と念仏者、遊君《あそびのきみ》と白拍子《しらびょうし》、絵師と綾織、銅細工と蒔絵《まきえ》師、相撲《すまい》と博労《ばくろう》、猿楽と田楽などの二四人の職人が歌を詠み、八幡宮の神主が判者となっている。

　こうした職人の活動が盛んになって、多くの作品がつくられたが、絵師の手になる絵巻はとくに大量に描かれた。永仁元年(一二九三)に肥後《ひご》の御家人竹崎季長《たけざきすえなが》が、蒙古襲来時の合戦とその恩賞を求めた行動を記念して『蒙古《もうこ》襲来《しゅうらい》絵詞《えことば》』を制作し、同三年には本願寺三世の覚如《かくにょ》が信濃康楽寺《こうらくじ》の浄賀《じょうが》に『親鸞上人絵伝』を描かせ、二条為定《ためさだ》判の『伊勢新名所絵歌合』の絵巻が制作された。永仁四年頃には『天狗草子《てんぐぞうし》絵巻』が描かれている。

　平治の乱を描く『平治物語絵巻』もこの頃に描かれ、おそらく『平家物語絵巻』もこの頃には描かれたことであろう。武家文化が明確な形をとるようになって、合戦絵巻に武士の勇士が描かれ、『平家物語』も広く語られ、読まれるようになったのである。絵巻制作にあたった絵師は、絵に工夫を凝らした。『一遍聖絵』は日本各地の名所絵を挿入しているが、これは『高野山水屛風』『石清水宮曼茶羅《みやまんだら》図』『熊野宮曼荼羅図』など聖地の境内曼荼羅図が多く描かれていることから、それらが利用されたと見られる。

宗教界を覆う混乱が、天狗道に陥ったことによるものとして描かれた『天狗草紙絵巻』には、今日の漫画の吹き出しに相当する画中詞《がちゅうし》が記されている。たとえば堂舎・塔廟の建築現場では、大工の棟梁が「あれらが逃れて、ものもせぬに、よくよく下知《げち》してものせさせたまへ」と、仕事せずに遊ぶ天狗を働かせるよう指示する言葉が記されている。

大工と鋳物師

絵巻によく描かれているのが大工の活動で、『春日権現験記絵』の大和の竹林殿の造営の場面では、大工が礎石をすえ、鑿《のみ》や槍鉋《やりがんな》、手斧《ちょうな》による作業や、童が手伝いをする姿が描かれている。寺社の図が『一遍聖絵』に多いのは、再建や修築がこの時期におこなわれていたからである。伊予の大山祇《だいやまづみ》神社は建長七年(一二五五)に再建が進められ、正応元年(一二八八)に造営がなり、一遍が詣でている。

若狭《わかさ》小浜の明通寺《みょうつうじ》本堂は文永二年(一二六五)の落慶供養、同寺三重塔は文永七年の上棟である。奈良の長弓寺《ちょうきゅうじ》本堂は弘安二年(一二七九)の上棟で、和様を基調としつつも大仏様の技法を取り入れた桁行《けたゆき》五間、梁間六間の、大虹梁《だいこうりょう》を用いた外陣《げじん》、巧妙な技巧の内陣《ないじん》からなる大規模な建築で、大工は狛《こまの》宗元《そうげん》らであるが、奈良霊山寺本堂は弘安六年(一二八三)の上棟で、興福寺系大工の手になり、天井を張りめぐらし架構を見せない和様建築である。

弘安四年(一二八一)の鶴岡八幡宮の遷宮には、大工末光《すえみつ》と社家大工大夫《しゃけだいくたいふ》次郎国末《くにすえ》があたり、永仁六年(一二九八)には大工善心《ぜんしん》の推挙で、子が建長寺大工職に任じられるなど、大工職が形成・継承された。甲斐の大善寺は正応四年(一二九一)に上棟したが、木割が太く雄大な仏堂で、細部は東大寺南大門と同じ様式の大仏様である。下野の鑁阿寺《ばんなじ》は、天福二年(一二三四)上棟の大日如来大殿が焼失したことから、正安元年(一二九九)に現本堂が再建された。

地方寺院の建築には在地の大工や、南都大工が進出して担当したが、京の大工は修理職や木工寮《もくりょう》の課役を勤めるかたわら、諸寺諸山や権門勢家、武家などの建築もおこなっていた。そのため、内裏の修築が容易に進まないので、永仁四年(一二九六)十一月に修理職は、役を勤めない大工を洛中追放するよう求めている。

大工のなかから石工《いしく》がしだいに独立するようになり、作者名のわかる石造物が十三世紀後半になってから増えている。東大寺再建で来日した石工の伊行末《いぎょうまつ》は、延応二年(一二四〇)に奈良県宇陀市の大蔵寺十三重塔、建長五年(一二五三)に山城般若寺の十三重層塔、建長六年に東大寺法華堂の石灯籠を、子の伊行吉《いぎょうきち》は弘長元年(一二六一)に般若寺笠塔婆《かさとうば》をつくっている。

五輪塔は西大寺律宗の布教の地に巨大作品がつくられた。大和西大寺奥院には正応三年(一二九〇)

『春日権現験記絵』(巻一第三段　春日社の造営)　宮内庁三の丸尚蔵館蔵

明通寺本堂

大善寺薬師堂

に亡くなった叡尊供養の五輪塔があるが、鎌倉極楽寺の忍性の遺骨を納めた嘉元《かげん》元年（一三〇三）の五輪塔とともに高さ三メートル半に及び、大和額安寺《かくあんじ》五輪塔は三メートルである。常陸の筑波山麓の忍性ゆかりの三村山極楽寺跡にも五輪塔がある。石造物は交通の要衝に多く認められる。東海道の箱根湯坂道の精進ケ池の周辺には、永仁三年（一二九五）の五輪塔、正安二年（一三〇〇）の地蔵磨崖《まがい》石仏があって、同年銘の宝篋印塔《ほうきょういんとう》には導師の忍性と大工の大蔵安氏の名が見える。弘安九年（一二八六）には摂津の兵庫津と山城宇治川の浮島に、十三重塔が立てられている。

武蔵中心に広まったのが秩父産の緑泥石片岩の青石《あおいし》塔婆の板碑《いたび》であって、武蔵の慈光寺の参道には高さ二メートルを超える七基の板碑が林立する。板碑は死者を供養するためにつくられた卒塔婆で、武蔵武士の館の周辺に多く建てられた。寺の梵鐘を鋳る鋳物師は、河内の鋳物師が東国にきて多く手掛けた。寛元三年（一二四五）銘の埼玉の慈光寺鐘は「大工物部重光《もののべしげみつ》」、建長七年（一二五五）銘の建長寺鐘は「大和権守《ごんのかみ》物部重光」と、物部姓鋳物師の作品が多く、文応二年（一二六一）の武蔵勝楽寺鐘は物部季重《すえしげ》、正安三年（一三〇一）の円覚寺鐘は物部国光《くにみつ》作である。

町場と村の風景

職人の活動の広がりとともに、その活動の場として湊や宿・市に町場が生まれた。なかでも京と博多とを結ぶ瀬戸内海の沿岸や山陽道沿いで多くの湊と宿が賑わった。『一遍聖絵』には、備前の福岡市での米や日用品の販売風景と備前焼の甕《かめ》が描かれており、信濃佐久の市は市日ではないため閑散とした風景となっている。

備後《びんご》尾道では貿易陶磁の青磁・白磁や備前焼などが出土している。嘉元四年(一三〇六)に尾道の浄土寺が律院として再興されたが、その「檀那《だんな》」である淵信《えんしん》は、近くの大田荘《おおたのしょう》のほか、各地の荘園の年貢を請負っていた(「浄土寺文書」)。「船津その便を得るにより民烟富有《みんいんふゆう》」という尾道の賑わいから、元《げん》応《おう》元年(一三一九)に備後守護の代官に襲われ、寺社や民屋千余戸が焼かれている(「高野山文書」)。

畿内近国の村では自力での開発が進められ、村人の結びつきが強まっていた。琵琶湖東岸の奥島《おくしまの》荘《しょう》では、文永七年(一二七〇)に村人が一味同心して、村を裏切る者の「在地」追放を定めており、琵琶湖北部の菅浦《すがうら》では正安四年(一三〇二)に古老たちが村に金を融資する置文を作成し、嘉元三年(一三〇五)には訴訟費用を捻出するために、日吉十禅師《じゅうぜんじ》社の上分《じょうぶん》物を借りたが、それには有力な村人が連署している。訴訟に備え、文書を村で保管する体制も整えられていった(「菅浦文書」)。

紀伊の寂楽寺《じゃくらくじ》領阿弖河荘《あてがわしょう》では、建治元年(一二七五)に上村の百姓等が「阿テ河ノ上村百姓ラツヽシテ言上」と始まる訴状を作成し、地頭からの脅しを、「逃亡した跡に麦を蒔《ま》け、をれら(お前ら)が此の麦蒔かぬものならば、妻子どもを追籠め、耳を切り鼻を削ぎ、髪を切りて尼に成して、縄絆を打ちて苛まんと候と」と記している。村の結びつきが強まり、持続可能な村の形成が認められる。

荘園や村の争いから「西大寺秋篠寺相論《あきしのでらそうろん》絵図」「葛川《かつらがわ》与《と》伊香立庄《いかだちしょう》相論絵図」などの絵図が広く描か

和泉国日根野荘絵図　宮内庁書陵部蔵

れ、ほかにも荘園形成に関わる九条家領「和泉国日根野荘《ひねのしょう》絵図」、本所と地頭の争いを下地中分によって決着をはかっての「伯耆国東郷荘《とうごうのしょう》中分絵図」や「下地中分日置荘《ひおきのしょう》絵図」などが描かれた。

両党迭立と勅撰和歌集

和歌の文化は政治との結びつきが強く、御子左《みこひだり》家の藤原為家の子は二条、京極、冷泉の三家が分立して対立を深めていた。二条為氏《ためうじ》が亀山天皇に仕えて弘安元年(一二七八)に『続拾遺《しょくしゅうい》和歌集』を撰進すると、弟の京極為教《ためのり》の子為兼《ためかね》は、伏見天皇に東宮時代から仕え、弘安九年(一二八六)頃に『為兼卿和歌抄』を著し、和歌を「心のままに言葉のにほひゆく」よう、つとめて詠むことを提唱、『万葉集』を高く評価して伏見天皇に迎えられた。冷泉為相《ためすけ》は、母阿仏尼《あぶつに》が為氏との所領争いの訴訟で弘安二年に鎌倉に下って以来、鎌倉との関係が生まれ、鎌倉歌壇を指導する立場となった。なお、阿仏尼の鎌倉下向の折の日記が『十五夜日記《いざよい》』である。

こうして御子左の和歌の家はそれぞれ大覚寺統、持明院統、鎌倉幕府と結びついて家職の継承を争った。永仁元年(一二九三)に勅撰和歌集の撰者に為兼が単独で選ばれたのだが、二条為氏の子為世《ためよ》の反対にあって撰者は四人となった。永仁三年(一二九五)成立の『野守鏡《のもりのかがみ》』は、野にあって世の中の風潮を批判的に知らしめる動機で書かれたという歌論書で、為兼の新風和歌を「古歌をもうかがはず、病をものぞかず、ことばをもかざらず、禁忌をもいましめず、ただ心にまかせてよむ事」と批判しており、作者は京極派に近かった。

この為兼と政治的に対立していた関東申次の西園寺実兼は、当初は持明院統に結びついていたが、大覚寺統に急接近し、その訴えにより永仁六年(一二九八)に為兼は佐渡配流となったばかりか、伏見天皇が譲位し、後伏見が即位して、後宇多上皇の皇子(邦治《くにはる》親王)の立太子が決まるなど、次期政権は大覚寺統に帰するところとなった。実兼はさらに後伏見の譲位をもはかり、正安三年(一三〇一)に後二条天皇が位について後宇多院政が始まった。こうして二条為世に勅撰集の撰集が下命されて、嘉元元年(一三〇三)の『新後撰和歌集』奏覧に至った。

その三年後の徳治《とくじ》三年(一三〇八)、後二条天皇が亡くなり、治世が後宇多院から伏見院に移り花園天皇が位につくと、その皇太子をめぐって両統が争い、後二条の弟尊治《たかはる》親王が皇太子となって、次の治世は大覚寺統が担うこととなった。しかしそれでも伏見院は、政治への意欲は衰えず、その翌年に勅撰和歌集の撰集を改めて為兼に命じた。これにより京極為兼・二条為世の間で激烈な論争が交わされるが(「延慶両卿《りょうきょう》訴陳状《そちんじょう》」)、結局、為兼一人が翌年に勅撰集『玉葉《ぎょくよう》和歌集』を撰進した。

禅の文化

和歌の文化とともに禅の文化の広がりも目覚ましかった。京では円爾の弟子東山湛照《とうざんたんしょう》が六条御堂を禅寺に改め万寿寺を開いて伏見天皇の帰依を得るようになり、同じく円爾の弟子無関普門《むかんふもん》(玄悟《げんご》)は宋に渡って帰国後に鎌倉や越後で禅を広めて、東福寺三世となり、正応元年（一二八八）に亀山上皇に招かれて禅戒を授け、上皇の離宮の禅林寺殿が正応四年に禅寺に改められ、その開山になった。この禅林禅寺は、のちに七堂伽藍が整備され、住持には法流を問わずに、器量によって選ぶ「十方《じっぽう》住持制」が取り入れられ、太平興国南禅寺と称された。

円爾の聖一派が広がるなか、鎌倉の禅林では大陸禅の伝来によりさまざまな教派が成立した。蘭渓門下の大覚派の約翁徳倹《やくおうとっけん》は、入宋後に鎌倉の山内に長勝寺を開き、京に上って建仁寺に入り、後宇多上皇に禅を説いて、文保《ぶんぽう》二年（一三一八）に南禅寺に住んだ。鎌倉の北にある杉田の東漸寺《とうぜんじ》は、寺伝によれば正安三年（一三〇一）に桃渓徳悟《とうけいとくご》を開山として北条宗長《むねなが》が開いた寺であって、創建時の釈迦堂が今に残る。所蔵の「詩板」には無学祖元や一山一寧《いっさんいちねい》、東明慧日《とうみょうえにち》、東里徳恵《とうりとくえ》ら渡来僧や中国留学経験僧ら四六名の禅僧の詩が刻まれている。彼らはこの地に遊んで風光明媚な風景に心を癒した。

同じく蘭渓に学んで入宋した南浦紹明《なんぽしょうみょう》は、建長寺、崇福寺に住したが、後宇多上皇に召され万寿寺において、「円通大応国師」の号を授けられたが、これが日本における国師号の初例となった。文応元年（一二六〇）に来日した兀庵普寧《ごったんふねい》は、鎌倉の建長寺二世となり、時頼が熱心に参禅して印可を受けたが、時頼の死後、在留わずか六年で帰国した。文永六年（一二六九）に北条時宗の招きで来日した松源《しょうげん》派の大休正念《だいきゅうしょうねん》は、建長寺・寿福寺・円覚寺の住持となり、弘安四年（一二八一）に没した北条宗政《むねまさ》の菩提を弔うために北条師時《もろとき》創建の鎌倉浄智寺の開山となった。

破庵《はあん》派の無学祖元は、弘安二年（一二七九）に渡来して円覚寺の開山となって、その門下からは上野世良田《せらだ》の長楽寺の一翁院豪《いちおういんごう》や、鎌倉の浄妙寺で出家して南禅寺の造営に力があった規庵祖円《きあんそえん》、後嵯峨院の皇子で天台修験の道場であった下野の雲岩寺《うんがんじ》を禅宗に改めて開山となった高峰顕日《こうほうけんにち》などが出ており、この仏光派が関東禅林の主流となる。正安元年（一二九九）に元の使者一山一寧が来日すると、当初、疑われて伊豆の修禅寺に幽閉されたが、疑いが氷解して、北条貞時も参禅するようになった。建長寺・円覚寺・浄智寺に住し、正和二年（一三一三）に後宇多天皇に招かれて南禅寺三世となり、門下からは雪村友梅《せっそんゆうばい》などの文学僧が多く育った。

定着する禅宗文化

幕府は大陸の五山の制度に倣って鎌倉に五山の制を設け、禅宗寺院を手厚く保護した。禅宗では法の教えが師から弟子へと継承されてゆくのが基本とされ、その教えを伝え広めるための肖像画（頂相《ちんぞう》）が描かれた。文永八年（一二七一）の蘭渓道隆像（建長寺）、弘安二年（一二七九）の円爾像（万寿寺）、弘安七年の無学祖元像（円覚寺）などがある。

禅宗の広がりとともに、大陸に渡る僧が激増した。彼ら渡海僧は、幼くして天台・真言系の寺院に入り、鎌倉の禅院で修行するなか、渡来僧に接して大陸に渡ったもので、唐船が彼らを運んだ。東福寺や大仏の造営料を名目とする船が大陸と日本とを往来していたのである。元とは国交が結ばれなかったが、大陸との交易は盛んであった。永仁六年(一二九八)四月、「藤太郎忍恵《とうたろうにんえ》」の唐船が肥前の五島で難破し、積荷が運び取られる事件が起きたが、その荷主は「葛西《かさい》殿」「右馬権頭《うめごんのかみ》殿」「大方《おおかた》殿」など北条氏一門であり、荷は金四八〇両、水銀・銀・剣などであった(「青方《あおかた》文書」)。

僧のなかには、虎関師錬《こかんしれん》の『元亨釈書《げんこうしゃくしょ》』に「我が国の凡庸な僧が熱に浮かされるごとく元土におしかけており、我が国の恥辱を遺す」と記したような「凡庸」な存在も多く、大陸に渡って、問題を起こすこともあった。その一方、大陸に渡ったことのない僧が建長寺や円覚寺の住持になっており、禅宗は大陸とは違った独自の性格を帯びていった。鎌倉の谷奥に建てられた寺院を道場とする叢林の禅が広がり、『仮名法語』により禅宗を伝える工夫もなされ、武士に着実に根をおろしていった。

渡来僧たちは禅宗だけでなく、宋の文化を直接もたらしたので、その生活文化や学問が大きな影響を与えた。幕府の奉行人の中原政連《まさつら》が延慶元年(一三〇八)に提出した『政連諫草《いさめぐさ》』は、執権を退いた北条貞時が僧侶を招いては供養し、仏道を尋ねるのはよいが、一日おきにおこなわれ美々な膳が設けられ、「薬種を唐様の膳」に加えることが倍増しているのは、いかがなものかと諫めている。

叢林の禅とは異なる禅宗系芸能の職人である放下《ほうか》の禅師も現れた。絵巻『天狗草紙』には「朝露」「蓑虫」「電光」「自然居士《じねんこじ》」などが、「放下の禅師」と号し、「髪を剃らず烏帽子《えぼし》をき、坐禅の床を忘れて南北の巷にささらすり、工夫の窓をいでて東西の路に狂言す」という芸の姿を描いている。

曹洞宗では、道元が出家修行至上主義により祈禱や祭礼を否定し、礼仏や読経すらも余分なことと考えていたので、永平寺の修行は峻厳なものとなり、信仰の広まりには限界があったが、永平寺三世の徹通義介《てっつうぎかい》が仏殿を建て、礼仏を取り入れるなど積極的変革を試みた。そのため道元の遺風を慕う一派とに対立が生じ、徹通は門弟の澄海《ちょうかい》の招きで加賀の大乗寺に移った。その弟子の瑩山紹瑾《けいざんじょうきん》は師の遺志を受け継いで、出家修行に加え密教的な加持、祈禱、祭礼を取り入れ、延慶元年(一三〇八)に加賀常住寺、二年後に能登に永光寺、元亨元年(一三二一)に総持寺を開き、禅を武士や百姓に広めた。

日蓮が弘安五年(一二八二)に池上で日昭《にっしょう》・日朗《にちろう》・日興《にっこう》・日向《にこう》・日頂《にっちょう》・日持《にちじ》の六人を本弟子(六老僧)と定めて亡くなったのち、本弟子は分裂して分派を形成した。日興は弘安二年(一二七九)の駿河の熱原《あつはら》の法難で訴訟闘争をおこなって、駿河富士郡に大石寺を開き(富士門流)、日向は上総茂原《かずさもばら》に妙光寺を開創して身延の波木井実長《はきいさねなが》の外護《げご》を得て身延門流の基礎を築いた。日朗は鎌倉に妙本寺を建立し、正応元年(一二八八)に池上に日蓮御影堂を築き、比企門流・池上門流の関東門流の中心となった。

仏教諸宗で分派・分流が生じるなか、時衆は一遍が亡くなると、いったんは四散する。だが、他阿《た》弥陀仏真教《しんきょう》が時衆を再結成し、北陸を手始めに遊行をおこない、「時衆制誡《せいかい》」「道場制文」を定めて教団を整備した。この流れは『一遍聖絵』を制作した聖戒の流れや、別に踊念仏を始めていた一向の門徒を吸収していった。

大寺院の内部対立と悪党

大寺院の内部でも対立が起きていた。興福寺では一乗院に摂関家の近衛家から、大乗院に九条家から門跡が送り込まれていたが、この両門跡の継承をめぐる争いは、悪党を巻き込んで激化してゆき、永仁元年(一二九三)には武力抗争へと発展し、正安三年(一三〇一)には悪党が社頭に乱入し、春日の神の正体を盗んで高尾の別所に籠る事件を起こした。

この事件を描く『春日権現験記絵』は、嘉元二年(一三〇四)に関東申次を父実兼から譲られた西園寺公衡《きんひら》が、翌年末に後宇多院の勅勘を蒙ったことから、春日大明神《だいみょうじん》の加護を祈る目的で制作したものである。この時期の春日信仰は高揚しており、正安二年(一三〇〇)に法橋《ほうきょう》観瞬《かんしゅん》が「春日宮曼荼羅図」、徳治元年(一三〇六)に公衡が『不空羂索神呪心経《ふくうけんざくじんじゅしんきょう》』を書写し、京極為兼が春日社で蹴鞠を奉納し、高階隆兼《たかしなたかかね》が正和元年(一三一二)に「春日明神影向図《ようごうず》」を描いている。

山門では、東塔北谷の山徒円恵《さんとえんえ》が日吉社に閉籠したのが発端になって、天台座主《ざす》の妙法院門徒の性算《せいさん》と衝突し、永仁六年(一二九八)に武力対決へと発展し、比叡山の伽藍が灰燼《かいじん》に帰し、「山門滅亡」の事態となった。この信仰への揺らぎから、山門では鎮守の日吉山王社の霊験を描く絵巻『日吉山王利生記《ひよしさんのうりしょうき》』が制作され、神仏習合思想に基づいて日吉山王社の山王の二字を、三諦円融観《さんたいえんゆう》で説く山王神道が唱えられた。

延暦寺や興福寺などの大寺院の衆徒の活動が盛んになるなか、その衆徒らと結んで、活動が目立ち始めたのが悪党である。『峯相記《みねあいき》』は、正安・乾元《けんげん》の頃（一三〇〇年頃）から悪党の活動が目立ち始め、柿色に染めた着物に、女用の笠を着た「異類・異形」の姿で、一〇人・二〇人の集団をなして城に籠っては合戦をおこなったという。その山賊の姿を描くのが『男衾《おぶすま》三郎絵詞』である。吉見二郎が大番役を勤めるために上洛する途中の三河高師《たかし》山で山賊に襲われたが、その姿は「黒革縅《おどし》の甲のひっし許りなるに、赤縅の兜着て、山鳥の尾の交ぜ矧《は》ぎしたる矢、塗籠の弓」というもので、一般の武士と変わるものではない。

遠隔地交易で有徳人《うとくにん》となった武士には、広大な得宗領の経営を担う御内人がいて、その活動は悪党に近似していた。なかでも安東蓮聖《あんどうれんしょう》は、京の五条を拠点に播磨の福泊の築港に関わり、借上を営んで越中石黒荘《えっちゅういしぐろのしょう》の年貢を近江の堅田で差し押さえるなどしていた。

第八章　南北朝動乱と文化統合——後醍醐朝から足利義満政権

1　後醍醐天皇による諸勢力の統合

動乱期の政治

文保《ぶんぽう》二年(一三一八)の後醍醐《ごだいご》天皇の即位から、南北朝の動乱をへて、その動乱を終息させた足利義《よし》満《みつ》が亡くなる応永《おうえい》十五年(一四〇八)までの約一〇〇年間を本章は扱う。この一〇〇年は、動乱期をはさんで芸能文化が新たな展開を見せた時代である。

その始まりを画した大覚寺統の後醍醐天皇は、若い時から熱心に学問に取り組み、有能な学者を集めて儒学の談義を繰り返していた。このため、譲位した持明院《じみょういん》統の花園院も、後醍醐天皇は和漢の才を兼ね、父のような年齢なので、譲位しても致し方ない、と思っていた(『花園天皇日記』)。

皇位継承に発言力があった鎌倉幕府では、北条貞時《さだとき》が応長《おうちょう》元年(一三一一)に亡くなり、子の北条高時が得宗家を継承し、正和《しょうわ》五年(一三一六)に執権になった。幕府の体制は、将軍・執権・評定《ひょうじょう》・御《ご》家人《けにん》という公方《くぼう》系列の政務システムと、得宗・寄合・御内人《みうちびと》の得宗系列の家システムの複合からなり、その総体を奉行人が支えていたが、得宗専制の傾向が強まってゆき、機能不全に陥り始めていた。

停滞する幕府の政治に対して、後醍醐天皇は、元亨《げんこう》元年（一三二一）に後宇多院から政務を譲られて親政を開始すると、低い身分の日野俊基《としもと》を蔵人《くろうど》に登用し、花園院の下で『論語』の読書会に出ていた日野資朝《すけとも》や紀行親《きのゆきちか》・菅原公時《きんとき》ら「才学人に過ぐ」と称された儒者を取り込んだ。玄恵《げんえ》は天皇の「文談」に招かれ、『昌黎文集《しょうれい》』の講釈をおこなったという（『太平記』）。天皇の政策は、元亨二年に造酒司《みきのつかさ》による酒屋役を洛中から鴨川東の河東《かとう》にも賦課し、供御《くご》を提供する人々を供御人として組織し、元徳《げんとく》二年（一三三〇）の飢饉《ききん》での米価暴騰には沽酒《こしゅ》法を定め、二条町東西に仮屋を立てて米を販売させ、閏《うるう》六月に、寺社の造営費用を調達するため、設置されていた関を、西国一律に停止した。

天皇は綸旨《りんし》万能を唱え、「朕が新儀は後代の規範」という意気込みから、他の権力や権威を否定していったので、多くの目が、数多の訴えが、天皇に集中した。東福寺の虎関師錬《こかんしれん》は、『元亨釈書《げんこうしゃくしょ》』三〇巻を元亨三年（一三二三）八月に天皇に献呈し、本書の刊行を「君の文徳と太平の表れ」と述べて、『大蔵経《だいぞうきょう》』に入れて欲しいと訴えた。師錬は、来日した一山一寧《いっさんいちねい》に会い、日本の高僧の逸事を尋ねられ答えられなかったため、日本仏教史の著述に励み、一五年の歳月をかけて出版したのである。

花園院宮廷と後醍醐宮廷の文化

後醍醐天皇と対照的なのが花園院で、毎年末には年内に読んだ書物を日記にまとめて記し、多忙で多くを読めなかった年には嘆息する実直な好学の天皇であった。宗峰妙超《しゅうほうみょうちょう》に帰依し参禅して印可さ

花園天皇像　長福寺蔵

れ、その弟子関山慧玄《かんざんえげん》とも交流があった。兄後伏見院《ごふしみ》から皇子量仁《かずひと》親王の教育を託されると、元徳二年（一三三〇）に『誡太子書《かいたいししょ》』を与えている。

その真面目さは暦応《りゃくおう》元年（一三三八）の「花園天皇画像」（長福寺）からよくうかがえる。この絵を描いた豪《ごう》信《しん》は藤原為信《ためのぶ》の子で、花園院宮廷で多くの似絵《にせえ》を手掛けた。『天皇摂関大臣影図巻』のうち、後二条天皇以降の絵は、父の跡を継いで描いたものであり、高山寺《こうざんじ》御影堂《みえいどう》の伏見院御影の模写や慈円影供《じえんえいぐ》の肖像画、花園院の『風雅集』竟宴《きょうえん》の人物の似絵なども描いている。

花園院は、正中《しょうちゅう》元年（一三二四）十一月一日、日野資朝・俊基や智暁《ちぎょう》ら天皇の近臣が、「無礼講」（破仏《はぶつ》講）を開いたことを聞いて、「禁裏の風」は「その意、仏教にわたり、その詞、禅家に似る」と評価しつつも、「礼儀にかかわらざるの間、頗《すこぶ》る隠子放逸の風」であるのを「近日の弊」と批判している。同じ学問好きでも後醍醐天皇と著しく違っていた。

後醍醐宮廷の雰囲気は、兼好《けんこう》法師の『徒然草《つれづれぐさ》』からうかがえる。その二三八段は、皇太子時代の後醍醐天皇の万里小路《までのこうじ》御所にあった堀河大納言具親《だいなごんともちか》の曹司に兼好が訪ねた際の話である。具親が『論語』の一文がどこからの引用かを尋ねられ困っていることを聞いた兼好が、すぐに指摘をしたところ、「あな嬉し」と喜んで御前に戻っていったという。兼好は後二条天皇に仕え、天皇没後に遁世し、後宇多院に遁世者として仕え、さらに後醍醐天皇の周辺から多くの話を得ていたのである。

兼好の出自は不明だが、京の平野社や吉田社の宮主家が卜部《うらべ》姓なので、それに連なるのであろう。後宇多院の下命で元応《げんおう》二年(一三二〇)に『続千載《しょくせんざい》和歌集』を撰集した二条為世《ためよ》に和歌を学び、浄弁《じょうべん》とその子慶運《けいうん》、歌学書『井蛙抄《せいあしょう》』『愚問賢註《ぐもんけんちゅう》』を著した頓阿《とんあ》らと並んで、為世門下の和歌の「四天王」と称された。

兼好はその歌筋に基づく和歌関係の話のみならず、筆の赴くまま後醍醐天皇へと収斂《しゅうれん》する職人の活動を『徒然草』に書き記し、その言動を生き生きと伝えている。一〇九段は、「高名の木登り」という植木職人の話で、弟子が高いところで作業していた時には何もいわず、地面にもう降りようかという段になって「誤ちすな。心して降りよ」と注意した。これを聞いて兼好が、理由を尋ねると、「あやまちは安き所になりて必ず仕《つかまつ》る事に候」と語ったので、「あやしの下臈《げろう》なれども、聖人の誡《いまし》めに叶へり」と称えている。

一一〇段では「双六《すごろく》の上手」が勝つための手立てについて、負けぬように打つべしと、守りを重視した姿勢について、「道を知れる教へ、身を治め、国を保たん道も、又しかなり」と、修身・治国に通じる、と感心し、彼ら職人の力量に関しては、二二九段に、「よき細工は少し鈍き刀を使ふ。妙観《みょうかん》が刀はいたくたたす」と記し、五一段では、亀山殿の池に水を引くために「宇治の里人」に依頼したところ、よく回ったので、「よろづにその道を知れる者は、やんごとなきものなり」と評している。

さらに二三八段では、院の随身《ずいじん》中原近友《ちかとも》が記した自讃に倣って、我が自讃を書き上げており、最終の二四三段では、八歳の時の父との間の会話を記している。これらは兼好が『徒然草』を読んで欲しいという読者へのアピールにほかならない。『兼好法師歌集』には兼好が和歌を代作したことが見え、『太平記』には、高師直《こうのもろなお》の恋文を執筆した話が載る。

鎌倉の文化環境

兼好は、鎌倉の東に位置する六浦荘《むつらしょう》金沢郷に住んだことがあって（『兼好法師歌集』）、一一九段には、鎌倉では鰹という下賤な魚を上流の人も食べている、と批判的に記している。一二〇段では、唐物について「唐土舟のたやすからぬ道に、無用の物どものみ取り積みて、所狭く渡しもて来る、いと愚かなり」と記し、鎌倉には多くの唐物が大陸からもたらされていた。

韓国新安《しんあん》沖の沈没船には、「至治三年（一三二三）」の中国年号の木簡、「東福寺」と書かれた荷札、

「慶元路《けいげんろ》」と記す秤、銅銭二八トン、陶磁器二万余点などが積まれ、至治三年に慶元（明州《めいしゅう》）を出て日本に向かっていた船とわかった。東福寺の修造に関わって、多くの唐物がもたらされたのである。唐船はこの東福寺造営や鎌倉大仏造営のためなどに派遣され、唐物は鎌倉経由で東国の各地にも大量に伝わった。元応元年（一三一九）の円覚寺の『仏日庵《ふつにちあん》公物《くもつ》目録』には、おびただしい数の宋・元の書籍や陶器・漆器など調度品（具足《ぐそく》）が記されており、下野《しもつけ》の足利氏の菩提寺鑁阿寺《ばんなじ》には、竜泉窯産青磁の浮牡丹文《うきぼたんもん》の花瓶・香炉の組み合わせが伝世している。

金沢称名寺《しょうみょうじ》の住僧の俊如房快誉《しゅんにょぼうかいよ》は唐物将来に携わっており（「金沢文庫古文書」）、寺には竜泉窯《りゅうせんよう》産の朱漆塗り花台付き花瓶が伝わり、境内の五輪塔下からは竜泉窯産の青磁壺が出土している。この称名寺には、金沢実時《さねとき》・顕時《あきとき》・貞顕《さだあき》・貞将《さだゆき》四代の肖像画があって、そのうち実時・顕時像は剃髪後の姿から、没後間もないころに描かれたのであろう。

称名寺境内は元応二年（一三二〇）に整備され、元亨三年（一三二三）の「称名寺境内并《ならびに》結界図」からは、当初の浄土庭園に律院の性格が付加された様子がうかがえる。中央に池、北側に金堂・三重塔・講堂の配置された伽藍には寺院としての規範が示され、東側に律院施設が並び、西側に邸宅と八《はち》幡《まん》新宮などの浄土宗寺院の名残が認められる。

この時期、庭園への関心が広がっていた。『春日権現験記絵《かすがごんげんげんきえ》』には浄土庭園が描かれ、それによれば庭の池に面した泉屋には鳥小屋があって小鳥が舞い、近くでは子らが寝そべって本を読み、棚に盆

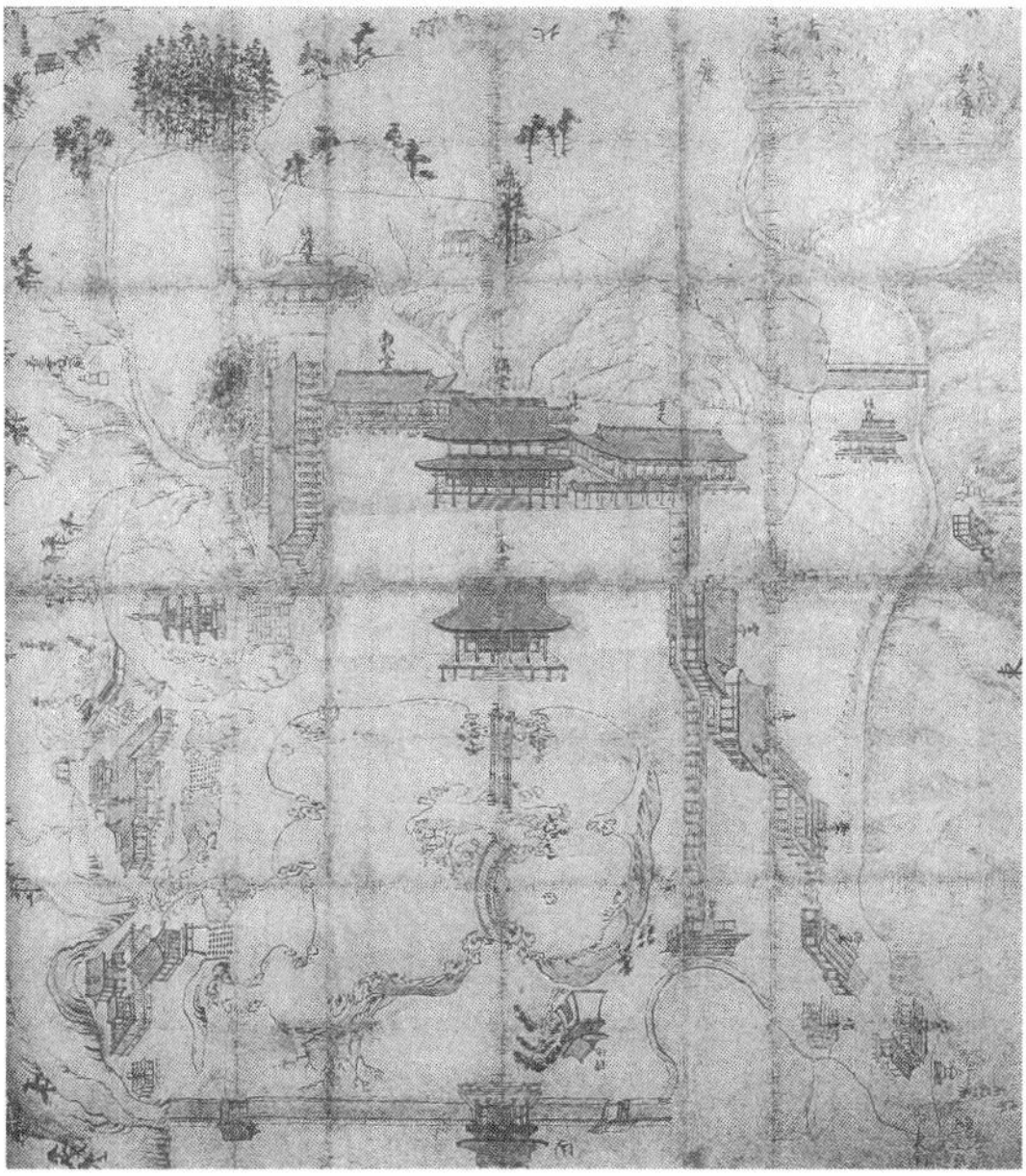

称名寺境内幷結界図　称名寺蔵

瑞泉寺庭園

『春日権現験記絵』に描かれた貴族の館の庭園　宮内庁三の丸尚蔵館蔵

栽・盆石があって、池には鳥が数羽飛来している。盆栽や植木の文化が明らかに広がっている。だが、鎌倉の庭園文化はこれとはやや違った展開を見せ始めていた。

夢窓疎石《むそうそせき》が嘉暦《かりゃく》二年（一三二七）に観音堂を築造した際に造成した鎌倉の瑞泉寺《ずいせんじ》の庭園は、凝灰岩の岩盤を掘りくぼめて中島を、岩盤を穿《うが》って坐禅用の洞窟をつくり、池の北の山頂上に「偏界《へんがい》一覧亭」を構え、庭と眺望を組み合わせている。夢窓は、甲斐《かい》の市川の平塩寺《へいえんじ》で学問を学んだ後、禅の修行をするなか高峰顕日《こうほうけんにち》の法嗣《ほうし》となり、土佐の吸江庵《ぎゅうこうあん》など各地を転々と修行した。東使として鎌倉から上洛した幕府政所《まんどころ》執事の二階堂貞藤《さだふじ》に招かれ、後醍醐天皇や北条高時の帰依篤く、鎌倉に瑞泉寺を開き、さらに甲斐の牧庄《まきのしょう》に恵林寺《えりんじ》も開いた。

鎌倉の芸能文化を見ると、称名寺では茶が栽培されており（「金沢文庫古文書」）、喫茶の習慣がこの時期になると鎌倉でも、京でも、急速に広がっていた。茶の飲み当てを競う茶勝負の闘茶は、京の栂《とがの》尾《お》茶《ちゃ》と他産地の茶「非茶《ひちゃ》」を飲み分けする形で普及し、「四種十服茶」という四種類の茶を計一〇回服し、何番目がどの銘柄かを当てる飲み比べもおこなわれた。茶ばかりでなく、連歌も広がっていた。『菟玖波集《つくばしゅう》』に「鎌倉の花の下にて一日一万句の連歌侍りけるに」とあるように、元応二年（一三二〇）に一万句の大規模な会が鎌倉でも開かれた。「ならびなき上手」「近代の地下の宗匠」と称された善阿《ぜんな》によって連歌師の地位は上昇していた。

幕府政治の停滞と有力御家人

連歌と並ぶ芸能の田楽は、田楽法師が新座・本座に編成され、京周辺の春日《かすが》社、法隆寺、醍醐寺に奉仕していた。『太平記』によれば、北条高時が京で「田楽を弄《もてあそ》ぶ事」が盛んなのを聞き、「新座・本座の田楽を呼び下して、日夜朝暮に弄ぶ事、他事なし」と、田楽に耽溺していたという。

北条高時については、保元《ほうげん》から暦応期までの歴史を記す歴史書『保暦間記《ほうりゃくかんき》』が、「頗る亡気の体にて、将軍家の執権も叶い難かりけり」と、凡庸な執権と評しつつも、北条泰時《やすとき》以来の遺産によって幕府の骨格がしっかりしていたので、幕府体制は保っていたという。正中三年(一三二六)にその高時が若くして出家したので、弟北条泰家《やすいえ》が執権を望んだところ、退けられ怒って出家すると、その怒りを恐れて執権になったばかりの金沢貞顕も出家し、それとともに「関東の侍、老いたるは申すに及ばず、十六七の若者どもまで皆出家す」と、幕閣がこぞって出家する異常事態が生じた。

得宗への求心力は失われていった。幕府の固有の基盤である東国一五カ国に拠点をおく有力御家人は、幕府を構築してきただけに強い自負心を抱いていたので、独自に動くようになった。北条氏が基盤としたのは、駿河《するが》・伊豆・相模《さがみ》・武蔵《むさし》・上野《こうずけ》の四カ国だが、それ以外の関東諸国では、足利《あしかが》・小山・宇都宮・結城《ゆうき》・千葉氏などが独立志向を強めた。なかでも「武士の長者」源義家《よしいえ》の子義国《よしくに》の流れを引く足利氏では、貞氏《さだうじ》・高氏《たかうじ》の二代が得宗から一字を得つつも、源氏の正統の立場を堅持し、下野の足利の鑁阿寺を菩提寺に定めて一門の家の結集の場とし、京にも進出していた。

東北地方には北条氏の勢力が浸透していたが、津軽以北の得宗領の代官となっていた安藤氏に内紛が生じ、その争いが得宗法廷で裁かれた際、内管領《うちかんれい》の長崎円喜《えんき》の子高資《たかすけ》が、双方から賄賂を受け取って、両方に勝訴の判決を言い渡したことから、争いは紛糾して広がり、幕府は嘉暦二年（一三二七）に蝦夷追討使の宇都宮・小田氏を派遣したが、紛争は容易におさまらなかった。

西国の有力御家人は、六波羅に在京人として組織されていたが、探題の指揮下にはあっても、探題と主従関係を結んでいたわけでなく、洛中警固の篝屋《かがりや》守護人として独立性を保持していた。文保二年（一三一八）十二月、幕府は山陽南海道諸国のうち一二カ国の悪党退治をおこない、播磨《はりま》ではその根拠地や城郭二〇余カ所を焼き払うなど、一定の効果をあげたが、その後も悪党の活動はやまなかった。

鎮西《ちんぜい》では有力御家人が鎮西探題府の評定衆になっていたが、独立性が強く独自に動いていた。大友貞親《さだちか》は徳治元年（一三〇六）に博多の承天寺《じょうてんじ》に滞在していた入宋僧の直翁智侃《じきおうちかん》を招いて、豊後府内《ぶんごふない》に万寿寺を創建していた。その弟貞宗《さだむね》も、大陸から禅僧を招いて、明極楚俊《みんきそしゅん》・竺仙梵僊《じくせんぼんせん》が元徳元年（一三二九）に来日している。

後醍醐の政治と王権

幕府政治の停滞をよそに後醍醐天皇は積極的な政治を展開していた。『太平記』は、後醍醐天皇が「延喜《えんぎ》・天暦《てんりゃく》の治の跡」を追って、「諸道」の興行、禅律の繁盛、顕密儒道の碩才《せきさい》の登用に意を用い、記録所には自ら出向いて訴訟を決断した、と語る。『保暦間記』も、「後三条の延久の例に任せて、記録所を置いて、直に政断を聞食す」と記し、その政治について高く評価した。

後醍醐天皇が倒幕へと動いたのは、後宇多法皇の遺言で中継ぎに位置づけられていて、兄後二条の遺児邦良《くによし》親王が皇位につくものとされていたからである。皇位には交替でつく両統迭立の方針から、次の天皇には持明院統の量仁《かずひと》親王、その次には邦良親王がつくものとされていた。それもあって持明院統は、元亨元年（一三二一）十月に後伏見院が量仁親王の立太子を祈り、石清水八幡宮《いわしみずはちまんぐう》に願書を捧げ、延暦寺《えんりゃくじ》の鎮守日吉山王社の霊験を描く絵巻『日吉山王絵』を制作し、「量仁親王、若し天子の位に備へ給はば山王御威光も著しく、我山の繁昌も昔に恥ずこそとぞ」と、皇位継承を祈った。

そこで後醍醐天皇は皇位を我が子孫に伝えるために動いた。『太平記』によれば、天皇は無礼講と称し「交会遊宴」をなし、「東夷」を滅ぼすことを企て、「尹大納言《いんだいなごん》師賢《もろたか》、四条中納言《ちゅうなごん》隆資《たかすけ》、洞院左《とういんさ》衛門督《えもんのかみ》実世《さねよ》、蔵人右少弁《うしょうべん》俊基《としもと》」らと密儀を凝らしたという。そのうちの俊基は、山伏姿で「国の風俗、人の分限」を調査するために各地を歩いたという。

しかし倒幕計画は正中元年（一三二四）、密告により漏れ、張本の日野資朝・俊基の二人は鎌倉に下された。これを正中の変というが、不明な部分が多い。「天皇御謀叛」といわれながら不問に付されてしまい、鎌倉に下った万里小路宣房《までのこうじのぶふさ》が持参した弁明書には、「関東は戎夷《じゅうい》なり。天下の管領《かんれい》然るべからず。率土《そつど》の民は皆皇恩を荷ふ。聖主の謀反と称すべからず」（幕府は戎夷であって、天下を管領す

後醍醐天皇像　清浄光寺（遊行寺）蔵

ることはあってはならない、率土の民は皆、皇恩に浴しているのであって、天皇謀反と称すべきではない）と、記されていたという（『花園天皇日記』）。

この事件をものともせず、後醍醐天皇は次へと突き進んだ。幕府と関係の深い西園寺《さいおんじ》実兼《さねかね》の娘を中宮としていたので、皇子が誕生すればそれへの皇位継承がなると考え、出産の祈りに力を注いだ。この祈りにそって絵巻『石山寺縁起』が制作され、「聖化正中の暦、王道の恢弘し」と、正中年間に王道が広まったとして、中宮の出産を石山寺に祈った。だが、皇子は生まれず、それでも御産の祈りが続いたので、幕府からは関東調伏を祈っているのかと疑われた。

後二条の皇子邦良親王が若くして亡くなり、嘉暦元年（一三二六）七月二十四日に量仁親王が立太子となったため、後醍醐天皇は譲位を迫られ、ついに倒幕を決断して、青蓮院《しょうれんいん》門主の慈道《じどう》、法勝寺を再興した恵鎮《えちん》（円観《えんかん》）に倒幕の祈りを命じた。醍醐寺の文観《もんかん》は、呪術を習って修験の道に長じ、大和の般《はん》若寺《にゃじ》に文殊菩薩《もんじゅぼさつ》像を安置して倒幕を祈念した。

相模の清浄光寺《しょうじょうこうじ》（遊行寺）に伝わる後醍醐天皇の肖像画は、頭上に天照皇大神（伊勢神宮の神）、八幡大菩薩、春日大明神の名が墨書され、身は袈裟をまとい、手に密教の法具を持つ、王法・仏法・神祇《じんぎ》で身を飾る王権の姿で描かれている。神祇の三神のうち伊勢・八幡の神は宗廟《そうびょう》の神で、春日の神は国家を補佐する神と考えられていた。冠や服を中国の天子に倣ったのは、我が存在を中国の天子に比したことの現れであり、天皇は渡来僧の明極楚俊に会って対問していた。

元徳二年（一三三〇）、天皇は春日社、日吉社・延暦寺に行幸《ぎょうこう》するが、『元徳二年三月日吉丼比叡山行幸記』はその行幸を描いている。日吉行幸を「今、九十五代の宝暦を迎へて三聖五所の威光を輝かし給ふ事、ただ万国の王化にしたがふのみにあらず、またこれ天下泰平のゆへなりけり」と、王化と天下泰平の世にあることを示すものと記し、山門行幸については、「王城と叡山」の一体化をはかるものとし、「王法と仏法とは鳥の翅のごとくにて、一も欠けてはあるべからず」と、仏法により王法を支えることを期待したのである。

天皇御謀叛

後醍醐天皇は、倒幕の武力を畿内近国の悪党に期待していた。悪党は正中・嘉暦の頃(一三二〇年代)から立派な馬に乗り、五〇、一〇〇騎を連ね、弓矢や武器も金銀をちりばめ、鎧腹巻も照り輝くばかりで、各所を動き回るほどに成長していた(『峯相記《みねあいき》』)。その悪党とは、河内《かわち》の楠木正成《くすのきまさしげ》のような、天皇の近臣や近習僧の所領において成長してきた武士、東大寺領伊賀国黒田荘《くろだのしょう》の住人のような、禁裏供御人《くごにん》の武士らであった。

この不穏な情勢を察した花園院は、『誡太子書』で危機感を示した。君主が賢くなかったならば、「乱」は数年のうちに起きる、この「時運」にあっては、君主が賢く学問をしなければならない、と記した。後醍醐天皇の周辺でも、近臣の吉田定房《さだふさ》が危機感を抱いていた。後醍醐親政を幕府に働きかけて実現させた功労者だっただけに、天皇を諫止《かんし》したのであるが、聞き入れられず、事態を穏便に済ませるべく、元徳三年(一三三一年)に六波羅探題《ろくはらたんだい》に倒幕計画を告げた。

この報を聞いた幕府は、東使を派遣して糾明し、事件の張本として日野俊基らをとらえ、近臣僧の円観・文観、慈道《じどう》側近の仲円《ちゅうえん》らを鎌倉に送り、円観を奥州、文観を硫黄《いおう》島、仲円を越後《えちご》に流した。八月二十四日、幕府が天皇配流に動いたという情報が入ると、天皇は内裏を密かに脱出して南都に向かった。この情報を伝えた大塔宮尊雲法《そんうんほう》親王は、武芸に明け暮れ天皇を山門に迎えるべく支度していたのだが、天皇は東大寺東南院に入り、二十七日に山城の笠置山《かさぎやま》に籠った。笠置山衆徒や悪党を頼んだもので、これに呼応して楠木正成が河内の赤坂城で挙兵した（元弘《げんこう》の乱）。

この報はすでに鎌倉・東国の武士らに「今月廿三日、京都より早馬参《まいり》テ候。当今御謀叛の由、その聞え候」と、天皇「御謀叛」と伝わっていて（「藤島神社文書」）、幕府は承久《じょうきゅう》の例に倣い、九月五日に大仏貞直《おさらぎさだなお》・金沢貞冬《かねざわさだふゆ》らの北条一門や足利高氏ら御家人の大軍を派遣し、九月二十日に持明院統の光厳《こうごん》天皇が践祚《せんそ》し、後伏見院政が始まった。

後醍醐天皇は九月二十八日にとらえられ、三種の神器が回収され、京に護送された。正成の拠る赤坂城は幕府の大軍に攻められたが、正成は逃れた。翌元弘二年（一三三二）三月七日に後醍醐天皇の隠岐配流、八日に尊良《たかよし》親王の土佐配流、尊澄法《そんちょうほう》親王の讃岐《さぬき》配流が決まり、後醍醐天皇は千種忠顕《ちぐさただあき》らを供に隠岐に移され、鎌倉の日野俊基、佐渡配流中の日野資朝は斬られた。

これで事件は落着するかに見えたのだが、尊雲が還俗《げんぞく》して名を護良《もりよし》親王と改めて吉野で挙兵し、十一月に楠木正成も河内の千早《ちはや》城で挙兵、翌元弘三年（一三三三）正月十九日に四天王寺の六波羅軍を攻めた。正月二十一日には播磨の武士の赤松円心《えんしん》も護良親王の令旨を得て苔縄城《こけなわじょう》で挙兵した。このため京に入った大軍は二月に赤坂城・吉野城をも攻めて落したが、戦火は広がった。

二月二十一日に播磨大山寺の衆徒に宛てた護良親王令旨は、「伊豆国在庁北条遠江前司《とおとうみぜんじ》時政《ときまさ》の子孫・東夷《とうい》など、承久以来、四海を掌《たなごころ》に採り、朝家《ちょうか》を蔑如し奉る」と、高時の権力の淵源を伊豆国在庁に求め、その高時が朝家を蔑ろにして天皇を隠岐島に流した行為を「下剋上」と断じ、西海道一五カ国内の軍勢に天皇を奪還するよう命じている(「大山寺文書」)。

鎌倉幕府滅亡と天下一統

後醍醐天皇は、閏二月に伯耆《ほうき》の名和長年《なわながとし》らを頼って隠岐島を脱出し、伯耆の船上山《せんじょうさん》で挙兵すると、これに応じて三月に赤松円心が六波羅勢と戦い、千種忠顕が関東派遣の名越高家《なごえたかいえ》を破った。足利高氏は、四月に隠岐・伯耆に向かう途中の、丹波の篠村八幡で幕府に反旗を翻し、後醍醐天皇と連絡をとって挙兵へと転じた。『梅松論《ばいしょうろん》』は、高氏は北条氏を滅ぼすことを心底に思い致していたところ、一族の上杉重能《しげよし》や細川和氏《かずうじ》を通じて倒幕の綸旨を賜った、と記している。

元弘三年(一三三三)四月二十五日、足利高氏は「伯耆国より勅命を蒙る所なり。早く一族を相催し参らるべく候」(「片山家文書」)という倒幕の密書を各地の武士に送り、二十九日には挙兵とその加護を祈った願書を篠村八幡宮におさめ、赤松・千種の軍勢と合体して、京の六波羅探題勢を襲った。探題勢は大宮大路を防衛ラインとして戦ったが、突破され、光厳天皇を奉じて東国へと向かった。その途中、北方探題の北条仲時《なかとき》が近江の番場宿《ばんばじゅく》に至った時、尾張《おわり》・美濃《みの》・近江の悪党や野伏に襲われて自刃し、六波羅探題は滅亡した。近くの蓮花寺《れんげじ》の過去帳には仲時以下四三〇人の武士の名が載る。

探題滅亡の直後、上野国の新田荘《にったのしょう》の新田義貞《よしさだ》が、綸旨を得て挙兵し、鎌倉から逃れてきた高氏の子義詮《よしあきら》と合流して鎌倉をめざした。武蔵の小手指原《こてさしがはら》・分倍河原《ぶばいがわら》の戦いで幕府軍を撃破し、武蔵の関戸から軍を三手に分かち、極楽寺坂、巨袋《こぶくろ》坂、化粧坂の三つの切通《きりどおし》から鎌倉突破をめざした。義貞軍が稲村ケ崎の浅瀬を渡って鎌倉に突入して激戦となるなか、北条高時は東勝寺に籠り五月二十二日に一族・従者とともに自刃した。

滅んだのは得宗統率下の北条一門「七百余人」であって、盤石を誇った鎌倉幕府は滅亡した。五月二十五日には、鎮西探題も少弐貞経《しょうにさだつね》や豊後の大友貞宗、南九州の島津貞久《さだひさ》らに攻められ、北条英時《ひでとき》が自刃して滅亡した。倒幕の中心勢力は、得宗の貞時から一字を得ていた有力御家人である。かつて承久の乱では東国軍は一つに結集したが、幕府の滅亡はその有力御家人の離反によるものであった。

京都では幕府滅亡より少し前の五月十日に、足利高氏が奉行所を開設して、武士の着到を受けつけており、武家政権に向けて動き始めていた。護良親王も五月十三日に入京して征夷大将軍《せいいたいしょうぐん》の令旨と称し活動を開始していた。

後醍醐天皇は、六月五日に楠木正成や名和長年らを従えて東寺に入り、翌日に二条富小路の内裏に入って、ここに「天下一統」がなった(『梅松論』)。「今の例は昔の新儀なり。朕が新儀は未来の先例たり」との意気込みから、光厳天皇の在位を廃し、正慶《しょうぎょう》の元号を否定して、自身の在位と元弘の年号を復活させた。鷹司冬教《たかつかさふゆのり》の関白職を解き、高氏を治部卿《じぶきょう》・鎮守府将軍、弟直義《ただよし》を左馬頭《さまのかみ》に任じるなど、新政権は律令体制復活の道へと進んだ。

天皇は徳政令を出して土地を本主に取り戻させ、銅銭や紙幣を発行して大内裏の造営を計画、その費用を調達するため地頭・名主に二〇分の一の課役をかけた。「武」のつく年号は不吉という反対を押し切って、元弘四年(一三三四)正月に建武《けんむ》元年と改元した。この年号は後漢の光武帝が漢を再興した時のもので、新政権を建武政権と呼ぶ。

2　南北朝の内乱

建武政権の混乱

建武新政権は万里小路宣房・吉田定房・北畠《きたばたけ》親房《ちかふさ》の親政時からの重臣(「後《のち》の三房」)や、結城《ゆうき》親《ちか》光《みつ》・名和長年・楠木正成・千種忠顕らの寵臣(「三木一草《さんぼくいっそう》」)を登用し、国司の下に守護をおいて地方支配をおこなわせた。幕府の引付《ひきつけ》に倣って雑訴《ざっそ》決断所をおいて訴訟を担当させ、幕府に仕えた奉行人を登用したほか、武者所もおいた。

倒幕勢力の処遇を見ると、足利高氏に自身の名の尊治《たかはる》の尊の一字を与えて尊氏と名乗らせ、北条氏の没収所領と武蔵・常陸《ひたち》・下総国《しもうさのくに》を与え、楠木正成に摂津・河内国を、名和長年に因幡《いなば》・伯耆国を、新田義貞に上野・越後・播磨国を与えた。新田一族を武者所に起用し、貴族出身の千種忠顕を参議に処遇し、雑訴決断所の職員とした。国司には公家、守護に武士を任じ、守護もおいた。

遠方諸地域の支配では、十月に義良《のりよし》親王を陸奥《むつ》に下し、「公家スデニ一統しぬ、文武の道二つあるべからす」と、武を兼ね朝廷を護るように伝え、参議中将北畠顕家《あきいえ》を父親房とともにその補佐として下した。十二月には尊氏の要請で足利直義が成良《なりよし》親王を奉じ鎌倉に下った。それぞれに将軍府を形成し、広域な地域支配を担うべく、天皇の分身として皇子が下ったのである。

しかし、王朝の政治機構の変質は久しく著しく、天皇の考えどおりには政策は機能しなかった。性急な改革や恩賞の不公平などから、広範な勢力に不満が起きた(『梅松論』)。その建武政権下で起こった多くの混乱を批判したのが、二条の内裏前の河原に掲げられた「二条河原落書《らくしょ》」である。「天下一統メズラシヤ」と、天下一統の御代の不思議を語る京童《きょうわらわ》の口遊《くちずさみ》の体裁をとって世相を批判した。「此頃都ニハヤル物　夜討、強盗　謀綸旨《にせりんし》　召人《めしうど》　早馬《はやうま》　虚《そら》騒動　生頸《なまくび》　還俗《げんぞく》　自由出家」と、都では夜討や強盗、綸旨を騙《かた》っての活動が広がり、召人や早馬、虚騒動が起きて、生頸が転がり、にわかに僧が俗人に、俗人が僧になっているという。

成り上がり大名や路頭に迷う者が安堵や恩賞を求めて、ありもしない合戦があったといい、本領を取られた訴訟人たちが文書を入れた細葛《ほそつづら》を背負って上洛し、貴人に追従したり、人を讒言《ざんげん》したり、都には下克上を企てる成り上がり者が充満している。

武家政権の樹立へ

混乱する情勢から各地で騒動が起きた。建武元年(一三三四)に護良親王が尊氏追討の令旨を発している、という足利尊氏からの訴えから、後醍醐天皇は十月に親王をとらえ武者所に拘引し、鎌倉の足利直義のもとに送り、親王とともにあった赤松円心の播磨守護職を解いた。

建武二年(一三三五)七月、北条高時の遺児北条時行《ときゆき》が、政権に不満を抱く武士たちを糾合して信濃で挙兵し、足利直義軍を撃破して鎌倉を落とす勢いとなった。直義は薬師堂谷《やくしどうがやつ》の御所にいた護良親王を殺害し、鎌倉を出て東海道を三河の矢作《やはぎ》へと逃れた。都にあった尊氏は、弟の窮地に後醍醐天皇に征夷大将軍の官職を望んで、許されなかったので、八月二日に天皇の許可を得ずに下り、「京都・鎌倉の両大将」軍が合体し、連戦連勝して鎌倉を奪回して乱を鎮圧した(中先代《なかせんだい》の乱)。

尊氏は乱鎮圧に従ってきた武士に恩賞を与え、北条氏に従っていて降参してきた武士をも許した。この情勢に後醍醐天皇は勅使を派遣し尊氏の鎮圧を称えるとともに、恩賞は綸旨によって与えるので、すぐ上洛するよう伝えたのだが、尊氏は鎌倉にとどまって独自に恩賞を与え、上洛の命令も拒み、武家政権再興の動きを見せた。そこで天皇は尊氏討伐を命じ、奥州の北畠顕家にも南下を促した。

窮地の尊氏は隠居を宣言して、鎌倉の浄光明寺《じょうこうみょうじ》に籠ったが、足利直義勢が各地の戦いで敗れると、天皇に叛旗を翻すことを決意、十二月に下ってきた新田軍を破って京に進軍を開始し、建武三年(一三三六)正月に入京を果たした。だが、奥州から上洛してきた北畠顕家や楠木正成・新田義貞らの攻勢にさらされた尊氏は、篠村八幡宮に撤退し、京都の奪還をはかるも、二月の摂津の豊島河原の戦いでも大敗し、九州に下った。

長門の赤間関《あかまがせき》で少弐頼尚《よりひさ》に迎えられた尊氏は、三月初旬に筑前多々良浜の戦いにおいて菊池武敏《たけとし》らを破り、大友貞順《さだより》ら天皇方勢力を圧倒して勢力を立て直し、西国の武士を傘下におさめて京をめざした。五月の摂津の湊川《みなとがわ》の戦いで楠木正成の軍を破り、新田義貞を西宮に追撃した。この報を聞いた天皇が山門に逃れたので、尊氏軍は光厳上皇と弟豊仁《とよひと》親王を清水八幡の陣に迎えて入京した。尊氏の成功には、敗走の途中で軍議を開いて中国・四国に守護・大将を配置し、備後《びんご》の鞆《とも》で光厳上皇の院宣を醍醐寺三宝院の賢俊《けんしゅん》から得たことが大きかった。

八月に豊仁親王が践祚し(光明《こうみょう》天皇)、新田義貞が尊良《たかよし》親王・恒良《つねよし》親王を奉じて北陸に逃れるなか、足利尊氏が比叡山の後醍醐に和議を申し入れると、和議に応じた後醍醐は、皇子の成良親王を皇太子に立てる約束で、十一月二日に光厳上皇の弟光明天皇に三種の神器を渡した。

南北朝の対立

建武三年(一三三六)十一月七日、武家政権は「建武式目」を定めた。政権の進むべき方向への諮問に応じて、識者が答える形をとった法令で、最初の諮問は、政権の所在地を鎌倉にすべきか、京都にすべきかについてである。その答えは、鎌倉は武家の「吉土」としつつも、諸人が京に遷《うつ》そうということであれば、衆人の心に従うべきである、と保留した。

続く「政道の事」に関する諮問は十七カ条からなり、答申は「先ず武家全盛の跡を遂ひ、尤《もっと》も善政を施さるべし。然らば宿老・評定衆・公人など済々たり」と、鎌倉幕府体制の継続を求め、はじめの五カ条では、「倹約」の奨励、狼藉の鎮圧、私宅点定《てんじょう》の停止など、京の混乱を正すよう求めており、第六条の無尽銭《むじんせん》・土倉《どそう》の興行と、第七条の諸国守護人に政務に器用の仁をすえるとしたのは、建武政権への批判を踏まえ、あるべき政治の方向を示したものである。

最後の三カ条は訴訟に関する定めであり、答申した奉行人のうち、四人は雑訴決断所のメンバーで、幕府に仕えていた奉行人や儒者が多く、基本は「義時《よしとき》・泰時父子の行状を以て近代の師となし」と、北条泰時以来の執権政治をおこなうことにあった。これは足利直義の立場にそったもので、「建武式目」は直義主導で定められたのである。

その直後の十二月、後醍醐天皇は幽閉されていた花山院を脱出し、京を出て吉野に逃れた。吉野は山深いが四方に道が開かれ、海路をゆけば遠く東国や鎮西に繋がっていた。光明天皇に渡した三種の神器を偽物と称し、朝廷(南朝)を樹立すると、懐良《かねよし》親王を征西将軍として九州へ、宗良《むねよし》親王を東国へ、義良親王を奥州へと、各地に皇子を下して、京都の朝廷(北朝)と南朝とが並立する南北朝時代が始まった。ここに武家政権は京都におかれ、鎌倉には尊氏の子義詮が関東に下って支配した。

『保暦間記』は、後醍醐天皇を中心に記してきていたのだが、この段階から尊氏を中心に描いてゆく。尊氏が「頼朝の跡」を興し「国の静謐《せいひつ》」を思って挙兵したといい、さらに武家の「執権」である高師直を高く評価している。同じ歴史書の『梅松論』は、北野の神宮寺毘沙門《びしゃもん》堂に集まった人々に、老僧が語る歴史語りの形式をとり、足利将軍の繁栄を語る作品で、その名は、足利将軍の栄華を梅、その子孫の長久を松にたとえてつけられた。後醍醐天皇が退位を迫られて逆鱗し、都を逃れたことから戦乱が始まったとするが、ここでも尊氏の登場以後は尊氏の動きを中心に記す。弟直義を「下御所」と称し、尊氏・直義の「両大将」の働きにより戦乱が鎮まったとし、足利氏の立場、とくに直義の動きに多く触れている。

『保暦間記』『梅松論』の歴史書の違いは、鎌倉幕府が執権・評定の系列と得宗・御内の系列に分立していたそれに対応するものである。実際、暦応元年(一三三八)八月に尊氏が征夷大将軍になって幕府が開かれると、師直は将軍家の家務を握って政所・侍所《さむらいどころ》の頭人《とうにん》となり、直義は政務を握って評定を主催し引付を主導した。

『梅松論』と『太平記』

『太平記』は、吉野に拠点をおいた南朝方の歴史に詳しい。南朝方は新田義貞の拠る越前《えちぜん》の金ケ崎城が攻められて、陥落するなど劣勢が続き、延元《えんげん》三年(一三三八)七月には、義貞が藤島の戦いで敗れて亡くなる。北畠顕家は奥州から義良親王を奉じて西上したが、五月の和泉の堺・石津の戦いで敗死した。劣勢を覆せないまま後醍醐天皇は病に倒れ、延元四年〈暦応二年（一三三九）〉八月、義良親王（後村上天皇《ごむらかみ》）に譲位し、吉野金輪王寺《こんりんのうじ》で朝敵討滅・京都奪回を遺言して亡くなった。

跡を継いだ後村上天皇は、摂津国の摂津住吉大社宮司の津守《つもり》氏の荘厳《しょうごん》浄土寺において、後醍醐天皇の葬儀の大法要をおこなった。足利尊氏は、夢窓疎石の勧めから後醍醐天皇を弔うために天龍寺の造営に取りかかり、その造営には、大仏造営料船派遣の例に倣い、康永《こうえい》元年（一三四二）に足利直義が有力商人の至本《しほん》を綱司《ごうし》に任じ、天龍寺船を派遣した。翌年に亀山殿の跡地に天龍寺の仏殿・山門・法堂が完成し、貞和《じょうわ》元年（一三四五）八月に供養がおこなわれた。

開山の夢窓は、暦応二年（一三三九）に西方寺《さいほうじ》に入山して復興し、寺号を西芳寺とし、庭園を改修していた。枯山水《かれさんすい》石組の洪隠山《こういんざん》の庭園と、黄金池を中心とする庭園との二段からなり、松や花木をあしらった華麗な景観であるが、その経験を生かして天龍寺の大方丈前に庭園をつくった。嵐山と近景の亀山を借景に、亀山の東麓に曹源池《そうげんち》を配し、その中央に池中立石《りっしゃく》、三連の石橋、竜門瀑《りゅうもんばく》がある風景は、のちの枯山水式庭園へと繋がる屈指の庭園となった。

夢窓は、後醍醐天皇に召されて建武三年（一三三六）に開創された臨川寺《りんせんじ》の開山となったことがあり、尊氏・直義の二人に、後醍醐天皇をはじめ元弘以来の戦死者と国土安穏を祈願する寺院を諸国に建てるように勧めた。その結果、直義は各国に安国寺・利生塔《りしょうとう》を設けた。なお直義の仏教の質問に対して、夢窓が懇切平明に禅の極致を記したのが『夢中問答集』である。

幕府では政務を直義が握り、引付制度を整え、裁判の判決は直義の名で下知状《げちじょう》が出された。将軍家の家政は高師直が執事として握り、侍所を通じて御家人や地侍を組織した。康永三年（一三四四）十月、直義の発願で、二七人の連衆《れんじゅう》の和歌短冊を高野山《こうやさん》の金剛三昧院《こんごうざんまいいん》に寄せている。詠者は光明天皇、尊氏・直義をはじめ、高師直・細川顕氏《あきうじ》などの大名、御子左為明《みこひだりためあき》、冷泉為秀《れいぜいためひで》、頓阿《とんあ》、浄弁《じょうべん》、慶《けい》運《うん》などの二条為世門下の歌人、評定衆や奉行人らで、短冊の紙背には尊氏・直義・夢窓疎石が写経しており、幕府内融和を祈念している、幕府内の対立がすでに表れていたのである。

南朝では、延元三年（一三三八）から東国に下って転戦中の北畠親房が、翌年に南朝方の正統性の由緒や根源を記す『神皇正統記《じんのうしょうとうき》』を常陸小田城で書き上げた。「大日本は神国なり。天祖はじめて基をひらき、日神ながく統を伝へ給ふ。我国のみこの事あり。異朝には其のたぐひなし。この故に神国と云《いふ》なり」と、日本が神国であると始まって、神代から後村上天皇に至るまでの代々の歴史を記している。神代から後醍醐天皇まで万世一系であるという主張が込められ、帝王学の書として後世に大きな影響を与えた。親房は官職制度のあり方を『職原抄《しょくげんしょう》』に著し、これも後村上天皇に献上した。

守護と大名

幕府の地方支配は、九州に下った尊氏が上洛する際に功があった島津や大友、少弐《しょうに》、大内、武田など旧来の守護や豪族を、九州・中国地域の守護に、畿内周辺では、倒幕に活躍した赤松・佐々木・土《と》岐《き》氏を守護に任じ、東国では、倒幕にあたった小笠原、小山、佐竹、千葉氏を守護に任じるなど、旧来の勢力の結集をはかった。

しかし、争乱が広がるなかで、拠点の国々には足利一門を配した。北陸道の越前に斯波《しば》氏、能登・越中《えっちゅう》に吉見氏、越後に高《こう》氏らを、東海道の伊勢に仁木《にき》氏、三河・武蔵に高氏、遠江・駿河《するが》に今川氏を配し、畿内近国の河内に細川氏、和泉・伊勢・紀伊に畠山氏、伊賀に仁木氏を、四国の阿波・讃岐・土佐に細川氏を配置した。

そうしたなか、貞和四年（一三四八）頃から、直義と師直との対立が表面化し、直義派と反直義派に二分した争いへと発展した。対立のきっかけは勢力を伸ばしてきた守護・大名の動きにある。貞和五年（一三四九）、直義の訴えを受け、尊氏が師直の執事職を解任すると、師直と弟の師泰《もろやす》は直義を襲撃し、直義が尊氏邸に逃げ込み、これを大軍が包囲し直義罷免を要求する事件が起きた。直義は出家して政務から退くことを条件に和睦が成立し、鎌倉から尊氏の子義詮が上洛した（観応《かんのう》の擾乱《じょうらん》）。

翌観応元年（一三五〇）、尊氏が長門《ながと》探題の直義の養子直冬《ただふゆ》（尊氏の実子）を討つため、遠征したところ、その留守をついて直義が京を脱出し、師直討伐を掲げて南朝に降った。正平《しょうへい》六年（観応二年〈一三五一〉）に尊氏方を破り、高師直・師泰兄弟は上杉能憲《よしのり》によって殺害された。これにより直義は政務に復帰するが、今度は尊氏・義詮が南朝方に降って、南北朝の「正平一統」が成立したため、南朝から直義追討令が出されたので、直義は三月に京を脱し、鎌倉に下って反尊氏勢力を糾合したものの、尊氏方に敗れて、鎌倉の浄妙寺境内に幽閉され、文和《ぶんな》元年（一三五二）二月に亡くなって、観応の擾乱は終わる。

守護・大名の動き、とりわけ足利一門の動きをよく伝えるのが『梅松論』で、細川氏の動きにとくに詳しい。これに対して、足利一門総体の動きをよく記すのが今川了俊《りょうしゅん》の『難太平記《なんたいへいき》』であり、今川氏の歴史を記し、子孫への訓戒とした書物であるが、『太平記』を批判していることから、『難太平記』の書名がついた。本書には、足利一門の山名時氏《ときうじ》が「元弘以往はただ民百姓のごとくにて」と、尊氏が旗揚げするまではただの民百姓のごとき存在であった、と語ったことが記されているが、了俊はこれに異を唱えておらず、足利一門の多くはそのとおりだったのであろう。

足利一門と対照的なのが、将軍家の家政を握った高師直・師泰兄弟であり、師泰は河内・和泉守護になると、各地に兵粮料所《ひょうろうりょうしょ》を設定して部下に給付し、師直は貞和四年（一三四八）に河内四条畷《しじょうなわて》の合戦で、白旗一揆、大旗一揆など中小武士の一揆を動員し、楠木正成の子正行《まさつら》を自刃させ、吉野の皇居を焼き払うなど、ともに旧来の権威を否定する行動をとった（『太平記』）。

武士と衆徒の合戦

戦乱の長引いた一因には、中央の対立と連動した在地の武士たちの動揺がおさまらなかったことがあげられる。備後地毘荘《ちびのしょう》の地頭山内首藤《やまのうちすどう》氏一族は、元弘の乱以来、一族同心して将軍家に仕えてきたが、尊氏・直義の不和から、「宮方」（南朝方）、将軍家（尊氏）、「錦小路殿方」（直義）に分かれて対立したので、「貞和七年」（一三五一）に一揆を結び、「御方」（直義）に軍忠を捧げるとした。

武士の合戦の様子は『太平記』に記されているが、合戦の様子を描いた絵画となると、いたって少ない。ただ、貞和三年（一三四七）に後三年合戦を描く『後三年合戦絵詞《えことば》』が制作されていて、そこに描かれた合戦では、櫓《やぐら》や巌山《いわやま》の上に立てかけられた板塀に向かって矢が射かけられ、多くの矢が突き

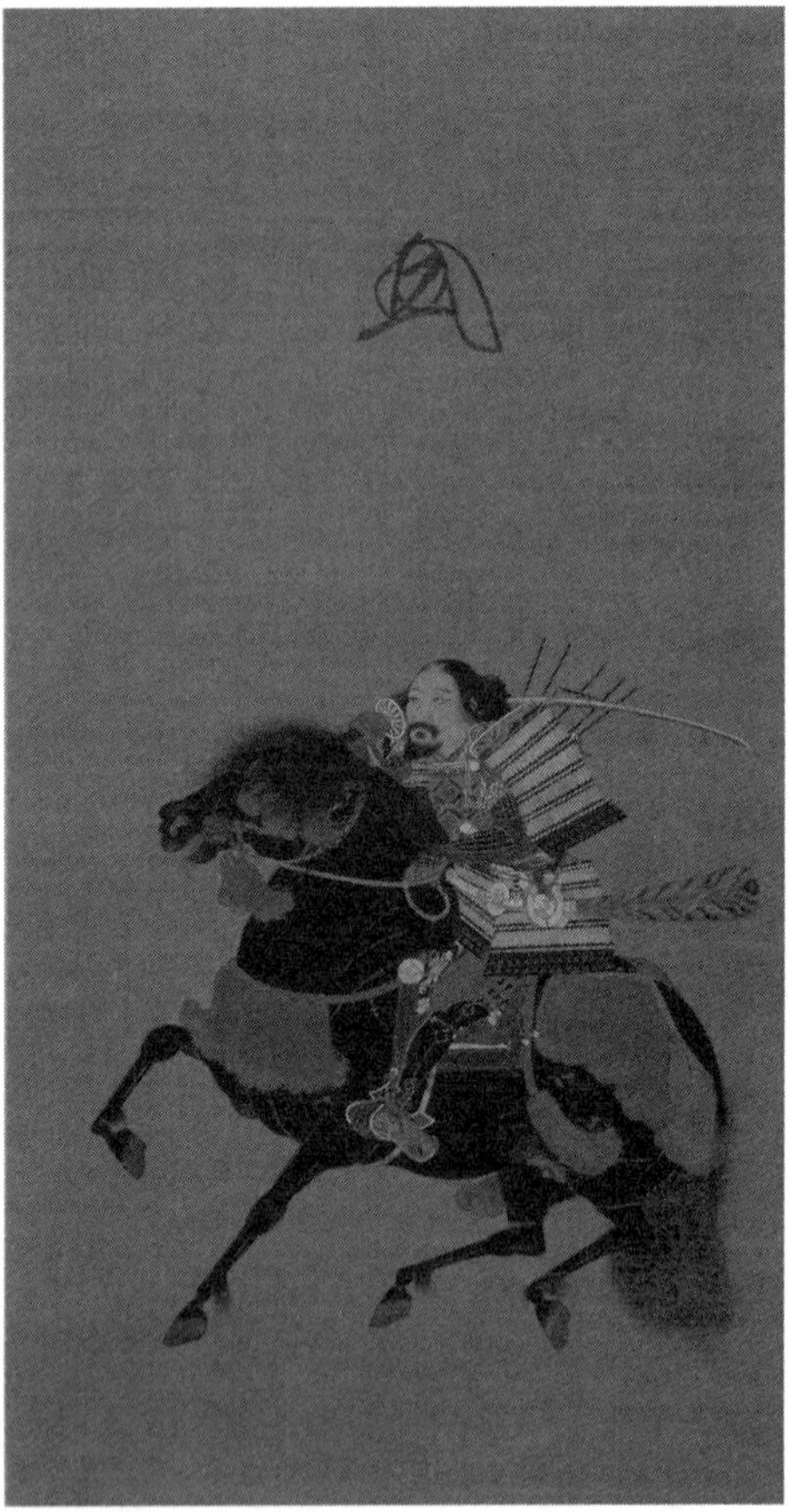

騎馬武者像（伝足利尊氏像）　京都国立博物館蔵

刺さるなど、この時期の様相を示すものと考えられる。

この絵巻は、序文を執筆した玄恵《げんえ》によれば、山門の大衆の要望により制作したもので、「朝家に文武の二道あり。互に政理をたすく。山門に顕密の両宗あり。各々護持を致す」と始まって、「伊予守源頼義朝臣《よりよしあそん》の嫡男、陸奥守義家朝臣八幡殿と号す」と、源義家をとくに紹介して働きを称え、「天下の静謐、海内の安全」が、「源氏の威光、山王の擁護」によっておさまっていると記している。

当時の武士の姿を描くのが、「騎馬武者像」である。髻《もとどり》を解いた乱髪、白綾威《しらあやおどし》の大鎧《おおよろい》を着し、背負った白羽の矢六隻のうち一隻が折れ、右手に抜身《ぬきみ》の大太刀を握って担ぐ。今しも合戦を終えた姿を描いたとおぼしき図像で、画面中央に足利義詮の花押がすえられているので、この時期の勇士の像と知られる。

元弘の乱では諸山の衆徒たちも蜂起するなど、その動きは活発だった。建武元年(一三三四)八月、陸奥の中尊寺衆徒は、金堂以下の造立を願う訴状に「当寺供養願文案」(中尊寺供養願文)をそえて国司に提出している。中尊寺は、「鳥羽皇帝」の勅願の寺院であって、鎮護国家の道場、出羽・陸奥両国の「大主」藤原清衡《きよひら》が、釈迦・多宝如来を本尊として寺院をつくって以来、今日に継承されてきている、と国司に訴え、国司の北畠顕家から陸奥国宣で主張を認められている。

高野山の衆徒は、院政期につくられた結界絵図《けっかいえず》や「弘法大師御手印縁起文《こうぼうだいしごしゅいんえんぎもん》」などを提出して、強く訴えた結果、その主張が認められ、結界絵図に描かれている境内のすべてが高野山領となった。また高野山内の対立から、頼瑜《らいゆ》は大伝法院《だいでんぽういん》を根来《ねごろ》に移転し、根来寺として定着させたが、建武三年（一三三六）に足利尊氏に寺領を安堵され、翌年には和泉《いずみ》の信達荘《しのだしょう》を寄進された。

戦乱の影響

合戦で多大な被害を受けたのは村人である。美濃の大井荘の村人は荘園領主の東大寺に次の報告をしている。北畠顕家が上洛をめざした建武四年（一三三七）に村は戦場となり、軍勢が荘園に押し入り、牛馬や米・大豆を運び取ってゆくので、村人は一カ所にまとまって力を合わせて警固し、濫妨《らんぼう》を防いだ。守護や国司からは軍勢を出せ、兵粮米や馬具を出せ、といってきている（「東大寺文書」）。

戦乱のなかで村の結びつきが強まった。近江の菅浦《すがうら》の住人は、暦応年間（一三四〇年頃）に隣接する大浦荘との争いから、乾元《けんげん》元年（一三〇二）作成の大浦荘との境相論絵図《さかいそうろんえず》を提出しているが、その絵図は内容から見て、偽作の可能性が高い。偽作までして村の主張を通そうとしたのである。貞和二年（一三四六）には、大浦荘との係争地の売却を禁止する「所の置文《おきぶみ》」を定め、これに違反すれば「惣の出仕」を停止するとした。この「惣」は乙名《おとな》・中老・若衆二〇名で運営された。

戦乱によって困窮を極めたのは、荘園からの年貢の納入がままならない公家や寺社であるが、それをよそに力をつけたのが有徳人《うとくにん》である。「建武式目」第六条が無尽銭や土倉などの金融業者の保護を記したのは、その活動を無視しては、合戦の遂行や武士の経済も成り立たなかったからである。戦う武士には「兵粮」の料所が預けおかれても、この料所の経営は武士には難しく、有徳人が経営を請け負い、そこから兵粮米が支弁された。荘園・公領の年貢の半分を武士に給付する「半済《はんぜい》」の地の経営にも有徳人が関わっていた。

　戦乱によって、村や町がすっかり荒れ果てたのではなく、むしろ経済は活況を呈し、有徳人の住む町や湊、市は賑わっていた。応安《おうあん》四年（一三七一）に山陽道の福岡宿を通った今川了俊は、福岡宿や市の賑わいを「家ども軒をならべて民のかまどにぎはひつつ、まことに名にしおひたり」と記している（『道ゆきぶり』）。多くの紀行文がこの時期に書かれているのも、人々の動きが活発になり、旅が容易になっていたからである。建武二年（一三三五）八月に誅殺された西園寺公宗《きんむね》の妻日野名子の日記『竹むきが記』は、四天王寺・住吉社や石山寺・長谷寺に参詣した旅を記しているが、その旅路での心配事は、わずかに長谷詣からの帰り道の宇治辺での「あやしき事」のみであった。

　連歌師で医師の坂士仏《さかしぶつ》は康永元年（一三四二）に伊勢神宮に赴き、その時の『大神宮参詣記』に、伊勢の安濃津《あのつ》が、船人の漕ぐ舟で賑わう様子を記している。歌僧の宗久《そうきゅう》が観応の頃（一三五〇頃）に奥州の松島に赴いた時の日記『都《みやこ》のつと』によれば、筑紫を出て、東海道をへて常陸高岡の法雲寺で夏を過ごし、甲斐・上野国をまわって翌年秋に白河関を越え塩竈《しおがま》・松島を訪れている。

　観応二年（一三五一）に亡くなった浄土真宗の本願寺三世の覚如《かくにょ》の一生を描く『慕帰絵《ぼきえ》』には、覚如が赴いた奥州の松島（巻六）や紀伊の和歌浦（巻七）、丹後の天橋立（巻九）が描かれている。この絵巻からも知られるように、戦乱があっても仏教の広がりは目覚ましかった。『峯相記』は、貞和四年（一三四八）頃の播磨国の案内記であって、それには仏教の宗派が本朝では十一家あり、華厳《けごん》宗・真言宗・天台宗・涅槃《ねはん》宗・浄土宗・法相《ほっそう》宗・三論《さんろん》宗・倶舎《くしゃ》宗・成実《じょうじつ》宗・律宗があるが、当代では日蓮による法華宗が広がっているとあり、さらに播磨国の霊地・霊山を紹介する。

3　バサラの文化

連歌文化の広がり

『慕帰絵』は、京で躍動するさまざまな人々の姿も描いている。巻二には、三井寺の衆徒が押し寄せてくるのに備える場に、琵琶法師が小坊主を連れて通りかかる場面が描かれており、合戦の合間には琵琶法師の語りを聞いていた。『太平記』巻二一には、高師直が琵琶法師の覚一検校《かくいちけんぎょう》と真性《しんしょう》に『平家物語』を語らせた話が載るが、覚一は覚一本《かくいちぼん》という語りの『平家物語』（平曲）を大成した琵琶法師で、定一、慶一らにその芸は継承されていった。

巻五の、永仁《えいにん》三年（一二九五）に親鸞《しんらん》の伝記を絵師に屋敷で描かせる場面では、絵巻制作の風景が描かれていて、絵巻がどう描かれていたのかがわかる。その絵を描く真剣な様子を際立てさせるべく、絵巻は屋敷の前の道を行く放下僧《ほうかそう》や尼、馬に乗る僧、物売り、赤ん坊を抱いて駒回しに興じる子を見守る母などを描き、巷の日常の風景を浮き上がらせている。

同じ巻五の、正和四年(一三一五)に覚如が歌集『閑窓集《かんそうしゅう》』を撰集した話にそえられた絵には、柿本人麻呂《かきのもとのひとまろ》の影《えい》を前に僧や公家が集まって歌を詠む場面があり、車座になって歌を詠む様子が描かれている。会の後には宴があることから、次の場面はその料理をつくって、運ぶべく台所で忙しく食事を支度する人たちが立ち働いている。料理文化の広がりがうかがえる。

和歌と並んで連歌も流行していた。「二条河原落書」には、「京鎌倉ヲコキマゼテ 一座ソロハヌ似非《えせ》連歌 在々所々ノ歌連歌 点者ニナラヌ人ゾナキ」と、上洛した人々の間で連歌が大いに流行していたと記すが、その一因は連歌が戦意高揚のためにおこなわれていたからである。『太平記』は、楠木正成の籠る千早城を攻めた幕府軍が「花の下連歌師」を招いて、万句の連歌をおこなった、と記している。近江の佐々木導誉《どうよ》は、文和三年(一三五四)の播磨出陣の際に連歌会を開いたが、その導誉の句風は一世を風靡した(『十問最秘抄《じゅうもんさいひしょう》』)。

連歌はさまざまな形をとって広がった。坂士仏の『大神宮参詣記』によれば、康永元年(一三四二)に伊勢神宮に赴いた時、山田の三宝院で「笠着《かさぎ》群集」し「法楽《ほうらく》連歌」を初めておこなったという。公家の二条良基《よしもと》は「幽玄たくみに余情妖艶」と評された救済《きゅうせい》に連歌を学んで、「家々の式」などが多く流布し、「本式・新式などいひて、方々にわかれ所々に集会す」という分流状況から、救済が定めた式を拠り所にして連歌論『筑波問答』を著した。

良基は、貞和五年(一三四九)に連歌書『連理秘抄《れんりひしょう》』を著し、延文《えんぶん》二年(一三五七)には貴族や武士・

地下の連歌師など五〇〇人以上に及ぶ作者の連歌を収録する連歌集『菟玖波集』を編んだ。これに佐々木導誉が動いて、勅撰集となるよう朝廷に求めた結果、准勅撰とされ(『園太暦《えんたいりゃく》』)、連歌の地位は確固となった。さらに応安五年(一三七二)に『応安新式』を定め、連歌の型が定まった。

バサラの芸能

茶も芸能として広がりを見せ、「二条河原落書」に「茶香十種ノ寄合モ　鎌倉釣リニ有リ鹿《しか》ト　都ハイトド倍増ス」といわれるほどに流行した。『太平記』巻三三の「武家富貴の事」には、貞治《じょうじ》五年(一三六六)に大原野の勝持寺《しょうじじ》で、佐々木導誉が催した茶会の話がある。

寺の境内を唐物でさまざまに飾りつけ、本堂の庭の桜の木四本には真鍮の花瓶をすえて花を立て、香炉に名香を焚きあげてその香りが辺りを包む、まさに浄土にいる心地のなかを、富貴を謳歌した大名が身に錦繍《きんしゅう》をまとい、食は八珍《はっちん》を尽くし、百服の本非の飲み分けを楽しみ、異国・本朝の重宝を集め、百座の粧《よそおい》を競い、その勝負には染物・色小袖・沈香《じんこう》・砂金・鎧が賭けられていたという。

導誉は「佐々木系図」に「香会、茶道、人に長ず」とあるように、茶や花、香、食、服飾の領域に深く関わっていた。これらは視覚・聴覚・味覚・嗅覚・触覚の五感を研ぎすまし、自然と人と向き合うなかで発展してきた芸能である。そのうち立花《りっか》の芸能はこの時期から広がっていた。『祇園執行日記《ぎおんしぎょうにっき》』応安五年(一三七二)七月二十七日条に「四条道場に参る。立花の松一つ覚阿《かくあ》のもとに遣す」とあり、祇園執行の顕詮《けんせん》が時宗の四条道場に立花のための松を送ったとある。

これら芸能は、「建武式目」が連歌・闘茶・田楽の華美な風俗・風潮について、「婆佐羅《ばさら》と号し専ら過差を好み、綾羅《りょうら》錦繍・精好《せいごう》銀剣・風流服飾、目を驚かさざるはなし」と批判したバサラに特色があった。バサラの原義は、金剛杵《こんごうしょ》の独鈷《とっこ》や三鈷《さんこ》などの仏具・法具であり、バサラと称された「綾羅錦繍・精好銀剣・風流服飾」とは、一段と美麗で出来栄えよく、意匠が凝らされている風をいう。その語感には、異文化の香りが漂い、唐物を超えた際立ったイメージが認められる。

このバサラの三鈷を手に描かれたのが、かの後醍醐天皇の肖像画である（三〇六頁参照）。中国の天子の冠・服をまとい、仏具を手にして仏敵を粉砕しようとする姿は、これぞバサラの王権を物語っている。その近臣の千種忠顕は、「我道にもあらぬ笠懸《かさがけ》・犬追物《いぬおうもの》を好み、博奕《ばくち》・婬乱《いんらん》を事とし」ていて、家人たちに順番で毎日酒宴を開かせていて、そこに集まった侍は三〇〇人を越え、費用は一度に一万銭でも足りなかったという。まさにバサラな公家であって、内野や北山での小鷹狩では、豹や虎の皮を行縢《むかばき》に、金蘭纐纈《きんらんこうけつ》を直垂《ひたたれ》に着用していた（『太平記』）。

バサラ大名と猿楽能

佐々木導誉のバサラぶりを物語るのは、先に記した大原野の茶会があるが、次のエピソードもある。暦応三年（一三四〇）十月、導誉が「バサラの風流」を尽くし小鷹狩をしての帰途、妙法院の門主の愛でていた紅葉を若党が引き折った。このため仕える法師らが若党らを打擲《ちょうちゃく》したので、怒った導誉が妙法院を焼き、山門の訴えで配流となるが、その配流の途中、導誉は若党三〇〇人に猿皮の靫《うつぼ》に猿皮の腰当をさせ、鶯の籠を持たせるなどして、公家の成敗と山門の訴えをあざけ笑ったという。猿は比叡山の神の使者と考えられており、猿楽の物真似芸によって揶揄《やゆ》したのである。

この話からも知られるように、導誉は猿楽を愛好していた。猿楽は鎌倉時代の後半に近江や大和で座を形成してきていて、十四世紀初頭からは興福寺の南大門前や春日社の若宮で薪猿楽がおこなわれるようになった。世阿弥《ぜあみ》の『風姿花伝《ふうしかでん》』は、「大和国春日御神事にあひしたがふ申楽《さるがく》四座」として「外山《とび》、結崎《ゆうざき》、坂戸、円満井《えんまんい》」の大和猿楽四座をあげ、ほかに近江日吉社の神事に奉仕する申楽三座「山科《やましな》、下坂、比叡」や、伊勢の咒師《じゅし》二座、法勝寺の修正《しゅうしょう》申楽の三座「河内住の新座、丹波の本座、摂津の法成寺《ほうじょうじ》」などがあったという。

こうした猿楽や田楽の流行を物語るのが貞和五年(一三四九)六月に京の四条河原でおこなわれた大規模な勧進田楽《かんじんでんがく》である。四条橋を架ける費用を捻出するため、祇園社執行の行恵《ぎょうえ》が勧進元になり、八十三間、三重四重の桟敷が打たれ、新座・本座の田楽が老若対抗の形でおこなわれた。この見物には、二条良基や足利尊氏・佐々木導誉らの武家、諸寺の僧・諸社の神職、さらに多く民衆も集まった。

しかしそれもあって桟敷が大崩れして多数の死者が出た。見物席としての桟敷は、街中を通る行列を見物するためにつくられてきたが、四条河原の桟敷はそれとは違って、舞台を取り囲む形のもので、

『一遍聖絵』に描かれた京の七条道場の踊念仏の桟敷がそれとよく似ている(二五七頁図参照)。市跡の広場に板屋の舞台が設けられ、時衆が踊り回るのを牛車や桟敷から見物人が飲食しながら眺めているもので、桟敷は舞台の観覧席としてつくられており、これの発展型が四条河原の桟敷である。

文和四年(一三五五)四月の、醍醐寺の鎮守清滝宮の祭礼での大和猿楽の演能、六月の京の新熊野社六月会での猿楽・田楽の演能など、猿楽能は観衆を楽しませていた。なかでも大和四座のうち結崎座の能作者である観阿弥《かんあみ》は、醍醐寺三宝院の光済僧正《こうさいそうじょう》のもとでおこなわれた七日間の勧進猿楽で評判をとり、京で賞翫《しょうがん》されるようになった。観阿弥は、元弘三年(一三三三)に生まれ、田楽の聖として評判の高い本座の一忠《いっちゅう》から「鬼神の物まね、怒れるよそほひ、洩れたる風体なかりける」という芸を学び、大和申楽の「笛の上手」名生《めいしょう》にも学ぶなどして(『風姿花伝』)、多くの芸能の良質な面を吸収し、猿楽能を総合芸術に高めていった。

「中夏無為の代」

将軍足利義詮が貞治六年(一三六七)に亡くなると、子の義満が家督を継承し、翌年に管領細川頼之《よりゆき》の補佐を得て将軍になるが、それとともに皇室領や寺社・摂関領以外の荘園・公領の年貢の半分を武士に給付し、かわりに貴族・寺社領を保護する応安の半済令が出された。この法令は宣旨により出され、貴族・寺社の領域にまで踏み込み、広く通用する「大法」として受け止められ、これを契機に土地領有の体制が安定して動乱は収束へと向かった。

ここに至るまでにはいくつかの段階があった。足利尊氏が南朝に降って正平一統となり、北朝の崇《す》光《こう》が退位するが、講和が崩壊して南朝軍が正平七年(文和元年〈一三五二〉)に京から引き揚げた。その際に光厳・光明・崇光の三上皇と前東宮を吉野に連れ去ったことから、幕府は光厳の母広義門院《こうぎもんいん》の指名により後光厳《ごこうごん》天皇を立てた。これが第一の段階である。

続いて尊氏が延文三年(一三五八)に亡くなり、将軍になった義詮がそれまで引付で審理を厳密におこなってきた裁判制度を改め、とくに問題のない訴訟は将軍の名で訴人のいい分を認め、その判決を将軍家御教書で出すようになった。これが第二の段階。

第三の段階は、執事の細川清氏《きようじ》が康安《こうあん》元年(一三六一)に失脚し、足利一門の高い家格を誇る斯波高経の子斯波義将《よしまさ》が執事となり、執事・執権に権限の分割されていた二頭政治が解消され、執事が管領として将軍を補佐する体制となった段階。

そして第四の段階。斯波高経・義将が将軍・幕府の権威確立に向け、地頭御家人の所領への「武家役」を二〇分の一に引き上げ、義詮の邸宅三条坊門万里小路《までのこうじ》邸の新築に際して、おもな大名に「一殿一閣」を割り当て、造営に消極的な佐々木導誉や赤松氏の荘園を没収したことなどから、諸大名の訴えにあって斯波父子が越前に没落した。

このような四つの段階をへて、義詮は観応《かんのう》の擾乱《じょうらん》以後、没収や押領されている寺社本所領を返却する法令を出し、細川頼之を四国から呼んで管領にすえて、貞治六年(一三六七)に政務を義満に譲った。『太平記』はこの頼之の執政により「中夏無為《ちゅうかぶい》の代」になったとして筆を擱《お》いている。中夏とは中央、京の意であり、転じて全国をさし、ここに「太平」の世が到来した、と見たのである。

朝廷では、文和二年(一三五三)に後光厳天皇が践祚するが、六月、楠木正儀《まさのり》の南朝軍に京を攻略されたため、足利義詮は天皇を奉じて美濃の小島に避難した。二条良基の『小島のくちずさみ』はその行宮《あんぐう》に赴いた時の紀行文である。まもなく天皇は都に復帰し体制を整えたが、この年十月の議定会議のメンバーは、二条良基、近衛道嗣《このえみちつぐ》、勧修寺経顕《かじゅうじつねあき》の三人で、のちに正親町《おおぎまち》三条実継《さねつぐ》、万里小路仲房《なかふさ》、日野時光《ときみつ》、柳原忠光《ただみつ》が追加され、これらの諸家が以後の朝廷の政治を支えていった。

後光厳院は貞治六年(一三六七)三月に和歌と漢詩、管絃の宴である中殿御会《ちゅうでんぎょかい》を開いたが、この会は後鳥羽上皇が開いて、その直後に承久の乱が起きたので途絶えていたもので、それが挙行されて、将軍足利義詮も出席し、「太平の世」を謳歌した。

太平記と語りの芸能

後醍醐天皇に始まる軍記物語『太平記』の成立については、応永九年(一四〇二)に今川了俊(貞世《さだよ》)が執筆した『難太平記』によれば、法勝寺の恵鎮が『太平記』三〇余巻を足利直義のもとに持参したので、玄恵に点検させたところ、多くの誤りがあって、修正させたとある。

恵鎮は、幕府滅亡後に法勝寺を拠点として東大寺大勧進となり、鎌倉の北条高時邸跡に宝戒寺《ほうかいじ》を建てた天台律宗の僧である。したがって『太平記』の祖型は、直義が失脚する貞和五年(一三四九)以前に生まれており、ほぼ同時代に編まれたことがわかる。その後も書き継がれ、『洞院公定日記《とういんきんさだにっき》』応安七年(一三七四)五月三日条に、「去る二十八・九日の間、小島法師円寂《えんじゃく》すと云々。これ天下に翫《もてあそ》ぶ太平記の作者なり。凡そ卑賤の器たりといへども、名匠の聞こえ有り」とあって、『太平記』作者の小島法師が亡くなったと記す。このことから貞治六年(一三六七)からほどなくして『太平記』全編が成立したのであるが、その後も追加や訂正がなされていった。

『太平記』が列島各地の情報を満載しているのは、恵鎮周辺の僧や、合戦での死者を葬る時衆《じしゅう》の陣僧、合戦の軍忠を記した軍忠状作成の物書き、合戦に遭遇した遁世僧らの多くの情報に基づくからであって、その情報は談義や寄合の場で語られた。後醍醐天皇御前の談義において中心的役割を果たした玄恵法印は、独精軒《どくせいけん》と号し、直義の屋敷に訪れている(『太平記』)。時衆の京の四条道場金蓮寺《こんれんじ》や七条道場金光寺《こんこうじ》も寄合の場であって、『太平記』成立に関わっていたであろう。鎌倉公方の足利基氏《もとうじ》を関東管領として補佐していた畠山国清《くにきよ》が上洛して身を寄せたのが金光寺であり、佐々木導誉は延文五年(一三六〇)に金蓮寺に四条京極の地を寄進している。

この時期の談義の様子を記しているのが『太平記』巻三八の北野の聖廟での話で、そこでは鎌倉幕府に仕えた奉行人らしき坂東声《ばんどうごえ》の遁世者、朝廷に仕える儒学に明るい雲客《うんかく》、門跡に仕え天台宗の教えを守る僧三人が、連歌をおこなった後、異国や本朝の物語を語っている。架空とはいえ、このような場で語られた情報や解釈を通じて『太平記』が生まれ、広く読まれ、語られたのである。

『後法興院記《ごほうこういんき》』文正《ぶんしょう》元年(一四六六)五月二十六日条には、成仏寺《じょうぶつじ》の「談義」で、禅僧が「太平記を読む」とあり、『親長《ちかなが》日記』延徳《えんとく》二年(一四九〇)五月十六日条でも、烏丸《からすま》観音堂の談義で『太平記』が読まれたとある。『太平記理尽抄《りじんしょう》』のような、新たな解釈・注釈が付された『太平記』の読み物が生まれ、その過程で動乱期の武士像が形象化されたのである。

そこでは楠木正成らの南朝方の武士が「忠臣」と語られてゆく。北朝方の武士では、美濃守護の土岐頼遠《よりとお》が、幕府奉行人二階堂行春《ゆきはる》と新日吉社の馬場で笠懸をおこなっての帰途、光厳院の行列に遭遇し、下馬を求める院の従者を馬鹿者呼ばわりして、「なに院と云ふか、犬と云ふか、犬ならば射て落さん」と言い放って矢を射ている。高師直については、天皇や院に出逢った時に馬から下りる路頭礼の難しさについて、「もし王なくて叶ふまじき道理あらば、木を以て造るか、金を以て鋳るかして、生まれたる院、国王をば何方《いづかた》へも皆流し捨て奉らばや」と語ったという。朝廷の権威を蔑《ないがしろ》にする二人の態度を浮き彫りにしている。

東国と九州、対外交

京で幕府の体制が固まってゆくなか、関東では義詮の弟基氏が畠山国清を貞治元年(一三六二)に追放して、鎌倉府の体制を固め、尊氏の従兄弟の上杉憲顕《のりあき》を関東管領とした。その基氏が貞治六年（一三六七）に亡くなると、その跡を継いだ子の金王丸《こんのうまる》は、憲顕の補佐を得て応安元年（一三六八）に武蔵の平一揆《へいいっき》を鎮圧し、同二年に義満の一字を得て氏満《うじみつ》と名乗った。

さらに憲顕の死により、その娘婿の上杉朝房《ともふさ》と子の能憲の二人を関東管領にすると、能憲は幕府管領の細川頼之と連携して鎌倉公方を支えた。鎌倉府は独立性の高い小幕府で、関東八カ国と甲斐・伊豆両国を管轄し、政所・問注所は二階堂や太田氏など鎌倉幕府の代からの吏寮《りりょう》が執事となった。

九州では、尊氏が博多から上洛するのに際して一色範氏《いっしきのりうじ》を九州管領としたことから、旧来の大名勢力の反発を招いていた。そこに貞和四年（一三四八）に南朝方の懐良《かねよし》親王が南九州をへて肥後の阿蘇氏の館に落ち着いて征西府を置き、翌貞和五年には足利直冬が直義失脚後に九州に下ってきて少弐氏と結んだ。これに懐良親王方が一色氏を長門に追い、少弐氏も破って、正平十六年（康安元年〈一三六一〉）には大宰府を制圧し、征西府を大宰府に移した。

貞治五年（一三六六）、高麗使《こうらいし》が倭寇の禁圧を求めて出雲に着岸し、翌年に天龍寺に入って新たな動きが始まる。『高麗史』は、「倭寇の侵、これに始まる」と、倭寇が一三五〇年に朝鮮半島南岸を襲った事件を記しているが、倭寇の活動はこれ以後頻繁になった。幕府は夢窓の弟子の春屋《しゅんおく》妙葩《みょうは》からの返書という形で、「当時の本朝の為体《ていたらく》、鎮西九国悉《ことごと》く管領するに非ず。禁遏《きんあつ》の限りに非ず」と、倭寇の禁圧が困難な状況にあると答えつつも、通交の意思は示した。

大陸では一三六八年に朱元璋《しゅげんしょう》が明《みん》王朝を建て（洪武帝《こうぶ》）、使節を日本に派遣して懐良親王を「日本国王」に封じたが、九州の事情は変化していた。応安三年（一三七〇）に九州探題として派遣された今川了俊が翌四年暮に九州に入り、応安五年に大宰府を落とし、懐良親王は高良山《こうらさん》に移っていた。このため「日本国王」冊封の使節は、博多で了俊軍に抑留され、幕府が交渉相手となった。翌応安六年（一三七三）に幕府は明の使者の上洛を許可し、遣明使を派遣し、俘虜《ふりょ》一五〇人を返還したが、洪武帝は「国臣」である義満の送った書面を正式と認めず、幕府の対明外交は頓挫した。

幕府による朝廷権限の接収

義満期の幕府（「花営《かえい》」）の動きは、義満・義持《よしもち》・義量《よしかず》の三代の将軍記『花営三代記』の記事が記すように、幕府政治を支える管領や評定衆・奉行人などの制度的仕組みが本格的に整えられていったのであるが、その整備された内容を記すのが、幕府の訴訟制度の解説書『武政軌範《ぶせいきはん》』である。

『武政軌範』は、引付内談・侍所沙汰・地方《じかた》沙汰・問注所沙汰・所沙汰篇からなり、引付内談を「近代は管領の御沙汰たるか」と記し、引付が管領の統轄下に入ったこと、また侍所沙汰を「公武の警固を致し、洛辺の検断を行ふ随分の重職なり」と記して、幕府の侍所が検非違使《けびいし》の握っていた洛中の警察・裁判権を担うようになったとしている。

幕府は制度の整備をおこなうとともに、朝廷の権限を接収していったが、その朝廷との関係では、応安三年(一三七〇)に後光厳院が譲位の意思を示したことから、摂関家の二条良基が幕府を動かし、翌応安四年十一月に後円融《ごえんゆう》天皇が即位した。これを契機に、幕府は即位の費用として諸国から段銭、洛中から土倉役《どそう》、酒屋役を賦課するなど、次々と朝廷の諸権限を吸収していった。内裏や賀茂《かも》・石清水・比叡山などの大寺社の修理料《しゅうり》も幕府が徴収した。

応安元年(一三六八)に将軍になった義満は、応安五年(一三七二)十一月に評定始めをおこない、政務に関わるようになるが、その間に大名間の争いは激しくなっていた。政治を主導してきた細川頼之が一門の中では出自が低いこともあって、守護交替の断行、山門や禅宗寺院の要求の拒否などの強硬な態度に、康暦《こうりゃく》元年(一三七九)閏四月、斯波義将、土岐頼康《よりやす》、京極高秀《たかひで》(佐々木導誉の子)ら数万騎の軍兵が御所を取り囲み、頼之罷免を要求したのである。

義満はその要求に押され、頼之は分国の讃岐に退いて、斯波義将が管領となったが、この康暦の政変を契機に、義満は将軍権力の向上をめざした。伊勢貞継《さだつぐ》を康暦元年八月に政所執事に抜擢し、政所を「諸国料所年貢、土蔵酒屋以下諸商売公役」を扱う機関として、将軍家の財源を管轄させ、康暦の政変で御所を大軍で囲まれた苦い経験から強力な親衛隊を組織した。

康暦の政変は地方にも影響を与えた。土岐頼康は叔父頼遠処刑の後に美濃守護を継承し、尊氏に従って尾張・伊勢守護となったが、細川頼之が管領になってから伊勢を失っていたので、斯波義将と結んで頼之を追い落とす康暦の政変に関わった。そこで義満は土岐頼康を退治するため国々から軍勢を召した。

関東の歴史を描く『鎌倉大草紙《かまくらおおぞうし》』によれば、これに応じて、関東管領上杉憲春の弟憲方《のりかた》が軍勢を率いて出陣したところ、この機会に鎌倉公方の足利氏満が義満を倒そうと考えたという。しかし上杉憲春が「御謀叛叶まじき」と諫め、持仏堂に入って自害したので、氏満は思いとどまり、管領に弟憲方を任じるとともに、義満には「野心」を存じない旨を伝えて了承を得たのであった。

4 北山文化の文化統合

公武に君臨する王

京では義満が積極的に朝廷の儀式に関わっていた。永和《えいわ》元年（一三七五）三月、前関白近衛道嗣らの公家が見物するなかを、石清水八幡宮に参詣し、四月に初めて参内している。朝廷では、後光厳院が亡くなり、後円融天皇の代となっており、その参内を仲介した二条良基が伺候するなか、義満は天皇との対面をとげた。

永和二年（一三七六）四月、義満は桂川で犬追物を見物し、九月には賀茂河原屋で蹴鞠《けまり》を楽しみ、永和四年（一三七八）六月の祇園祭では、四条 東 洞院《ひがしのとういん》の桟敷で山鉾を見物している。この時期の祇園祭は、応安七年（一三七四）に「祇園会の鉾など、下辺が経営す」（『師夏記《もろなつき》』）、永和二年（一三七六）に「下辺の鉾ならびに造物・山」（『後愚昧記《ごぐまいき》』）とあって、洛中の下辺（下京）の町からは鉾や山が出されていて、山鉾町は、北は二条、南は五条、東は万里小路、西は猪熊小路の範囲に分布していた。

それとともに義満は祇園祭に大きく関わり、永和四年（一三七八）の祇園祭では、寵愛の藤若をともない四条東洞院の桟敷で見物しているが、この藤若こそ幼い世阿弥である。義満はその二年後にも、一〇間の桟敷を設けて見物し、以後、将軍の祇園祭見物は「祇園会御成《ぎおんえおなり》」として恒例化する。祇園祭の費用を負担する馬上役《ばじょうやく》にも梃子《てこ》入れをし、洛中の土倉に馬上方一衆《うまのかみかたいっしゅう》という組織をつくらせ、費用を負担させた。

永和四年（一三七八）、義満は室町に幕府御所の造営を始めた。大きさは東西二町、庭園や会所が設けられ、その華美な様から「花の御所」と称され、公家・武家の文化的統合の拠点となった。御所の地名からこの幕府を室町幕府と呼ぶ。永徳《えいとく》元年（一三八一）三月、後円融天皇が完成した花の御所に行幸するが、これが初めての武家への行幸で、舞や蹴鞠、詩歌会がおこなわれた。

義満はその四月に、山科家の山科教冬《のりふゆ》、勧修寺流の清閑寺氏房《せいかんじうじふさ》・勧修寺頼房《よりふさ》、日野流の柳原資冬《すけふゆ》・広橋兼宣《かねのぶ》など実務系廷臣を「室町殿家司《けいし》」として組織し、六月には、内大臣になった義満が任大臣節会《にんだいじんのせちえ》・大臣大饗《だいじんのだいきょう》を白昼におこなわせて周囲を驚かせ、永徳二年（一三八二）に後円融天皇が院政を開始すると、院庁の執事別当となり、永徳三年（一三八三）には准三宮となるなど、まさに順風満帆の勢いであって、義満はさらに同年に御所の東に相国寺を創建した。

春屋妙葩《しゅんおくみょうは》・義堂周信《ぎどうしゅうしん》二人の勧めにより大伽藍を建立したもので、義満が太政大臣（相国《しょうこく》）となる意が込められて、義堂によって「相国承天禅寺《じょうてんぜんじ》」と命名された。夢窓疎石を開山とし、疎石の甥の春屋妙葩が事実上の開山となった。相国寺の落慶供養は明徳三年(一三九二)八月におこなわれたが、その次第を記す『相国寺供養記』は義満への賛辞で溢れている。さらに応永六年(一三九九)には、父義詮の三十三回忌にあたり、相国寺境内に七重塔を建てている。京の王権を象徴する法勝寺の九重塔が焼失して久しく、新たな王権を示威するモニュメントとなった。

義満の五山文化

室町幕府は、鎌倉幕府に倣って五山制度を導入し、暦応四年(一三四一)に南禅寺・天龍寺・建仁寺・東福寺・万寿寺の五寺を五山と定め、南禅寺をその筆頭におくなど禅宗寺院を武家沙汰の寺として保護・統制してきた。夢窓派を重視し、後醍醐天皇が帰依した宗峰妙超の開創した大徳寺を入れなかった。宗峰の雄渾な墨蹟は、宗峰の推挙で関山慧玄が開山となった妙心寺に伝わる。

義満は、貞治六年(一三六七)に初めて天龍寺に参り、春屋妙葩から法を伝授され、僧衣を与えられて両者の関係が始まる。応安元年(一三六八)、南禅寺住持の定山祖禅が『続正法論』を著し、延暦寺・興福寺を罵倒したことから、山門が南禅寺の楼門破却を求めて強訴に及ぶ事件が起きたので、幕府は諸大名の声に押され、楼門を撤去したが、南禅寺の春屋はこれに抗議し、丹後国に隠棲した。

義満は、応安五年(一三七二)十一月、夢窓疎石の墓所を拝し、自らの道号を天山、法名を道義に改めると、康暦元年（一三七九）に、五山十刹以下の官寺の住持を推挙し、その任免の実務や訴訟などを統轄する僧録の職に、丹後から春屋を呼んで任命した。永徳元年（一三八一）には、足利氏の菩提寺である等持院において、管領斯波義将や春屋妙葩・義堂周信らと会し、五山十刹以下の住持の任期や規式を定め、こうして相国寺の創建に及んだのである。

至徳《しとく》三年（一三八六）七月、幕府は京五山の上に南禅寺をおき、相国寺を五山に入れ、鎌倉五山には建長寺・円覚寺・寿福寺・浄智寺・浄妙寺を定めた。この五山の制度とともに、寺観も整えられていった。鎌倉末期に全焼した東福寺が再建され、開山の無関普門《むかんふもん》の墓所とそれを管理する塔頭《たっちゅう》龍吟《りょうぎん》庵《あん》の方丈が、嘉慶《かけい》元年（一三八七）に整備された。現存する最古の和様の方丈建築である。

至徳元年（一三八四）に再建が始まった東福寺三門は、大仏様に禅宗様が加わった建築で、応永二十年（一四一三）に二階内部が完成した。鏡天井を大瓶束《たいへいづか》で繋ぐ二重の虹梁《こうりょう》で受け、大陸風の濃厚な彩色文様が描かれ、十六羅漢像・宝冠釈迦像が祀られた。なお東福寺の海蔵院からは、虎関師錬の影響を受けた禅僧が輩出し、多くの画僧も出た。なかでも明兆《みんちょう》は殿司の役を務め兆殿司《ちょうでんす》と呼ばれ、至徳三年（一三八六）の「五百羅漢図」をはじめ、異様な顔貌表現の「達磨《だるま》図」や、縦が八メートルを超える「涅槃《ねはん》図」、「寒山拾得《かんざんじっとく》図」など大作を描き、これらは今に東福寺に伝わる。

東福寺三門

五山文学の隆盛

嘉慶《かきょう》二年（一三八八）、義満を補佐しこの時期の文化を牽引してきた義堂周信、二条良基、春屋妙葩の三人が相次いで亡くなる。このうち義堂は、夢窓に参禅し、鎌倉の足利基氏に招かれて円覚寺に入り、上杉能憲に請われて鎌倉の報恩寺の開山となった。康暦二年（一三八〇）に義満の命で上洛し、至徳三年（一三八六）に南禅寺の住持となった。

その日記『空華《くうげ》日用《にちよう》工夫集《くふうしゅう》』は、死没まで書き継がれ、鎌倉や京の政治の動きが記されている。著作に『貞和類聚《るいじゅう》祖《そ》苑聯芳《えんれんぽう》集』『義堂和尚語録』があり、詩文集『空華《くうげ》集』は五山文学の白眉《はくび》と評される。

この五山文学を遡ると、一山一寧が中国禅林の文学を好む気風を伝え、さらに禅林文学の純化をめざした古林清茂《くりんせいむ》の弟子竺仙梵僊《じくせんぼんせん》が来日し、元に渡って古林に師事した竜山徳見《りゅうざんとっけん》、中巌円月《ちゅうがんえんげつ》らの帰国によって、新たな作風の漢詩文が誕生した。中厳の『東海一漚集《いちおう》』はその代表的作品で、義堂はこの中厳から大きな影響を受けた。

春屋妙葩は五山の主流派形成に尽力して、康暦元年（一三七九）に相国寺の塔頭鹿苑院《ろんおんいん》の住持として、禅院の僧事を統轄する僧録となった。著作に『雲門一曲《うんもんいっきょく》』『智覚普明《ちかくふみょう》国師語録』があり、竺仙梵僊の出版事業を継承し、京の天龍寺雲居庵で嵯峨版の出版活動を展開した。この五山版を継承して玉山徳璇《ぎょくざんとくせん》は多くの臨川寺《りんせんじ》版を出版した。五山版の最初は弘安《こうあん》十年（一二八七）に建長寺正続《しょうぞく》庵で出版された『禅門宝訓《ほうくん》』で、鎌倉期に二〇点余り、南北朝期には数百点もが刊行された。鎌倉では大喜法忻《だいきほうきん》が円覚寺続燈庵《ぞくとうあん》において出版事業をおこない、大陸からの版工などの職人の招いた。

義堂・春屋二人の没後は、義堂とともに「五山文学の双璧」と称された絶海中津《ぜっかいちゅうしん》が五山文学の中心になる。絶海は夢窓に参禅し、建仁寺で竜山徳見の会下に入って入明し、永和四年（一三七八）に帰国して天龍寺の春屋のもとに身を寄せ、永徳四年（一三八四）に義満の招きにより鹿苑院主となるが、やがて義満と衝突して諸国流浪ののち、和解し、応永五年（一三九八）に僧録に任じられた。語録に『絶海和尚語録』、詩文集に『蕉堅稿《しょうけんこう》』がある。義堂・絶海の後の五山の文壇・詩壇の文学は、相国寺は義堂、建仁寺は絶海の影響下にあり、さらに虎関師錬の影響下にあった東福寺に引き継がれてゆく。

二条良基と世阿弥

嘉慶二年(一三八八)に亡くなった二条良基の文化形成に果たした役割は大きい。良基は、貞和二年(一三四六)に関白になってから揺れる政治情勢にあって、強い意思と実行力、妥協を辞さない決断力で動いてきた。義満が朝廷内部に入るにあたってはこれを指南し、公家・武家両者の文化に深く関わり、朝廷儀式の再興に尽力し、王朝文化に新たな息吹を与えた。

その活動は多方面にわたる。すでに見た連歌のほかに、和歌においても、良基が歌人の頓阿に質問して頓阿が答えた『愚問賢注』が貞治二年(一三六三)に著されると、これを踏まえて歌論書『近来風躰抄《きんらいふうていしょう》』を著し、『衣かづきの日記』『さかき葉の日記』『雲井の花』『雲井の御法《みのり》』などの宮廷行事の記録を仮名文で記している。永和二年(一三七六)以前に成立した『増鏡《ますかがみ》』も、良基を作者とする見解がある。『増鏡』は、後鳥羽天皇が誕生した治承四年(一一八〇)から後醍醐天皇が隠岐から京に戻るまでの歴史を仮名文で記し、多くの日記や和歌集を素材としている。

良基と勅撰和歌集との関わりは明らかでないが、連歌の准勅撰集『菟玖波集』が成立した前年には、『新千載和歌集』が将軍足利尊氏の執奏により、後光厳天皇が二条為定《ためさだ》を撰者に命じて成っている。以後、将軍の執奏によって、貞治三年(一三六四)に『新拾遺和歌集』が、永和元年(一三七五)に『新後拾遺和歌集』が編まれた。

良基が若い世阿弥を義満に紹介したのが、世阿弥と義満の関係の始まりであった。応安七年(一三七四)に京の新熊野社において観阿弥・世阿弥父子が演じて以来、猿楽能は将軍の保護により芸が高められた。観阿弥は、猿楽に拍子主体の曲舞節を導入して「白髭《しらひげ》」「由良湊《ゆらみなと》」「西国下り」をつくり、禅師の芸能である「自然居士《じねんこじ》」や嵯峨念仏の「百万《ひゃくまん》」、時代が遥かに遡っての「融《とおる》」や「卒塔婆小町《そとばこまち》」「通小町《かよいこまち》」など、劇的葛藤の濃厚な対話劇を創作した。至徳元年(一三八四)五月に駿河の浅間《せんげん》神社での猿楽から半月後に亡くなる。

世阿弥は義満の保護を得た童の時代をへて、秦元清《はたもときよ》と名乗る頃には義満の寵愛が薄れ、康応《こうおう》元年(一三八九)の義満の厳島詣《いつくしまもうで》には近江猿楽の犬王《いぬおう》が同行している。この時期の世阿弥は継承した芸風を確立することに邁進し、応永七年(一四〇〇)に『風姿花伝』を著し、翌応永八年に犬王が義満の法名道満《どうまん》の一字を得て道阿弥《どうあみ》と名乗ると、元清も観世の一字から世阿弥と名乗ることが許され、能の家の継承が認められた。

『風姿花伝』の「物学ぶ条々」は、物真似をいかにすべきかの基本を語るもので、女、老人、直面《ひためん》、物狂《ものぐるい》、法師、修羅、神、鬼、唐事《からごと》それぞれに注意すべきポイントを指摘し、その身体にそった芸をいかに演じるかを具体的に記している。最後に「風体」を重視するなかで、「形木《かたぎ》」(型)をきわめるよう、我が家の風体の型を求めよ、と力説したが、古典芸能者が型の追求を重視するのはこの時から始まった。

大名・地侍・琉球

義満が中央で支配権を強化していた頃、地方では大名や国衆《くにしゅう》が勢力を広げていた。なかでも周防《すおう》の大内氏は在庁官人出身で、長門にも勢力を広げ、貞治二年(一三六三)には当主の大内弘世《ひろよ》が周防・長門両国守護となることを条件に幕府に降った。これを契機に、山口盆地中央に居館を移して発展の基礎を築き、上洛時には「数万貫の銭貨・新渡の唐物等」を諸方への贈物にしたという。

石見《いわみ》の益田氏は、益田川河口にある中須の湊町の発展とともに勢力を広げ、益田兼見《かねはる》はその居館「三宅御土居《みやけおどい》」を応安元年(一三六八)に川の中流沿いに築いて、本領を安堵され、居館の周辺に万福寺、医光寺《いこうじ》を移築した。永徳三年(一三八三)八月の置文で、益田本郷を始めとする所領を嫡子兼世《かねよ》、次男兼弘《かねひろ》、三男兼政《かねまさ》に譲与し、公事・軍役は惣領兼世がとりまとめ、一味同心するよう伝えている。

この益田のような国衆の居館は、伊豆出身の江馬《えま》氏が飛騨に遷《うつ》って勢力を築いた江馬氏館、下総の千葉氏一族の東《とう》氏が美濃に遷って築いた館など、各所に認められ、国衆は国人領主として土塁や溝濠で囲む居館を築き、安定した支配を進めるようになっていた。

中小の領主である地侍は、守護に従属するか、一揆を結んで自立するかを迫られた。肥前の五島列島の地侍は、後者の一揆の道を選択し、応安六年(一三七三)に五島列島の宇久《うく》・有河《ありかわ》・青方《あおかた》・多尾《たお》一族が一揆を結んでいる。永徳四年(一三八四)には、松浦下郡一帯へと一揆参加者を広げた。四五名の地侍が連署したその契約状は、「公私において一味同心」をなし、「一揆中において談合を加《くわ》へ、衆儀により相計《あいはか》らふ」べきと、領主支配のあり方に及ぶもので、大小の一揆が重層的に形成された。

その五島列島や対馬《つしま》とは海で繋がる朝鮮半島の高麗では、一三七〇年代後半から倭寇対策のために、九州の今川了俊や大内義弘《よしひろ》に使節を送るようになるが、その交渉相手の今川了俊は九州探題として活動の幅を広げ、永和元年(一三七五)八月に肥後の水島の陣に島津氏や大友氏、少弐《しょうに》氏を招き、少弐冬資《ふゆすけ》を謀殺して少弐氏を衰退させた。

だがこれによって島津氏久《うじひさ》の離反を招いて、南九州経営に苦労を重ねることになった。それでも永和二年(一三七六)に大隅《おおすみ》・薩摩《さつま》の守護になると、翌永和三年(一三七七)には、肥後・薩摩・大隅・日向国《ひゅうがのくに》など南九州の国人六一人に「将軍家御方」による「一味同心」の一揆契約を結ばせた。永徳二年(一三八二)に島津伊久《これひさ》が薩摩守護になり、これと対立していた氏久が嘉慶元年(一三八七)に亡くなったので、九州はほぼ了俊の手に入った。了俊は「将軍の御身をわけられてくだされ申し候」と、将軍の分身として自らを位置づけ、九州の地頭御家人には、将軍にうかがいを立てることなく、了俊一存で安堵し、恩賞を与えた。

九州の南、琉球では、グスクを拠点に集落間の利害をまとめ、支配的地位に立つ按司《あじ》が台頭していた。なかでも浦添《うらそえ》、佐敷《さしき》、中城《なかぐすく》、勝連《かつれん》、今帰仁《なきじん》などの良港を有する按司が力をつけ、大型グスクを各地に築き、やがて山北《さんほく》・中山《ちゅうざん》・山南《さんなん》の三山の王国が成立した。そのうちの中山王の拠点である浦添グスクは、十三世紀後半には他《た》のグスクを圧倒する規模となり、瓦葺きの正殿が建造され、周囲を野面《のづら》積《づ》みの石垣が取り囲んでいた。

一三七二年に中山王察度《さつと》は明に進貢し「琉球国中山王」に冊封されると、一三八〇年に山南王、一三八三年に山北王が相次いで明から冊封された。ところが一四〇六年、佐敷《さしき》グスクを拠点とする尚巴《しょうは》志《し》が浦添の中山王武寧《ぶねい》を攻めて滅ぼし、巴志は本拠を首里城に移した。

型の文化と庭訓往来

義満の時代にはさまざまな分野で型が定まったが、このことをよく示しているのが往来物『庭訓往《ていきんおう》来《らい》』である。正月から十二月までの往復書簡を通じて、型として定まってきた知識を伝えている。往来物は十四世紀から十五世紀にかけて多くがつくられ、時宗金蓮寺の僧眼阿《がんな》の『新札往来《しんさつおうらい》』は康暦二年(一三八〇)八月五日の書写本が伝わる。『庭訓往来』の成立時期は、書簡に見える幕府の職制が定まったのが永和年間以降であり、応永末年には広く流布していることが知られるので、永和から応永初年の十四世紀末と見られる。編者は諸国の事情に詳しい連歌師であろう。

正月から十二月にかけての往復書簡ということから、当時の年中行事が記されているのが特徴の第一で、特定の家の故実や行事知識ではなく、広く常識として通用していることが特徴の第二である。第三の特徴は、広く書写され近世には手習所のテキストに選ばれていることである。

正月の書簡は、年賀の小弓、笠懸などの遊宴、二月は、花見や和歌・連歌・漢詩の会、三月は、所領の経営・勧農《かんのう》、館の造作、四月は所領興行の方策、五月は、客人来臨に備える家財や家具、調度、六月は、盗賊討伐や出陣用意の武具・乗馬の借用、出陣の命令系統と心得、七月は、勝負事のための衣装・物具、八月は、幕府への訴訟手続き、幕府組織とその職掌などについて記している。

三月から八月にかけては武士に関する知識が中心に語られ、続く九月・十月は、寺院での法会・斎《さい》食《じき》の準備、十一月は、病気の種類と治療法、予防・健康保持のための禁忌、十二月は、任国赴任や行政管理からなっており、政治・経済・宗教・文化など幅広い領域にわたる知識を満載している。

このうち注目したいのは、武士の所領支配の拠点である「御館《みたち》」の造作について、「四方に大堀を構へ、その内に築地を用意すべし」と、堀を廻《めぐ》らし、築地で館を囲み、門を構えることに始まり、主屋に関して「寝殿は厚萱葺《あつかやぶき》、板庇、廊中門《ろうのちゅうもん》・渡殿《わたりどの》は裏板葺、侍・御厩《みうまや》・会所・囲炉裏間、学文所、公文所《くもんじょ》、政所」など詳しく記し、さらに周囲の造作について次のように記す。

南向には笠懸の馬場を通し、埒《らち》を結はしめ、同じく的山を築くべし。東向には蹴鞠の坪を構へ、四本懸《しほんかかり》を植ゑられ、泉水・立石・築山・遣水、眺望に任せ、方角に随て、禁忌無き様に之を相計ふべし。

客殿に相続いて、檜皮葺《ひわだぶき》の持仏堂を立つべし。礼堂・庵室・休所は、先づ仮葺也。傍に又土蔵・文庫を構ふべし。其中間は塀也。後苑《こうえん》の樹木、四壁の脩竹《しゅうちく》、前栽《せんざい》の茶園、同じく調へ、植うべき也。

庭の造りから、客殿、持仏堂、土蔵や文庫のほか、樹木・竹林・茶園に至るまで、指示は実に細かい。さらに館での客人の接待のための必要な物品をあげ、「配膳、勧盃、料理、包丁」などの故実を知る職人は二人を雇うべしなど、料理についても記している。

諸国遊覧と南北朝合一

列島の戦乱が未だおさまらないなか、義満は列島各地に赴いた。至徳二年(一三八五)に南都の春日社に赴くと、南都には合わせて七回も赴いている。最初の南都下向では、興福寺一乗院で延年を見物し、東大寺の尊勝院で「三蔵宝物」を、正倉院でも宝物を見ている。明徳五年(一三九四)の南都下向では、一乗院で猿楽を見物しているが、その演者は「観世三郎」(世阿弥)であった。南都下向は、芸能の楽しみと、強訴を繰り返す南都の衆徒対策を兼ねたものであり、大和では「衆徒」・「国民」という国衆が台頭していた。

嘉慶二年(一三八八)には、高野山に参詣した後、八月に富士山を見物し、翌康応元年(一三八九)には安芸《あき》の厳島社に参っている。その厳島参詣を記した今川了俊の『鹿苑院殿厳島詣記』によれば、讃岐の細川頼之が船を用意して、管領斯波義将の子義種《よしたね》や細川頼元《よりもと》、畠山基国《もとくに》、山名満幸《みつゆき》・今川了俊などの大名が供奉して出発し、讃岐で頼之、周防・長門で大内義弘の接待を受けている。了俊は管領を退いた頼之を義満に引き合わせ、政界に復帰させることを考えていたと見られる。

明徳元年(一三九〇)には、越前の気比社《けひしゃ》に参り、明徳四年九月には、伊勢大神宮に参詣している。これは日本国を統治する「日本国王」への強い意欲の表れであって、さらに地方の大名権力を削ぐことへと進んだ。その最初として、明徳元年(一三九〇)に土岐一族の内部対立を利用して、土岐康行《やすゆき》の尾張・伊勢の守護職を没収して、仁木満長《にきみつなが》に与えている。次の標的は山名氏であって、山陰諸国や和泉・紀伊国など山名一族で一一カ国の守護職を保有し、惣領の時義は「六分の一殿」と称されていた。

その時義が、康応元年(一三八九)に亡くなると、義満は山名一族の内部対立を煽り、山名氏清《うじきよ》・満幸に命じて山名時熙《ときひろ》らを攻めさせ、さらにその満幸を出雲の上皇の所領を押領したとして京から追放した。当然、これには満幸が抵抗し、氏清らを誘って明徳二年(一三九一)に挙兵した(明徳の乱)。

この時の内野《うちの》の戦いでは、二、三千人もの戦死者を出すが、義満は、奉公衆三〇〇〇騎を率いて自ら出陣、京都を護り抜いたばかりか、多くの諸大名を動員して勝利し、武威を世に知らしめた。氏清は戦死し、山名氏は但馬《たじま》・因幡・伯耆三カ国に削減された。この戦乱を記した『明徳記』は、これまでの軍記物語とは違い、勝者である義満側がいかに戦ったのかに焦点があてられており、新たな歴史書、軍記物語の誕生となった。

義満は、乱で活躍した大内義弘に和泉・紀伊二カ国を与えるとともに、南北朝の合一を視野に入れて、明徳三年(一三九二)、義弘に南朝方を攻めさせ、その義弘を通じて南北朝の合一をはかった。合一の条件は三つ。三種の神器を南朝の後亀山《ごかめやま》天皇から後小松《ごこまつ》天皇に「譲国の儀」として渡すこと、後亀山流と後小松流の両統が交互に皇位につく両統迭立《てつりつ》とすること、そして諸国国衙《こくが》領は後亀山流が、長講堂領は後小松流が管轄とすることとである。

義満が、後小松天皇の反対を押し切って合一をはかったのは、国際情勢の変化がからんでいた。この年七月、朝鮮半島では、高麗の李成桂《りせいけい》が国王となり(太祖)、明に使節を送って外交関係の継続の確認と、国王交代の承認が認められていて、義満はこの動きを知っていた。後亀山天皇は南朝方勢力の弱体化を自覚していたので、この条件をのんで講和が成立し、閏十月に嵯峨の大覚寺に入った。こうして南北朝合一がなると、義満は十二月に絶海中津に高麗への国書の作成を命じ、倭寇の禁圧、俘虜《ふりょ》の送還を伝えている。明と朝鮮とが結んで日本にあたることを恐れていたのである。なお合一の三条件は悉く反故とされてしまう。

公家の家礼化と北山第

明徳四年(一三九三)四月に後円融院が亡くなると、義満の意を奉じる伝奏《てんそう》奉書が出されるようになった。伝奏は治天の君への訴訟内容を執奏し、その仰せを伝達する職掌であって、義満は訴えを受理、処理にあたる治天の君のような存在になった。この時の伊勢神宮伝奏は万里小路嗣房、南都伝奏は広橋仲光《なかみつ》である。

公家が義満の家礼となってゆく傾向は著しくなり、明徳元年(一三九〇)四月の等持寺《とうじじ》でおこなわれた法華八講には、関白二条師嗣《もろつぐ》、左右内の三大臣、大納言一〇人、中納言一〇人、参議五人の合わせて二九人の公卿が列座した。家礼となった公家は、義満から家門の安堵を受けた。家門とは家職に関わる家財・道具、父祖からの日記や菩提寺などの総称で、家門安堵は朝廷でおこなわれていたが、それを義満がおこなったのである。

応永元年(一三九四)、義満は征夷大将軍を辞して子の義持を元服させ征夷大将軍とし、十二月に太政大臣となり、翌応永二年六月に出家した。それとともに九州の今川了俊の探題職を解き、足利一門で高い家格の渋川満頼《みつより》を探題にした。了俊は「大敵難義は了俊骨を折り、静謐の時になりて、功なき縁者を申し与え」と嘆きつつ、十一月に駿河守護となって駿河に下った。無念であったろうが、了俊の九州での勢力があまりに広がりすぎた。

応永四年(一三九七)四月に義満は北山の西園寺邸を得て、北山第の造営を諸大名に命じた。完成を見た北山殿は、南北に寝殿があり、その北御所に義満が住し、寝殿の西には三層の舎利殿、その北に会所(天鏡閣《てんきょうかく》)を設けて舎利殿とを渡り廊下で繋がれた。三層の舎利殿は、金閣と称されたように金箔が施され、第一層の法水院《ほっすいいん》、第二層の潮音洞《ちょうおんどう》はともに寝殿造、第三層の究竟頂《くきょうちょう》は、舎利の安置された禅宗様で、和様と唐様との総合といった性格がうかがえる。

北山殿に外交使節を迎えるため、一条大路には大門が設けられ、一直線の道を通して北山殿の惣門へと至る間には柳が植えられた。応永五年の朝鮮の回礼使秘書監は、大内義弘の使者とともにここに迎えられた。

「日本国王臣源」道義

大内氏が朝鮮との貿易を営んで巨富を蓄えており、朝鮮と強い繋がりをもつことに疑心を抱いた義満は、大内義弘に上洛を促した。しかし上洛すれば誅殺されるという噂が流れ、義弘は鎌倉公方の足利満兼《みつかね》と密約を結んで、応永六年(一三九九)十月に軍勢を率い和泉堺に着いた。義満から上洛の催促があった故、来月二日に関東勢とともに上洛する、と言い放ったのである。

これを叛逆と見た義満は、義弘討伐を命じる治罰《じばつ》御教書《みぎょうしょ》を出し、馬廻二〇〇〇余騎を率いて、石清水八幡宮へと進み、管領畠山基国と前管領斯波義将の率いる三万騎が和泉に発向した。義弘は堺に方一八町の強固な城を築くが、幕府軍に包囲され、海上も四国・淡路の海賊衆一〇〇余艘に封鎖されて、十二月に攻められ、義弘は勇将の杉備中守《びっちゅうのかみ》が山名満氏《みつうじ》の陣に突撃して討死をとげると、自ら幕府軍の北側の陣に斬り込んで、「天下無双」の名将大内義弘入道《にゅうどう》を討ち取って将軍の御目にかけよ、と大音声を発して討ち取られたという。

この報を聞いた足利満兼は、鎌倉に引き返して、応永七年(一四〇〇)三月に幕府に謝罪すると、義満は、満兼を謀叛に誘ったとして今川了俊の遠江・駿河守護職を没収し、降伏した大内弘茂《ひろしげ》(義弘の弟)には周防・長門を与えた。この乱の経緯は『応永記』として乱終結から時をへずに書かれた。

足利義満像　鹿苑寺蔵

大内氏を退けた義満は明との通交を試み、応永八年（一四〇一）五月に側近の僧祖阿《そあ》と博多商人の肥富《こいづみ》を大陸に派遣した。その使者は「日本准三后道義、書を大明皇帝陛下に上る」と始まる明皇帝宛の書簡を帯びていた。明の建文《けんぶん》帝はこれを受け入れ、翌年に義満を冊封する国書は、「日本国王道義」と義満を日本国王と記している。

明使は歓待を受けて帰国の途につくが、この時の日本側の使者は天龍寺住持の堅中圭密《けんちゅうけいみつ》で、絶海中津執筆の義満の書も義満を「日本国王臣源」と記している。

明使在日中に即位した永楽《えいらく》帝が派遣した使節団は、応永十一年（一四〇四）に兵庫に到着し、北山殿で引見の儀がおこなわれ、日明間の国交と通商の合意が成立し、勘合が与えられ、これを所持する者にのみ通商が限られた。明王朝は、朝貢形式での貿易以外を認めなかったので、日本国王として冊封を受けた幕府将軍が、朝貢して頒賜《はんし》物を持ち帰るという建前がとられた。

貿易船には有力商人が同乗し、明政府の許可を得た商人・牙行《がこう》との間で取引をおこなって、日本国内の相場相当額の一割を抽分銭《ちゅうぶんせん》として幕府におさめた。皇帝から下賜された膨大な唐物は、武家の王権を荘厳し、北山殿内の会所(天鏡閣)に「御物《ぎょぶつ》」として飾られ、同朋衆《どうぼうしゅう》によって管理された。

こうして南北朝の動乱期をへて、さまざま分野で伝統文化の型が整えられてきた。義満はこの時代を強力に牽引してきたのであったが、応永十五年(一四〇八)五月、寵愛の子義嗣が内裏で元服した二日後、病に倒れて遺言する暇もなく六日に帰らぬ人となった。享年五一。

鹿苑寺に伝わる足利義満像は、垂れた眉と眼、小さな口、豊かな白い顎鬚《あごひげ》、桐文の金泥の描かれた横被《おうひ》と袈裟《けさ》、手に檜扇《ひおうぎ》と数珠を持つ姿に描かれている。絵は土佐行広《ゆきひろ》筆で、将軍義持の賛がある。

第九章　拡散する室町文化――足利義持政権から東山文化

1　室町文化の枠組み

義持政権の時代

　足利義満《よしみつ》が応永《おうえい》十五年(一四〇八)五月に亡くなり、その後継者に管領斯波義将《かんれいしばよしゆき》らの支援を得て足利義持《よしもち》がなって以後、京都では義持・義教《よしのり》・義政《よしまさ》と続く将軍中心の文化が展開するなか、地方では多様な文化潮流が広がり、守護や国衆が勢力を広げて戦国大名となってゆく、その約一〇〇年間を本章では扱う。

　義満の跡を継いだ将軍義持は、二代将軍義詮《よしあきら》が住んでいた三条坊門邸に移り、義満の北山殿は金閣を除いて取り壊し、政治路線を公武一統型から武家政権型へと変更した。積極的な所領政策により諸大名・諸寺に所領安堵をおこなったが、いくつかの問題が浮上した。

　一つは鎌倉の動きである。関東公方《くぼう》足利氏満《うじみつ》・満兼《みつかね》の死後、応永十七年(一四一〇)に満兼の子持氏《もちうじ》が公方となり、上杉朝宗《ともむね》の子氏憲《うじのり》(禅秀《ぜんしゅう》)が関東管領となったが(『鎌倉大草紙』)、持氏と禅秀が応永二十三年(一四一六)に衝突したのである。管領を辞めた禅秀は、関東の武士の支援を得て、持氏と管領の上杉山内憲基《のりもと》を鎌倉から追う事件が起きた（禅秀の乱）。翌応永二十四年、幕府の支援を得て禅秀を破った持氏は、その勢いに乗り、反乱に与《くみ》した諸大名を許さず徹底的に討伐し、幕府と繋がる鎌倉府管轄下の「京都扶持衆《ふちしゅう》」討伐にも向かったので、関東諸国の大名や将軍との間に大きな溝が生じた。

二つ目は対外関係の変化である。義持は、義満の訃報を明《みん》の永楽帝《えいらくてい》に報告し、当初は明の冊封下に入ったのだが、斯波義将が死去すると、明の永楽帝の勅使の入京を認めずに帰国させ、翌年には明との国交を断絶し、冊封関係が消滅した。朝鮮との関係では、応永二十六年（一四一九）に対馬守護《つしま》の宗《そう》貞茂《さだしげ》が亡くなり倭寇《わこう》の動きが活発になったことから、朝鮮が倭寇の根拠地をたたくべく軍勢を派遣し、対馬を襲う事件が起きた（応永の外寇《がいこう》）。

朝鮮軍がすぐに引き上げたので、事件は進展しなかったが、義持は僧無涯亮倪《むがいりょうげい》を正使、博多商人平方吉久《ひらかたよしひさ》を副使に任じ、朝鮮に派遣して事情を尋ねた。その翌年、宋希璟《そうきけい》が回礼使として来日したが、この時の紀行文『老松堂日本行録《ろうしょうどう》』には、日本の風俗が細かに記されている。

京では応永十七年（一四一〇）に嵯峨《さが》に住む南朝の後亀山《ごかめやま》上皇が吉野に出奔する事件が起き、これを機に各地で南朝系勢力が蜂起し、翌応永十八年には飛騨国司《ひだこくし》家の姉小路尹綱《あねがこうじただつな》が反乱を起こした。さらに応永十九年に称光《しょうこう》天皇が位についたことから、応永二十二年（一四一五）に河内で楠木《くすのき》氏、伊勢国司家の北畠満雅《みつまさ》も反乱を起こした。義持の弟足利義嗣《よしつぐ》が神護寺《じんごじ》から出奔する事件も起きて、義嗣はとらえられて殺害され、後亀山上皇は幕府の説得に応じて応永二十三年（一四一六）に帰京する。こうして列島の東西と内部、外部に大きな問題を抱えつつ、将軍を中心に文化は展開していった。

義持時代の文化

　将軍義持が何よりも意を注いだのは、大名との信頼関係の構築である。『花営三代記《かえいさんだいき》』応永二十八年(一四二一)正月条を見ると、義持は管領邸や畠山邸、伊勢邸など大名・近習の邸宅への渡御《とぎょ》(御成《おなり》)を繰り返し、有力大名の連合政権へと転換をはかっていた。応永三十年(一四二三)七月、鎌倉の持氏の扱いを大名に諮問すると、管領の畠山満家《みついえ》邸で細川満元《みつもと》、斯波義淳《よしあつ》、山名時熙《ときひろ》、赤松義則《よしのり》、一色義《よし》範《のり》、今川範政《のりまさ》らが、義持顧問の醍醐寺の満済《まんさい》を交えて、会議を開いている。

　義持は深く禅を学んで、応永二十六年(一四一九)十月、「顕山居士《けんざんこじ》」という名で「比丘尼《びくに》女人、門に入るを容るべからず」「酒、門内に入るべからず」など、十五カ条の禅院禁制を定め、武器を所持し傍若無人な振る舞いを繰り返している禅僧を徹底的に取り締まった。相国寺《しょうこくじ》へは自ら乗り出して兵具を没収し、武器を所持する僧数十人をとらえており、南禅寺でも武器所持の嫌疑で僧を逮捕するなど、僧侶の武装を厳禁した。

　夢窓《むそう》派に占められていた相国寺に、法系を問わずに住持を任用する十方住持制《じっぽうじゅうじせい》を採用し、自ら禅宗の規矩《きく》に従う生活を送ろうと、三条坊門御所の仏殿に覚苑《かくおん》殿、会所に嘉会、書斎に安仁斎、禅室に探玄など、建物や園池に禅宗風の十境の名称を付し、禅僧に倣って黄色の衣を着用して「御所の黄

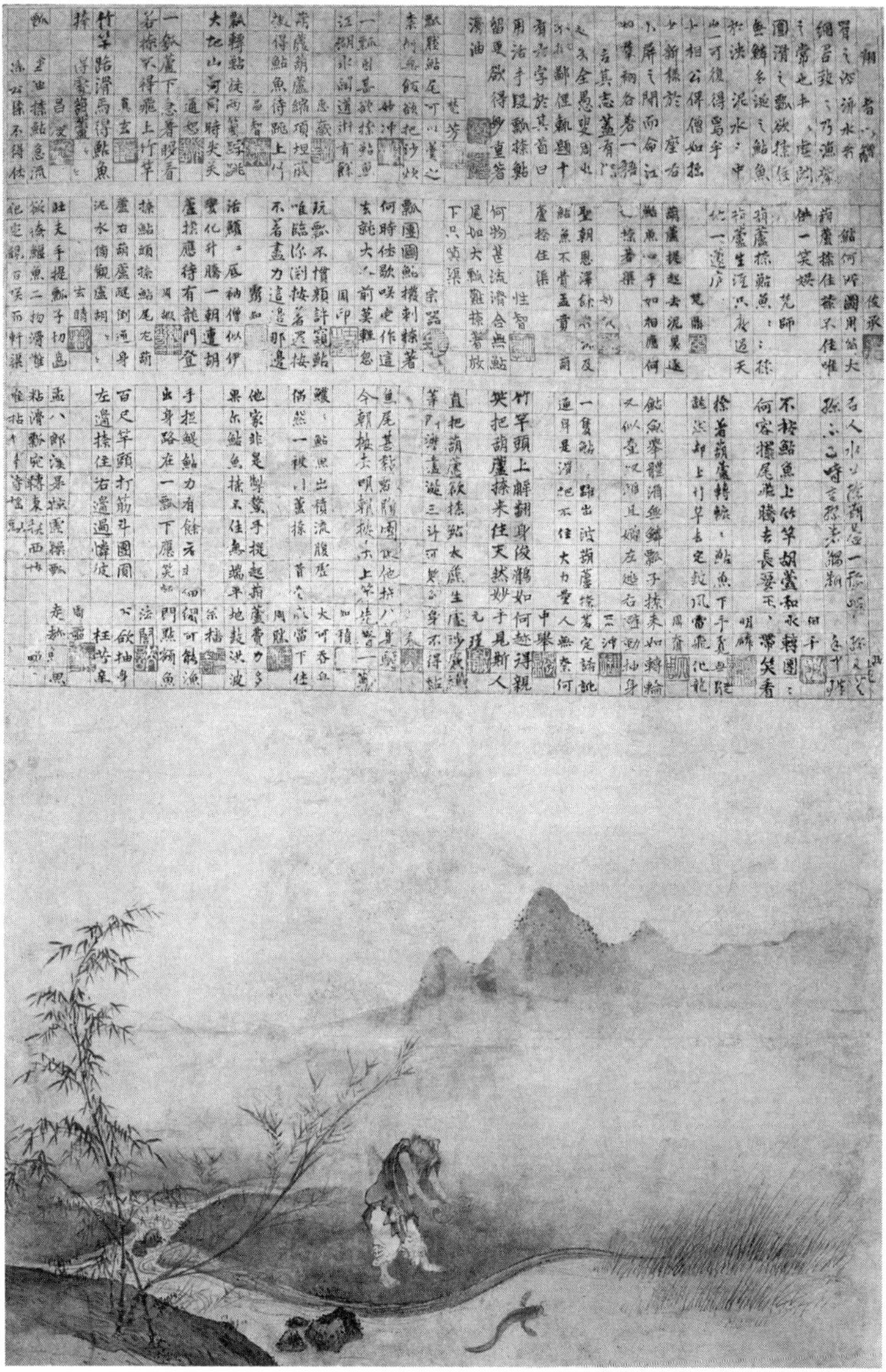

瓢鮎図　退蔵院蔵

衣」と称された。禅宗の境地を求めて、隠遁志向の禅僧と交流をはかったので、大名や五山の禅僧が参集する文化サロンが形成された。

この文雅の交わりをもつ「友社」の禅僧は、建仁寺の惟忠通恕《いちゅうつうじょ》、南禅寺の玉畹梵芳《ぎょくえんぼんぽう》・厳中周噩《げんちゅうしゅうがく》、相国寺の大岳周崇《だいがくしゅうすう》、東福寺の東漸健易《とうぜんけんえき》らの義堂周信《ぎどうしゅうしん》の薫陶を受けた人々、相国寺の鄂隠慧奯《がくいんえかつ》、南禅寺の惟肖得巌《いしょうとくがん》、建仁寺の西胤俊承《さいいんしゅんしょう》・江西龍《こうぜいりゅう》派、仲方円伊《ちゅうほうえんい》、太白真玄《たいはくしんげん》らの絶海中津《ぜっかいちゅうしん》の教化を受けた人々である。義持は惟忠・鄂隠・西胤らに偈頌《げじゅ》をつくらせ、三条坊門御所に詩板として掲げさせたが、今に伝わる「探玄」の扁額は、大岳に書かせたものである。

彼らの詩会の集まりでは、画の上に多くの題詩を書いた掛け軸形式の作品「詩画軸」が描かれ、これには理想郷を描く書斎図、友人を見送る送別図がある。現存最古の詩画軸は、応永十二年(一四〇五)に杜甫《とほ》の送別詩の情景を描いた「柴門新月図《さいもんしんげつず》」で、画の上に玉畹梵芳の序、太白真玄ら一八人の詩題が記された。応永二十年(一四一三)の「渓陰小築図《けいいんしょうちくず》」(金地院《こんちいん》蔵)は、書斎図のもっとも古い遺品で、太白は図を「心の画」と呼んだ。

墨の濃淡と筆法により図を描く水墨画を好んだ義持の、「つるつるの瓢簞《ひょうたん》で鯰《なまず》を抑えとれるか」という問いに応え、如拙《じょせつ》は屛風に「瓢鮎図《ひょうねんず》」を描いたが、これには大岳周崇ら三一人の賛が寄せられて探玄に置かれ、その後、詩画軸に仕立て直され、退蔵院に伝来する。如拙には「王羲之書扇図《おうぎししょせんず》」(大岳周崇賛)もある。如拙と並ぶ相国寺の周文《しゅうぶん》は「江天遠意図《こうてんえんいず》」、「待花軒図《たいかけんず》」を描いたという。

世阿弥の『花鏡』

能の文化について見れば、世阿弥《ぜあみ》は義満死去時に四十代半ばであったが、この年代は『風姿花伝《ふうしかでん》』によれば、「身の花も、よそ目の花も失するなり」という時期にあたるので、世阿弥は「まことの花」を追求していたと見られる。応永二十年（一四一三）に北野で勧進《かんじん》興行をおこなっているが、その後、久しく世阿弥の演能記録はなく、四年後の奈良一条院での四座立会能《たちあいのう》には増阿弥《ぞうあみ》の演能はあっても、世阿弥の名は見えない。この頃から世阿弥は執筆活動に専念していたらしい。

応永二十五年（一四一八）に、『花習《かしゅう》』から『能序波及事《のうじょはきゅうのこと》』を抜出しており、翌年に『音曲声出口《おんぎょくこわだしく》

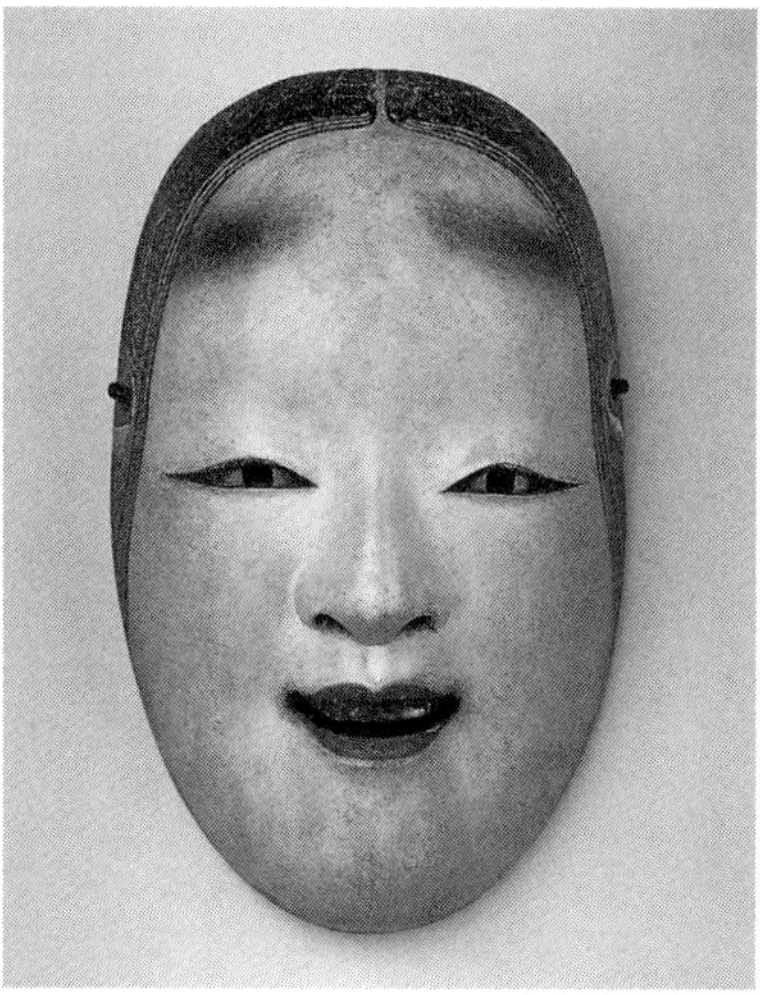

能面　金剛宗家蔵

伝《でん》』を著している。応永二十七年に著した『至花道《しかどう》』は次のように記している。かつて貴人や「上方様《うえかた》」は善い点は誉めても、欠点は穿鑿《せんさく》されなかったが、当世は「御目をいよいよたけて(貴人の目が肥えてきたので)」、その批評眼に堪えるためには、「玉を磨き、花を摘める幽曲」でなければ叶わなくなっている。諸大名の鑑識眼に晒されて、世阿弥の芸は新たな段階に入っていたのである。

義持は、増阿弥の能の艶の極みである「冷え」を高く評価して、世阿弥には厳しかった。世阿弥最大の支援者は管領の細川満元で、能「松風《まつかぜ》」の謡《うたい》に注文をつけ、「実盛《さねもり》」には「名もあらばこそ名告《の》りもせめ」の「せめ」の言葉の味わいの芸の位が、立派で、「世子一人のものなり」と称えていたという(『申楽談義《さるがく》』)。

応永三十一年(一四二四)の『花鏡《かきょう》』において、世阿弥は習得した能について語る。都での「目利き」の批評にさらされ追求し習得してきたのは「幽玄の風体、第一」であり、「心より出で来る能」「冷えたる曲」「無心の能とも無文の能」を演じるのが「無上の上手」と考えるようになった、と。この境地に至るには禅の影響もあった。『花鏡』では、「生死去来、棚頭傀儡《ほうとうかいらい》、一線断時、落々磊々《らくらくらいらい》」という生死の輪廻を表現する語を引用している。これは月菴宗光《げつあんそうこう》の「示宗三禅閤《じそう》」の一文で、世阿弥は曹洞宗《そうとう》の補巌寺《ふがんじ》の檀那であった。

狂言の形成

世阿弥は、永享《えいきょう》二年(一四三〇)三月の『習道書《しゅうどうしょ》』で、猿楽一座の構成員について、棟梁の仕手《して》(シテ)・脇の仕手、鼓の役人、笛の役者、「狂言の役人」のあり方を記し、総合芸術としての能について気を配っていた。なかでも狂言に関しては、「をかし」の話や当座の話、昔物語などの興味あるものを「本木《もとぎ》」として演じる芸であり、能に加わっては、つなぎの役をするものと語り、狂言の「笑みのうちに楽しみを含む」ことを重視した。

狂言の発生は定かでないが、鎌倉時代の説話集『古今著聞集《ここんちょもんじゅう》』の「興言利口《きょうげんりこう》」の話の延長上にあると考えられており、説話集が書かれなくなるなか、語りとしての狂言が現れ、それが演劇として成長してきたのであろう。『太平記』に登場する玄恵《げんえ》を狂言の祖とする伝承があるが、これは談義の場での語りと大いに関係があったからであろう。

『大塔物語《おおとう》』は、応永七年(一四〇〇)に信濃《しなの》守護の小笠原長秀《ながひで》が入部した時に起きた事件を描く軍記物語であるが、その時の守護の騎馬行列の中にあった頓阿弥《とんあみ》は、狂言師のさきがけである。その弁舌宏才の芸態は、「狂忽《きょうこつ》」にして、舞は当座の興を催し、歌は座中の頤《おとがい》を解くものだった、という。頓阿弥は連歌を周阿弥《しゅうあみ》に、早歌を訪顕阿《ほうけんな》・合田弾正《ごうだだんじょう》の両流に、物語を古山の珠阿弥《しゅあみ》の弟子に学んでいた。猿楽能と同様に、さまざまな芸能を取り入れて狂言も成長してきたのである。

世阿弥は、衆人の笑いどよめくような狂言には、「俗なる風体」であると否定的で、狂言師に対しては、笑いを求めても言葉や風体でも俗っぽいことをせず、貴人の前では不都合な洒落や軽口をしないよう求めている。実際、不都合なことがしばしば起きていた。応永三十一年(一四二四)の「猿楽狂言」は、「公家人疲労(貧窮)」を「種々狂言」したため、狂言師が追放されている(『看聞《かんもん》日記』)。時にその批判精神が顰蹙《ひんしゅく》や怒りを買っていたのである。

狂言は大名狂言、小名《しょうみょう》狂言、婿女《むこおんな》狂言、鬼山伏《おにやまぶし》狂言、出家座頭《しゅっけざとう》狂言、集《あつめ》狂言など、この時代の人々の風俗や言動を掬《すく》い取り、笑いのなかで表現していて、そのことから台頭してきた大名や職人の生態を生き生きと演じた。売買にあたっての駆け引きや、大名に仕える上での機智を語るものが多く、民衆に喜ばれたのである。

能や狂言と並んで舞と語りで広まったのが曲舞《くせまい》である。曲舞は早くは観阿弥《かんあみ》が女曲舞の芸を取り入れ「白髭《しらひげ》の曲舞」をつくっているが、応永三十年(一四二三)には、与八《よはち》が京の六角堂で曲舞を舞うなど、近江・河内・美濃の声聞衆《しょうもんじゅう》が上洛し、所々で桟敷を構えて舞や語りを演じていた(『康富記《やすとみき》』)。応永三十四年には、満済が妙法院で摂津《せっつ》野間郷の声聞師《しょうもじ》の「久世舞」を見物している(『満済准后日記《まんさいじゅごうにっき》』)。この後、曲舞は幸若舞《こうわかまい》として発展を見ることになる。

民衆の文化へ

能や狂言などの演劇は人物を造形化し、人の生き方を型として伝えた。『風姿花伝』の「物学ぶ条々」では、物真似をいかにすべきかの基本を記し、女、老人、直面《ひためん》、物狂《ものぐるい》、法師などについて演じる上での注意すべきポイントを指摘している。明徳の乱での小林上野介《こうずけのすけ》の諫言や奮戦・討死は、能「小林」の素材とされ、応永二十三年（一四一六）、宝徳《ほうとく》四年（一四五二）の上演記録があり（『看聞日記』『春日若宮《かすがわかみや》拝殿方諸日記』）、演劇化されたその影響は大きかったであろう。能は『明徳記《めいとくき》』や『太平記』などのこの時代に生きた武士から、さらに『平家物語』や多くの寺社縁起など過去ないしは伝説上の人物の生き方を造形化して、人々に影響を与えたのである。

民衆が享受した文化には仮名の読み本もある。庶民が正月に貴所の邸宅に参賀して祝言を述べ、仮装や物真似、歌舞をおこなう松囃《まつばやし》の風流があり、応永二十七年（一四二〇）には「九郎判官奥州下向の体」という源義経《よしつね》の奥州下りが模されている。源義経の不遇な幼少期と悲劇的末路を描く『義経記』が書かれて読まれ、その義経に仕えた弁慶の物語も、永享六年（一四三四）に『武蔵坊弁慶物語』として見える（『看聞日記』）。御伽草紙《おとぎぞうし》も広く読まれていた。常陸《ひたち》の鹿島宮司に仕える文太が塩焼を営んで富貴の身になった話の『文正草子《ぶんしょうぞうし》』、伊勢の阿漕浦《あこぎうら》の鰯売りが京に上って出世をとげた話の『猿源氏《さるげんじ》草紙』などは、民間伝承を色濃く伝えている。

応永二十五年（一四一八）、朝廷の事務官である外記《げき》の中原安富《やすとみ》は、向かいの住人から、子にせがまれたので『童子教《どうじきょう》』を貸して欲しいと頼まれた。この『童子教』は、日常生活の行儀作法や格言を五字一句で記したテキストで、児童向けに学問の勧めを五字一句で記した『実語教《じつごきょう》』とともに、広く町人にも読まれていた。応永二十八年(一四二一)に書かれた『教児伝《きょうじでん》』には、『庭訓往来《ていきんおうらい》』の十月の消息に見える語句があり、『庭訓往来』も広く読まれていたことがわかる。

足利義教と徳政一揆

将軍足利義持は、応永三十年(一四二三)に子義量《よしかず》に将軍職を譲って翌年に出家したが、その二年後に義量が早世し、応永三十五年(一四二八)正月に義持が風呂で尻の腫物を掻き破って悪化させ重体となった。これに管領の畠山満家や満済、斯波義淳《よしあつ》、山名時熙《ときひろ》らが集まり、後継者の指名を求めたところ、義持は「管領以下の面々寄り合って相はからふべし」と述べたという。指名しても、大名が従わなければうまくゆかないと考えてのことであり、諸大名の台頭が著しかった。

将軍だけでなく、守護大名家、天皇家においても後継者問題で揺れていた。家の内部に家臣をはじめ、さまざまな勢力が介入するようになっていて、家の主人の意思が通らなくなっていたのである。義持が正長元年(一四二八)に亡くなると、畠山満家の提案で石清水八幡宮《いわしみずはちまんぐう》でくじを引き、将軍を選ぶことになる。この時期、何かと神慮をうかがって行動に移す動きが広がっていた。

候補は青蓮院義円《ぎえん》、大覚寺僧正《そうじょう》義昭《ぎしょう》ら四人の兄弟で、結果は「青蓮院殿」と出て、後継者は義円となったが、義円はすぐに将軍になるのを承諾せず、斯波氏、畠山氏、細川氏諸大名らから「将軍を抜きに勝手なことはしない」という誓約を提出させた。義円は還俗して名を義教と改め、将軍となったが、天皇も後花園《ごはなぞの》天皇へと代替わりした正長《しょうちょう》元年(一四二八)の八月、近江の馬借《ばしゃく》の一揆が起き、近江から京都・奈良などへと波及していった。

その兆候は応永二十五年(一四一八)からあった。大津の馬借が祇園社《ぎおんしゃ》に押し寄せて新関設置を抗議し、応永三十三年(一四二六)には、坂本の馬借が米価の購入を控えた北野社や祇園社に乱入し閉籠する事件を起こしていた。正長の一揆は「私徳政」をおこなって、幕府に徳政令の発令を迫ったが、畠山満家は一揆勢を撃退し、徳政令を出さなかった。しかし大和の守護権を握っていた興福寺は十一月に借銭破棄の徳政を宣言している。

興福寺大乗院の尋尊《じんそん》は「一天下の土民蜂起す。徳政と号し、酒屋・土倉《どそう》・寺院等を破却せしめ、雑物等恣《ほしいまま》にこれを取り、借銭等悉《ことごと》くこれを破る。管領これを成敗す」(『大乗院日記目録』)と記し、続けて「凡そ亡国の基、これに過ぐべからず。日本開白《かいびゃく》以来、土民の蜂起、是れ初めなり」と天を仰いでいる。翌年に播磨《はりま》で蜂起した「土民」は、「国中の侍」を攻め、荘園代や守護方の軍兵を追い払った。「土民」は「侍をして国中に在《お》らしむべからず」と語っていたという。

こうして一揆に見舞われた義教は、強権を発揮し、幕府権威の復興に力を注いだ。管領主導でおこなわれていた政務や裁判を改め、将軍の御前でおこない自ら裁断を下す御前沙汰とし、将軍の諮問に評定衆《ひょうじょうしゅう》・奉行人《ぶぎょうにん》が「意見」を答申する意見制度を整え、満済を政治顧問にして政治や儀礼の形式を整備していった。朝廷には、称光天皇死後の皇位継承問題に介入し、後花園天皇に『新続古今和歌集』撰集を執奏した。

永享・嘉吉の乱

将軍足利義教は、永享三年(一四三一)から父義満の室町殿の跡地に十数棟の豪奢な室町殿を造営し、そのうち南向・泉殿・新造会所の三つの会所には、同朋衆の能阿弥《のうあみ》により襖絵や屏風、調度が飾られた。こうした飾りなどのためにも唐物を手に入れる必要があり、永享四年(一四三二)に義教は明に使者を派遣し、永享六年(一四三四)に「日本国王」に封じられ、勘合貿易が再開した。

義教は父義満の例に倣い、幕府政治を強権的に主導していった。永享五年(一四三三)七月に、山門延暦寺《えんりゃくじ》の強訴の首謀者を流罪に処し、山門を征伐し、山門領没収へと向かった。その最中、畠山満家が、直後に「天下の義者」満済が、さらに宿老の山名時熙が、と相次いで亡くなり、義教の専制化を制約できる人物がいなくなった。そこに関東の問題も浮上してきた。

鎌倉公方の持氏も、将軍に対抗し専制化を強めていたので、これに危機を感じた関東管領の上杉憲実《のりざね》は、しばしば諫めていたが、聞き入れられず、永享九年(一四三七)四月に相模《さがみ》の藤沢に逃れた。いったんは持氏の慰撫により復帰したものの、持氏が将軍に無断で子を元服させたので、鎌倉を出て上野に下った。これに持氏が、憲実討伐のために出陣したことから、義教は朝廷に錦の御旗と治罰の綸旨《りんじ》を要請し、永享十年(一四三八)に持氏討伐軍を発遣した。そこで憲実も、持氏の討伐へと向かって鎌倉を落とし、持氏の赦免を義教に嘆願した。しかしこれが認められず、やむなく翌年に鎌倉永安寺に籠る持氏を攻め、自刃に追いやった（永享の乱）。

この年、憲実は下野足利に学校を創設し、金沢文庫の書物を寄せている。当時、関東には相模鎌倉に五山があり、上野の長楽寺《ちょうらくじ》、常陸の正宗寺《しょうしゅうじ》などの禅寺、天台宗の武蔵喜多院《きたいん》、日蓮宗の下総中山《なかやま》法華経寺《ほけきょうじ》、そして真言宗の足利の鑁阿寺《ばんなじ》などの学問寺があったが、戦乱への反省から、武士が教養を広く身につける必要性を痛感した憲実によって足利学校が設けられたのである。

主君を自刃に追いやったことから、憲実は出家して伊豆の国清寺《こくしょうじ》に遁世するが、結城氏朝《ゆうきうじとも》など関東の武士が永享十二年（一四四〇）に持氏遺児を奉じて挙兵したので、幕府の強い要請に屈して政界に復帰し結城軍を退けた（結城合戦）。

永享の乱と結城合戦の二つの合戦は、五〇年後に『結城合戦絵巻』として制作され、この時期の合戦の様子を描いたことや、合戦絵巻の掉尾《ちょうび》を飾る作品として貴重である。

結城合戦の最中、義教は大和の衆徒・国民を討伐すると称して軍を出したが、その陣中で一色義《いっしきよし》貫《つら》・土岐持頼《ときもちより》らの大名を謀殺し、畠山家の家督を持国から持永に委譲させるなど、大名家の家督相続に介入して「万人恐怖」と呼ばれた。この義教の動きに危機感を抱いた赤松満祐《みつすけ》・教康《のりやす》父子は、嘉吉元年（一四四一）六月二十四日、結城合戦の戦勝祝宴を名目に義教を自邸に招き暗殺した（嘉吉《かきつ》の乱）。

将軍暗殺という事態に、子の千也茶丸《せんやちゃまる》が後継者となって（足利義勝《よしかつ》）、再び「代初めの徳政」を求め、近江坂本の馬借を中心とする一揆が蜂起した。今回は極めて組織的であり、地侍が指導する一揆勢は数万にふくれあがった。京都を包囲し、外部との連絡を断ち、酒屋・土倉・寺院を襲撃した。

幕府の管領細川持之《もちゆき》が諸大名に出兵命令を出したが、有力守護から出兵拒否が起きる混乱も起きた。しかし、土倉方一衆から賄賂一〇〇〇貫を得て、その保護をするためのものとわかり、有力守護から出兵拒否が起きる混乱も起きた。しかし、新将軍足利義勝の名により、山城一国平均に徳政令が発布されたことで、事態は収拾された。だがこれにより以後、徳政令を求めてしばしば一揆が蜂起するようになる。

2 列島に広がる文化

武家の体制整備と故実

新将軍義勝が早くに亡くなり、跡を継いだ弟義政《よしまさ》(初名は義成《よししげ》)は、文安《ぶんあん》六年(一四四九)に、花押を初めて捺す判始《はんはじめ》をおこなうと、「御成敗、普光院(義教)御代のごとくなるべし」と称されたように、父義教に回帰する政治を願って、奉行人や奉公衆を将軍側近集団として組織し、寺社本所領還付などの政策をおこなった。

その際、五山の人事や訴訟を申次ぐ蔭凉軒主《いんりょうけんしゅ》の季瓊真蘂《きけいしんずい》を重用して、五山関係の諸法令の順守を命じ、政所執事の伊勢貞親《さだちか》を「室町殿御父」と待遇し、将軍の親裁権強化をはかり、大名家の家督相続をめぐる内紛に介入したが、そのかたわら、芸能や和歌などの文化にも深く関わった。

義持・義教・義政の三人の将軍の時期を通じて、将軍を中心とする大名や奉公衆、奉行人などの武家の身分秩序が整えられた。故実書『永享《えいきょう》以来《いらい》御番帳《ごばんちょう》』は、伊勢守貞陸《いせのかみさだみち》が永正《えいしょう》九年(一五一二)冬に提出した義政時代の番帳で、最初に五番に編成された奉公衆の交名《きょうみょう》(名簿)を載せ、続いて「永享より文正《ぶんしょう》に至る三職」のうち「管領」として斯波義淳《しばよしあつ》・畠山満家・細川持之の三名、「御相伴衆《おしょうばんしゅう》」として山名・一色以下の二五人、「御伴衆《おともしゅう》」として細川以下四〇人の近習の名を載せる。

さらに、永享三年(一四三一)正月十日の伊勢守貞経《さだつね》亭以下への将軍御成に供をした一番から五番に至る奉公衆の各番頭として、細川淡路入道全了《ぜんりょう》、桃井治部少輔《じぶしょうしょう》入道常欽《じょうきん》、畠山播磨入道祐順《ゆうじゅん》、畠山右馬頭持経《うまのかみもちつね》、大館上総介《おおだてかずさのすけ》入道祐禅《ゆうぜん》らの名を記している。同じような内容の『文安年中五番帳』では、「公方様五番衆」として一から五番までの奉公衆とともに、各番の申次、詰衆《つめしゅう》・在国衆《ざいこくしゅう》の名、続いて奉行衆や評定衆、外様衆、三管領、四職の名を載せる。

このことから永享三年までに、管領・御相伴衆・御伴衆・奉公衆の体制が整えられていたことがわかり、この体制は義持時代から整えられたと見られる。多くの故実書も応永二十年代に著されていて、武家故実も整えられてきた。その武家故実の形成には、伊勢氏と小笠原氏があたった。応永三十年(一四二三)正月十七日の足利義持の「御的始《おまとはじめ》」には、伊勢貞長(照心)と小笠原持長《もちなが》が伺候しているが、伊勢貞長は政所執事伊勢守貞経《さだつね》の弟で「鞍鐙《くらあぶみ》の作法」を継承していた。伊勢氏は将軍家の家政に関わり、その組織や故実の整備に取り組んで武家故実の伊勢流を整えたのである。

もう一人の持長は、小笠原流の武家の故実に関わっていた。犬追物《いぬおうもの》の故実『犬追物草根集《そうこんしゅう》』を嘉吉元年（一四四二）に著し、馬の手綱の故実『小笠原流手綱之秘書《たづなのひしょ》』を宝徳二年（一四五〇）に著している。寛正五年（一四六四）に多賀豊後守高忠《たがぶんごのかみたかただ》が著した弓馬の故実書『就弓馬儀大概聞書《きゅうばのぎについてたいがいききがき》』は、高忠が持長相伝の書や持長の子民部少輔政清《まさきよ》から聞き取りをしたという。

公家の家の道

武家故実の整備が進むなか、公家でも家の道が整えられていた。長禄二年（一四五八）に空蔵主《くうぞうす》が著した『公武大体略記』は、禁裏・仙院・后宮・親王に始まって、五摂家の執柄《しっぺい》家、閑院《かんいん》・中院《なかのいん》・花山《かざん》院《いん》の三家、武家、名家、菅家・諸道などの家の流れと、その家の「道」とを記している。

「禁裏」では、「帝王の御事は、一天の主」と記し、当今は後崇光《ごすこう》院の子で、「人王の御始、神武天皇より今一百五世の御後に当たらせ給《たまふ》」と、一〇五代の後花園天皇の治世が、今年の長禄二年（一四五八）で三〇年に及ぶのは目出度《めでた》いと記している。後花園天皇は最後の勅撰集となる『新続古今和歌集』の撰集を飛鳥井雅世《あすかいまさよ》に命じ、永享・嘉吉の乱では幕府の要請で朝敵治罰の綸旨を出すなど天皇権威の向上に努め、寛正二年（一四六二）に『源氏物語』の進講を一条兼良《かねよし》に、寛正六年（一四六五）に勅撰和歌集の撰進を飛鳥井雅親《まさちか》に命じるなど、古典文化の復活に力を注いだ。

執柄（摂関）家では、一条家を「一天の君万乗の主に御師範として、摂政関白の御職を受け継がしめ給」と記し、九条道家《みちいえ》の子実経《さねつね》に始まって、「前摂政関白太政大臣准三宮兼良公に至るまで七世なり」と一条兼良までを記している。執柄家に次ぐ「三家」の飛鳥井家では、花山院流が参議雅経《まさつね》から雅親《まさちか》まで八世で、「専ら和歌・蹴鞠《けまり》の二つを家業とす」とあり、閑院流の西園寺《さいおんじ》家については、通季《みちすえ》から公名《きんな》まで一四代と記す。

名家の世尊寺《せそんじ》家については、「日本無双の右筆たる条、世以て称美し侍る」行成卿《ゆきなりきょう》に始まって、参議伊忠《これただ》まで一五世と記し、同じく名家の綾小路《あやのこうじ》家については、郢曲《えいきょく》を「家業」とする家と記す。「諸道」の清原・中原両氏は、「累代の家業」として「天下の公事を記録し、四書五経等の読書に参仕す」「公武の御沙汰事、賞罰の次第、御尋に付て、旧記を引勘《いんかん》侍りて注進申す重職なり」と、家業として職務を遂行していると記している。

鎌倉府と東国の連歌

関東では、鎌倉府の再興を願い出た武士団の要求に応えて、幕府が足利持氏の子万寿王《まんじゅおう》(足利成氏《しげうじ》)を鎌倉公方に立てることを認めたので、成氏が文安四年(一四四七)に鎌倉に入って鎌倉府を再興した。しかし、関東管領の上杉氏を遠ざけ、結城氏や里見・小田氏を重用したため、上杉憲実の子憲忠《のりただ》が反発して、二人との対立が深まるなか、享徳《きょうとく》三年(一四五四)十二月、成氏が憲忠を屋敷に招いて殺害したことから、里見・武田らの成氏側近が上杉邸を襲撃する事件が勃発した(享徳の乱)。これが長い関東の大乱への幕開けとなった。成氏は上杉方を武蔵国分倍河原《ぶばいがわら》の戦いで破り、彼らが逃げ込んだ常陸の小栗城を落し、宇都宮氏も降すなど、各地を転戦したが、その間に成氏征討の要請を受けた幕府は、駿河《するが》守護今川範忠《のりただ》に出陣を命じ、範忠が康正《こうしょう》元年(一四五五)に鎌倉を占拠したので、成氏は下総国《しもうさのくに》古河《こが》に本拠を移した(古河公方)。

鎌倉から逃れた成氏が、幕府に倣って鎌倉府の年中行事を整えたのは、鎌倉奪回を狙ってのことであろう。享徳五年(一四五六)六月一日に御所奉行の海老名季高《えびなすえたか》が『鎌倉年中行事』を編んでいる。殿中の行事に続いて、「京都鎌倉の両殿は天子の御代官として諸侍の忠否、浅深を記し、御政務有るべき職に御座《おは》す」と記して、鎌倉公方の政務のあり方を示した。

関東の戦乱は各地に広がり、上杉氏の家宰の長尾景仲《ながおかげなか》に請われて関東管領となった憲忠弟の上杉房《ふさ》顕《あき》は、康正二年(一四五六)に武蔵国に入って成氏と交戦するが、将軍足利義政は長禄元年(一四五七)に弟政知《まさとも》を鎌倉公方として関東に送った。だが政知は関東の武士の支持を得られず、鎌倉に入れぬまま伊豆の堀越《ほりごえ》にとどまった(堀越公方)。上杉房顕は長禄三年(一四五九)に武蔵の五十子《いかっこ》に陣をしき、利根川を間にはさんで成氏と対陣し、それは二〇年以上にも及んだ。

その間の文正元年(一四六六)に上杉房顕が死去し、越後守護の上杉房定《ふささだ》の子顕定《あきさだ》が迎えられて関東管領となった。この戦乱が続くなかで関東を訪れたのが、連歌師の宗祇《そうぎ》や心敬《しんけい》である。宗祇は近江に生まれ、相国寺に入って三〇歳を過ぎてから頭角を現した。連歌の師は宗砌《そうぜい》で、六角堂池坊の専順《せんじゅん》の門下に入り、心敬にも学んだ。武蔵の五十子の陣で連歌論『吾妻問答《あずまもんどう》』を述作し、応仁《おうにん》二年（一四六八）には結城直朝《なおとも》の招きで、筑波山をへて奥州白河に赴いている（『白河紀行』）。

心敬は、三井寺僧として洛東の十住心院《じゅうじゅうしんいん》に住み、寛正四年（一四六三）に連歌論『ささめごと』を著している。寛正七年「北野法楽何人百韻《なにひとひゃくいん》」は北野連歌会所の式日におこなわれ、将軍義政が発句、奉行の能阿《のうあ》が脇をつけ、専順や心敬・宗祇らが連衆となっている。関東には海路を伊勢から品川に赴いて、有力商人の鈴木長敏《ながとし》に迎えられて草庵を構え、宗祇とともに、文明《ぶんめい》二年（一四七〇）に武蔵の川越《かわごえ》での『川越千句』に一座している。

この時の連衆には関東の武士が多く、戦乱が続くなか、武士たちは連歌を楽しんでいた。主催した太田道真《どうしん》は上杉氏の山内家に対抗する扇谷《おうぎがやつ》上杉氏の家宰で、太田道灌《どうかん》の父にあたる。宗祇はこの心敬から教えを受け（『所々返答』）、歌人の東常縁《とうつねより》から古今伝授を受けるなど、関東で広範な活動を繰り広げた。

諸道の名匠

心敬は相模の大山《おおやま》で連歌論『老のくりごと』を著して、連歌のあり方や和歌などの芸能の歴史について記し、文明七年（一四七五）にこの地で亡くなるが、応仁二年（一四六八）に著した『ひとりごと』では、永享年中まで「きらきらしく」活躍していた和歌や連歌の名匠・先達の動きを記している。

連歌では、応永の頃から世に聞こえたのは、今川了俊《りょうしゅん》や足利義満家臣の梵灯庵主《ぼんとうあんしゅ》、国衆の波多野《はたの》通郷《みちさと》・外山・平井入道道助《にゅうどうみちすけ》、遁世者の中宜庵主《ちゅうぎあんしゅ》・頭阿《とうあ》・昌阿《しょうあ》らであって、詩や連句には禅僧に名匠が現れたという。その一人の南禅寺の惟肖得巌《いしょうとくがん》は絶海中津の弟子で詩文集『東海璚華集《とうかいけいかしゅう》』があり、建仁寺の心田清播《しんでんせいは》には『心田詩藁《しこう》』がある。

次に「天下に近き世の無双の人々」として、平家語りの「千都検校《けんぎょう》といへる者、奇特無双の上手」と指摘する。この千都は千一ともいい、覚一《かくいち》の一方《いちかた》流当道座《とうどうざ》の慶一の門弟で、兄弟子の相一の死後に総検校になった。絵画では、「絵かく人、数を知らず、さる中にも周文《しゅうぶん》禅学、天下に並びなかりし最第一となり」と周文をあげ、千一検校とともに「二、三百年の間に生まれ難し」と評している。

関東で広がって、時宗の僧により京でも広がった歌謡の早歌については、「天下には清阿《せいあ》と口阿《くあ》とて、二輪二翅のごとく申し合へり」という清阿と口阿をあげる。この二人は坂口の坂阿《さかあ》の門弟であって、その坂阿は、道阿《どうあ》から秘説を受け、明徳《めいとく》三年（一三九二）に口阿に伝えた。尺八では、「近き世には増阿《ぞうあ》とて奇特の者侍りて吹き出したり。今に一天下、この風流を受け侍り」と記し、増阿が「無双」の第一人者であるが、門弟の頓阿《とんあ》も「世一の者」という。

猿楽では、世阿弥について「世に無双不思議」「色々様々の能どもを作り置き侍り」と記し、「今の世の最一の上手」の音阿弥《おんあみ》や金春大夫《こんぱるだゆう》はこの世阿弥の門流を学び伝えているという。なお義教は世阿弥の甥の音阿弥を後援して、世阿弥を疎んじ永享六年（一四三四）に佐渡に流したので、世阿弥は若狭の小浜をへて佐渡島の太田浦に到着（『金島書《きんとうしょ》』）、佐渡で過ごした。

心敬は、歌人の正徹《しょうてつ》の和歌を学んでいたが、その正徹は、冷泉為尹《ためただ》・今川了俊に和歌を学び、和歌をよく詠んだものの、「和歌数奇」と称された義教に嫌われ、『新続古今和歌集』には歌が入集しなかった。家集に『草根《そうこん》集』があり、歌論書『正徹物語』は、藤原定家を崇拝しての書である。

禅の一休宗純《いっきゅうそうじゅん》については「よろづのさま、世の人には遥かに変はりはべる」と人々にいわれ、「今の世に行儀も心地も世の中の人には、はるか変はり侍る」と記して、その門弟に堺の南江宗沅《なんこうそうげん》や、心敬と親交があった立蔵《りゅうぞう》主《す》がいることを特筆している。その一休は、五山派の京都安国寺に入るも林下《りんか》

一休宗純像　東京国立博物館蔵

の禅を求め、近江堅田の華叟宗曇《かそうそうどん》に学んで一休の号を授けられ、貧のなかの真の禅者たるを希求し、詩集『狂雲集《きょううんしゅう》』や『自戒集』を著した。

郷村の寄合と惣

京都の近郊では郷村の成長が著しかった。近江の今堀郷では、応永三十二年(一四二五)に鎮守の日吉社の宮座において、私的に宮の堂や拝殿の蔀《しとみ》を立てることや、太鼓を打つことを禁じ、我意を通すものは座衆から除くなどとする掟を定めている。文安五年(一四四八)には、寄合に出席しない者には罰金を課すとした。

村の自治の型が定まるのには、神社の祭が大きな役割を果たした。山城山科《やましな》の伏見荘《ふしみのしょう》では、七月の盂蘭盆会《うらぼんえ》に各村が仮装や作り物をして囃子や舞踊をする「松拍《まつばやし》」を演じ、荘鎮守の御香宮《ごこうのみや》の九月の大祭では近郷から多数が参加した。数十番の相撲《すまい》があり、その神幸行列は、先頭を風流笠(山笠)と風流踊りのグループがゆき、最後尾は、村々で用意した風流笠と風流踊りであった。永享六年(一四三四)、幕府が延暦寺の強訴に備え、京郊外の村々に軍勢の動員をかけると、御香宮に集まった近隣の村の軍勢は、侍七人とその下人が五〇人、伏見荘を構成する山村・舟津村以下の村々からは二二八人に上った。村は武力を備えており、幕府もその武力を期待していた。

結束を固めた村人は、猿楽などの芸能を楽しみ、寄合を毎年定期的に開催し、危急の時には早鐘を鳴らして集合して「地下寄合《じげ》」をおこなった。周辺の郷村との間には連携・連帯が生まれており、伏見荘近くの山科では、近隣の郷が集まって七郷という惣郷を形成していた。山科家の家礼《かれい》の日記『山科家礼記』によれば、「山科七郷」は郷ごとに領主が異なるも、各郷は年老《おとな》・中臈《ちゅうろう》・若衆などの組織をもち、長禄元年(一四五七)の徳政要求では、「七郷同心とてせめ候なり」と、七郷が同心して攻め、「山科七郷土一キ」が京中に入ったと記している。

近江菅浦《すがうら》村の「惣」は、乙名《おとな》・中老・若衆等と呼ばれる東・西各一〇名によって運営され、年貢の減免要求、年貢の地下請《じげうけ》をおこなっていた。琵琶湖に面していて回船や漁業活動が盛んで、応永四年(一三九七)に堅田《かただ》と湖上の漁場の四至《しいし》を取り決めている。村が自立化するにあたっては財源が問題となるが、村の交際費、合戦の費用、祭の費用などの負担は、領主との交渉によって一部は領主が負担したが、基本的には村が負担した。

日本列島に連なる繁栄

日本列島の各地では湊や宿など町の成長が著しかった。その一端を記すのが『庭訓往来』であり、その四月五日の消息は、「市町の興行」について述べている。市町には、辻子《ずし》・小路を通し、見世棚を構え、絹布の類や贄菓子《にえかし》などの売買の便があるようはからうことや、多くの職人を招くことなどを求めている。その職人の種類は実に多彩であって、猿楽や田楽、師子舞、「手くぐつ」という人形遣いの傀儡子《くぐつし》なども含まれている。

四月十一日の返信は、町の繁栄の様について、「京の町人、浜の商人、鎌倉の誂物《あつらえもの》、宰府《さいふ》の交易、室兵庫の船頭、淀河尻《よどがわじり》の刀禰《とね》、大津坂本の馬借、鳥羽白河の車借、泊々の借上、湊々の替銭、浦々の問丸《といまる》」などの列島各地の賑わいの場と、そこで活動する職人をあげている。このうちの「京の町人」は、洛中の産物「大舎人《おおとねり》綾・六条染物・猪熊紺《いのくまのこん》・大宮絹・烏丸烏帽子《からすまえぼし》」などや、洛外の産物「小柴黛・城殿扇《きどのおうぎ》・仁和寺《にんなじ》眉作《まゆつくり》・東山蕪《ひがしやまかぶら》・西山心太《ところてん》」などを交易・売買し、その利益で「四条五条の辻」が潤っているという。

「町人」という語は、応永二十六年(一四一九)、足利義持が「東京の酒屋」の麴室を破却した際に、破却を実行する旨を記した土倉の請文に見える(『北野天満宮史料』)。土倉や酒屋はその町人であって、応永三十二年(一四二五)に作成された京の「酒屋名簿」によれば、北は一条から南は七条まで、西は大宮から東は東朱雀《ひがしすざく》(鴨川の東の大路)まで、酒屋が満遍なく分布し、さらに一条以北や河東、北野、嵯峨などの洛外にまで及んでいた。

この「町」とは、小路や辻子と称される道をはさんだ両側を単位とする両側町《りょうがわちょう》のことで、この両側町を単位に祇園祭の山鉾を出すのが山鉾町であり、それは北は二条、南は五条、東は万里小路《までのこうじ》、西は猪熊小路の範囲に分布していた。室町幕府は町を単位に京都の支配をおこなっていて、康正二年(一四五六)の内裏造営の棟別役賦課を「町別」に割り当てている。貞治六年(一三六七)に一万棟が洛中棟別銭を負担していたのが、八〇年後の文安三年(一四四六)には二〇万棟が負担しており、この間、京都は少なく見積もっても一五倍以上の人口増加があったと考えられる。

「京の町人」に並ぶ「浜の商人」とは、琵琶湖岸や淀川、瀬戸内海の浦、あるいは伊勢湾の湊などの京周辺の浜を根拠地とする湊町の商人で、彼らは「室兵庫の船頭、淀河尻の刀禰、大津坂本の馬借、鳥羽白河の車借」らの職人とともに、首都経済圏に入っていた。この首都経済圏には各地から多くの産物が、「泊々の借上、湊々の替銭、浦々の問丸」の手をへてもたらされ、そのなかには宇賀昆布・夷鮭《えぞさけ》など蝦夷地や東北地方の産品もあった。

西国経済圏と廻船ルート

日本列島は一つに繋がっており、多様な廻船ルートが成立していた。これを地図上に示しているのが、朝鮮の申叔舟《しんしゅくしゅう》が一四七一年に撰進した『海東諸国紀』である。中央の「日本の国都」(京都)から淀川をへて兵庫津に出て、瀬戸内海を通り赤間関から博多に赴く瀬戸内海ルート、琵琶湖から若狭の小浜に出て、山陰をへて博多に至る日本海ルートが記されている。

その廻船ルートの起終点である博多について、応永二十七年(一四二〇)の応永の外寇の際、回礼使として翌年に渡日した宋希璟《そうきけい》が、「淼々《びょうびょう》たる石城」と記し、一行を迎えた博多では、九州探題が博多市中の道路を清掃させ、海盗賊の襲撃の恐れから、岐路に門をつくらせ、夜はこれを閉めさせていたという。『海東諸国紀』は、博多の人家が一万余戸もあり、住民の多くは商売を職業とし、琉球船や南蛮船(南海船)が集まるが、朝鮮に通交する者が多いと記す。

この博多と京を結ぶ瀬戸内海ルートにそって多くの湊町が成長しており、『老松堂日本行録』には、長門の赤間関、周防の頭島《かしらじま》、安芸《あき》の蒲刈《かまがり》、備後の尾道・鞆《とも》、備前《びぜん》の下津井・牛窓《うしまど》、播磨の室、摂津の兵庫・尼崎、山城の淀が寄港地として見える。兵庫津に入港する船からの関銭徴収のための、文安二年(一四四五)の帳簿には、鞆や尾道、蒲刈《かまがり》などの湊町を結ぶ船が載っている(「東大寺文書」)。そうした湊の姿を伝えるのが備後の草戸《くさど》千軒町《せんげんちょう》遺跡である。

福山市を流れる芦田川《あしだがわ》の氾濫により、江戸時代に埋もれてしまったため、中世の市町の姿をよく伝えている。その遺跡の南半は、溝や柵で区切られた短冊形の細長い区画が十四世紀前半から並ぶようになり、商業や手工業の職人の居住地であったと考えられている。出土した木簡からは、商品取引や金融に関わる記述が多く見え、商業・金融活動が盛んであったことがわかる。さらに十五世紀には、大規模な整地が施され、町がつくり直されていた。

応永十七年(一四一〇)に薩摩の島津元久《もとひさ》は瀬戸内海ルートを経て、将軍や有力大名に緞子《どんす》や毛氈《もうせん》などの中国産品、麝香《じゃこう》・沈香《じんこう》・南蛮酒・砂糖の琉球産品を贈っているが、その島津氏の対外貿易の湊は薩摩の坊津《ぼうのつ》であって、博多と結ばれ、また琉球とも結ばれていた。

琉球でも、大型グスクに付属して多くの湊町が生まれていた。なかでも北の運天津と南の那覇津の発展は著しかった。このうち運天津の繁栄とともにあったのが、北山国《ほくざんこく》の今帰仁《なきじん》グスクである。十五世紀にかけ礎石立ち柱の立派な正殿が構えられ、石垣の総延長は約一キロ半に及び、城跡の東から北東にかけては約七〇メートルの断崖絶壁をなし、城内には南殿や北殿、物見台、志慶真門《しげまもん》・曲輪《くるわ》などがある。琉球の歌を集めた『おもろさうし』に、「聞ゑ今帰仁《みやきせん》　百曲《ももまが》り積み上げて　珈玻羅《かはら》寄せ　御ぐすく　げらへ　又鳴響《どよ》(今帰仁)」と詠まれ(巻一三の八七〇)、名高い今帰仁よと称えられている。

南の那覇津を貿易の拠点とした中山王《ちゅうざんおう》の尚巴志《しょうはし》は、首里グスクを整備し、一四一六年に今帰仁グスクを落して山北王《さんほくおう》を滅ぼし、一四二九年に島尻大里《しまじりおおさと》グスクに拠る山南王《さんなんおう》を滅ぼして三山を統一し、琉球王国を形成した。那覇には王府の「親見世《おやみせ》」(交易施設)、「御物グスク」(王府の倉庫)をおいた。那覇は「琉球国図」に「那波皆津口、江南・南蛮・日本の船、この浦に入る」と見え、『おもろさうし』に「唐・南蛮寄り合う那覇泊」と謳われ、日本・中国・東南アジアとの交易で賑わった。

一四五八年に首里城正殿に掛けられた「万国津梁《ばんこくしょうりょう》の鐘」の銘文は、琉球国が南海の景勝の地にあり、三韓(朝鮮)の優れたところを集め、明国や日本と密接な関係にあって、その日明の間に湧き出た理想の島である、と謳い、船を万国の架け橋となし、珍しい重宝は至るところに満ちている、と記す。琉球の文化は日本・朝鮮・中国との交流で培われていた。

日本海沿岸湊町の繁栄

日本海ルートの基点は若狭の小浜である。応永十五年(一四〇八)六月に南蛮船が到来し、小浜の問《とい》の本阿弥の家を宿舎とし、「日本国王」足利義満への進物として黒象・山馬《さんば》・孔雀《くじゃく》・鸚鵡《おうむ》を贈っており、その後も黒鳥や黒象などの将軍へ進物は小浜からもたらされた。小浜には戦乱を避けて、蓮華王院の宝蔵にあった『吉備大臣入唐絵巻《きびのおとどにっとうえまき》』『伴大納言絵詞《ばんだいなごんえことば》』『彦火火出見尊《ひこほほでのみこと》絵巻』などが持ち出され、松永荘の新八幡宮に所蔵されていたことを『看聞日記』は記している。

小浜は山陰ルートとともに、北の国々とも結ばれていた。応永三十年(一四二三)に安藤陸奥守《むつのかみ》が馬二〇匹、鳥五〇〇〇羽、銭二万匹、海虎皮《しゃち》三〇枚、昆布五〇〇杷を将軍に進上したが、これは小浜経由でもたらされた。安藤氏は津軽の十三湊《とさみなと》の根拠地をおいて豊かな富を誇り、小浜の羽賀寺《はがじ》が永享七年(一四三五)に焼失すると、翌永享八年からの本堂再建には、十三湊の「日之本将軍安倍康季《やすすえ》」が莫大な銭を奉加した。

安藤氏の根拠地の津軽十三湊の姿は発掘から知られる。中央に大型の領主館があり、その南側に東西方向に延びる大きな土塁と堀がつくられていた。南北に延びる中軸道路とそれに交わる形で平行して等間隔に延びる道路なども整備され、港湾施設が整えられていた。「廻船式目」は、日本三津《さんしん》として安濃津《あのつ》・博多・堺をあげるが、続く七湊《ななそう》は、越前三国湊、加賀本吉、能登輪島、越中岩瀬、越後今町(直江津)、出羽秋田、津軽十三湊など、すべてが日本海沿岸の湊である。

謡曲「婆相天《ばそうてん》」や説経節「さんせう大夫」は、越後の直江津に東国・西国の船が出入りし、人買い商人が活動する繁華な湊であったという。同じく「身売り」は、越後の蒲原《かんばら》の湊での人身売買を描き、幸若舞曲の「笈《おい》さかし」には秋田湊や酒田湊が見え、狂言「昆布うり」は「若狭の小浜のめしの昆布売」が主人公で、若狭で加工された蝦夷《えぞ》産の昆布を売っていた。

津軽海峡を渡って蝦夷地の松前には、松前大館が将軍山連峰の突端部の丘陵上に築かれ、松前の北、上ノ国町には大澗《おおま》湾に流れ込む天の川にそって、花沢館などの館が点在し、その西方に勝山館がある。これは八幡平の台地の東端、夷王山《いおうざん》の山麓に二つの川にはさまれた台地上に築かれた館で、青磁・白磁・染付の舶載陶磁器や、瀬戸・美濃・志野などの国産陶磁器をはじめ、鉄や銅・石製品・古銭・木製品などが大量に出土し、アイヌの使う小刀や丸木船、鏃《やじり》や銛先《もりさき》などの骨角器、魚網の錘《すい》、アイヌの印と見られる刻印のある白磁皿も出土した。勝山《かつやま》館の背後の段丘から夷王山中腹にかけて夷王山墳墓群があり、アイヌの墓と和人の墓が混在している。

蝦夷地に進出した和人は、道南地域に「道南十二館」と称される城郭を築いた。その一つの函館市東部の志苔《しのりたて》館は、津軽海峡に面した標高二五メートルの海岸段丘上の南端に位置する。四方に土塁が築かれ、掘立柱の建物跡、礎石建物跡、青白磁、瀬戸・越前・珠洲《すず》系の陶磁器類や金属製品・石製品・木製品が出土している。館は十四世紀末頃から十五世紀を通じて存在し、館の直下からは三九万余枚もの古銭が越前古窯・能登珠洲窯の壺に入った状態で見つかった。

関東を結ぶ海のルートは、京から伊勢湾の安濃津や大湊《おおみなと》に出て東国に赴くルートが中心である。大湊は伊勢神宮門前の宇治山田の外港で、明徳三年(一三九二)の武蔵品川湊に入港した船の帳簿「湊船帳」には三〇艘の船名・船主・問名が記されているが、そこに見える「湊船」は、伊勢の大湊と往来する船と考えられている。

鎌倉府のおかれた鎌倉の外港である武蔵六浦《むつら》には、町屋や禅宗の能仁寺《のうにんじ》、日蓮宗の上行寺《じょうぎょうじ》、真言宗の浄願寺《じょうがんじ》、時宗の引越《ひっこし》道場など、仏教各派の寺院が生まれ、湊町として賑わっていた。その六浦から神奈川・品川へと東京湾を北上すると、その先に石浜の湊があり、近くの浅草寺《せんそうじ》とともに賑わっていた。浅草寺は永和四年(一三七八)に焼失したが、応永年間に再建されたので、鎌倉後期制作の縁起をもとに、浅草寺の沿革と霊験譚を描く『武蔵国浅草寺縁起』が制作されている。

3　都と鄙の東山文化

応仁・文明の乱へ

長禄三年(一四五九)は天候不順な上、九月の台風により賀茂川が氾濫し、京中の溺死者が膨大な数に上った。京に米が入らなくなって米価が暴騰、餓死者が出て一揆が瀕発した。翌年も天候不順、干ばつで全国的飢饉《ききん》となった。各地で餓死者が続出し、人肉を食うという噂も飛び交った(長禄・寛正の飢饉)。東福寺雲陰軒の太極《たいきょく》の『碧山日録《へきざんにちろく》』はその情景を記している。

京の六条町で一人の老女が子供《ども》を抱いてしきりに名前を呼んでいるが、何度呼んでも子が返事をしないので、女は声をあげて哭き伏した。見ると子はすでに亡くなっており、母親は慟哭し続けた。生まれを尋ねると、河内国からの流民といい、三年も旱魃《かんばつ》が続き、重税がかけられ、出さないと刑罰を加えられるので、流浪して京にやって来たが、子は餓死してしまったという。

この大量の流民という惨状から、時衆の願阿弥《がんあみ》は粥の施行《せぎょう》に乗り出し、六角堂の南の道に草屋を設け、飢えた人々を収容したが、一日に何十人もの死者が出て、毎日、屍を鴨川に埋めるという有様で、さらに八〇〇〇人分もの粥の施行をせねばならない現実に力尽きてしまった。ある僧が小さな木の卒《そ》塔婆《とば》を死骸の上においてゆくと、八万二〇〇〇個に達したという。

そんな飢饉の状況下、大名家では内紛が起きていた。管領家の畠山氏では、畠山持国から家督を譲られた畠山義就《よしひろ》と、反義就派家臣の擁立した一族の畠山政長《まさなが》との間で対立があった。斯波氏でも、斯波義健《よしたけ》が後継者を立てないままに亡くなり、一族の斯波義敏《よしとし》と九州探題渋川氏から迎えた斯波義廉《よしかど》が家督を争った。将軍家でも、寛正五年(一四六四)、足利義政が妻富子との間には子がいないため、実弟の義尋《ぎじん》を還俗させて養子とし、次期将軍への道を開いたが(足利義視《よしみ》)、翌寛正六年、富子が男児を生み(義尚《よしひさ》)、富子はこれへの将軍後継を望んで、山名宗全《そうぜん》に協力を頼んだ。これに義視が管領の細川勝元と手を結び、起きたのが応仁の乱である。

これまでの内乱の構図といえば、将軍方と大名間の対立にあったが、将軍家が分裂し、諸大名家も分裂するなか、比較的分裂の少なかった細川・山名氏が争いの中心となった。それぞれに姻戚関係を通じて大名を動員し、細川の東軍と山名の西軍とに分裂した。文正元年(一四六六)秋から大量の雑兵や飢民が集まり始めて、それは両陣営合わせて三〇万に上ったという。彼らは翌年正月に御霊林《ごりょうばやし》で交戦し、五月に全面的な戦闘となり、その年に洛中の大半が戦火で焼失したのである。

この乱の次第を記した『応仁記』は、「万歳期せし花の都、今何ぞ狐狼の伏土となる。たまたま残る東寺・北野さへ灰土となる」と記し、細川家の家臣飯尾常房《つねふさ》が詠んだ嘆きの歌「汝《なれ》や知るに都は野辺の夕雲雀《ゆふひばり》　あがるを見ても落つる涙は」を載せている。

足軽と下剋上

乱が長引いた一因に足軽の台頭があった。その足軽の一人骨皮道賢《ほねかわどうけん》は、幕府侍所の目付であったが、乱勃発とともに東軍方に属し、三〇〇余人の配下を従えて西軍方の補給路を断って街に火を放ち、稲荷山に陣取ってゲリラ戦を展開した末、討死した。足軽は「疾足《しっそく》」とも呼ばれ、集団をなして行動していた。文明三年(一四七一)、足軽大将の馬切衛門五郎《うまきりえもんごろう》が八条で「取り立て」(募集)をおこなうと、近くの東寺は足軽に加わらぬように近隣の人々に誓わせている。諸大名は足軽を銭で雇って戦力としていたので、足軽の活動は一向におさまらなかった。

公家の一条兼良が将軍義尚に献じた政道書『樵談治要《しょうだんちよう》』は、足軽は度を超過した悪党であり、その

『真如堂縁起』にみる足軽　真正極楽寺蔵

所行により洛中洛外の諸社や諸寺、五山十刹《ござんじっさつ》、公家、門跡が滅亡してしまった、彼らは敵の立て籠っている場では力を尽くさず、さもない所々を打ち破り、火をかけ財宝をあさるその行為は、昼強盗にほかならない、前代未聞である、と指摘している。さらに足軽が主人もちならば主人を通じて、土民商人ならば、在地に命じて罪科を課すべきであり、そうでもしなければ「下剋上の世」になってしまう、とも記している。

　ここに下剋上の語が見えるが、彼らが下剋上をめざしたかといえば、そうではなかった。足軽の大将を見ても、自立的動きは目立っても、下剋上をめざしたわけではない。応仁・文明の乱において人々が考え、動いたのは自立を求めてのことであり、下位の者が上位の者に実力によって討ち克つ「下剋上」を求めていたのではない。

戦国期の説話集『塵塚物語《ちりづか》』は、将軍義尚の話に始まって、全六巻に六五話を載せるが、その巻六にある武辺の侍の話は興味深い。延徳《えんとく》初年（一四八九）には「疋夫《ひきふ》」にすぎなかったのだが、「はたらきいでて、十余年がほどに半国の領する身」となり、家門が豊かになったという。下剋上で上昇した武士としてではなく、話はその姉に対する「不思議な孝養」について詳しく語っている。

下剋上の始まりを示す存在としてよく取り上げられる出雲の尼子《あまご》氏については、巻二の「尼子伊予守無欲の事」で、尼子経久《つねひさ》を「雲州の国主として武勇人にすぐれ、万卒身に従って不足なく、家門の栄耀、天下に並びなき人にて有」と絶賛しても、話は家臣に非常に気を使う優しい人物で、「天性無欲正直の人」と評し、下剋上には何も触れていない。

宗全・勝元と乱終結

山名の西軍方も、細川の東軍方も、将軍とは別個に自立を求めて動いていた。勝元は、一族や被官、与力の大名らを集め、独自に軍勢催促状や感状を発給し、分国の兵を動員した。西軍では、管領の斯波義廉《よしかど》が将軍に代行して管領下知状《げち》を出し、大名たちの連署状も用いるなど、ともに自立的動きが認められる。『塵塚物語』は次の宗全の話を載せている。

「大乱のころ」、宗全がある大臣家に赴いた際、大臣が「ふるき例」を引用し、さまざまに「かしこく」話をしていたので、これを聞いて反論した。朝廷の沙汰ならばそれでもよいが、建武・元弘から当代まで、法は改められてきており、例といってもその時々に変わってきている、と前置きし、「凡そ例というはその時が例なり。大法不易政道は例を引いて宜しかるべし。その外の事はいささかも例を引かるる事心得ず」と、例はその時の例にすぎず、大法や不易の政道は例によるのもよいが、他のことに例を引くのはどうか。今の時代は時を知って動くもので、例にそって動くものではない。例に泥《なず》んで時を知らなかったばかりに、公家は衰微して乏しくなってしまい、官位のみを競い望むようになり、武家に恥ずかしめられ、天下を奪われたのである、と言い放ったという。

宗全は時を知り、時の動きにそって動いてきたのであるが、さらに『塵塚物語』は、「応永よりこのかた管領三職の人々は以ての外に威を増し」と、管領三職の有力大名の威力が、将軍に勝るようになったのは、大小となく公方が耳をよそにして聞いていたからである、と指摘し、その管領三職の代表格として細川勝元の次のような逸話を記す。

勝元は栄耀栄華を誇った政治家で、「一家不双の栄耀人」で接待に財宝を費やし、「平生の珍膳・妙衣は申すに及ばず、客殿屋形の美しき事、言語道断なり」と、その衣装や建物が華美であったという。実際、勝元は、和歌を正徹《しょうてつ》に学び、絵画や鷹飼《たかがい》・犬追物などの文武の芸に精通し、医術を研究して『霊蘭集《れいらんしゅう》』を著した文化人であった。

両軍の争いは、宗全が文明五年(一四七三)三月に死亡し、五月に勝元も死去し、二人の死とともに、厭戦気分が漂い始めた。翌文明六年に義政が義尚に将軍職を譲って小河の新邸に移り、日野富子と義尚が室町邸に同居するが、この事態について、興福寺の尋尊《じんそん》は『大乗院寺社雑事記《ぞうじき》』に「天下公事修り、女中は御計《おはからい》、公方は大御酒、諸大名は犬笠懸《いぬかさがけ》、天下泰平の時の如くなり」と、「女中」富子が実権を掌握し、天下泰平の時が到来した、と記している。

文明九年(一四七七)になると、東西両軍の和睦の動きが加速化した。主戦派の畠山義就が政長追討を名目に河内に下り、大内政弘《まさひろ》や畠山義統《よしむね》ら西軍の主要武将が帰国して西軍が解体し、京都での戦闘が収束し、足利義視は美濃に退いた。こうして十一月二十日、幕府は「天下静謐《せいひつ》」の祝宴を催し、十一年に及ぶ大乱は終わった。

将軍の権威と自立

乱の終結について、尋尊は「天下の事、さらに以て目出度き子細これなし」と喜んで、諸国の動向を記しているが、それは痛々しいばかりの惨状であった。畿内近国では、近江・美濃・尾張《おわり》・遠江《とおとうみ》・三河・飛驒《ひだ》・能登・加賀・越前・大和・河内などの国々では幕府の命令に応じず、年貢なども一向進上しない。紀伊・摂津・越中・和泉《いずみ》では国中が乱れて、年貢などは問題外という。「日本国は、悉く以て御下知《げち》に応ぜざる」と、幕府の威令が届かなくなったと断じている。

こうした状況と文明十二年(一四八〇)に大病を患ったことから、将軍義政は隠遁を考え、文明十五年に東山山荘(東山殿)に移って風雅な生活を送ることになる。『塵塚物語』は、義政について「世の政務思召すままならねば、人々のふるまひうとましく、あぢきなくおはして東山一庭の月に心をすまし、茶の湯・連歌を友として世のさかしまを耳のよそに聞しめしける」と記し、政務に嫌気がさし、「大位小職」の人々を集め、東山に語らいの場をもち、茶の湯・連歌を楽しんだという。

さらに次の将軍義尚については、「天性をゆふにうけさせ給ひ」と、武芸や和歌に優れていて、「高官昵懇《じっこん》の公家」が常に参り、和歌の話をしていた「いみじき国主」であったが、文明十五年（一四八三）の義政の隠遁とともに、政務に関与するようになり、奉公衆を基盤として権力強化をはかって、長享《ちょうきょう》元年（一四八七）に近江守護六角高頼《たかより》が寺社本所領や奉公衆の所領を押領したとして鈎《まがり》に出陣したものの、その陣で病没してしまう。

延徳二年（一四九〇）に義政も亡くなり、義視の子義材《よしき》（のちに義稙《よしたね》）が将軍になるが、『塵塚物語』は、その将軍義稙の逸話も載せている。「御心正直にして、やさしき御生まれつきなり」と始まって、心正直な義稙が武臣や家僕、公家に心配りをしていた。しかし「乱世の国主」であったことから、将軍とは名ばかりで、「下さまの輩」が上意と号し「我がままを振る舞った」ので、その武臣の罪が大将軍への恨みになったという。明応《めいおう》二年（一四九三）に畠山政長らを率い河内の畠山義就の子基家《もといえ》を攻めたが、密かに基家と手を結んだ細川政元（勝元の子）によって将軍職から降ろされ、義高（義政の甥で政知の子）が将軍となった（明応の政変）。

将軍権力の確立を妨げていたのは、「一とせ政元が事に苦しめるにより」とあるような、将軍の廃立へと向かった細川政元などの有力大名の行動にあり、三人の将軍は「国主」として将軍権力の確立をはかったが、いずれもうまくゆかず、公家と交流によって和歌などの文化に力を注いだのである。

大名の自立的活動

諸大名の動きはどうであろうか。応仁の乱で西軍の宗全に与力して上洛し、西軍を活気づかせた周防の大内政弘は、周防・長門・豊前・筑前守護を継承し、日明貿易では博多商人と連携して堺商人と組む細川氏に対抗して、遣明船を派遣して大きな富を築いていた。

文明八年(一四七六)、足利義政からの東西和睦の要請を受諾して、翌年十月に帰国すると、西国の支配権の確立に力を注いだ。文明十八年(一四八六)十月、氏寺の興隆寺が勅願寺に認められたことを喜んで、大内氏の世系を百済の王の子孫に求め、日本に仏法を興隆させた聖徳太子との関わりを記した由緒書を作成するが、その由緒を探るため朝鮮に使者を送って「国史」賜与を要求している(『朝鮮王朝実録』)。

越前の朝倉孝景《たかかげ》は、主家である斯波義廉に協力し、西軍として合戦に活躍したが、東軍と密かに連絡をとり、文明三年(一四七一)五月、将軍義政と細川勝元から守護権行使の約束を得て東軍に寝返って、実力で越前一国を掌中にほぼおさめた。孝景の記した『朝倉孝景十七箇条』には、能力主義的人事や迷信の排除、軍備の量の優先など合理主義的な考え方がうかがえる。

駿河では、守護の今川義忠《よしただ》が応仁の乱に一〇〇〇騎を率いて東軍方として上洛し、帰国してからは積極的に遠江への進出をはかって斯波氏や在地の国人と戦い、文明五年(一四七三)には、三河守護の細川成之《しげゆき》を支援するため三河にも出陣した。義忠は「弓馬に達し、血気の勇将」「和歌・連歌を嗜む」といわれ、和歌を歌人の正広《しょうこう》に、連歌を宗祇や宗長《そうちょう》に学んでいた。

関東では、文明五年に上杉山内家の家宰の長尾景信が死去すると、その家宰に子の景春《かげはる》ではなく、同じ長尾氏の惣社長尾の忠景《ただかげ》がなったことから、景春は古河公方と連絡をとり、文明九年(一四七七)に武蔵鉢形城《はちがたじょう》で挙兵し、五十子の陣を急襲した。突然のことで陣は大混乱となり、各地で景春方の武士が蜂起した(長尾景春の乱)。

江戸城の太田道灌は、対応に追われて各所で景春軍と戦い、四月には、豊島泰経《としまやすつね》の拠る石神井城を落とし、五月には、鉢形城を囲んだが、古河公方の成氏が出陣してきたため、休戦となって和議がはかられ、成氏は引き返した。その和議交渉が進展しないなか、道灌は文明十年(一四七八)七月に鉢形城を落とし、抵抗を続けていた長尾景春は最後の拠点日野城を落とされ、これにより文明十四年(一四八二)に幕府と成氏とが和睦し、成氏と両上杉家との間の和議が成立した(「都鄙和睦」)。

国一揆、宗教一揆

大名だけでなく、多くの勢力が一揆を結んで自立をはかっていた。文明十七年(一四八五)、南山城において畠山義就と同政長とが宇治川をはさんで対陣するなか、南山城三郡の国衆が、宇治の平等院で集会を開いて「惣国《そうこく》」の国一揆を結び、両軍に退去を迫った。この一揆は「三十六人衆」の国衆が中心になって結成したもので、合議で「掟法《おきて》」を定め、「一国中の土民」に支持され、「下剋上の至り」と評された。自立を求める動きが自治へと進んでいったのである。

しかし長くは続かず、山城守護になった伊勢貞陸《さだみち》の入部をめぐる対立から、分裂を招いて一揆は崩壊する。これに対し、一揆でも長く続いたのが宗教一揆であり、その典型が加賀の一向一揆である。本願寺七世の存如《ぞんにょ》の弟如乗《にょじょう》が、加賀の本泉寺《ほんせんじ》や専称寺《せんしょうじ》などを拠点に浄土真宗の布教にあたって以来、真宗は加賀の山間部や農村部に広がっていた。寛正六年(一四六五)、比叡山大衆の攻撃によって大谷の本願寺を破壊された子蓮如《れんにょ》(存如の子)は、文明三年(一四七一)に加賀・越前の国境の吉崎に拠点を移して、坊舎を構えて北陸布教にあたった。親鸞《しんらん》以来の血脈相承を根拠に、念仏者集団を同朋として組織し、阿弥陀仏の救いを強調する「御文《おふみ》」によって信仰を勧めて教線を広げた。

蓮如は、やがて加賀守護の富樫《とがし》氏の内紛に介入し、富樫政親《まさちか》の要請を受けて、翌年に富樫幸千代《ゆきちよ》を倒すのに力を貸したが、本願寺門徒の勢いに不安を感じた富樫政親が、本泉寺や光徳寺および松岡寺を中心とする門徒を弾圧し始めたので、守護の保護を期待していた蓮如は、吉崎御坊を退去した。

政親の弾圧で越中国へと逃れた加賀門徒は、越中の石黒光義《みつよし》に攻められたが、逆に光義討ち取って加賀に帰還すると、加賀の有力武士と結んで一揆を結成した。長享二年(一四八八)に加賀・能登・越中二十数万の門徒は、富樫泰高《やすたか》を擁立して、守護政親の居城高尾城を包囲して、滅ぼし、加賀は「百姓の持ちたる国のやうにてなり行き候」（『実悟記拾遺《じつごきしゅうい》』）となり、郡・組・講の組織からなる門徒領国が形成された。永正三年（一五〇六）には実如の指令で門徒組織が整備された。

紀伊では根来《ねごろ》の地を本拠とする根来寺の根来衆が、周辺の土地集積を展開し、和泉や南河内にまで勢力を伸ばした。杉ノ坊や泉識坊などの坊衆が中心にあって、文明十二年（一四八〇）に大塔の造営を始め、天文十六年（一五五四）に完成している。

村の自立と職人

村々でも一揆の結びつきが広がっていた。和泉国南部の日根野荘では、前関白の九条政基《まさもと》が文亀《ぶんき》元年（一五〇一）から四年間にわたって現地に下っており、その時の日記『政基公旅引付《こうたびひきつけ》』からは日根野荘入山田村の動きがわかる。この地は和泉の守護勢力と隣接する紀伊の根来寺衆とが激しい合戦を繰り返していたので、村人は集会を開き、時に防御のために出陣していた。入山田村の集会は惣社の滝宮で開かれていた。

その祭礼として猿楽や田楽がおこなわれ、風流念仏には入山田村の土丸《つちまる》・大木《おおぎ》・菖蒲《しょうぶ》・船淵《ふなぶち》四カ村が競って工夫を凝らし、その出来栄えに領主の政基は「都の能者に恥じず」と驚いている。隣接する日根野村に守護勢が乱入した際には、入山田村を構成する四カ村が、早鐘を鳴らして戦ったが、その武力は老・中老・若衆で構成されていた。

中国地方の備中の新見荘《にいみのしょう》の村では、名主百姓《みょうしゅ》四一名が連署して、寛正二年（一四六一）に代官の安富《やすとみ》智安《ちあん》の罷免を東寺に要求した。たとえ管領細川勝元の指示で守護方が当荘へ打ち入っても、三職《さんしき》の荘官や地下人《じげにん》らの一族が集まれば、四、五〇〇人になるので、攻められても落ちない、地下一同は他国に逃散《ちょうさん》するのも辞さないなど、一味神水で定めている。

応仁の乱が起き、「京都物忩《ぶっそう》に付候て、以外《もってのほか》国もぶつそうに是非なく候」という情況から、再び代官の安富の新見荘入部の噂に接すると、百姓らは「年内より日々に大寄合《おおよりあい》仕候て、入部候ば、おつかえし申べし、と申候」と、大寄合を開いて入部拒否の姿勢を示し、文明二年（一四七〇）には、一人残らず八幡宮で大寄合を開き、大鐘をついて土一揆で防備を固めている。

村の一揆や自治が進んだのは、気候の寒冷化にともなう厳しい環境にあって、山野河海に挑んで、その資源を商品化してゆくようになっていたからである。琵琶湖沿岸の湊町として発展した堅田《かただ》浦では、一向宗本福寺の檀越《だんおつ》・三上明誓《みょうせい》が、飢饉にあった人々の暮らしを『本福寺跡書《ほんぷくじあとがき》』で記している。

飢饉の年には鍛冶屋は、「田作ニマサル重イ手ナシ」と、釜や鉈などを安く売るのをやめ、稲作用の鋤や鍬・鎌などにつくって有徳人《うとくにん》（金持ち）に売る。桶師は、桶の側面が腐るのは困るが、飢饉の年には需要がありとくに問題はない。研師《とぎし》は、良い刀を仕直して有徳人に売り、番匠《ばんしょう》は、有徳人の造作の仕事をするなど、万の物を誂《あつら》える分限者を念頭に活動する。堅田の有徳人は、能登・越中・越後・

信濃・出羽・奥州、西は因幡《いなば》、伯耆《ほうき》、出雲、石見《いわみ》、丹後、但馬《たじま》、若狭に赴いて商いをし、生計を立てていたという。飢饉が列島をしばしば襲ったが、人々は工夫を凝らして生活を送っていた。

4　東山文化の拡散と深化

古典学と家

文明二年（一四七〇）、後花園院が亡くなって、その跡を継承した後土御門《ごつちみかど》天皇は、朝廷の儀式再興に取り組み、文明十一年（一四七九）に修理が成った土御門内裏に入ると、殿上淵酔《てんじょうえんずい》や乞巧奠《きこうでん》を再興、諸国に廷臣を派遣して、禁裏料所の年貢運上を求め、朝廷経済の建て直しに意を注いだ。

父後花園院から公事や詩歌・和歌・管絃・書を嗜むよう教え諭されたこともあり（『後花園院御消息』）、学問を好んで吉田兼倶《かねとも》や一条兼良・清原宗賢らには和漢の学を講じさせた。多くの絵巻を三条西実隆《さねたか》に誂えさせ、自らも書写し、連歌集『新撰菟玖波集《しんせんつくばしゅう》』を准勅撰としている。禁中の御湯殿《おゆどの》の間での天皇の動静を記す『御湯殿上日記《うえにっき》』は、文明九年（一四七七）から残存するが、これはこの時期から天皇周辺の事を記すようになり、それを残すことが重視されたからであろう。

五摂家の一条兼良は、「五百年以来の才人」と謳われ、古典学に活路を見出していた。公事の由来を記す『公事根源《くじこんげん》』を著し、二度も摂関となって公武の詩歌会に参り、その『源氏物語』の天皇への進講には、将軍義政が陪聴《ばいちょう》したことがある。応仁の乱で一条室町邸や文庫の桃華坊《とうかぼう》が焼かれたため、多くの書物を携えて、子の尋尊がいる奈良に避難し、文明二年(一四七〇)に関白を辞退してからは、『源氏物語』の注釈書『花鳥余情《かちょうよせい》』を著すなど、古典学に力を注いだ。文明五年(一四七三)に奈良から美濃に赴いた時の紀行文に『藤河《ふじかわ》の記』があり、美濃の斉藤妙椿《みょうちん》の歓待を受け、歌会や連歌会に出て、猿楽や鵜飼を楽しんだことが記されている。

文明九年(一四七七)に上洛してからは『源氏物語』の談義をおこない、文明十二年(一四八〇)に将軍義尚と母富子の求めに応じて政道書として『樵談治要』を著わし、守護や奉行人、近習をよく選ぶこと、芸能や政道に心がけることを諭した『文明一統記《ぶんめいいっとうき》』では、孝行・正直・慈悲をもっぱらにするように求め、翌年に子冬良《ふゆよし》のために衣服や一条家当主の心得を記した。

兼良に次ぐ古典学者の三条西実隆は、閑院流の三条家の流れにあって、朝廷の公事が衰退するなか、和歌を飛鳥井雅親に、連歌を牡丹花肖柏《ぼたんかしょうはく》や宗祇らに学び、古今伝授を宗祇から受けてこれを後世に伝え、日記、和歌書などの古典作品を書写し、『源氏物語』『伊勢物語』を講じた。都に留まって、地方武士の求めに応じて書物の書写や古典注釈書を記すなど、幅広い活動をおこなったが、その地方武士や僧との交流は、北は奥州、南は薩摩・大隅に至る日本列島全般に及んだ。

和歌の家の飛鳥井雅親は、後花園院から勅撰和歌集の撰進を命じられ、将軍義尚の要請で文明十四年(一四八二)に「将軍家歌合」の判者を務めたが、これには将軍や大館尚氏《おおだちひさうじ》などの武家四人、関白近衛政家《このえまさいえ》、三条西実隆・甘露寺親長《かんろじちかなが》など公家一五人、歌人の正広《しょうこう》らが出詠している。文明十六年(一四八四）には義尚と相談して、万葉風体の和歌を詠む歌合を開いたが、これには後土御門天皇や公武僧が出詠した。上流公家はそれぞれ宮廷文化の精髄である『源氏物語』『伊勢物語』や『古今和歌集』など、古典学に邁進することで、自立の道を求めたわけである。

東山文化の傾向

義満の時代の文化が北山文化と称されるのに対して、この時代の文化が東山文化と称されるのは、義政の東山山荘に象徴されるほどの文化という意味である。義政はその東山山荘を構えるにあたり、夢窓《むそう》疎石《そせき》の西芳寺《さいほうじ》を参考に庭園を構想し、作庭には善阿弥《ぜんあみ》など河原者を起用した。善阿弥は室町殿御所や奈良の大乗院庭園、内裏学問所の庭園をつくった「庭者」で、この時期から広く枯山水《かれさんすい》の庭園がつくられてゆく。

庭園に続いて、北山金閣に倣って、一階が和風、二階が禅宗様の組み合せからなる観音殿（銀閣）を建て、常《つね》の御所や持仏堂の東求堂《とうぐどう》には、宋・元の画家の「筆様」になる唐絵の襖、会所には嵯峨や石山の名所絵の襖を設けた。その大和絵は、絵所預の土佐光信《みつのぶ》が描き、唐絵の「瀟湘八景図《しょうしょうはっけいず》」は狩野《かのう》正信《まさのぶ》が描いた。正信は、相国寺松泉軒《しょうせんけん》の襖絵に「瀟湘八景図」を描いて義政に認められた小栗宗湛《おぐりそうたん》の跡を継いで、御用絵師となっていた。

東山山荘の御殿を飾る唐物や唐絵は、座敷飾りのマニュアル『君台観左右帳記《くんだいかんそうちょうき》』に基づくが、この書は同朋衆の能阿弥《のうあみ》・芸阿弥《げいあみ》父子とその周辺で編まれた。義満に始まる唐物蒐集が継承されていたが、幕府財政の破綻もあって御物が売られるようになり、『君台観左右帳記』はその売り立て目録の観さえあり、放出された唐物は文化の伝搬をもたらした。

義政とその同朋衆の目利きにより、さまざまな芸術作品が生み出された。美濃出身の後藤祐乗《ゆうじょう》は金工で義政に仕え、高肉彫《たかにくぼり》による刀剣装飾に優れて、小柄《こづか》・笄《こうがい》・目貫《めぬき》の三所物《みところもの》を得意とした。蒔絵《まきえ》では幸阿弥《こうあみ》道長が義政に仕えて頭角を現し、染織の領域では日明貿易や南蛮貿易などの唐織物がもてはやされるなか、国産化が試みられた。

能では、世阿弥の甥の音阿弥《おんあみ》が「稀代の上手」「無双の当道」「神変奇特の達人」という評を得て活躍し、寛正五年(一四六四)の糺河原勧進猿楽では、三日間の能で十二番のシテを務めた。世阿弥の娘婿の金春禅竹《こんぱるぜんちく》は、和歌や神仏の道の考えを取り入れて、『六輪一露之記《ろくりんいちろのき》』を著し、能の本質や芸位について、六つの輪(寿輪・竪輪・住輪・像輪・破輪・空輪)と一本の利剣《りけん》(一露)の図で表現した神秘主義的世界観を提示した。

この『六輪一露之記』に注記を加えた一条兼良は、『源氏物語』研究の成果を『花鳥余情』にまとめ、さらに別に十五条からなる秘事を『源語秘訣《げんごひけつ》』に記して子の冬良に「唯一子に伝ふる書なり」として与えている。芸能や宗教の領域では神秘主義的傾向が強まっていた。秘儀の伝授は和歌の古今伝授にも認められ、神秘主義的傾向にそったものとわかる。吉田兼倶は、唯一神道を提唱し、天地に先立って陰陽を超越する存在として神を位置づけ、森羅万象が神の所為であると説き、その教義を秘儀として伝えた。

枯淡の美へ

耽美主義とは逆方向の枯淡の境地を味わう傾向も生まれていた。義政は京七条の禅仏寺に遊んで、無双亭の高楼に登って「京中に亭を構ふは、すなわちその露見を憚《はばか》るあるなり」と語った。その亭の周囲には竹が植えられていて「山中の趣」があると語ったが、この「市中の山居」の理念にそって、市中には侘び人の草庵が各所につくられていった。

その一つが笙《しょう》の家の豊原統秋《むねあき》の山里庵《さんりあん》で、「山にても憂からむいときの隠れ家や　都のうちの松の下庵」と謳われた。統秋は、後柏原《ごかしわばら》天皇に笙の秘曲を伝授し、三条西実隆とは和歌で、柴屋軒宗長《さいおくけんそうちょう》とは連歌で親交があり、その楽書『体源抄《たいげんしょう》』は音楽全般にわたって秘伝や演奏法を説いている。

このほか一休の酬恩庵《しゅうおんあん》や金春禅竹の多福庵《たふくあん》、宗祇の種玉庵《しゅぎょくあん》など、禅僧・能作者・連歌師らは各所に庵を構えて自立の場とした。長享二年（一四八八）、宗祇の種玉庵での和歌会に招かれた三条西実隆は、三首和歌と三十首当座和歌を講じて「月を踏みて帰宅す。頗《すこぶ》る酩酊し了ぬ」と記している。

その草庵での茶室に先鞭をつけたのが茶の湯の村田珠光《じゅこう》である。一休に参禅して「仏法も茶の湯のなかにある」と悟り、茶禅一致の境地を会得して、義政に茶の道を指南した。その珠光が、興福寺の衆徒「古市播磨法師澄胤《ちょういん》」に宛てて書いた『心《こころ》の文《ふみ》』には、「この道の一大事は、和漢のさかいをまぎらかすこと、肝要々々」とあり、「ひゑかかる」「ひゑやせてこそ面白くあるべき也」と、枯淡の境地が記されている。

珠光の出た奈良では、都の戦乱をよそに風流な文化が展開していた。文明元年（一四六九）に古市澄胤《ちょういん》の兄胤栄《いんえい》が主催する「淋汗《りんかん》の茶湯《ちゃのゆ》」が開かれ、風呂に入ってから茶の湯がおこなわれたが、その大浴場に風呂場飾りがなされていたという。山上宗二《やまのうえそうじ》が著した『山上宗二記』によれば、義政が村田珠光を師匠に茶の湯に心を入れていた頃から、「諸大名は云うに及ばす、下々、殊に南都・京・堺の町人に至る迄、茶の湯専一とす」と流行していたという。珠光を継承した村田宗珠《そうじゅ》は、奈良から京の四条に移って、四畳半の茶室（午松庵《ごしょうあん》）を構えたが、それは「山居の体もっとも感あり、誠に市中の隠と謂《い》ひつべし」と称された。

立花《りっか》では、池坊の専慶《せんけい》や専応《せんおう》が出た。従来の花瓶に美しい花をのみ愛でて挿すのではないとし、我が一流は「野山水辺をのづからなる居上にあらはし、花葉をかざり、よろしき面影をもととし」と『専応口伝』に記し、さらに大永三年（一五二三）の口伝で、「唯小水尺樹を以て、江山数程の勝概をあらはし、暫時頃刻の間に千変万の佳興をもよおす。あたかも仙家の妙術ともいひつべし」と、立花の芸の美を語っている。

踊りと歌と

乱世にあって踊りと舞が流行した。文明十一年(一四七九)五月、京の壬生《みぶ》地蔵堂(宝幢三昧寺《ほうどうさんまいじ》)の堂舎修理のため曲舞が勧進興行された時には、地蔵堂の東庭に舞台が設けられ、越前国の幸若太夫の曲舞があったが、これには讃岐守護の細川政之《まさゆき》が若衆を引き連れて見物し、その後、一〇日間にわたり禅僧や女房も見物に訪れた(『晴富宿禰記《はるとみすくねき》』)。

戦乱や飢饉の影響による地蔵信仰の広がりと盆の行事の浸透とともに、人々は踊る愉しみを求めた。永正三年(一五〇六)七月、細川政元の養子の高国《たかくに》は七カ条の禁制を出し、その一条に「盗人」「火付け」「相撲」「博奕《ばくち》」とともに「踊の事」があり、風流踊りを禁制の対象としたが、そのぶん広がりがうかがえる。「月次祭礼図《つきなみさいれいず》」や「洛中洛外図屛風」にはこの風流踊りが描かれている。

猿楽では素人猿楽の手猿楽が好まれた。応仁の乱前には京都で柳原散所の小犬大夫らの声聞師により演じられることがあったが、乱以後は広く公家や武家、町人の手猿楽がおこなわれ、禁中でも毎年のように手猿楽御覧がおこなわれた。猿楽能のうち舞と離れて謡だけを楽しむことも流行し、謡の本が多く著された。さらに、踊りや舞につきものの歌、小歌《こうた》が流行した。その小歌を収録する『閑吟《かんぎん》集《しゅう》』が、永正十五年(一五一八)八月に編まれている。

「富士の遠望をたよりに庵を結びて十余歳」の「一人の桑門《そうもん》」が編んだという作品で、真名序《まなじょ》と仮《か》名序《なじょ》とを載せ、その真名序において、「乱世の音は怨みを以て怒る。その政《まつりごと》、乖《そむ》けばなり」と、中国の『詩経』を引用して我が国の詩のあり方に触れるなど、本格的な構成をとる。小歌の種類を、天地の小歌、万物の小歌、自然の小歌、迦人(僧)の小歌、先王の小歌に分類し、小歌を謡うことの効用を記し「中殿の御会」「大樹の遊宴」などの宴の後の集いで歌い、仲間と小扇で歌い、一人尺八を携えて歌うなど、さまざまな場で歌われたという。

編者は駿河国に庵を結んでいることなどから、諸国を旅した連歌師の手になると考えられる。『詩経』と同じく三一一首、配列は四季・恋からなり、その収録歌には、「都の雲居をたち離れ」(二一四)など、都から地方に下ってゆく情景を詠む歌が多いが、やはり花の都の京も歌われた。

　おもしろの花の都や　筆で書くとも及ばじ　東には祇園清水　落ちくる滝の音羽の嵐に　地主の桜は散り散り　西は法輪・嵯峨の御寺、廻らば廻れ水車の輪の　臨川堰《りんせんせき》の川波　川柳は水に揉まるる(以下略、一九)

東山の清水寺の音羽の滝、地主権現《じしゅごんげん》の桜、西は嵯峨の法輪寺《ほうりんじ》や天竜寺《てんりゅうじ》など、洛外の霊場への参詣と遊楽を歌う。歌といえば、『七十一番職人歌合』には、職人の思いを詠んだ歌が見える。その四十八番には白拍子《しらびょうし》に番った曲舞々《くせまいまい》の歌、六十六番には連歌師に番った早《そう》歌《が》謡《うたい》の歌が載る。

『七十一番職人歌合』の職人

『七十一番職人歌合』は、月・恋の歌題によって、一四二種の職人が左右に分かれて番い、歌を競

月次祭礼図　東京国立博物館蔵

い合うという趣向の作品で、絵の余白には職人たちの日常会話や口上が記されている。絵は土佐光信、東坊城大納言和長《ひがしぼうじょうだいなごんかずなが》の書と考えられ、序に「金殿の光ことなるみぎり」とあるので、後柏原天皇が践祚《せんそ》した明応《めいおう》九年(一五〇〇)からほどなく制作されたと見られている。

『庭訓往来』にも数多くの職人が記されていたが、ここにはその絵と語りが記され、彼らの自己主張がうかがえる。たとえば一番左の「番匠《ばんじょう》」の口上は、「我々も今朝は相国寺へ又召され候」とあって、職場が相国寺であったことがわかる。これに番う右の「鍛冶《かじ》」は、「京極殿より打刀を御あつらへ候」とあって、京極殿からの注文品を誂えている。二十三番左の「翠簾屋《すいれん》」も、「新御所の御移徙《いし》ちかづきて、いそがはしさよ。近衛殿より御いそぎの翠簾にて」と、造営した御所への移住にともなう近衛殿からの注文に応えている。

さらに三十四番の「医師《くすし》」は、「殿下より続命湯、独活散を召され候間、たゞ今あはせ候」と、殿下から薬を依頼されて調合しており、四十三番の「畳刺《たたみさし》」は、「九条殿に何事御座あるやらむ。帖をおほく刺させらる」と、九条殿に出入りしており、四十四番左の「瓦焼《かわらやき》」は、「南禅寺よりいそがれ申候」とあって、南禅寺に瓦を調達していた。この時期、職人は職場への権利を「職《しき》」として保有し、これは譲与したり、売買したりしていた。

宗教者については、六十四番で禅宗と律家《りっか》、六十五番で念仏宗と法花宗、六十八番で山法師と奈良法師、六十九番で華厳宗と倶舎《くしゃ》衆を番っていて、この時期に仏教者の活動も広がっていたのである。

禅宗と律家は、室町幕府によってとくに保護・統制されてきており、念仏宗と法花宗は、この後に起きる洛中での法華一揆と一向一揆との対立・抗争を見てもわかるように教線を拡大していた。

芸能者では、五十番で猿楽と番る田楽は、絵巻『浦島明神縁起』に丹後の浦島大明神の境内で演じる図があるように、神事として定着しつつも衰退が著しかった。これに対して、猿楽は田楽の長所を取り入れ、幕府や大名の保護を得て発展してきており、大和四座では円満井座が金春座、坂戸座が金剛座、結崎《ゆうざき》座が観世座、外山座が宝生座と呼ばれるようになっていた。舞歌中心の能から、賑やかでわかりやすい能へと芸域が広がり、観世信光《かんぜのぶみつ》（音阿弥の子）や金春禅鳳《ぜんぽう》（禅竹の孫）などの能作者が出た。禅鳳は理論家で、『禅鳳雑談』では茶の珠光や立花の池坊の所説にも言及している。

宗祇とその連衆

公武の人々の交わりの接点にあったのが連歌師である。『塵塚物語』には、文正の頃から今に至るまで連歌が流行し、連歌に執心する人が多い、と語り、「其比《そのころ》、天下に連歌師多く侍る。所謂《いわゆる》肖柏、桜井弥四郎基佐《もとすけ》、宗長など其外《そのほか》も類多く侍る」と、天下の連歌師を列挙している。そのうち牡丹花肖柏は公家の中院家の出身で、宗祇に師事して古今伝授を受けた。桜井弥四郎基佐は心敬の門下、宗長は宗祇の門下であって、なかでも宗祇が随一で「歌道の骨柱」であると絶賛する。

文明四年（一四七二）、関東にあった宗祇は美濃革手《かわて》の正法寺に赴き、三井寺聖護院の道興《どうこう》准后を迎えての連歌会に参加しているが、その会には斉藤妙椿を頼ってきた師の専順《せんじゅん》がいた。翌文明五年に上洛して嵐山法輪寺《ほうりんじ》を拠点に活動するなか、文明七年に心敬、文明八年に専順が亡くなって、連歌の第一人者となり、文明八年に『竹林抄』を編んだ。一条兼良の序を得て「近代の名手」宗砌《そうぜい》・宗伊・心敬・行助《ぎょうじょ》・専順・知蘊《ちうん》・能阿七人の、四季・恋・旅・雑の付句と発句を収録している。

京に種玉庵を結んで、文明九年(一四七七)に大内政弘の家臣杉重道《しげみち》の陣所で大内家中と連歌会を催し、以後、三条西実隆などの公家や将軍、細川政元などの武家と広く交わりをもった。注目すべきは、各地の大名や有力国人を訪ねる旅を頻繁に繰り返している点である。文明十年(一四七八)には、越後府中で『伊勢物語』の講釈をおこなって、守護の上杉家の連歌会に出座し、その時の京への帰路では、越前一乗谷《いちじょうだに》の朝倉孝景に連歌書『老いのすさみ』を贈り、若狭小浜の武田国信《くにのぶ》の館では、千句連歌の会に出ている。文明十二年(一四八〇)には周防山口に向かい、大内政弘の館や神光寺などで連歌をおこない、その後、九州に向かって、九月二十日に博多の龍宮寺に宿泊した。宗祇のこの時の紀行文『筑紫道記《つくしみちのき》』には、人生観や文芸観が織り込まれ、新たな紀行文の達成となった。

文明十五年(一四八三)、京で公家や武家に『古今和歌集』『源氏物語』を講釈し、三条西実隆や牡丹花肖柏らに「古今伝授」をおこない、長享二年(一四八八)正月には、後鳥羽上皇の「見渡せばやまもとかすむ水無瀬川《みなせ》 夕べは秋となど思ひけむ」を本歌に、肖柏や弟子の宗長らと『水無瀬三吟』を詠んでいる。

雪ながら山本かすむ夕べかな　宗祇
行く水とほく梅にほふさと　肖柏
川風に一むら柳春見えて　宗長

延徳三年(一四九一)、有馬温泉で肖柏・宗長らと『湯山三吟《ゆのやま》』を詠み、猪苗代兼載《いなわしろけんさい》らと連歌の撰集『新撰菟玖波集』を完成させ、准勅撰となって後世に大きな影響を与えた。文亀元年(一五〇一)に越後府中で病になったので、翌年二月、宗長から「上野の国草津といふ湯に入りて、駿河国にまかり帰らんの由、思ひい立ちぬ」と誘われ、その七月三十日、箱根の湯本にまで辿りついたところで、灯の消えるように息を引き取ったという(『宗祇終焉《しゅうえん》記』)。

以上の行動からもわかるように、連歌師は湯山(温泉)を好んだ。湯山は身体や心の癒しを求め人々が集まってくる場であり、有馬温泉が「湯客に貴賤なし」と記されているように、平和領域として機能していた。温泉文化はこの時期から広がったのである。

地方武士の文化

多くの地方武士も連歌を嗜んだ。周防の大内政弘は和歌や連歌を好んで、一条兼良や正広・三条西実隆・飛鳥井雅親・宗祇・兼載らの歌人・連歌師と交流し、公家や僧侶を山口に招いている。その武勇は他国にまで知れ渡ったが、文芸にも優れていた、と兼載の『あしたの雲』は記している。政弘は、正徹筆の『伊勢物語』や藤原定家の『古今和歌集』、一条兼良の『花鳥口伝抄』『花鳥余情』などの古典やその注釈書を収集し、『法華経《ほっけきょう》』や漢詩辞書『聚分韻略《しゅうぶんいんりゃく》』などの大内版を出版した。

この大内氏を訪れた画僧が雪舟《せっしゅう》で、山口の雲谷庵《うんこくあん》で政弘の援助を受けて画業を積み、応仁元年(一四六七)の遣明船の大内船に便乗して中国に渡る。天童山景徳《けいとく》禅寺を訪れ「四明天童第一座」の地位を得て、各地を歴訪し、「四季山水図」を描き、文明元年(一四六九)に帰国している。豊後に画房の天開図画楼《てんかいとがろう》を開いた後、各地を放浪するなか「天橋立図」を描き、文明十八年(一四八六)に山口の雲谷庵図画楼を営み、大作「四季山水図」を描いている。

九州肥後の菊池重朝《しげとも》は、文明八年(一四七六)に藤崎宮で法楽連歌を催し、文明十三年(一四八一)八月に隈府《わいふ》で一日一万句連歌を開催したが、その連衆一〇〇人の多くは武士であった。重朝は阿蘇神社の造営をはかり、文明九年(一四七七)に入明僧の南禅寺桂庵玄樹《けいあんげんじゅ》の隈府滞在を知って招いて、隈府の聖堂で孔子を祭る釈奠《せきてん》をおこなった。その桂庵玄樹は九州を歴遊し、文明六年(一四七四)に家督を継承した薩摩の島津忠昌《ただまさ》に招かれ、島陰寺《とういんじ》に滞在して、伊地知重貞《いじちしげさだ》とともに『大学章句』を刊行し、四書を門下に教授するための句読法を考案するなど、大陸の新思潮を紹介した。

地方武士には都の文化への憧憬があった。『実隆公記《さねたかこうき》』永正三年(一五〇六)十二月二十二日条によれば、越前の守護代朝倉貞景《さだかげ》が京中図屏風の「新図」を甘露寺中納言元長《かんろじちゅうなごんもとなが》に依頼してきたので、元長が、絵師の土佐刑部大輔《ぎょうぶたいふ》光信の描く新図を実隆邸に持参したという。朝倉貞景は画筆に秀で、永正元年（一五〇四）に後柏原《ごかしわばら》天皇から四幅一対の子昭《ししょう》筆楼閣の屏風を貞景に贈られている（『宣胤卿《のぶたねきょう》記《き》』）。その父氏景は、「天性武を好み、勇気人に絶す」といわれ、一休に参禅し「残夢叟《ざんむそう》」の号を授かり、中御門・甘露寺・三条西家とも親交があった。文明十八年（一四八六）、貞景は父の跡を継ぐと、守護の斯波氏との主従関係を断ち、文亀四年（一五〇四）に加賀の一向一揆の大軍を撃破し、越前の領国支配を確立させた。

美濃の守護土岐成頼《ときしげより》は、応仁の乱では西軍の重鎮として上洛し、文武に秀で「道は六芸を用いて以て遊び、交わりは五常を兼ねて以て接す」といわれ、多くの僧が美濃に逃れてきていた。万里集九《ばんりしゅうく》は相国寺を焼かれたので放浪した末、文明九年（一四七七）に美濃の鵜沼《うぬま》に梅花無尽蔵《ばいかむじんぞう》という庵を構えたことから、成頼に革手《かわて》城に招かれ、三体詩を講じている。

守護とは別に、京の公武の人々と関係を築いたのが美濃の斉藤妙椿で、美濃の善恵寺に子院持是院《じぜいん》を構え、美濃守護代であった兄の利永《としなが》が亡くなると、甥の守護代斉藤利藤《としふじ》の後見として加納城に移り、飛鳥井雅親や歌人の正広、連歌師専順、聖護院道興准后、宗祇らと交流した。軍事・政治両面に通じ「東西の運不は持是院《じぜいん》（妙椿）の進退によるべし」と、応仁の乱の帰趨を左右する武士と見られもした。

自立の拠点と城

関東の武士たちが、自立を求めて動く拠点として発展をとげたのが城郭である。長尾景春の寄居の

天橋立図（雪舟筆）　京都国立博物館蔵

鉢形城《はちがたじょう》は、荒川が蛇行して、河岸段丘を削る断崖をなす要害の地にあった。上野の世良田《せらだ》長楽寺の僧松陰《しょういん》の『松陰私語』は、岩松家純《いえずみ》が上野の新田荘に金山城を着工した様を記している。

家純は太田道灌や上野館林《たてばやし》の赤井綱秀《つなひで》らと『川越千句』に加わった武士で、その城郭に、松陰が文明元年(一四六九)に家純の代官として鍬入れをおこなっている。その地鎮祭では天神地祇に供え物をし、七〇余日をかけて普請がなされ、修験道の除災の臨以下の九字を唱え、四天王の守護所として地を固め、八月吉日に完成したという。

さらに「江戸・川越両城」について、「堅固なり。かの城は道真・道灌父子、上田・三戸・荻野谷、関東巧者の面々、数年秘曲を尽くし相構え」と、長禄元年(一四五七)に道灌らが築城したとも伝える。川越城は、古河公方の勢力に対抗する目的から、扇谷上杉持朝《もちとも》の命で築かれ、近くには太田道真の館があった。江戸城は、扇谷上杉氏の所領江戸郷に築かれ、その構えは本城(子城)・中城・外城の三重の郭からなり、入り口は堅固な門で固められ、濠には橋が架かり、城内には主殿、家臣宿舎や物見《ものみ》櫓《やぐら》があって、文明六年(一四七四)六月、道灌は心敬を判者に迎えて武州江戸歌合を催している。

その道灌を文明十七年(一四八五)に万里集九が訪ねている。集九は、美濃鵜沼《うぬま》から扇谷上杉定正に「贋釣斎《がんちょうさい》」の詩を贈って以来、関東の武士との親交を深めていて、道灌に招かれたのである。品川に着くと、道灌の迎えがあり、江戸城内に入って静意《せいい》軒で道灌と交遊し、道灌の詩や和歌の才を称えた。江戸城からの眺めについて、ここから窓を開ければ隅田川が東に、筑波山が北に、富士山は諸峰を出て西に三日ほどの地である、とその眺望を楽しんだ(『梅花無尽蔵』)。

関東で声望のあがる道灌であったが、主君の上杉定正から警戒されるようになり、翌文明十八年(一四八六)に相模の糟屋《かすや》館《やかた》に招かれて殺害される。道灌が家政を独占し、家中に不満が起きたので、定正は討ち果たしたというのだが(「上杉定正消息」)、道灌からの自立を求めたのであろう。しかし道灌暗殺によって、扇谷上杉家に属する武士が山内家に走ったため、苦境に陥り、翌長享元年(一四八七)に山内顕定《あきさだ》との関係も決裂して、両上杉家は抗争状態に入る(長享の乱)。

この関東の動乱は周辺地域に波及していった。伊豆では、堀越公方政知が北条氏の北条館すぐ近くに御所を構え、関東の支配権を主張し続けた。駿河では、守護今川義忠の不慮の死から、残された妻北川殿と六歳の龍王丸《りゅうおうまる》(のちの氏親《うじちか》)が、北川殿の兄弟伊勢盛時《もりとき》の助けを得て、長享元年(一四八七)に家督継承を争いに勝利して、氏親が駿河の国主となった。盛時は、それにともなって駿河の富士下方十二郷を与えられたことから、四年後に伊豆に侵攻、堀越公方を攻めて伊豆を平定した。

越後では、守護の上杉房定が勢力を広げ、文化人を京から招いた。宗祇は文明十年(一四七八)から七度も訪れ、越後府中で『伊勢物語』の講釈をおこなっている。文明十六年(一四八四)には、聖護院道興が房定の接待で国府に滞在した後、関東各地の本山派の修験者との交流を重ねた(『廻国雑記《かいこくざっき》』)。長享元年(一四八七)には、万里集九が訪れて房定と対談している。

平和領域の点在

関東では、上杉憲実の創設した下野の足利学校が文化の拠点となっていた。文安三年(一四四六)制定の学校規則三カ条は、老荘の学を含む儒学以外の学問を教えることを禁じ、学徒に禅衣を着用するよう求め、「不律《ふりつ》の僧侶」や「学業」を勤めない僧は足利の庄内から追放すると定めている。

足利には鑁阿寺《ばんなじ》や「霊廟」「樺崎《かばざき》法界寺道場」があり、戦乱や政争があってもその難の及ばない平和領域となっていたので、「諸国大いに乱れ学道も絶たりしかば、この所、日本一所の学校となる」(『鎌倉大草紙』)と、日本中から学生を集めて日本一の学校になった。

永正六年(一五〇九)に立ち寄った宗長は、「孔子・子路《しろ》・顔回《がんかい》、この肖像をかけて、諸国の学徒かうべを傾け、日ぐらし居たる体は、かしこくかつはあはれ」(『東路《あずまじ》の津登《つと》』)と、学徒の勉学風景を記している。その「学徒」は、広く日本全国に及び、南は琉球からも来ていた。

琉球では、尚王朝六代の尚泰久《しょうたいきゅう》の腹心金丸《かなまる》が、尚徳《しょうとく》の死後に王位を簒奪して第二尚王統《しょうおうとう》を形成し、尚円《しょうえん》の子で第三代尚真《しょうしん》の時には、按司《あじ》を首里に集住させ官僚制を整備するなど、中央集権体制を整え、一五〇〇年には西南の「太平山」を攻め、宮古・八重山を勢力下においていた。

琉球や南蛮の商船が集まり賑わっていたのが博多である。『海東諸国紀』によれば、少弐氏と大友氏が分治し、西南の四〇〇〇余戸を少弐、東北の六〇〇〇余戸を大友氏が支配し、住人は行商を生業としていたという。湊は息浜を大友氏が、博多浜を少弐氏が領していたが、文明十年(一四七八)に大内政弘が博多浜を領し、翌年に博多の光明山善導寺《ぜんどうじ》を後土御門天皇の勅願寺とした。十五世紀後半に街区が形成され、護岸が整備された。

日明貿易については、天与清啓《てんよせいけい》が正使であった第十二次遣明船は、幕府船と細川船・大内船からなり、博多商人宗金の子性春《せいしゅん》が土官《どかん》として乗船、寛正六年(一四六五)に大陸に渡航するも、帰港は応仁の乱最中だったので、細川船は南海路をへて堺に帰着した。これ以後、細川方の堺商人が日明貿易の主導権を奪った。そのため博多商人は、朝鮮や琉球との貿易に深く関わり、琉球国王名義の使者を装うなどして朝鮮貿易に携わった。

文明八年(一四七六)の第十三次遣明船は、細川氏が中心で堺の商人が薩摩の坊津で硫黄を積み込み島津氏の警護で渡航している。堺は、摂津と和泉の堺に位置し、北が摂津の住吉社領堺北荘《さかいきたのしょう》、南が和泉の相国寺領堺南荘で、瀬戸内海や南海方面と京・奈良・高野山の消費地を結ぶ湊として発展した。戦乱から京を遁《のが》れた商人が移住し、堺南荘が年貢の地下請を達成したこともあって、急速に富を集めた。文明十五年(一四八三)の日明船三隻の内訳は、幕府船二隻、内裏船一隻で、幕府船は堺商人の請負、内裏船も堺商人の小島の請負で、堺商人が高額で請け負って貿易を独占していた。

堺は来住した商人や職人によって繁栄を謳歌し、南荘では三村宮(開口神社)とその神宮寺の念仏寺、北荘では菅原神社とその神宮寺の常楽寺が核となって、「会合《えごう》十人」「会合衆十輩《ぱい》」「十会合」など一〇人で構成される会合衆が生まれ、自治組織「地下の公界《くがい》」が形成された(『蔗軒《しゃけん》日録』)。

この老若の「公界」組織は、伊勢湾岸の桑名や大湊《おおみなと》などの湊町でも生まれている。桑名は禁裏料所となって、湊町として発展し、琵琶湖東岸の近江の得珍保《とくちんほ》商人からは、「諸国商人罷《まか》り越し、何の商売をも仕る事候。殊に昔より十楽《じゅうらく》の津に候へば」といわれ、自由に取引をおこなう「十楽の津」であった(『今堀日吉神社』)。繁栄を誇る伊勢湾岸を襲ったのが、明応《めいおう》七年(一四九八)八月二十五日に起きた静岡県御前崎《おまえざき》沖で発生した大地震による津波である。『後法興院記《ごほうこういんき》』同年九月二十五日条は「伊勢・参河《みかわ》・駿河・伊豆に大波打ち寄せ、海辺二・三十町の民屋悉く溺水し、数千人が没命す。その外、牛馬の類はその数知れず」と記している。地震の規模はマグニチュード八・二と推定されている。

その被害は伊勢湾岸の桑名や大湊、とくに安濃津で甚大であり、大永二年(一五二二)にここを訪れた宗長は、「十余年以来荒野となりて、四、五千軒の家・堂塔あとのみ、浅茅《あさじ》・よもぎが杣《そま》、まことに鶏犬はみえず、鳴・鴉だに稀なり。折節《おりふし》雨風だにおそろし」と記し、四、五千軒の家や堂塔が今や跡のみが残り、浅茅や蓬《よもぎ》の生えるままになったと記している。しかし安濃津の人々はひるまなかった。宗長に「もとの津還住」を望む発句を懇望し、三年後には宗長は還住した安濃津の人々の所望で句を送っている。

終章　戦国期の文化——伝統文化の裾野

1　戦国大名と地方の文化

戦国大名の国家

日本の各地で守護や国衆が領国の国主として成長していった一五一〇年代から、織田信長・豊臣秀吉の天下人の時代をへて、徳川家康が元和偃武《げんなえんぶ》を達成する一六一〇年代までを本章では扱う。この時期に今日に繋がる伝統文化が広く形成されたので、ここではその裾野の広がりを見ることにする。

戦国時代の主役として登場した戦国大名は、京の文化を吸収しつつ、分国において国法を制定した。早くは文明十八年(一四八六)に周防《すおう》の大内氏が守護大名から戦国大名に脱皮をはかって、「大内家掟書《おきてがき》」を定め、その影響を受けて肥後《ひご》の相良《さがら》氏も、明応《めいおう》二年(一四九三)に「為続法度《ためつぐはっと》七箇条」を定めた。

東国では、駿河《するが》の今川氏親《うじちか》が大永六年(一五二六)に三十三箇条からなる「今川仮名目録」を制定し、その影響を受けて隣国甲斐の武田晴信《はるのぶ》(のちの信玄)も天文十六年(一五四七)に「甲州法度之次第《こうしゅうはっとのしだい》」(信玄家法)二十六箇条を定め、東北地方では、陸奥《むつ》の伊達氏が天文五年(一五三六)に「塵芥集《じんかい》」を制定している。

これら分国法の制定は、遡って鎌倉幕府の「御成敗式目」に準拠して、室町幕府法を越えようとする姿勢がうかがえる。それとともに戦国大名は検地を実施し、村の戦闘要員や町の職人を把握し、国内の住民を「国民」として掌握するなど、戦国大名は「国家」形成へと動いた。越前《えちぜん》の朝倉氏は「国を執りしより以来」「諸卒を下知し、国家つつがなく候」と、相模《さがみ》の北条氏も「軍法は国家の安危」と「国家」の語を使用している。

さらに、今川氏の「今川仮名目録」追加に、「将軍家天下一同の御下知」の時とは違い、「只今はをしなべて自分の力量を以て国の法度を申し付け、静謐《せいひつ》する事なれ」と記されるように、室町将軍の法や命令ではなく、大名の力量に基づくものであった。さらに力量だけでなく、それを支える思想が育くまれた。戦国大名の仏神への信仰であり、天道思想である。

天道思想と国家

武田信玄の事績と軍法を記す『甲陽軍鑑《こうようぐんかん》』によれば、信玄は「天道・仏神は、正直慈悲の頭に宿り給へば」と、天道を仏神と並べて考えており、「我一代に仕出る大名は、天道の恵み深かるべし」と、人知を超えて定められた運命、すなわち天道から深い恩恵を与えられていると考えていたという。

永禄《えいろく》八年(一五六五)二月、信玄が信州諏訪《すわ》上社にあてた願状には、「天道の運数に任せ」て、軍勢を引率する、と記されている。『日葡辞書《にっぽじしょ》』は、天道を天の道、または(天の)秩序と摂理と訳している。

天道思想は広く戦国大名に認められる。永禄十年(一五六七)二月、医師の曲直瀬道三《まなせどうさん》が毛利元就《もとなり》に送った意見書は、元就が前年に尼子の出雲富田城を落とした「武略」を評し、「此度の富田一着の趣、天道の感応、冥慮の加護」「御武威、天下無双」と記している(『毛利家文書』)。永禄十年八月、織田信長が尾張・美濃両国を領有すると、後奈良天皇は、「今度、国々本意に属するの由、尤も武勇の長上、天道の感応、古今無双の名将、いよいよ勝に乗ぜらるべきの条、勿論たり」という綸旨《りんし》を送り、信長の行動を「天道の感応」と賞賛している。

その信長が、天正《てんしょう》元年(一五七三)三月に比叡山を焼き討ちするにあたっては、「山門山下の僧衆、王城の鎮守たりと雖も、行体・行法、出家の作法にも拘わらず、天下の嘲弄《ちょうろう》も恥ぢず、天道の恐れをも顧みず、淫乱、魚鳥を服用せしめ、金銀に耽って」と、山僧の行為や活動を天下・天道を恐れない、天道に背くものと指弾し、実行したのである。

天正十七年(一五八九)正月、豊臣秀吉は、小田原北条氏に五カ条の宣戦布告状を発したが、そこでは「信長公幕下に属し、身を山野に捨て、骨を海岸に砕き、干戈《かんか》(武器)を枕として、夜に寝、夙《つと》におきて軍忠をつくし、戦功をはげます」と、秀吉がいかに戦ってきたかを記し、それが「天道」に適うものであり、北条氏直を「天道の正理に背き、帝都に奸謀を企てる」と、背くものと弾劾している。

城郭と城下町形成

戦国大名の国家形成の拠点は城郭であるが、防御中心からしだいに地域を統合する意味合いを強めてゆき、その城下に家臣を集めて城下町を形成した。早くは朝倉氏が一乗谷《いちじょうだに》城の麓に城下町を形成して家臣の集中をはかり、甲斐の武田信虎《のぶとら》は永正《えいしょう》十六年(一五一九)に甲府盆地北部に躑躅ケ崎館《つつじがさきやかた》を構えて、城下町甲府を整備し、家臣の集住をはかった(『高白斎記《こうはくさいき》』)。

北条早雲《そううん》は伊豆占領後、韮山《にらやま》城を本拠として、相模の小田原に進出すると、大森藤頼《ふじより》の拠る小田原城を奪って関東南部の制圧へと動き、永正三年(一五〇六)に初めて小田原城周辺で検地を実施した。北条氏綱《うじつな》はその跡を継いで、本拠を韮山城から小田原城に移し、小田原城下町を形成していった。

連歌師宗牧《そうぼく》は天文十四年(一五四五)に小田原城を訪れて、その紀行文『東国紀行』に「君卓のかざられ庭籠の鳥、かずかずのおもしろさ、やり水のかけひ雨にまがはず、水上は箱根の水海よりなどき丶侍りて、驚くばかりなり」と記し、御殿の池の水は箱根芦ノ湖から流れくる早川からを取り入れていたという。永禄元年(一五五八)に古河公方足利義氏が小田原城を訪れると、そこには「会所」「寝殿」があったという(『鶴岡八幡宮社参記《つるがおかはちまんぐう》』)。天文二十年(一五五一)に小田原を訪れた南禅寺の東峰《とうほう》智旺《ちおう》は、その『明淑録《めいしゅくろく》』に、小田原は塵一つない町小路からなる「数万間」の城下町で、三方を濠で囲まれ、その濠は水を満々と湛えていたと記している。

織田信長は永禄六年(一五六三)に尾張の清須《きよす》城から小牧山《こまきやま》城に本拠を移したが、その城郭の主郭は山上の東端にあって、上下二段の石垣に囲まれた堅固な要害を成していた。発掘によって、麓から主郭に通ずる道は真っ直ぐの大手道であり、その左右に武士の屋敷があって、城下は職人の居住区となっており、町家が所在していたことが知られている。

城郭・城下町の形成とあいまって、戦国大名の文化の場となったのが御殿と庭園である。駿河の今川氏に招かれた歌人の冷泉為和《れいぜいためかず》は、享禄《きょうろく》四年(一五三一)に今川氏輝《うじてる》の歌道師範になって、駿府の御殿で和歌を教え、天文二年(一五三三)には、北条氏綱の小田原城に赴いて当座歌会に出ており、甲斐武田氏の館にも出向いていた。三好長慶《ながよし》の阿波の拠点である勝瑞城《しょうずいじょう》では、枯山水式の庭園をともなう礎石建物(会所)や隣接して池泉式《ちせんしき》庭園をともなう主殿などが発掘調査によって確認されていて、中国や朝鮮の陶磁器・茶碗、瀬戸・備前の焼き物、金箔を貼った瓦も多数出土している。

織田信長は永禄六年(一五六三)に本拠を小牧山城から岐阜《ぎふ》城に移したが、この城は比高差が三〇〇メートルもある金華《きんか》山の山上と山麓の御殿、そして城下町とからなり、七月に訪れた公家の山科言継《やましなときつぐ》は、山麓の城下の御殿近くに木下秀吉や織田信広などの屋敷があったと記している(『言継卿記』)。その御殿であるが、永禄十二年(一五六九)に訪れたルイス・フロイスは、「宮殿」は山の麓にあって、「第一の内庭には、劇とか公の祝祭を催すための素晴らしい材木でできた劇場ふうの建物があり、その両側には、二本の大きい影を投ずる果樹がある」といい、その御殿はいくつかの郭《くるわ》で連結され、二階が人部屋、三階が室、四階が展望室と記している(『日本史』)。

天正四年(一五七六)に信長は安土城築の城へと向かい、尾張《おわり》・美濃《みの》・伊勢・三河・越前・若狭《わかさ》・畿《き》内《ない》の諸侍を動員して石垣をつくり、天主の築造には京や奈良・堺の職人を動員した。フロイスは『日本史』に、「信長は、新しい町と屋形とを安土山といわれる山上に造った。七階建てで、彼の時代までに日本で建てられたうち最も威容を誇る豪華な建物であった」と記している。天正四年(一五七六)十一月には、杣大鋸引《そまおおがびき》・鍛冶・桶結・屋根葺・畳指らの職人を動員したが、彼らの住む「安土の山下町中」に十三カ条の法を制定し、楽市楽座を布告し、町並みや居住者について定めている。

こうして戦国城下町は、全体を堀・土塁・石垣などの惣構で囲まれ、その内部に武家地や寺社地、町人地が配置されていった。

士の道と兵法

戦国国家の担い手になった武士は士道を磨き、独特の精神文化を形成した。北条早雲が記したという『早雲寺殿二十一箇条』には、「文武弓馬の道は常なり。記すに及ばず。文を左にし、武を右にするは古法也」とあって、武士は文武を兼備すべしとしている。武田信玄は武士を四つに分類して、第一に「剛強にて分別才覚ある男」、第二に「剛にて機のきいた男」をあげ、彼らは一〇〇人中に一〇人にもいないと語り、第三の「武辺の手柄を望み、一道にすく男」は一〇人ほどで、残りは「人並みの男」であって、真の武士とは、第一・二の、自身の分別・才覚で行動できるものと語ったという

（『甲陽軍鑑』）。

この士道が、その後の武士道へと繋がってゆくのであるが、そこに至るまでには、多くの合戦があって、その合戦記が著され、実戦の経験に関わる戦話《いくさ》が語り伝えられることになるが、戦国の合戦への憧憬と記憶とから「合戦図屏風」が描かれた影響も大きい。徳川・織田信長の連合軍が武田勝頼《かつより》軍を撃破した長篠の戦いを描いた「長篠合戦図屏風《ながしのかっせん》」や、関ヶ原の戦いを描く「関ヶ原合戦図屏風」など多数の合戦屏風が伝わっている。

合戦に備えては兵法が重視されて、兵法家が多く現れ、その流派が形成された。新陰流《しんかげ》の上泉信綱《かみいずみのぶつな》は上野箕輪《こうずけみのわ》の長野氏の遺臣で、武田信玄に仕えるように求められたが、辞して上洛、公家と交流して兵法軍配書を伝授した（『言継卿記』）。この新陰流は、永禄九年（一五六六）に柳生宗厳《やぎゅうむねよし》に直伝され、宗厳の子宗矩《むねのり》は『新陰流兵法之書』にまとめた。常陸《ひたち》の塚原卜伝《つかはらぼくでん》は、父から香取《かとり》神道流を学び、信綱から新陰流を学んで廻国《かいこく》修行をおこない、「武辺の誉れ」といわれた（『甲陽軍鑑』）。

戦国大名は武家文化の形成に努め、武家文化を知るために金沢文庫から書物を持ち出したり、『吾妻鏡《あずまかがみ》』を書写したりした。『吾妻鏡』の写本には、島津氏に伝わる島津本、毛利氏一門に伝わる吉川本、北条氏に伝わり徳川家康に献上された北条本などがある。

大名文化の粋

今に伝わる戦国大名の遺宝を見てゆくと、御殿を飾るためや、外出や合戦に向けて制作されたものが多い。なかでも甲冑《かっちゅう》具足《ぐそく》は武家の成長とともに発展を見たもので、武家の由緒を語り、家の伝統を象徴するべく伝えられてきており、戦国大名の場合には、国主の身体を象徴する意味もあった。その制作にあたっては、毛利元就所用と伝わる「色々威《おどし》腹巻」のように、威厳を備えた煌《きら》びやかさが強調された。戦場を彩る陣羽織や武器・武具は、合戦での晴装束であり、武士の精神を象徴していた。戦場の旗には家の標識としての紋所や家風を示す図柄が描かれ、旗印には、権力の由緒やめざす理念、護持を願う神仏などが記された。

武田氏の軍旗には「南無諏訪《すわ》南宮法性上下大明神」と、信州諏訪社の神号が書かれ、上杉氏軍旗には、毘沙門天の「毘」の字が墨書され、毛利氏軍旗には亀甲文《きっこうもん》の綾の一枚の布に、墨で毛利氏の一文字三星紋星が書かれ、その上部に八幡大菩薩の神号が墨書されている。大内氏旗は菱紋の上に妙見《みょうけん》大菩薩などの神号を墨書している。

戦国大名の宮廷を飾る障壁画や屏風は、題材として京の文化に基づく雄渾《ゆうこん》な動植物や山水画、「洛中洛外図」など都の風景が多く描かれ、大名間での贈答品ともされた。狩野《かのう》派初代の元信《もとのぶ》は小田原北条氏の依頼で作画し、狩野玉楽《ぎょくらく》・前島宗祐《そうゆう》らは北条氏に仕えて小田原狩野と呼ばれた。常陸太田の佐竹氏出身の雪村《せっそん》は、関東を遍歴しながら、さまざまな画風を学んで、水墨を中心に山水画・花鳥画・肖像画など重厚な画風を示した。小田原北条氏の菩提寺・早雲寺開山の頂相《ちんぞう》「以天宗清像《いてんそうせい》」、正宗寺の「瀧見観音図」などがある。

永禄八年(一五六五)九月、狩野永徳《えいとく》は上杉本「洛中洛外図《らくちゅうらくがいず》屛風」を描いたが、これは織田信長を通じて越後の上杉氏に贈られた。天正六年(一五七八)、織田信長は安土城に出仕した武士に狩野永徳の描いた御座所の濃絵《だみえ》を見せ、また完成した安土城を狩野永徳に「安土屛風」を描かせると、天皇に見せるべく禁裏に運ばせ、ヴァリニャーニに贈られてローマに運ばれた。

文禄《ぶんろく》元年(一五九二)、毛利輝元《てるもと》は雲谷等楊《うんこくとうよう》に雪舟の大作「山水長巻《さんすいちょうかん》」を与え、雪舟画系の復興を命じたことから、以後、等楊は毛利家の御用絵師となり、雲谷派の始祖となった。

武士の芸能

戦国大名は能や茶を好んだことから、広く交流の場となったのが茶室と能舞台である。越前朝倉氏の『朝倉孝景《たかかげ》十七箇条』は、京から四座の猿楽《さるがく》を呼んでいることを指摘しつつ、国の猿楽師を上洛させて習わせるよう命じている。京や大和の猿楽能の衰微から、宝生大夫《ほうしょうたいふ》は北条氏の小田原へ、金春《こんぱる》座傍系の大蔵《おおくら》大夫は甲州へ、観世《かんぜ》大夫は徳川氏へと、能役者は有力大名を頼って下った。武田氏の能には、大蔵大夫・観世大夫ら五〇人の役者が参加していたという(『甲陽軍鑑』)。

石山本願寺は加賀を領国とする、大名権力としての一面があって、頻繁に専門の能役者に演能させており、金春大夫、金剛大夫、観世大夫をはじめ摂津猿楽・山城猿楽なども招かれていた。徳川家康は若い頃から能を好み、岡崎や浜松で能役者を招いて自らも舞っていた。

村田珠光の弟子武野《たけの》紹鷗《じょうおう》をへて、千利休の「わび茶」の名声は諸国に広がり、茶の名物を蒐集する大名が現れ、茶室の掛物には南蛮貿易の輸入品や和歌の作品などを用い、大名の文化と威光が示された。

相撲は神事が中心であったが、武芸の相撲も広がっていた。織田信長は天正六年(一五七八)二月に近江の相撲取り三〇〇人を安土に集め、木瀬《きせ》道春菴《どうしゅんあん》・太郎大夫を行事として相撲をとらせており、六月にも近江と京などから相撲取り一五〇〇人を集め、小相撲・大相撲などをとらせた。盤上遊戯の囲碁や将棋も家中で楽しまれた。越前朝倉氏の一乗谷城下からは将棋の駒が出土している。『早雲寺殿二十一箇条』は、手習いや学問の友を推奨するが、碁や将棋、笛・尺八の友は推奨していない。

日蓮宗の京都寂光《じゃこう》寺の塔頭《たっちゅう》本因坊《ほんいんぼう》に起居していた僧算砂《さんさ》は、囲碁・将棋に優れ、信長から「名人」と称され、秀吉・家康にも仕えた。慶長《けいちょう》八年(一六〇三)に家康から碁所・将棋所に任じられて、将棋の大橋宗桂《そうけい》と慶長十二年に将棋の対局をおこなったが、この時の棋譜は日本最古のものである。算砂は慶長十七年(一六一二)に将棋所を宗桂に譲り、二人は別々の道を歩むことになった。

国衆の年中行事の世界

戦国大名の国家編成について見てきたが、より規模の小さな国衆については、陸奥《むつ》結城《ゆうき》白河氏の永禄五年(一五六二)十二月の『結城白河氏年中行事』や、永禄年中に著された越後色部《いろべ》氏の『色部年中行事』などの年中行事書から知られる。このうち『色部年中行事』は、色部勝長《かつなが》・顕長《あきなが》・長実《ながざね》(長真)三代の時期のもので、表紙に「色部年中行事　永禄年中」とあって、主に正月の儀礼や秋の祭礼、色部氏領の粟島からの貢納物などを記している。

構成は、⑴正月の椀飯・御礼参上の次第、⑵十二月の大歳《おおとし》からの準備の次第、⑶正月行事以外の行事・神事における諸役や調進物の記録、⑷領内の粟島からの貢納品の書立、⑸正月中の「御前様」の饗応・引出物の次第などからなる。大晦日に色部氏の館の門に門松が立てられたが、その館は居城の平林城の山麓にあり、門松を立てた宿田《しゆくだ》は、平林城の北西の集落で、色部一族の宿田氏の居館があった。門松立に参集した百姓には、樽・鶴口の酒が振る舞われた。

正月一日から十一日までに約一七〇人の客が年頭の挨拶に訪れる。正月一日には家臣団の中核をなす親類・家内衆が出仕し、続いて「小島同名衆」「岩船衆」「牛屋衆」などの「在郷衆」、最明寺や青龍寺などの寺家、千眼寺などの衆徒や先達山伏、番匠衆・大工・染屋・曲師などの職人、「神主殿」「八幡の大夫」の神職、そして最後が「御百姓衆」である。

正月三日には「色部・牛屋両条、早く沙汰致すべき事」と始まる、「神社仏寺等を奉る事」「溝池堤を築き固むべき事」「御年貢以下雑米等未進を為すべからざる事」の三カ条の吉書《きっしょ》が書かれ、領主としての政務が始まる。神事・勧農・納貢からなる武家の吉書三カ条に倣ったもので、その吉書は「青龍寺」が書いており、寺院の役割の大きさがうかがえる。

2　天下人の文化と民衆文化

描かれた京の文化と天下人

戦国大名が地方で成長するなか、京では相次ぐ戦乱をへて町人が復興を担いつつ台頭していた。「洛中洛外図屏風」はその町人の姿を描いている。現存最古の「洛中洛外図屏風」(歴博甲本)は、大《だい》永《えい》六年(一五二六)頃の制作で、祇園会《ぎおんえ》の山鉾巡行、鴨川沿いの観世能《かんぜのう》の勧進興行《かんじんこうぎょう》、一条町辻の風流踊り、細川殿の庭園などを描く。

天文二年(一五三三)、下京六十六町の月行事《がちぎょうじ》は、祇園社に群参して、神事はせずとも山鉾を渡すよう求めたが、同年に内裏近くの町組「六町」が成立し、町と町が結びつく町組が広く形成されるようになり、祇園祭はその下京町組の祭礼となった。天文六年(一五三七)に下京町組の中組・西組・七町半組、艮組《うしとら》が、天文十年には小河七町が知られ、京は上京町組と下京町組から構成された。「洛中洛外図屏風」が描かれた背景には、町人の拠る町や町組の成長があったのである。

この時期の京の風景を描くのが東京国立博物館所蔵「洛中洛外図屏風」であり、六曲一双のうちの

洛中洛外図屏風（歴博甲本、上：右隻第２扇中上　祇園山鉾巡行、下：観世能）　国立歴史民俗博物館蔵

右隻の右端は欠くが、幕府御所が内裏とともに右隻左半分の中心をなし、法華一揆《ほっけいっき》の中心寺院である本覚寺など、再興・移転された法華宗寺院が描かれ、左隻は細川京兆《きょうちょう》邸が中心と成っている。

永禄八年(一五六五)九月に狩野永徳は「洛中洛外図屛風」(上杉本)を描いたが、そこには闘鶏や猿《さる》曳《ひき》、綱引き、千秋万歳、念仏狂言、一条風呂などの娯楽文化、弓作・番匠・髪結・瀬戸物屋・塗師屋・魚屋・扇屋など、町人の町家を場とした衣食住の生活文化が描かれている。

町人の活動は目覚しく、多くの分野で「名人」が誕生し、「天下一」の称号が与えられた。「天下一の鏡づくり」「天下一の釜づくり」などが現れ、天下一の能面師や疊指《たたみさし》も現れた。多くの「洛中洛外図屛風」には、こうした天下一の職人・町人などを描いている。

永禄十一年(一五六八)九月、織田信長は足利義昭《よしあき》を奉じて上洛すると、義昭の将軍宣下の祝賀能を細川幽斎《ゆうさい》邸で観世大夫に舞わせ、永禄十三年には、将軍新邸の祝賀を観世・金春両大夫の立会で催した。これが天下人による芸能文化統合の始まりであって、元亀《げんき》二年(一五七一)に京の上下の衆を集め、東福寺で茶会を催し、天正元年(一五七三)十月に千利休を茶頭《さどう》となし、十一月の京都妙覚寺《みょうがくじ》の茶会では大覚寺《だいかくじ》天目を用いた。

天下人秀吉の博多町割

天正十年(一五八二)六月、明智光秀《あけちみつひで》による京の本能寺急襲により信長が滅ぶと、その後継者となっ

洛中洛外図屛風（上杉本）　米沢市上杉博物館蔵

た羽柴秀吉《はしばひでよし》は、天正十三年九月九日に信長百日忌の法要をおこない、十月十五日に大徳寺で信長の葬儀を執りおこなった。フロイスの『日本史』は、秀吉が主君信長の供養をもっとも豪華に、かつ盛大に奉行するよう命じ、近隣の諸侯・諸武将を京に召集し、王者の風格がある、優れた人物にふさわしい葬儀を営んだ、と記している。秀吉は大徳寺に位牌所として総見院《そうけんいん》を建立したが、総見院は信長が安土城内に移築した寺に因むもので、信長は総見院殿と称された。

天下人になった秀吉は、天正十三年(一五八五)三月に総見院で大茶会を開き、九月に禁中小御所《こごしょ》で正親町《おおぎまち》天皇に献茶した。千利休に後見を勤めさせ、その功によって利休に居士《こじ》号の勅許があり、「茶の湯天下一の名人」と称えられた。翌年、秀吉は太政大臣・豊臣姓になり、天正十五年(一五八七)に九州に出陣するが、秀吉の新たな政策は九州を制圧して博多に滞在したことから始まる。

博多は堺に似た富裕な自治都市で、町人が周辺の大名に贈物をし町を守ってきていたのだが、永禄二年(一五五九)、天正八年(一五八〇)、天正十四年と、戦国大名の相次ぐ侵攻により焦土と化していた。その博多を秀吉が再興したのである。ルイス・フロイスは、秀吉が「過《す》ぐる戦争のために徹底的に破壊され、雑草に覆われた野原と化している筑前国博多の市を再建させることを決意した」と記す(『日本史』)。

六月十日、秀吉は、「フスタ」という南蛮船に乗って博多の跡を検分し、翌十一日から博多の町の指図(再興図)により町割をおこなった(『神谷宗湛《かみやそうたん》筆記』)。海岸部の息浜《おきのはま》の町割では、各地に避難していた町人に帰還を命じ、東西六〇間、南北一二〇間の街区を設定し、博多浜の割町では息浜街区の延長上に東西三〇間、南北一二〇間の街区を新設した。

息浜と博多浜を隔てていた入江や湿地帯を埋め立て、その西町・東町を博多商人の神谷宗湛・島井《しまい》宗室《そうしつ》が割り出し、町家が建設された。聖福《しょうふく》寺や承天《じょうてん》寺の境内・門前は縮小され、善導寺・妙楽寺などの寺院は移転となり、埋立地や南側の縁辺部に移され、これまでの寺院中心の博多から、町人中心の博多に変わっていった。これにともない諸関諸座の停止、地子諸役の免除、喧嘩両成敗、徳政免許、押買狼藉の停止などを規定する九カ条の法を定め、博多津の商人の特権を認めた(『毛利家文書』)。

京都改造

秀吉は博多の復興をおこなう前年、洛中に天正十四年(一五八六)から翌年にかけて城郭風の大邸宅(聚楽第《じゅらくだい》)を造営した。天守閣を構える本丸、南二の丸、北の丸、西の丸の各郭が並んでいて、秀吉が九州から帰ってきた九月に完成するが、その優美な姿は三井記念美術館所蔵「聚楽第屛風」に描かれている。次いで大規模な新都市を形成していった。フロイス『日本史』は秀吉の京の都市改造事業について次のように記している。

城を上の都に造り、そこで日本中で造りうるもっとも豪華な新都市を営もうと決意した。そのため彼は従来そこに建っていた家屋をほとんど全部取り壊してしまった。(中略)進行中の工事を拡張し、新しくより立派な家屋を建てるために、すでに存在していた二千軒もの家屋を撤去した。

天正十七年(一五八九)九月に諸大名の妻子に在京を命じており、多くの武家地が生まれて、その武家町の形成にともなって奉公する人々の町(足軽町)も生まれた。検地がおこなわれ、九月二十二日に京中の地子《じし》を免許《めんきょ》する秀吉の朱印状が「上京中」「下京中」「六丁町」「聚楽町」の四つの惣町に発給された。これによって京都は上京と下京とが一体化し、天正十八年には、一町(京間六〇間四方)の街区に新たに南北に通りを開いて、縦に二分する町割を施し、長方形街区、短冊型地割を創出し、町々を仕切っていた構えを取り払い、町人地が形成された。

この事業を広く披露すべく京都の北野天満宮で大茶会を企画すると、天正十八年(一五九〇)八月二日に洛中の上下や奈良、堺にまで高札を掲げさせ、人々に参集するように求めた(『太閤記』)。十月一日から北野の森で一〇日間にわたって大茶湯を催すので、御名物を残らず取り揃えて数奇・執心の者に見せることとする、茶の湯執心の者ならば若党・町人・百姓らによらず参るように、座敷は畳二畳敷、着座の順序は自由、日本の国は申すに及ばず、唐国《からくに》の者まで罷り出でよ、という内容であった。

当日の秀吉の茶事は四席あって、関白秀吉、千利休、津田宗及《つだそうきゅう》、今井宗久《そうきゅう》の各席には名物が飾られ、北野の森に建てられた茶屋の総数は千五、六百軒に上ったという。

天正十九年(一五九一)には京都全体を取り囲む「御土居《おどい》」を築いている。高さが五メートル前後で、全長が二三キロ、竹が植えられ外側に堀が掘られた。同時に上京と下京の総構が破却され、完全に京都は一体化した。

芸能文化の隆盛

天正十五年(一五八七)からは秀吉の関与があって、芸能文化の興隆が著しくなった。天正十六年に十両の大判金(天正大判)を彫金師の後藤徳乗《とくじょう》につくらせ、鍛冶・番匠の座を廃止し、利休の弟子の山上宗二《そうじ》が『茶器名物集』を著し、翌年には『山上宗二記』を著している。天正十七年には、連歌師の第一人者の里村紹巴《じょうは》が『新式和歌』を秀吉に贈っている。

絵画では長谷川等伯《とうはく》が本法寺の日通《にっつう》上人や千利休の知己を得て、総見院・三玄院・大徳寺塔頭に水墨障塀画を描いて台頭し、天正十八年(一五九〇)には能役者の金春安照《やすてる》が秀吉の抱え役者的地位を得るなど、天下人をパトロンとする芸術家が頭角を現した。ところが天正十九年(一五九一)二月、千利休が聚楽第の不審庵を退出させられ、堺に蟄居を命じられた。茶道具の売買で私利を貪り、大徳寺山門の上に自分の像をすえたのを咎められたものという。大徳寺山門は、連歌師宗長らの努力で大永六年(一五二六)に成り、利休はその上層階を築造して我が像をすえていたが、これでは大徳寺を訪れた秀吉を山門の上から見下ろすことになる。

利休の弟子の古田重然《ふるたしげなり》(織部《おりべ》)や細川忠興《ただおき》らの助命嘆願も虚しく、利休は切腹し、その首は一条戻《もどり》橋《ばし》にさらされた。利休は「わび」の極地をもとめ、いっさいの華麗な装飾を拒否、待庵の粗壁わずか一畳半の茶室のような小空間の茶の湯を主張するようになっていたので、黄金の茶室をつくる秀吉とは所詮、あうはずもなかった。

秀吉は天正二十年(一五九二)四月、朝鮮出兵を命じて肥前名護屋城《ひぜんなごや》に到着する。前年秋から黒田孝高・長政父子が築城奉行となって普請した城は、五層七階の天守をもつ本丸と二の丸、三の丸に、山里丸、遊撃丸、弾正丸、台所丸などの郭からなり、大坂城に次ぐ規模を誇り、「聚楽の劣ることなし」といわれたほど華麗で、その威容は「肥前名護屋城屛風」や発掘調査によって確認されている。

諸国から三〇万人が動員され、諸大名は海岸線にそって三キロ圏内に陣屋を構え、その数は一三〇カ所、「諸国の大名衆御陣取りにて候間、野も山もあく所なく候」という状態であった。城下には武家町地区と町屋地区とがあり、「町中へ直にたうせんを着け」とあるように、唐船の着岸する湊が設けられ、「京都・大坂・堺の者ども悉く参集」し、大量の物資が集まり活況を呈した。

秀吉や大名は、茶会や能・連歌を楽しんだが、とくに能では、金春の弟子筋の暮松《くれまつ》から能を習い始め、翌文禄二年(一五九三)正月には金春大夫ら二〇余名を名護屋に呼んで演能させ、八月には大和四座の大夫による五番の能を催した。

能と花見

文禄二年(一五九三)閏《うるう》九月、秀吉は金剛座・宝生座・観世座・金春座の大和四座に配当米や扶持を与えて保護し、十月五日・七日・十一日の三日間、徳川家康・前田利家らの大名をともなって禁裏で能を興行した。秀吉の腕前は「太閤御能、神変奇特なり」と評され、「井筒」「老松」など二一曲を演じたことが知られている。秀吉のほか、家康・利家・羽柴秀俊・蒲生氏郷《がもううじさと》・細川忠興・宇喜多秀家・織田秀信らの大名もシテを舞った。

文禄三年（一五九四）二月、秀吉は吉野の花見に諸大名を誘った。「思ひ思ひの出立にて、茶代を面々にもちて山へあがり給へ」と指示したことから、さまざまな格好で着飾った大名が仮装して赴き、なかには南蛮人や山伏などの姿で赴く者もいた。その様は「吉野花見図屛風」として描かれた。

茶の湯の千利休の子宗旦《そうたん》は、文禄三年（一五九四）に千家再興を許され、利休の一畳半茶室の境地を進めて、一畳台《いちじょうだい》目《め》向板《むこういた》向切《むこうぎり》壁床《かべどこ》いう極小の茶の湯空間を構想して今日庵と命名し、独自の茶境を構築してゆく。翌文禄四年正月二十九日、秀吉は完成した方広寺大仏殿で千僧供養をおこなった。

そのかたわら醍醐寺の五重塔や三宝院を、座主義演《ぎえん》からの要請で改修・再建して、寺観を整備し、三月十五日に醍醐寺で花見をおこなった。各地から七〇〇本の桜を集めて境内に植えさせ、秀頼・淀君らと山中に設けた八つの茶屋を回遊して花見を楽しんだ。しかしこれを最後に秀吉は病により遊楽にふけることなく、慶長三年（一五九八）八月に亡くなり、時代は次の天下人徳川家康が主導することになる。

文禄三年（一五九四）に上洛した家康は、京や伏見の屋敷に懇意の人々招いて将棋・茶会・酒宴などで交流を重ねた。織田信雄、前田利家、浅野長吉《ながよし》、富田知信《とものぶ》ら大名や、亀屋栄任《えいにん》、今井宗薫《そうくん》ら豪商と交流し、公家や学者からは学問を学び、政治の指針を求めていた。藤原惺窩《ふじわらせいか》から『貞観政要《じょうがんせいよう》』の講義を、山科言経から『吾妻鏡』の講義を受け、『拾芥抄《しょうがいしょう》』や『武家名目抄』などの和書、『資治通鑑《しじつがん》』や『治平安覧』など和書・漢籍も広く集めた。

桃山文化

秀吉・家康の時代の文化は、秀吉や家康が住んだ伏見城があった土地の名をとって、桃山文化と称している。その桃山文化を代表する一人が、利休に茶を学びその死後に秀吉の御伽衆になった古田織部である。利休から「人と違うことをせよ」といわれ、利休の静謐さと対照的な動的で破調の美を確立し、「茶の湯名人」と称された。秀吉死後に伏見に住んで茶の湯三昧の文化サロンを形成し、職人や陶工らを多数抱えて創作活動を競わせ、織部焼をつくった。

細川幽斎《ゆうさい》は、三条西実隆の孫実枝《さねえだ》から天正四年(一五七六)に古今伝授を受け、近衛《このえ》流や肖伯《しょうはく》系の古今伝授関係資料を蒐集し、古今伝授を集大成すると、さらに古今伝授を中院通勝《みちかつ》におこない、八条宮智仁《としひと》親王(後陽成《ごようぜい》天皇弟)にも、家康の許可を得て慶長五年(一六〇〇)に始め、さらに公家の烏丸光広《からすまみつひろ》にも伝授した。

和歌や連歌を好んで『伊勢物語』を講釈した智仁親王は、元和元年(一六一五)に下桂里《しもかつら》に別荘を儲け、桂川から水を引き入れた苑池を中心に古書院を建て、続けて中書院などを建てた。これらは書院造に茶室建築の意匠を取り入れ、丸太や面皮材の柱を長押に利用した簡素な様式美からなる数寄屋建築で、住宅建築の機能も帯びて庭と室内が連続的に繋がっている。桂宮に継承され桂離宮と称される(口絵参照)。

刀剣の目利き、研磨や浄拭《ぬぐい》を家業とする京の町人本阿弥光二《ほんあみこうじ》の長男光悦《こうえつ》は、刀剣鑑定で培われた美意識から書をよくし、楽家《らくけ》の常慶《じょうけい》と親交があって楽焼茶碗に新風をもたらし、蒔絵師《まきえし》の五十嵐道甫《いがらしどうほ》、薬屋播磨《やくやはりま》、釜屋弥衛門《かまややえもん》らに蒔絵、聞香《ぶんこう》、茶釜で大きな影響を与えた。光悦が書に用いた紙は俵屋宗達《たわらやそうたつ》の装飾料紙であるが、その宗達は絵画作品の制作・販売をおこなっていた絵屋《えや》で、掛幅《かけふく》・屏風、書の料紙やその下絵などを手がけ、光悦の影響を受けつつ王朝絵画に学んで絵師として頭角を現すと、「たらしこみ」という技法を考案し、「雲龍図屛風」「風神雷神図屛風」を描いた。

光悦は出版面でも重きをなし、嵯峨版を角倉素庵《すみのくらそあん》と共同制作し、『伊勢物語』『竹取物語』『枕草子』『古今和歌集』などの古典文学や、『観世流謡曲百番』などの謡本を刊行した。素庵は光悦から書を習得して嵯峨本刊行の中心となり、慶長九年(一六〇四)に『史記』、慶長十三年に『伊勢物語』を出版した。読者層の広がりとともに廉価な書肆《しょし》版が刊行され、古活字版『太平記』や『吾妻鏡』仮名活字版も刊行された。

秀吉の南蛮趣味に応じ、狩野内膳重郷《ないぜんしげさと》が「南蛮屛風」を描いている。多くの南蛮屛風の画家は、西

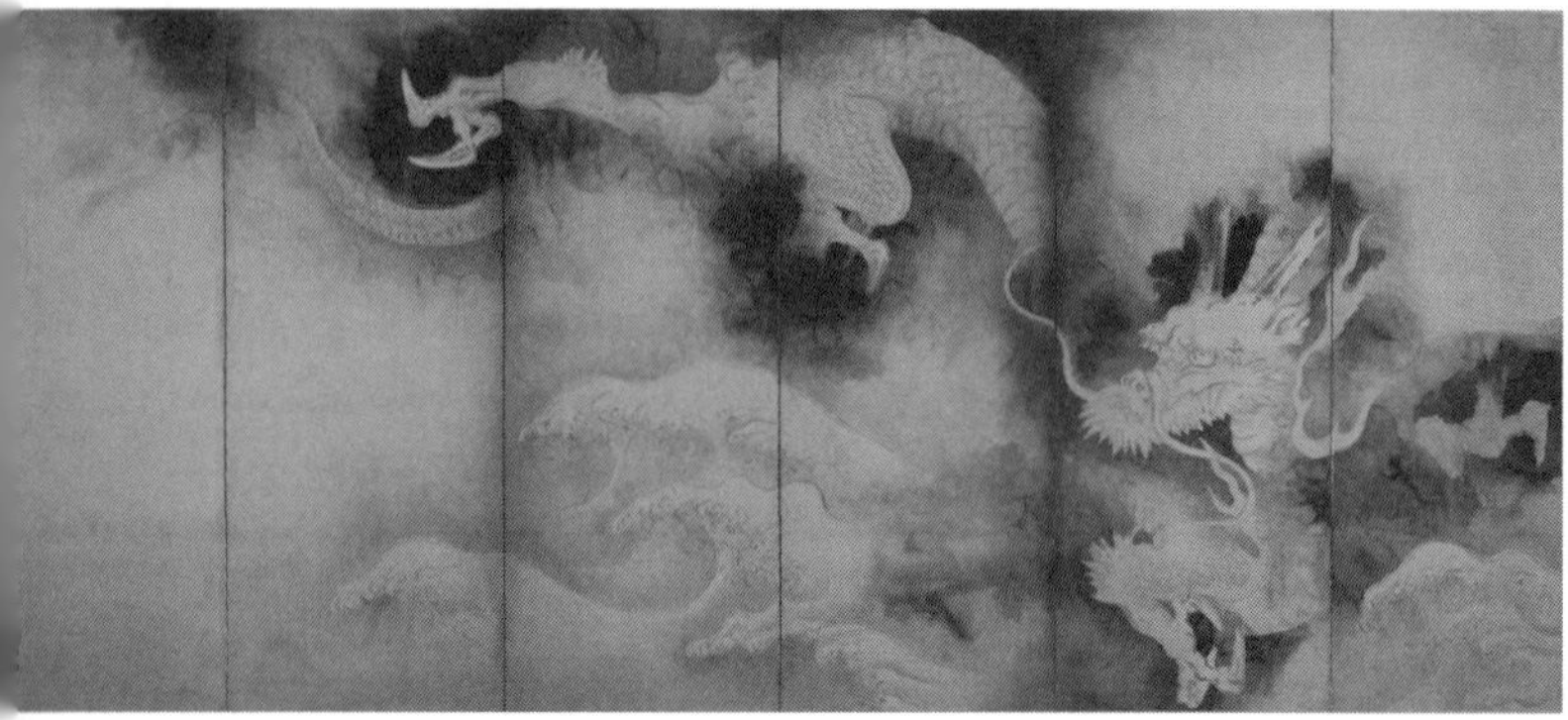

洋画の影響を受けながらも基本は日本の画法であって、商人や宣教師、黒人奴隷や虎、アラビア馬などをも描いた「世界地図屏風」や「泰西王侯騎馬図」のほか、日本画の材料を用い西洋の風俗画を模写した「洋人奏楽図屏風」などがある。
本格的な南蛮文化はオルガンティノが永禄十年(一五六七)に京に教会として南蛮寺を建て、安土に神学校(セミナリオ)を建てたことに始まる。金属製の活字による活版印刷術をヴァリニャーニがもたらして、印刷機が輸入され、ローマ字によるキリスト教文学・宗教書の翻訳、日本語辞書・日本古典の出版もおこなわれた。このキリシタン版である天草版には、文禄元年(一五九二)の『平家物語』、翌年の『伊曽保《いそほ》物語』があり、慶長八年(一六〇三)の長崎版『日葡辞書』は当時の日本語の音韻を忠実に記し、ジョアン・ロドリゲスが慶長九年(一六〇四)から編纂した長崎版『日本大文典』は東国の方言などをも収載した貴重な資料である。

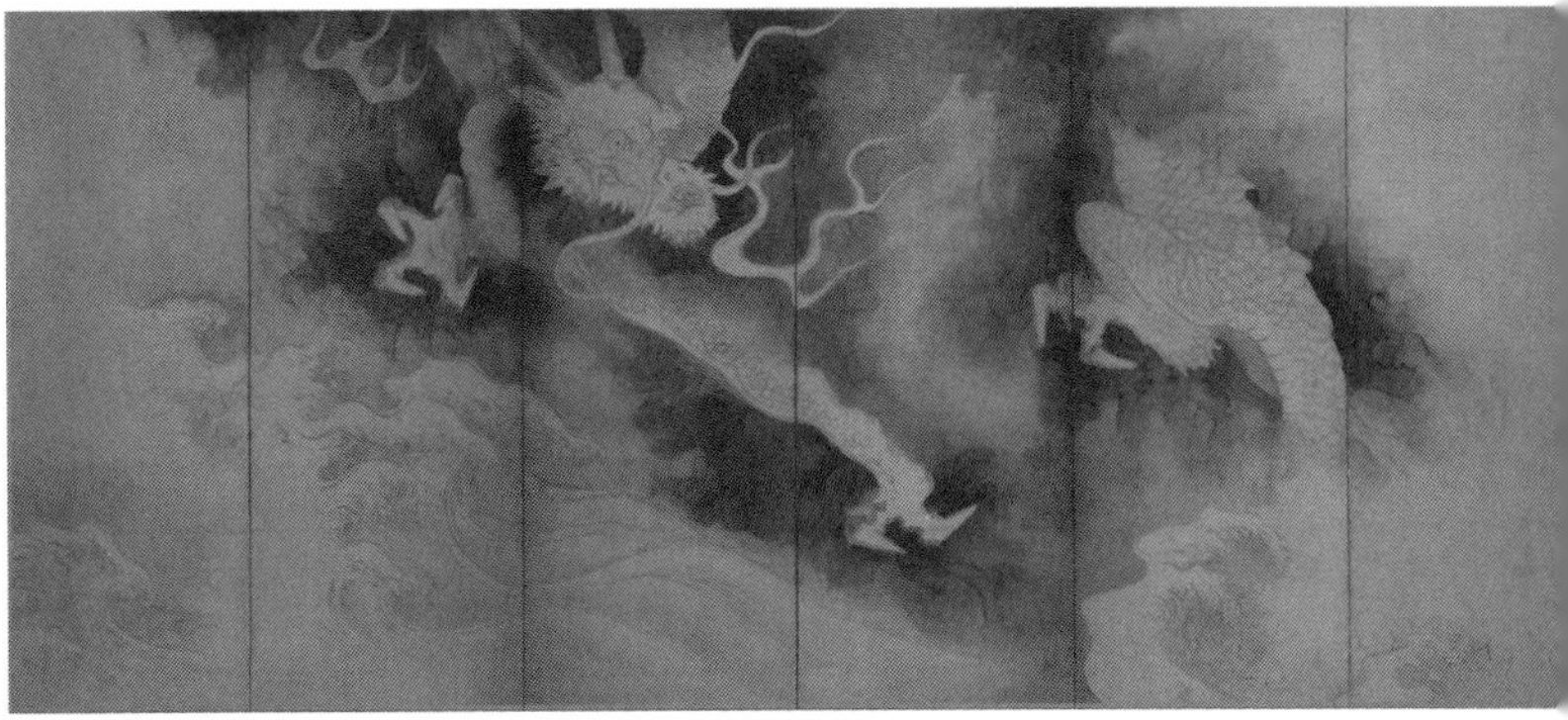

雲龍図屏風（宗達作）　フリーア美術館蔵

天下人家康の文化事業

古田織部は徳川秀忠の茶の湯指南となったが、その弟子には、小堀遠州《えんしゅう》や上田宗箇《うえだそうこ》らの大名がいた。小堀遠州は作庭・建築に名をなし、禁裏や仙洞、二条城、江戸城山里などを作事奉行として担当、大徳寺狐蓬庵忘筌席《こほうあんぼうせんせき》や龍光院密庵席《みったんせき》の茶席・遠州庭園をつくり、そのかたわら利休や織部から茶の湯を学んで、明るく大らかで軽快な「きれいさび」へと向かった。上田宗箇は織部や遠州に学び、豪放さと漢学の素養に裏打ちされた茶の湯で知られ、遠州同様に庭園にも才を発揮し、徳島城下の千秋閣、紀州粉河寺《こかわでら》庭園をつくった。

家康の政策立案には僧や学者・公家が顧問として関わった。その一人の西笑承兌《さいしょうじょうたい》は、天正十二年（一五八四）に相国寺を再建して鹿苑僧録《ろくおんそうろく》となり、秀吉の政治顧問として文禄の役後の講和交渉にあたった。秀吉死後には家康に仕え、『周易《しゅうえき》』の伏見版を出版する。閑室元佶《かんしつげんきつ》は、足利学校第九世の庠主《ようしゅ》（校長）となり、関ヶ原の戦いでは徳川家康の陣中に随行し、占筮《せんぜい》で功を立てた。家康から伏見の修学院に招かれ、円光寺の開山となり、『貞観政要』訓訳を献上し、慶長五年(一六〇〇)には伏見版を印行するなど、伏見版の出版に尽力し、『毛詩《もうし》』を家康に講義した。

儒者の林羅山《はやしらざん》は、慶長九年(一六〇四)に藤原惺窩と出会い、そのもとで朱子学を学び、惺窩の推挙で翌年に家康に二条城で謁見して仕えるようになった。慶長十二年(一六〇七)には家康の命により僧形となって道春《どうしゅん》と称して仕え、江戸に赴いて秀忠に講書をおこない、長崎で『本草綱目《ほんぞうこうもく》』を入手し、駿府の家康に献上した。この年に家康は、駿府城で林羅山らに監督を命じ、朝鮮伝来の銅活字に倣って新鋳した銅活字で『大蔵一覧』一一巻、『群書治要』四七巻などを刊行させている。

連歌の松永貞徳《まつながていとく》は、その著『載恩記《さいおんき》』に「師の数五十余人」とあるように、細川幽斎に歌学、九《く》条《じょう》稙通《たねみち》に和歌、里村紹巴に連歌を、藤原惺窩や林羅山に儒学を学び、羅山の古典公開講座で『徒然草』『百人一首』を講じ、私宅で塾を開いて古典の読解を公開し、歌語辞典の『歌林樸樕《かりんぼくそく》』や歌書の『慰草《なぐさめぐさ》』を編むなど、在野の文化に大きな影響を与えた。

慶長十四年(一六〇九)に家康は大坂城に詰めていた四座の役者に駿府に詰めるよう命じたが(『当代記』)、この時から能・狂言が幕府の式楽《しきがく》としての第一歩を踏み出し、元和四年(一六一八)に諸大名が猿楽配当米を負担する仕組みが生まれた。家康は本阿弥光悦の名声を聞き、元和元年(一六一五)に江戸で仕えるよう求めたが、六〇の年齢を理由に断られたので、その希望にそって洛北の鷹峯《たかがみね》の地を与えると、光悦は、一族や町人・職人などの法華宗仲間を率い移住して芸術村を開き、呉服商の茶屋四郎次郎、雁金屋尾形宗柏《おがたそうはく》、筆屋妙喜《みょうき》など法華信徒とともに住みついて村を経営した。

城郭の手伝普請

城郭は、信長の安土城、秀吉の聚楽第・大坂城・伏見城をへて、建築・土木技術の発展とともに巨大化、複雑化、美化が著しくなり、慶長年間には築城ラッシュとなった。まず慶長八年(一六〇三)三月、家康が諸大名の「御手伝」による江戸の町づくりを本格的に始めて、大名は千石に人夫を一人宛て出して工事を助けるものとし(千石夫)、福島正則・加藤清正らの有力な外様大名に主にあたらせた(御手伝普請)。慶長九年(一六〇四)六月一日、江戸城の拡張工事を諸大名の将軍への軍役として課し、八月に伏見城で御前帳《ごぜんちょう》・国絵図《こくえず》の徴収を命じた。

各村の石高を記し、郡別・国別に集計して一国単位で作成する御前帳や国絵図は、秀吉政権でも徴収されていたが、改めて作成された。これは、江戸城の大普請に向けて国大名を動員する基礎帳簿の役割を帯びており、西国の外様大名を中心にした二九人には、江戸城の改築のために石材運搬の石綱《せっこう》船の建造を命じている。

この時の江戸城築城にあたった諸大名のうち藤堂高虎は、関ケ原合戦後に伊予府中に入って今治城を築いた築城の名手であり、細川忠興は慶長七年(一六〇二)から豊前《ぶぜん》小倉城を築城していた。池田輝《てる》政《まさ》は慶長五年(一六〇〇)に姫路に入って姫路城を大改修し、加藤清正は天正十九年(一五九一)から熊本城の築城を開始し、福島正則・浅野幸長《ゆきなが》は関ケ原戦後に紀伊和歌山城を大改修、黒田長政は慶長六年に名島《なしま》から博多に離接する台地上に福岡城の築城を始めていた。さらに田中吉政は筑後柳川城を、鍋島勝茂《かつしげ》は慶長七年に佐賀城を、堀尾吉晴は松江城を、山内忠義は高知城、生駒一正《かずまさ》は丸亀城、寺沢広高は唐津城、蜂須賀至鎮《はちすがよししげ》は徳島城を築城するなど、領国で築城していた。

こうした城郭の普請と城下町の形成によって、多くの雇用が生まれ、職人が編成され、土木技術が一段と進み、大名の統治の実が示された。慶長十四年(一六〇九)の肥前佐賀の『慶長見聞録案紙』には「今年日本国中の天守数二十五立つ」とある。しかし慶長二十年(一六一五)閏六月十三日に一国一城令が出され、秀吉の大坂城の解体・破却と連動して、これ以降は御手伝普請による城郭以外、煌《きら》びやかな城は築かれなくなる。

城郭建築の美

天守を要する城郭で現存するもっとも古いのが尾張の犬山城である。木曽川に臨む丘陵に本丸・二の丸・三の丸が配置され、天守は望楼型で三重四階からなり、慶長六年(一六〇一)につくられ、元和三年(一六一七)に尾張藩付家老の成瀬《なるせ》氏の居城となった。慶長十年(一六〇五)には信州松本城の層塔型、五重六階の天守がつくられた。これは永正年間に小笠原氏の深志《ふかし》城築城に始まって、武田氏・小

松本城

笠原氏と城主が代わり、家康・秀吉に仕えた武将の石川数正《かずまさ》が天正十八年(一五九〇)に入って、今日の姿となった。松本平に聳える、絶妙の均衡美を誇る城郭である。

慶長十一年(一六〇六)に彦根城が天下普請によりつくられた。関ケ原合戦の後、石田三成の旧領を得た井伊直政《なおまさ》が三成の佐和山城を廃して、琵琶湖を臨む丘陵に慶長八年(一六〇三)に築き始めたもので、工事は直継《なおつぐ》・直孝《なおたか》に引き継がれて完成をみた。山頂中央部に三重三階の本丸をおき、西の丸、東に太鼓丸と鐘の丸が一列に配された。装飾性の豊かな外観を有する。

白亜の天守を誇って白鷺城とも呼ばれるのが、天守が慶長十三年(一六〇八)につくられた播州姫路城である。築城は天正八年(一五八〇)に羽柴秀吉の手になり、慶長五年(一六〇〇)に入った池田輝政が大改修をした。天守は五重六階で、天守と三基の三重小天守が二重の渡櫓《わたりやぐら》で接続する連立式という複雑なものである。

慶長十六年(一六一一)に堀尾吉晴により宍道湖《しんじ》を望む亀田山《かめだやま》に天守がつくられたのが出雲松江城である。二重櫓の上に三階建ての櫓を乗せた望楼型で、無骨ながら重厚感のある外観となっている。秀吉・家康に仕えた吉晴が関ヶ原合戦後に出雲・隠岐を与えられて築城したものである。さらに慶長十八年(一六一三)には越前丸岡《まるおか》城の天守がつくられている。

3　民衆文化の広がり

徳川時代の京都の風景

徳川政権期の洛中の様子は、近江長浜の舟木家伝来の「洛中洛外図屏風」に描かれている。右端に方広寺大仏殿の威容を描き、左端に二条城を描いて対峙《たいじ》させ、その間に洛中・洛東の町並みが広がり、右隻を斜めに横切る鴨川の流れが左隻に及んで二隻の図様を連繫させている。

左隻は洛中の風景。室町通りから五条通りにかけて小袖屋、両替屋、漆器屋、扇屋などの商家が建ち並び、塗師《ぬし》や柄巻師《つかまきし》、研師《とぎし》など職人たちの町が描かれていて、その町人の手でおこなわれる祇園祭の風景、神輿《みこし》や風流の町をゆく行列が見える。右隻は、町人が桜満開の豊国廟《ほうこく》の花や四条河原の小屋の能、歌舞伎・浄瑠璃芝居を遊覧し、六条三筋町の傾城《けいせい》町での遊びを楽しむ「浮世」を描いている。

二条城の近くの所司代の奉行所では白州《しらす》に対決する二人が座り、縁では訴状か判決文が読み上げられ、奥の畳の間の奉行が裁いている。二条城周辺には所司代の屋敷のほか武家屋敷があり、内裏での舞楽の催しも描かれ、その周辺には公家町が広がっている。屛風下段には西本願寺や東本願寺、東寺を描くが、東本願寺は教如《きょうにょ》が慶長七年(一六〇二)に家康から烏丸七条に寺地を与えられ、これにより准如《じゅんにょ》方の西本願寺と並び建って寺内町が整備されていった。

慶長九年(一六〇四)に秀吉の七回忌を記念し、豊国大明神臨時祭が八月十四・十五の両日にわたって繰り広げられ、十五日には上京・下京の町人五〇〇人の躍り衆、一〇〇人の笠鉾の行列があった(『梵舜《ぼんしゅん》記』)。それを描いたのが「豊国祭礼図屛風《ほうこくさいれいずびょうぶ》」で、翌慶長十年(一六〇五)に狩野内膳重郷により描かれ、慶長十一年八月に豊国神社に奉納された。

その豊国神社本は、右隻に騎馬・田楽・猿楽を描き、左隻に町人の風流踊りを描くが、その町人はさまざまな仮装の趣向を凝らし、南蛮人に仮装した姿も認められる。

この時期の京都では、出雲《いづも》の出雲神社の巫女という阿国《おくに》が出現するなど、芸能の流行で湧いていた。阿国は北野天満宮の社頭に定舞台《じょう》を構え、四条河原にも進出して「天下一」の称号を得たという。『当代記』慶長八年(一六〇三)条には、「国」が男装し「茶屋遊び」を演じるかぶき踊りで人気を博したと記す。「阿国歌舞伎屛風」には阿国の歌舞伎踊りを演じる様子が描かれている。

醒睡笑と京の文化

「洛中洛外図屛風」は可視的に京都の文化を表現したが、世間咄《せけんばなし》の笑いのうちに表現したのが『醒《せい》睡笑《すいしょう》』である。京の誓願寺の安楽庵策伝《あんらくあんさくでん》が京都所司代の板倉氏の前で語った話が面白いことから、板倉重宗《しげむね》の薦めで著したものという。策伝は美濃の浄音寺や京の禅林寺に学び、備前の大雲寺、備中の誓願寺など中国地方の諸寺を浄土宗寺院として再興し、堺の正法寺《しょうぼうじ》、美濃の浄音寺の住持をへて、慶長十八年(一六一三)に京の誓願寺の住持になっていた。

『醒睡笑』には、「洛中洛外図屛風」からは聞こえてこない物売りや会話の具体的な声が記されている。巻四には、京の町をゆく大根売りの「大こかう、大こかう」の声、巻八には、足駄《あしだ》を売る商人が「こあしんだ。こあしんだ」とあげる売り声、菜を売る商人が「なかう、なかう」という声、夷神《えびす》の刷り物売りの「若えびす、わかえびす」という声などが記されている。

策伝の経歴もあって、都周辺の文化状況がうかがえるばかりか、そこからは後に繋がる伝統文化が芽生えていたことがわかる。いくつかをあげよう。

能　巻七の「禁中に御能あり。狸の腹鼓《はらつづみ》を狂言にする」という禁中の能、「是界坊《ぜがいぼう》のおもてに上臈《じょうらふ》面《めん》をかけて」とある能の大夫の話、「神事能のありけるに、地下の庄屋の息子に稽古をさせ」という素人能、「鵺《ぬえ》を謡わせて聞き」という能「鵺」を演じた謡の話など、能の文化が広がっていた。

幸若舞　巻七の舞の部は、幸若舞の話を集中的に収録する。幸若舞曲の「烏帽子折《えぼしおり》を舞ふ」時の話、

「舞は舞ひたし、習ふ事はならす」といった男の舞の失敗談、なかでも幸若舞曲「敦盛《あつもり》」に関わる話が多いのは、織田信長も好んだように人気があったからで、義経《よしつね》に関わる判官物も人気があって、「堀河夜討ち」「富樫」「高館《たかだち》」など多い。

茶の湯　巻八は茶の湯に関わる話を取り上げる。茶は眠気を醒まし、消化をよくする、「世をおもしろく住む人は茶を愛し」、利休・夢庵《むあん》・古田織部らが茶の徳に関わる歌を吟じていたと記す。宗祇が山家の草庵で茶を所望しての話、古田織部の茶会で濃茶が立てられたが、それは宇治の茶師上林《かんばやし》春秋《しゅんじゅう》の手になるものという話、暑い頃に民家での茶事があり、連雀《れんじゃく》商人に茶を飲むよう誘った話、清水寺《きよみずでら》参詣で茶屋により甘茶を望んだ話、数寄第一の嗜みが茶壺と聞いて、伊勢の壺を秘蔵していた福人（金持ち）の話など、茶の湯の文化は大いに広がっていた。

絵画　巻六には、京辺土で知らぬ所はないと豪語する男が、祇園と清水寺とはいかほどの遠さかと問われて、扇に書いた絵を広げ「一寸ほど」と答えたという話が見えるが、その扇には洛中洛外図が描かれていたのであろう。「洛中洛外図屛風」の扇屋の近くに狩野派の工房があり、そこで扇の絵が描かれていた。巻四に、堺からルソンに渡った商人が、住吉社の一の神殿に船の絵を描いて奉納した話があり、これは南蛮絵の絵師が描いたのであろう。

うかがえる。

町人の生活文化

『醒睡笑』には、寺に出入りする人々の動きや人々が伝える情報が多く記され、生活文化の様相がうかがえる。

衣服　小袖が広く着用されていた。巻五には、比叡山の児《ちご》が年の暮れの手紙で坂本の母に「小袖一重、料紙十帖、帯一筋」を贈ってくれるよう依頼した話、美濃の連歌上手の宗湖《そうこ》が貧しく小袖を質に入れておいた話があるほか、「縞《しま》の表の小袖」「正月の小袖」「染め小袖の紋」などの着用・贈答の話が多くみえ、常用されていたことがわかる。頭にかぶる「頭巾」や、着物をとめる腰に巻く「帯《おび》」など和装の小物もほぼ出揃っていた。

振舞　「振舞」は行動や行為一般をさす語であったが、戦国期になると接待やもてなしを意味するようになった。巻二には、大名の客への振舞が記され、「振舞に湯漬出たり」「膳を据えたり」「膳を出せ」「海老を振舞」「振舞の汁に見事な筍」など、食事が膳に出された話、振舞に酒や飯が出された話が見える。

巻三には、「ある振舞の座にて、今日のもてなしは酒飯ともに出来」「夏の振舞に、燗《かん》をしたる酒と冷酒」が出され、巻五には、振舞で諸白《もろはく》という酒を天目茶碗で飲むことについての話や振舞の素麺《そうめん》が出された話が載る。巻七には、菓子を染付で出すか、南蛮物で出すかどうかの話、「振舞の菜に醤《ひしお》出たり」の話、振舞に塩鯛が出された話が見える。振舞の座では汁・菜・飯・酒・素麺などが膳に載せて出され、和食の形がしだいに整えられてきた。

町屋　巻五には、町屋の棚に面をかけておいたところ、「それなる上臈面を見たき」と望む人がいたので、「暖簾《のれん》の内より」色黒く逞しい男が手に持って差し出し「代は五百でおぢやらします」といったことから始まる話があり、町屋での売買の様子がうかがえる。巻一〇に、「酒造る亭主」が町屋は空地がない、広い所に住みたい、と悩む話があるのは、京の町に空地がないほど密集するようになっていたことを物語る。京町屋は「洛中洛外図屏風」に描かれ、広がっていた。

檀那と寺　振舞は寺とその檀那との関係で、よくおこなわれた。巻一には、鈍な弟子の坊主が檀那のもてなしに出された汁菜を、ほめるでもなく帰ってきたので、坊主が膳に向かって箸を持ち、「御造作」(御馳走様)というよう指南した話が載る。また、檀那の集まりに茶請けなどが出された座敷での話も載り、巻三には、逆に食事をしていた坊主が旦那が来たのでもてなした話や、僧俗が寄り合って物語をした話なども載る。

檀那の信仰については、巻七に、法華宗の寺に檀那から送られてきた男が、朝夕高声に念仏を唱えているので、坊主が教化したのにもかかわらず諸檀那が集まっての御影供《みえぐ》でも、受法《じゅほう》しなかった話、法華宗の檀那が帰依する寺の普請に赴いて高所から落ちた際、南無阿弥陀仏と叫んだので、どうして題目を念じなかったかと問われ、てっきり死ぬと思ったからだ、と答えた話なども載る。巻二には、父が浄土宗、母が法華宗の子が、法体《ほったい》になり戒名をどうするかを聞かれた話も見える。法華宗・浄土宗に信心が広まるとともに、それとは別に檀那寺が定まるようになっていた。

風呂　風呂の文化は室町期に始まるが、巻一に「常にたくをば風呂といひ、たてあきの戸なきを石榴風呂《ざくろ》」といった話、巻二に、「下湯」に入った者が熱くてたまらないと根をあげた話、巻三には、「銭湯」と「大名の内風呂」の別が見え、巻五には下京の孝行風呂の話があるなど、広く普及したことが知られる。舟木本「洛中洛外図屛風」には女性の入浴の様子が描かれている。

湯治　巻五に、頭痛に効くというので湯治《とうじ》のため十津川に赴いた話があり、有馬の湯については、巻一に、有馬の湯が瘡《かさ》に効くということから、湯の宿主と話のやり取りをしており、巻四には、三条西実隆《さねたか》が「御養生に有馬へ湯治」に赴いて歌を詠んだことなど、多くの話が載る。巻六に宗祇が有馬の湯に入って歌を詠んだ話が見える。

有馬温泉は早くから京・南都の貴顕《きげん》の湯治場となっており、宝徳《ほうとく》四年（一四五二）に有馬温泉を訪れた禅僧の瑞渓周鳳《ずいけいしゅうほう》は、「村は下方五、六町、人家百戸なるべし。家々は二階、上は湯客を寓し、下は以て自居せり」という温泉村の風景を記している。歌人堯恵《ぎょうえ》は文明十七年（一四八五）に上州の草津や伊香保温泉に入っており（『北国紀行』）、宗祇は文亀《ぶんき》二年（一五〇二）に「上野の国草津」の湯に入ってから駿河に向かうことになり、同行の宗長は草津の湯に入ったものの、宗祇は「中風」によいと聞いて「伊香保といふ名所の湯」へと足を伸ばし、宗碩《そうせき》・宗坡《そうは》らと『伊香保三吟』を詠んでいる。

学芸と教育文化

文化の広がりには学芸や教育が大きく関係していて、それに関わる話も多い。話芸の世界では、『醒睡笑』巻七に「夜咄する衆」の中間が供をして夜の寒さに震え、「われらが望みは別にない。天下を十日もちたや。十日のうちに夜咄する者どもを、皆とらへ成敗してみたい」と語った話があり、巻三には、夜咄のもてなしに小豆餅が出された話が見える。巻六の「児を呼びて、伽《とぎ》の人など集め振舞をだし」という伽の人は、話芸の達者であろう。そもそも『醒睡笑』自体が、京都所司代の前で話した夜咄を集めた本であって、この話芸はのちに演芸としての落語となってゆく。

音芸の世界では、巻六に京の若い商人が東国の宿で「三味線をひき面白く」興じた話、堺の森河という「太鼓打ち」の話などがあり、巻七に幸若舞を舞う時に「横笛」の奏者が出てこなかった話、巻八に義政《よしまさ》将軍が尺八を出したという話もあって、さらに琵琶法師の座頭の話は実に多くある。

巻五には、「人里遠き寺あり、手習ふとて多少人集りゐる」と、人里離れた寺で手習いをする子が集まるなか、秋の夕べに雁が渡るのを見て、歌詠みの息子が歌を詠み、明け方に雁が渡る姿を見て、「士民」の子が歌を詠んだという話が載る。また、手習いの小姓四五人が、坊主から雨が降って淋しいことを踏まえ、「中絶えて」という題で腰折れ歌を詠むようにいわれ、歌道を心掛ける人の子、喝食《かつじき》(寺に仕える稚児)、農夫の子がそれぞれ歌を詠んだ話が載る。

フロイスは『日欧文化比較』で「日本ではすべての子どもが坊主の寺院で勉学する」と指摘したが、

寺院では手習いや学問を学ぶだけでなく、寺院に出入りする多くの人々と交わり、立ち居振る舞いを学んでいた(『多胡辰敬家訓具《たごときたかかくんぐ》』)。その手習いでは何を学んでいたのかを、巻四の風呂の話が伝える。

風呂に入りて聞き居たれば、一人吟するやう、山高き故にたつとからずと。一人耳をすまして、心がけたる事や、庭訓《ていきん》をよまるといへば、一人、あれは庭訓ではない、式条といふものぢゃと。

風呂に入って吟じた「山高き故に」とは、『実語教』の一節で、それを「庭訓をよまる」といったのは、『庭訓往来』と思い違いをしたもので、「庭訓ではない、式条」といった人物は、「御成敗式目」の一節と思い違いをしたのである。すなわち『実語教』や『庭訓往来』『御成敗式目』が教育上よく読まれていたことがわかる。

巻一に、足利で塩売り商人に応対する「こさかしき学侶」の話があり、巻八に、足利の門前で往来する出家者に茶を出す姥《うば》の話が見えるが、これら足利の話は足利学校の門前でのことと考えられる。フランシスコ・ザビエルが天文十八年(一五四九)にインド、ゴアのイルマンに送った書簡において、都の大学のほかに有名な学校が五つあると語り、その四つは都にほど近い高野《こうや》・根来寺《ねごろじ》・比叡山・近江の学校で、日本でもっとも有名で、もっとも大きいのは坂東の足利学校であって、三五〇〇人以上の学生を擁するが、都を去ることもっとも遠く、学生の数も遙かに多いと記している。

4　江戸の町人文化

江戸の町の繁昌

京を中心とした町人の文化を伝える『醒睡笑』に対し、新興の江戸の町人文化を伝えるのが、小田原の北条氏政に仕えて、北条滅亡後に江戸に来て伊勢町に住み、三浦屋と号した三浦浄心《じょうしん》が筆記した『慶長見聞集《けいちょうけんもんしゅう》』である。跋文《ばつぶん》に「慶長十九寅のとし季冬後の五日記し畢」とあって、慶長十九年成立とあるが、後の記事も若干見える。

巻一は江戸の環境に関する話を多くおさめる。その三話は、吉祥寺門前からの景観を「四神相応の地をしめし、後に浅間山・日光山をそびえ、東に筑波山、西に箱根山軒端《のきば》につらなり」と、江戸が山々に囲まれた四神相応の霊地であるという。一四話は、相模・安房《あわ》・上総《かずさ》・下総《しもふさ》・武蔵《むさし》に囲まれた入海に接し、西国の海士が来て入海の魚を獲り住むようになったこと、五話は、瀬戸物町の野地《のじ》豊前《ぶぜん》が河口の洲崎《すさき》に「身をじるし」を立てて航海の目印としたことを記す。

江戸の成り立ちについては、巻六の八話が、「江戸町の跡は今大名町になり、今の江戸町は十二年以前まで大海原なりしを当君の御威勢にて南海を埋め陸地となす」と、海の埋め立てで江戸町がつくられ、かつての江戸町の跡は大名町になったという。その埋立は、巻七の一〇話が、家康が江戸に入った際に豊島《としま》の洲崎に町を立て、慶長八年（一六〇三）に神田山を引き崩して海を四方三〇町を埋めて陸となし、南は品川、西は田安の原、北は神田の原、東は浅草まで町が続くようになったという。埋立地のために井戸に潮が入るため、神田明神の山岸と山王権現《さんのうごんげん》の山もとの水を町にて流して水道とし、町人がこの水源にある神田明神と山王権現を祀り、その氏子域は日本橋が架かる大川が境であったという（巻四の二話）。

巻一の一三話は、川橋の架橋と名称の由来を記し、巻五の一話は「江戸町東西南に堀川ありて橋も多し」と始まり、城の大手の堀を流れて落ちる大川は、町中を流れて南の海に注ぐが、その大川に架けられた日本橋は、慶長八年（一六〇三）の町割で生まれ、元和四年（一六一八）に石垣を両方から突き出して再興されたという。本書が語る江戸町とは、江戸の町人地のことで、江戸は町人地と大名町（巻六の八話）、江戸寺町（巻四の一一話）、江戸よし原町（巻二の一四話）から成っていた。

そのうち吉原町の話が詳しい。巻七の一五話では「よし原に形成町立る事」と題し、江戸が繁昌すると海際のよし原に目をつけて傾城町とし、町割をおこない、本町を最初として京町・江戸町・伏見町・堺町・大坂町・墨町・新町と名づけて、家は板葺で飾ってゆき、その周囲にあげや町をつくって能舞台を立て、舞楽・勧進能・蜘蛛舞・獅子舞・相撲・浄瑠璃などの遊びに興じたので、僧俗老若貴賤が群集したという。

巻五の一〇話は吉原町に通って蓄えていた家の財産を失うものも多くいたことから、吉原町に行く道に二筋ある堀川の架かる二つの橋の名が思案橋、わざくれ橋というが、これは、吉原に行くべきか、行くまいかと迷うなかでつけられたという。吉原町での見せ物について巻五の一一話は「かぶき女」を流行の最先端として紹介している。それは出雲《いずも》の「国」が舞った「男舞かぶき」を、諸国の遊女が学んで、一座に役者をそろえて笛・太鼓・鼓を鳴らし、ねずみ木戸を立て見物させるようになったもので、佐渡島正吉《さどしましょうきち》、村山左近《さこん》、幾島丹後守《いくしまたんごのかみ》などが座頭《ざがしら》となって吉原町で興行したといい、さらに同一四話では、葛城大夫《かつらぎたゆう》のかぶき踊りが吉原町でおこなうという高札が日本橋に立てられると、老若男女貴賤が群集して見物したという。

江戸町人の誕生

吉原の傾城町での芸能に群集したのは、町人地の町衆であり、『慶長見聞集』の関心の主たる対象が彼らにあった。巻四の九話「江戸町衆乗物に乗る事」を見よう。一〇年以前から江戸町に乗物に乗る異様を好んで往来を行く者が現れたので、町の者が腹を立て、乗物には智者・上人・高家の面々以外が乗ってはならぬ、江戸町には奈良屋・樽屋・北村の三人の年寄がいるが、町の者では彼らこそ乗るべきであると非難したが一向にやむことなく、やがて「高きもいやしきも乗輿《じょうよ》する」ようになり、慶長十九年(一六一四)に法度が出されて、雑人の乗輿が禁止されたという。

この話に見える奈良屋・樽屋・北村の三人の年寄とは、天正十八年(一五九〇)の家康の入部とともに江戸に入り、町年寄になった奈良屋市右衛門、樽屋藤左衛門、喜多村弥兵衛のことで、彼らは町奉行の下にあって町政を担った。奈良屋は本町一丁目、樽屋は二丁目、喜多村は三丁目に屋敷地を得た。江戸ではこの年寄や智者・上人・高家の面々が上層で、輿に乗ることが認められていたが、やがて輿に乗る町の者が多く現れたのである。

多くの話は、江戸が豊かになり繁昌したと前置きして語っているが、その繁昌の理由について、巻七の四話は「諸国に金山有る事」と題し、徳川の代になって諸国に金山が出来し、佐渡島からは金銀が一箱に一二貫目入れた一〇〇箱が五〇駄積の船に積まれ、毎年五艘、一〇艘と越後の湊をへて江戸城に運ばれ、「民百姓までも金銀をとりあつかふ」ようになり、「今がみろくの世」となったと、金銀の産出に求めている。

巻六の一〇話は「江戸にて金の判あらたまる事」と題して、金を貨幣として流通するのに関わったのが四条・佐野・松田の三人で、砂金を吹き丸めて一両・一分などとしていたが、六年ほどして京から後藤庄三郎光次を招いて、金の位を定めて一両判をつくり、近年は一分判もつくられ世上に流通するようになったという。

この後藤光次は、御金改役に任じられ、本町一丁目に役宅が与えられた(江戸金座)。慶長十七年には銀座が駿府から移され、大黒屋長左衛門が銀座吹所を支配し、新両替町二丁目に屋敷を得た。

こうして「今はいかよふなる民百姓」に至るまで金を五両拾両もち、分限者の町人は五〇〇・六〇〇両もつようになったという。江戸にはこのように多くの商人や職人が集まってきて、商人頭・職人頭に屋敷地が与えられ、紺屋町・鉄砲町・鍛冶町・畳町・伝馬《でんま》町などの同職の集住する町が形成され、人足役や国役を負担した。駿河や伊勢・近江から商人が進出し、近江屋伴伝兵衛《ばんでんべえ》は通り一丁目に、西川甚五郎は日本橋に出店し、畳表や蚊帳を販売するようになった。

慶長六年(一六〇一)霜月二日、駿河町の幸の丞の家から出火した火事は、多くの死者を出し、火事で舞い上がった江戸通り町の片倉新左衛門の屏風が、下総行徳《ぎょうとく》にまで飛んでいったが、その絵には歌舞伎踊りが描かれていたという(巻八の一〇話)。この火事で多くの江戸の町が焼けたので、奉行衆が草葺の家の故と語ったことから家が板葺となり、本町の滝山弥兵衛が家の表半分を瓦葺にしてから、瓦葺が始まったという(巻一の四話)。

町衆の文化

江戸町衆の間では、音曲・謡などが流行していた。琵琶法師の座頭の城生《じょうしょう》の話(巻一の六話)、城言《じょうげん》座頭が平家を語って「山木判官」を「やすぎ判官」と誤って語った話(巻一〇の二話)、虚無僧《こむそう》が門に立って尺八を吹いては、母を訪ね探した話(巻三の一話)、謡が流行し、観世左近大夫の謡を聞いた岡崎左兵衛の話(巻四の一四話)、勧進能が毎日おこなわれ、それを見た春庵《しゅんあん》と著者との語りの話(巻五の八話)、江戸町の幾右衛門《いくうえもん》が謡に明け暮れた話(巻九の一〇話)、江戸町の木村才兵衛が金の力で謡を習得しようとして師匠に怒られた話(巻五の四話)など多く見える。

風俗では、煙草の喫煙が流行した話（巻一の九話）、関西大坂、堺で流行した頼《たの》もし無尽《むじん》が江戸でも流行った話があり（巻三の八話）、さらに伊勢与市が銭瓶《ぜにがめ》橋の辺りで銭湯風呂を始めて以来、今は町ごとに風呂があり、湯女が垢を掻いて髪をそそぎ、容色類なく心様優にやさしい女房が湯・茶の接待をしている話（巻四の一六話）。江戸町の大谷隼人が「すへ風呂」をつくったことから、それが今は家々に見えるようになった話（巻六の七話）など、煙草や風呂が広がっていた。

また、巻一の一一話は、本両替町の甚兵衛が白花の椿を庭に植えて愛でた話、巻八の一一話は、両替町の理助・武左衛門の二人が、「大に書院をたて、畳、屛風美々しく、庭に植木ありて、さて美膳の次第、料理残ることとなし」というほどに豪勢であったという。巻九の八話は、江戸の町衆が貧富なく心やさしく庭に花木を植えて花を愛でるようになった話、巻一〇の一二話は、安斎が雪月花を愛で、とくに花を愛でての話など、花の鑑賞が広くおこなわれていた。

風俗でいえば着物について、巻三の九話に、関東での木綿の流行が大永元年（一五二一）に武蔵熊谷の市で西国の者が木綿種を売ってから始まり、今は麻が流行して色々に染め、綿を入れ上着にしており、この頃は絹の裏つき袴が流行るようになったという。巻二の二話は、「江戸繁昌にて屋作り家風尋常に、万美々敷事《よろずびびしきこと》、前代未聞なれば」と始まって、室町の棚の平五三郎が奇妙な風体をして、田舎人が江戸土産を買うのを目当てに、「からあやの狂文、唐衣、朽葉地《くちばじ》、紫緞子《むらさきどんす》、りんす、金蘭、錦」など美麗な物を並べて売ろうとした話である。

華美な家や服装がいちだんと好まれ、巻九の一話には、江戸本町のなまりや六郎左衛門が、小者にはさみ箱をかつがせ道を通り、大名でもあるまいのに、と見られていたが、やがて町衆が皆、それをおこなうようになったとあり、巻一の一二話には、「渡世風流を専《もっぱ》らとし、物を知らぬ人も官位にのぞみ」、乗り物に乗って威風をひけらかすようになった、とある。江戸の大橋辺で刀売りが出てから近年は刀市が立つようになった話に見える刀好みもそうした一面を物語る(巻一〇の八話)。

他方で、巻四の一話は天下泰平になって「高きもいやしきも皆、物を書きたまへり」と、手習いの筆道が盛んになっており、巻一の一〇話は道斎《どうさい》が双紙《そうし》を読んだ話、巻四の八話には、正慶が「近年世間に流布する筆作の新しき抄物」について難癖をつけた話が見えて、武から文へと関心が広がっていた。巻八の二話に「関東の諸侍、昔が今に至る迄、仁義礼智信を学び、文武の二道をたしなみ給へり。民百姓まで筆道を学び」と記すように文の道は侍から民百姓にも広がっていたのである。

むすびにかえて

古代における伝統文化の基層に始まり、伝統文化の形成と展開を日本文化史にそって記してゆくなか、戦国期に現在につながる伝統文化が叢生したことが明らかになった。そこでいよいよ個々の伝統文化の発展を見てゆくことになるが、その発展の画期と考えられるのが、寛文・元禄期である。

歌舞伎などの演芸、俳諧などの文芸、兵法などの武芸、その他の伝統文化がこの時期に出そろうが、その点をよく物語っているのが、寛文十二年(一六七二)の「百人一種」という「落書」である。「浄瑠璃ハ葦大夫観喜院」「能ハ宝生大夫」「謡ハ喜多七大夫」「歌舞伎ハ上村吉弥」など九九種もの職種の巧者を掲げている(『談海』)。

さらに元禄三年(一六九〇)刊行の『人倫訓蒙図彙《じんりんきんもうずい》』は、当時の人々(「人倫」)の仕事や職業を図解し、その第二巻「能芸」部は、文武にわたる諸芸能者、第三巻「作業部」は産業・交通の従事者、第四巻「商人部」は呉服屋・御錦屋以下の商売屋、第五巻「細工人部」は金彫師・絵師以下の細工職人、第六巻「職の部」は大工・木挽き・左官以下の建築や衣食住の職人、第七巻は、島原の茶屋や芝居などで働く人々、鐘鋳勧進・針供養など勧進をする人々を掲げている。

彼ら様々な職種の専門家が芸を磨いて、伝統文化の担い手となり、それが後世に引き継がれていったのである。そこで「寛文延宝の頃か」と記す『翁草《おきなぐさ》』の「当世百人一種」から、伝統文化に関わる巧者の名をあげておこう。

軍法　北条安房守	兵法　柳生飛騨守	
筆道　鳥山孫兵衛	絵　狩野探幽	
筝　藪殿	楽人　辻伯耆守	鞠　飛鳥井殿
能　宝生大夫	脇　春藤六右衛門	謡　喜多七太夫
太鼓　葛野九郎兵衛	小鼓　観世新九郎	
狂言　大蔵弥右衛門	舞　幸若伊右衛門	平家　並河検校
三味線　浅利検校	浄瑠璃　革堂観音院	
説経　日暮小大夫	書物集　松平加賀守	
連歌　祖白	俳諧　西山宗因	
伽羅聞　米河常白	立花　六角池坊	
古筆目利　了栄	刀目利　本阿弥	
彫物　後藤四郎兵衛	焼物　御室仁清	
組細工　鼠屋	つき物　藤重	塗師　道恵

飛石居　御蔵出雲　　　　　　　　　　松つくり　綿屋五郎左衛門　　庭作　竜松（地下人）
蒔絵　田付長兵衛　　　　　　　　　　香具　はりま
歌舞伎　上村吉弥
揚弓　立本寺是休　　　　　　　　　　手鞠　観念院　　　　音頭取　井家友甫
碁　道策　　　　　　　　　　　　　　将棋　道宥　中将棋　河内屋意仙
博奕　山本市郎左衛門　　　　　　　　談義　小野見性坊　　調子聞　座頭四方都
大工　中井主水　　　　　　　　　　　弓　星野勘左衛門
傾城　島原かるも
呉服屋　後藤源左衛門　　　　　　　　茶　上林　　　　　　筆　裏辻

寛文・元禄期に続く次の画期は、宝暦・明和期であり、鈴木春信の錦絵・浮世絵、伊藤若冲・円山応挙・池大雅・与謝蕪村らの絵画・俳句、大田南畝の狂歌・洒落本、上田秋成の小説等々、文化の新生面が開かれていった。

では本書に続く個々の伝統文化を扱った巻々に期待してほしい。

令和元年七月十二日

■参考文献

A 史資料 叢書

新編日本古典文学全集(小学館、一九九四～二〇〇二年、数字は巻数)

1『古事記』 2～4『日本書紀』 5『風土記』 6～9『万葉集』 10『日本霊異記』 11『古今和歌集』 12『竹取物語』『伊勢物語』『大和物語』『平中物語』 13『土佐日記』『蜻蛉日記』 18『枕草子』 19『和漢朗詠集』 26『和泉式部日記』『紫式部日記』『更級日記』『讃岐典侍日記』 31～34『栄花物語』 40『松浦宮物語』『無名草子』 41『将門記』『陸奥話記』『保元物語』『平治物語』 42『神楽歌』『催馬楽』『梁塵秘抄』『閑吟集』 43『新古今和歌集』 44『方丈記』『徒然草』『正法眼蔵随聞記』『歎異抄』 45・46『平家物語』 47『建礼門院右京大夫集』『とはずがたり』 48『中世日記紀行集』 51『十訓抄』 52『沙石集』 53『曾我物語』 62『義経記』

新日本古典文学大系(岩波書店、一九八九～二〇〇五年、数字は巻数)

6『後撰和歌集』 7『拾遺和歌集』 8『後拾遺和歌集』 10『千載和歌集』 12～17『続日本紀』 19～23『源氏物語』 27『本朝文粋』 30『日本霊異記』 32『江談抄』『中外抄』『富家語』 33～37『今昔物語集』 39『方丈記』『徒然草』 40『宝物集』『閑居友』『比良山古人霊託』 41『古事談』『続古事談』 42『宇治拾遺物語』『古本説話集』 43『保元物語』『平治物語』『承久記』 46『中世和歌集』鎌倉篇 48五山文学集 50『とはずがたり』『たまきはる』 51『中世日記紀行集』 52『庭訓往来』『句双紙』 56『梁塵秘抄』『閑吟集』『狂言歌謡』 60『太閤記』 61『七十一番職人歌合』『新撰狂歌集』『古今夷曲集』

日本思想大系(岩波書店、一九七〇～八二年、数字は巻数)

1古事記 2聖徳太子集 3律令 4最澄 5空海 6源信 7往生伝・法華験記 8古代政治社会思想 9天台本覚論 10法然・一遍 11親鸞 12・13道元(上)(下) 14日蓮 15鎌倉旧仏教 16中世禅家の思想 17蓮如・一向一揆 18おもろさうし 19中世神道論 20寺社縁起 21・22中世政治社会思想(上)(下) 23古代中世芸術論 24世阿弥・禅竹 25キリシタン書・排耶書 26三河物語・葉隠 27近世武家思想 28藤原惺窩・林羅山

新訂増補国史大系(吉川弘文館、一九二九～六四年、数字は巻数)

3『日本後紀』『続日本後紀』『日本文徳天皇実録』 4『日本三代実録』 5・6『類聚国史』 7『古事記』『先代

旧事本紀』『神道五部書』 9『本朝世紀』 10・11『日本紀略』（前篇・後篇）『百錬抄』 12『扶桑略記』『帝王編年記』 21『水鏡』『大鏡』『今鏡』『増鏡』 26『類聚三代格』『弘仁格抄』 27『交替式』『弘仁式』 28『政事要略』 29『朝野群載』『本朝文粋』『本朝続文粋』 31『日本高僧伝要文抄』『元亨釈書』 32・33『吾妻鏡』 53〜57『公卿補任』 58〜60『尊卑分脈』

B 関係史料

『大日本史料』『平安遺文』『鎌倉遺文』『群書類従』『続群書類従』
『日本の絵巻』『続日本の絵巻』（中央公論社）
『醒睡笑』（上・下、岩波文庫、一九八六年）、『慶長見聞集』（日本庶民生活史料集成）

C 研究書

辻善之助『日本仏教史』岩波書店、一九四一〜五三年
辻善之助『日本文化史』全一一巻、春秋社、一九四八〜五八年
岡本太郎『日本の伝統』光文社、一九五六年
家永三郎『日本文化史』岩波書店、一九八一年
石田一良『日本文化史』東海大学出版会、一九八九年
末木文美士『日本仏教史』新潮社、一九九二年
『日本美術館』小学館、一九九七年
尾藤正英『日本文化の歴史』岩波書店、二〇〇〇年
五味文彦『書物の中世史』みすず書房、二〇〇三年
辻惟雄『日本美術の歴史』東京大学出版会、二〇〇五年
『日本美術全集』全二〇巻、小学館、二〇一二〜一六年
大隅和雄『日本文化史講義』吉川弘文館、二〇一七年
五味文彦『文学で読む日本の歴史』山川出版社、二〇一五年、一六年、一七年、一九年
小林忠、五味文彦、浅井和春、佐野みどり監修『もういちど訪ねる日本の美』(上)(下)、山川出版社、二〇一八年

■おもな記載美術作品・建築物等一覧

第1章

稲荷山古墳刀剣　江田船山古墳刀剣　振り向く鹿の埴輪(松江市平所遺跡)　琴を弾く男子埴輪(前橋市朝倉遺跡)　短甲着用の武人男子埴輪(熊谷市上中条出土)　大刀を持つ巫女の埴輪(群馬県太田市塚廻り古墳)　冠をかぶる男子埴輪(埼玉県行田市出土)　飛鳥大仏(飛鳥寺釈迦如来像)　法隆寺金堂薬師如来像・釈迦三尊像・金堂壁画・玉虫厨子・天寿国繡帳　法起寺金堂弥勒像

第2章

東大寺大仏　興福寺阿修羅像　正倉院赤漆文欟木御厨子・平螺鈿背円鏡・平螺鈿背八角鏡・「鳥毛立女屛風」　唐招提寺金堂盧舎那仏坐像・薬師如来立像・千手観音立像・鑑真像　神護寺金堂木造薬師如来立像　室生寺金堂木造釈迦如来立像・木造十一面観音立像

第3章

東寺真言五祖像・両界曼荼羅・講堂仏像群　神護寺両界曼荼羅

第4章

神護寺薬師・釈迦如来像　長谷寺十一面観音像　法華寺十一面観音像　観心寺如意輪観音像　多田寺十一面観音像　羽賀寺十一面観音像　勝常寺薬師如来像・十一面観音像　黒石寺薬師如来像　清凉寺釈迦如来像　浄妙寺普賢菩薩像　法性寺五大堂五大明王像

第5章

知恩院阿弥陀聖衆来迎図　東寺「山水屛風」　三十六歌仙絵(大和文華館)　『春日権現験記絵』(宮内庁三の丸尚蔵館)

浄瑠璃寺薬師如来像

第6章

法金剛院阿弥陀如来坐像　峰定寺千手観音坐像・不動明王二童子立像・毘沙門天立像　普賢菩薩騎象像(大倉集古館)　東寺旧蔵十二天像(京都国立博物館)　京都曼殊院黄不動　近江石山寺不動明王二童子像　大和内山永久寺旧蔵「両部大経感得図」(藤田美術館)　平等院鳳凰堂堂壁扉画九品来迎　『駒競行幸絵巻』『後三年合戦絵巻』(東京国立博物館)　『信貴山縁起絵巻』(朝護孫子寺)　『鳥獣人物戯画』(高山寺)　『源氏物語絵巻』(徳川美術館・五島美術館)　『久能寺経』『平家納経』(厳島神社)　往生極楽院阿弥陀如来像・観世音菩薩・勢至菩薩　法界寺阿弥陀堂阿弥陀像五体　富貴寺阿弥陀堂　長安寺木造太郎天・二童子像　熊野磨崖仏(豊後国東)　ホキ石仏群(豊後臼杵)　臼杵磨崖仏　中尊寺阿弥陀堂阿弥陀像　願成寺阿弥陀堂(白水阿弥陀堂)　『年中行事絵巻』(東京国立博物館)　『平治物語絵巻』(ボストン美術館)　『仁安御禊行事絵巻』『承安五節絵』『餓鬼草紙』(京都国立博物館)　『病草紙』(京都国立博物館)　『伴大納言絵巻』(出光美術館)　『吉備大臣入唐絵巻』(ボストン美術館)　『寝覚物語絵巻』(大和文華館)　『粉河寺縁起』(粉河寺)　東大寺大仏・南大門仁王像　播磨浄土寺浄土堂　円成寺大日如来坐像　願成就院阿弥陀如来像・不動明王像・毘沙門天像　浄楽寺阿弥陀三尊像・不動明王像・毘沙門天像

第7章

実朝持仏堂釈迦如来像　大威徳明王像(称名寺)　大倉新御堂薬師如来像　東大寺俊乗堂俊乗上人坐像　興福寺北円堂弥勒仏坐像・無著像・世親像　法勝寺九重塔四天王像　播磨浄土寺阿弥陀三尊像　専修往生院四尺四天王像　弥勒菩薩立像　醍醐寺三宝院弥勒菩薩立像　東大寺俊乗堂阿弥陀如来立像・公慶堂地蔵菩薩立像・勧進所八幡殿僧形八幡神像　安倍文殊院文殊菩薩騎獅像　石清水八幡宮僧形八幡神像　青蓮院釈迦如来像　高陽院弥勒菩薩像　信濃善光寺阿弥陀仏　嵯峨清涼寺釈迦如来像　高山寺仏眼仏母像・「明恵上人樹上坐禅図」「華厳宗祖師絵伝」「後鳥羽天皇像」(水無瀬神宮)　海住山寺五重塔四天王像　大報恩寺(千本釈迦堂)本堂　明通寺本堂・三重塔　大蔵寺十三重塔　般若寺十三重層塔　長弓寺本堂　霊山寺本堂　大善寺本堂　当麻寺当麻曼荼羅　鎌倉大仏　常楽寺阿弥陀三尊像　能満院春日

曼荼羅　伝香寺地蔵菩薩像　西大寺清凉寺式釈迦如来像　般若寺文殊菩薩像　櫛引八幡宮赤糸威鎧　菅田天神社楯無鎧「北条時頼像」（建長寺）「上杉重房像」（明月院）『男衾三郎絵詞』（東京国立博物館）『一遍聖絵』（東京国立博物館、清浄光寺）『紫式部日記絵巻』『高陽院駒競行幸絵巻』（久保惣記念美術館）『なよたけ物語』『随身庭騎絵巻』（大倉文化財団）『北野天神縁起絵巻』（北野天満宮）『蒙古襲来絵詞』（宮内庁三の丸尚蔵館）『親鸞上人絵伝』『伊勢新名所絵歌合』『天狗草子絵巻』（東京国立博物館）『平治物語絵巻』（ボストン美術館）『平家物語絵巻』『高野山水屏風』（京都国立博物館）「石清水宮曼荼羅図」（根津美術館）「熊野宮曼荼羅図」（クリーブランド美術館）東大寺法華堂石灯籠　西大寺奥院五輪塔　極楽寺五輪塔（鎌倉）額安寺五輪塔　三村山極楽寺跡五輪塔　箱根湯坂道精進ヶ池五輪塔・地蔵磨崖石仏・宝篋印塔　慈光寺板碑・鐘　建長寺鐘　勝楽寺鐘　円覚寺鐘「西大寺秋篠寺相論絵図」（東京大学文学部）「葛川与伊香立庄相論絵図」（葛川明王院）「和泉国日根野荘絵園」（宮内庁書陵部）「伯耆国東郷荘絵図」「薩摩国日置荘中分絵図」（東京大学史料編纂所）建長寺「蘭渓道隆像」万寿寺「円爾像」円覚寺「無学祖元像」「春日宮曼荼羅図」（湯木美術館）「不空羂索神呪経」（東京国立博物館）「春日明神影向図」（藤田美術館）

第8章

「花園天皇画像」（長福寺）『天皇摂関大臣影図』（宮内庁三の丸尚蔵館）『春日権現験記絵』（宮内庁三の丸尚蔵館）『日吉山王絵』『石山寺縁起』（石山寺）「伝騎馬武者像」（京都国立博物館）『後三年合戦絵詞』（東京国立博物館）般若寺文殊菩薩像「後醍醐天皇像」（清浄光寺）『慕帰絵』（本願寺）『一遍聖絵』（東京国立博物館、清浄光寺）東福寺十六羅漢像・宝冠釈迦像　明兆「五百羅漢図」「達磨図」「涅槃図」「寒山拾得図」（東福寺）「足利義満像」（鹿苑寺）

第9章

「柴門新月図」（藤田美術館）「渓陰小築図」（金地院）如拙「瓢鮎図」（退蔵院）「王羲之書扇図」（京都国立博物館）「江天遠意図」（根津美術館）「待花軒図」（出水美術館）『結城合戦絵巻』（国立歴史民俗博物館）「一休宗純像」（奈良国立博物館）『武蔵国浅草寺縁起』（浅草寺）「月次祭礼図」（東京国立博物館）『浦島明神縁起』（浦島神社）雪舟「四季山水図」（毛利博物館）「天橋立図」（京都国立博物館）

終章

『真如堂縁起』（真如堂）「長篠合戦図屏風」（名古屋市美術館）「関ヶ原合戦図屏風」（渡辺美術館）伝毛利元就所用「色々威腹巻」（毛利博物館）「以天宗清像」（龍泉庵）「瀧見観音図」（正木美術館）「洛中洛外図屏風」（上杉本〈上杉博物館〉、歴博甲本〈国立歴史民俗博物館〉、舟木本〈東京国立博物館〉）「安土屏風」雪舟「山水長巻」（毛利博物館）「聚楽第屏風」（三井記念美術館）長谷川等伯「大徳寺塔頭水墨障壁画」「肥前名護屋城屏風」（名護屋城美術館）「吉野花見図屏風」（細見美術館）俵屋宗達「雲龍図屏風」（フリーア美術館）「風神雷神図屏風」（建仁寺）「南蛮屏風」（神戸市立博物館）「世界地図屏風」（出光美術館）「泰西王侯騎馬図」（神戸市立博物館）「洋人奏楽図屏風」（ＭＯＡ美術館）「豊国祭礼図屏風」（豊国神社）「阿国歌舞伎屏風」（京都国立博物館）

五味文彦（ごみ・ふみひこ）
一九四六年生まれ。
一九七一年、東京大学大学院人文科学研究科博士課程中退。
現在、東京大学名誉教授、放送大学名誉教授。

主要著書
『院政期社会の研究』（山川出版社、一九八四年）、『書物の中世史』（みすず書房、二〇〇三年）、『文学で読む日本の歴史』（山川出版社、二〇一六〜一九年）など

日本《にほん》の伝統《でんとう》文化《ぶんか》シリーズ1　伝統《でんとう》文化《ぶんか》

二〇一九年八月　十五日　第一版第一刷印刷
二〇一九年八月二十五日　第一版第一刷発行

著　者　五味文彦
発行者　野澤伸平
発行所　株式会社　山川出版社
東京都千代田区内神田一―一三―一三
〒一〇一―〇〇四七
https://www.yamakawa.co.jp/
電　話　〇三(三二九三)八一三一(営業)
〇三(三二九三)八一三五(編集)
印刷所　半七写真印刷工業株式会社
製本所　株式会社ブロケード
装　幀　菊地信義

造本には十分注意しておりますが、万一、乱丁・落丁本などがございましたら、小社営業部宛にお送りください。送料小社負担にてお取替えいたします。
定価はカバーに表示してあります。

ISBN 978-4-634-21301-2

■ 人名索引

●カ―コ

●サ－ソ

●ター卜

●ナ－ノ

●マ−モ

■ 写真提供一覧

朝日放送テレビ株式会社(本文*p.163*下)　飛鳥園(口絵*p.5*右, 本文*p.71*)　神奈川県立金沢文庫(本文*p.299*下)　鎌倉市観光協会(本文*p.261*上)　京都国立博物館(口絵*p.3*, 本文*p.99, 134, 143*下, *188, 239*上, *239*下, *295, 361*)　国立博物館所蔵品統合検索システム https://colbase.nich.go.jp/(本文*p.143, 409*)　埼玉県立さきたま史跡の博物館(本文*p.27*)　東京国立博物館 Image:TNM Image Archives(口絵*p.7*, 本文*p.143*上, *176, 257, 379, 409*)　徳川美術館イメージアーカイブ/DNPartcom(口絵*p.4*)　奈良国立博物館(本文*p.92, 225, 237*)　日本美術院(口絵*p.5*左)　便利堂(口絵*p.1*, 本文*p.104*)　松本城管理事務所(本文*p.453*)　ユニフォトプレス(本文*p.202*)　PPS通信社(口絵*p.8*下)　Photo:Bridgeman Image/DNPartcom(本文*p.446*)